2026년('25년 실적)

지방자치단체 합동평가
지표매뉴얼

행정안전부

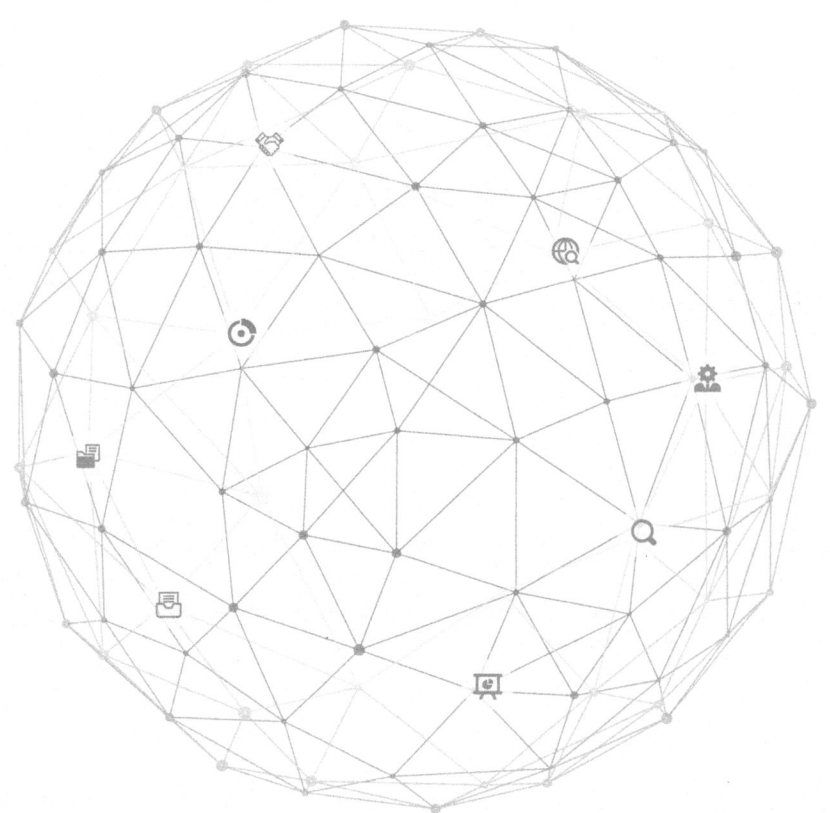

목 차

1. 상식이 회복된 반듯한 나라 ······································· 1

- 001. 1-1-2-㉮ 법정감염병 의료기관 신고기한 준수율 ································· 3
- 002. 1-1-2-㉯ 결핵환자 접촉자 잠복결핵감염 검진율 ································· 5
- 003. 1-1-2-㉰ 결핵환자 가족접촉자 잠복결핵감염 치료관리율 ················· 8
- 004. 1-2-7-㉮ 개별부동산공시가격 신뢰성 확보 노력도 ····························· 11
- 005. 1-2-10-㉮ 공공임대주택 공급 ·· 14
- 006. 1-2-10-㉯ 주거취약계층 주거지원 ·· 18
- 007. 1-3-11-㉮ 개인정보 보호 역량 강화 실적 ·· 22
- 008. 1-3-11-㉯ 지역디지털플랫폼 정부 구현 수준 ·· 24
- 009. 1-3-11-㉰ 공공저작물 자유이용 정책 참여 노력도 ·································· 27
- 010. 1-3-13-㉮ 필수조례 제때 마련율 ·· 31
- 011. 1-3-13-㉯ 비영리민간단체 공익활동 지원사업 정보공개 수준 ············· 33

2. 민간이 끌고 정부가 미는 역동적 경제 ······················· 35

- 012. 2-4-16-㉮ 규제개혁신문고·중소기업 옴부즈만 규제애로 건의/개선 실적 ········ 37
- 013. 2-4-16-㉯ 중앙규제 개선 및 적극행정 활성화 ·· 41
- 014. 2-4-19-㉮ 지방물가 안정관리 실적(지방공공요금 인상률) ··················· 45
- 015. 2-4-21-㉮ 재생에너지 보급 확대 및 수소 활성화 이행 추진 ············· 47
- 016. 2-4-21-㉯ 제로에너지 건축물 및 건물에너지관리시스템 보급 확대 ············· 49
- 017. 2-6-29-㉮ 경쟁제한 및 소비자권익제한 자치법규(조례·규칙 등) 개선율 ········ 52
- 018. 2-6-29-㉯ 환경친화 및 사회적 가치 확산을 위한 우선구매율 ··············· 55
- 019. 2-6-31-㉮ 혁신구매목표 달성 실적 ·· 59
- 020. 2-6-31-㉯ 신기술제품 우선구매율 ·· 61
- 021. 2-6-31-㉰ 중소기업지원사업 사전협의 이행률 ·· 64

022. 2-6-33-㉮ 지방자치단체 상생결제 활성화 ·· 66
023. 2-8-38-㉮ 지적재조사사업 추진실적 ·· 68
024. 2-8-41-㉮ 연안사고 예방 추진 목표 달성도 ·· 72

3. 따뜻한 동행, 모두가 행복한 사회 ·· 77

025. 3-9-43-㉮ 읍면동 지역사회보장협의체 운영 활성화 ······························ 79
026. 3-9-43-㉯ 복지사각지대 발굴·지원 및 수급자 사후관리 ····················· 82
027. 3-9-44-㉮ 보건복지분야 사회복무요원 소요 요청 ································· 85
028. 3-9-45-㉮ 지역사회 치매관리율 ·· 87
029. 3-9-45-㉯ 방문건강관리사업 수행실적 ·· 89
030. 3-9-45-㉰ 노인일자리 목표 달성률 ·· 93
031. 3-9-46-㉮ 임신, 출산 지원강화 노력 우수사례 ······································ 95
032. 3-9-46-㉯ 아동학대대응체계 내실화율 ·· 97
033. 3-9-46-㉰ 아동보호체계 구축 노력 ·· 102
034. 3-9-47-㉮ 교통약자 이동여건 확보율 ·· 105
035. 3-9-48-㉮ 나눔문화(자원봉사, 기부자선 등) 활성화 추진 우수사례 ············ 108
036. 3-9-48-㉯ 가족센터 온가족 보듬서비스 지원실적 ······························ 110
037. 3-9-48-㉰ 반려동물 등록률 ·· 114
038. 3-9-48-㉱ 위기청소년 지원 수준 및 학교 밖 청소년 자립성취도 ·················· 116
039. 3-9-48-㉲ 청소년유해환경 감시체계 구축 및 운영 실적 ···················· 120
040. 3-9-48-㉳ 성별영향평가 실효성 제고 노력 ·· 124
041. 3-10-49-㉮ 지역 산재예방활동 활성화 추진 ·· 126
042. 3-10-50-㉮ 정부인증 가사서비스 활성화 추진실적 ···························· 128
043. 3-10-52-㉮ 자치단체 재정지원 일자리사업 수행성과(자치단체 자체사업) ······· 130
044. 3-10-52-㉯ 취업지원 서비스 달성률 ·· 132
045. 3-11-56-㉮ 독서문화진흥 및 도서관 특성화 우수사례 ······················ 135
046. 3-11-56-㉯ 국어문화복지 실현을 위한 쉽고 바른 공공언어 쓰기 ············ 139
047. 3-11-56-㉰ 문화누리카드 이용 활성화 ·· 142
048. 3-11-56-㉱ 문화접근성 확대 정책 추진 우수사례 ······························ 144

049. 3-11-60-㉮ 장애인스포츠강좌이용권 집행률 ··· 146
050. 3-11-62-㉮ 국가유산 보수정비사업 추진실적 달성도 ······························ 148
051. 3-12-64-㉮ 신종 여성폭력 방지 및 피해자 지원체계 구축·개선 추진 ········· 150
052. 3-12-65-㉮ 지방자치단체장 안전한국훈련 참여도 ································· 153
053. 3-12-65-㉯ 민방위경보 운영관리 개선 ··· 155
054. 3-12-65-㉰ 어린이 보호구역 내 어린이 교통안전 강화 ·························· 157
055. 3-12-65-㉱ 재난관리 조직 인력 운영 적절성 ······································ 159
056. 3-12-65-㉲ 재해위험지역 점검 관리 이행 실적 ···································· 162
057. 3-12-65-㉳ 집중안전점검 지적사항 후속조치율 ······································ 164
058. 3-12-65-㉴ 국민보호를 위한 민방위 준비태세 확립도 ······························ 166
059. 3-12-65-㉵ 기록물 보안 및 재난대책 수립시행률 ·································· 169
060. 3-12-65-㉶ 지자체 관할의 지방도로 교통안전 관리체계 ·························· 173
061. 3-12-65-㉷ 지역 안전관리 역량 강화 ··· 175
062. 3-12-66-㉮ 지역 응급환자 이송 수용체계 개선 활동 우수사례 ·················· 180
063. 3-12-66-㉯ 지역필수의료 강화 노력도 ··· 182
064. 3-12-67-㉮ 자살사망자 대비 자살고위험군 등록관리 현황 ·························· 185
065. 3-12-67-㉯ 의료급여수급권자 건강검진 수검률 ···································· 187
066. 3-12-67-㉰ 지역사회 정신질환자 관리 ··· 189
067. 3-12-68-㉮ 식중독 발생 관리율 ··· 192
068. 3-12-68-㉯ 지역사회 위해의료제품 수거검사 실적 ·································· 195
069. 3-12-68-㉰ 배출사업장 환경관리 개선도 ·· 198
070. 3-12-69-㉮ 건물번호판 정비 ··· 201
071. 3-12-69-㉯ 건물정보 현행화 현장조사 추진 실적 ·································· 203
072. 3-12-69-㉰ 건축안전 수준 평가 ··· 205
073. 3-12-69-㉱ 시설 안전관리 수준 강화 ··· 208
074. 3-13-70-㉮ 빈집정비실적 ··· 213
075. 3-13-70-㉯ 건강하고 지속가능한 산림자원 육성 ·································· 215
076. 3-13-70-㉰ 산사태 예방·대응 체계 구축률 ·· 218
077. 3-13-70-㉱ 산불방지 성과 달성도 ··· 221
078. 3-13-70-㉲ 임도시설 실적률 ··· 224

079. 3-13-70-㉥ 산림병해충방제 성과 달성률 ………………………………………… 226
080. 3-13-70-㉦ 목재이용 활성화 노력도 …………………………………………… 228
081. 3-13-71-㉮ 지역먹거리계획 추진실적 …………………………………………… 233
082. 3-13-71-㉯ 친환경 농업기술 실천농가 비율 …………………………………… 235
083. 3-13-72-㉮ 기본형 공익직불 접수 및 지급 목표 달성률 ……………………… 237
084. 3-13-72-㉯ 벼 재배면적 감축 등 쌀 적정생산 유도 ……………………………… 240
085. 3-13-72-㉰ 축산물 HACCP 관리율 ………………………………………………… 242
086. 3-13-72-㉱ GAP 인증 농가 확대 …………………………………………………… 243
087. 3-13-72-㉲ 농지대장 정비율 ………………………………………………………… 245
088. 3-13-72-㉳ 검역병해충 예찰 및 방제 실적 …………………………………… 247
089. 3-13-72-㉴ 구제역백신 항체양성률 ………………………………………………… 249
090. 3-13-72-㉵ 닭, 오리 가축전염병 방역 관리 …………………………………… 251

4. 자율과 창의로 만드는 담대한 미래 ……………………………………… 253

091. 4-14-77-㉮ 클라우드 전환 및 이용 우수사례 ……………………………… 255
092. 4-16-86-㉮ 온실가스 감축목표 달성률 ……………………………………… 258
093. 4-16-86-㉯ 탄소중립 녹색성장 이행 성과 우수사례 ……………………… 260
094. 4-16-88-㉮ 환경개선부담금 징수 제고율 …………………………………… 263
095. 4-16-89-㉮ 1회용품 사용 줄이기 우수사례 ………………………………… 265
096. 4-16-89-㉯ 주민 1인당 재활용 가능자원 분리수거량 ……………………… 267
097. 4-17-92-㉮ 지역사회 청소년 참여 우수사례 ………………………………… 269

5. 자유, 평화, 번영에 기여하는 글로벌 중추국가 ……………………… 273

098. 5-18-94-㉮ 통일공감대 확산 및 통일역량 강화 …………………………… 275
099. 5-18-95-㉮ 북한이탈주민의 지역사회 정착지원 활동 성과 ……………… 277
100. 5-19-101-㉮ 관리적 정보보안 분야 사이버 공격·위협에 대한 예방·대응 실태
　　　　　　　 개선여부 ……………………………………………………………… 283
101. 5-19-101-㉯ 기술적 정보보안 분야 사이버 공격·위협에 대한 예방·대응 실태
　　　　　　　 개선여부 ……………………………………………………………… 285

102. 5-19-101-㉰ 사이버 위기대응 역량 분야 사이버 공격·위협에 대한 예방·대응 실태 개선여부 ··· 287
103. 5-20-104-㉮ 비상대비 시행태세 확립 및 역량 강화 ································ 289
104. 5-20-109-㉮ 국가유공자 특별채용률 ··· 292
105. 5-20-110-㉮ 시민 참여형 보훈문화 행사·체험 우수사례 ························ 294

6. 대한민국 어디서나 살기 좋은 지방시대 ····································· 297

106. 6-21-111-㉮ 법령 불부합 자치법규 정비율 ·· 299
107. 6-21-111-㉯ 자치경찰사무 관련 주요시책 추진 우수사례 ······················ 301
108. 6-21-114-㉮ 옥외광고물 정비 및 활용 우수사례 ··································· 303
109. 6-21-114-㉯ 지방자치단체 간 연계·협력 추진 우수사례 ······················· 306
110. 6-21-114-㉰ 지방자치단체 인사교류 우수사례 ······································· 309
111. 6-23-119-㉮ 자전거 이용 활성화 우수사례 ·· 311
112. 6-23-120-㉮ 지역통계 확충 실적 ·· 313

1. 상식이 회복된 반듯한 나라

국정목표	1. 상식이 회복된 반듯한 나라				
국민약속	1-1. 상식과 공정의 원칙을 바로 세우겠습니다				
국정과제	1-1-2. 감염병 대응체계 고도화				
지표명	㉮ 법정감염병 의료기관 신고기한 준수율				
지표성격	<국가주요시책> - 감염병 전파 차단 및 신속한 대응을 위해 법정감염병 신고기한 준수율 제고 추진				
지표유형	정량	공통		정순	계속(유지)
지표설명	지표명 설명	○ 감염병 발생시 1차 신고기관인 의료기관의 신속한 감염병 발생신고를 통해 지역사회 감염병 전파 차단 등 효과적 대응 필요 ○ 지역사회 감염병 예방관리를 위한 신속한 초기대응 및 효율성 제고를 위해 의료기관 신고기한 준수 독려를 통한 지자체-의료기관간 유기적인 협력 및 의무이행 유도 * 제1급은 즉시, 제2·3급은 24시간 이내 신고 의무			
	평가근거	○ 감염병예방법 제11조(의사 등의 신고) ○ 감염병예방법 제13조(보건소장 등의 보고)			
	평가목적	○ 지자체가 관할지역 의료기관이 감염병 발생시 신속하게 신고하도록 독려하여 감염병 유행 및 확산 방지			
	기대효과	○ 지역사회 감염병 발생·유행 최소화 및 전파차단을 통한 국민 생명·건강 보호			
	기타참고사항	○ 감염병 발생 신고는 의료기관의 의무사항으로 위반시 벌칙 부과 대상 * 감염병예방법 제79조의4, 제80조			

측정방법	○ 산식
	 - (신고기한 준수건/제1급~제3급 감염병 신고 건) * 100 * 조정계수
	○ 산식 설명
	 - (신고기한 준수건) 신고일-진단일=0 또는 1일 경우 준수한 것으로 집계
	 - (제1급~제3급 감염병 신고건) 의료기관에서 신고한 제1급~제3급 감염병 발생신고건. 단 결핵, 에이즈는 제외
	 ・(통계산출방법) 방역통합정보시스템> 신고보고> 감염병웹보고> 보고내역관리 메뉴에서 아래 설정값대로 입력
	  - 감염병명: 전체
	  - 기간설정: 발생신고일 기준 2025.1.1.~
	  - 문서상태값: 권역센터 확인-전체
	  - 구분: 발생(보고건)
	  ※ 환자 주소지 관할 보건소가 아닌, 최초 신고기관 관할 보건소로 산출
	○ 조정계수
	 - 제1급~제3급 감염병 신고건수가 전국 상위 10%인 시도의 경우, 1% 조정계수 적용 (*1.01), 그 외는 1				

○ 목표치 : 97.5%

[최근 5년간 의료기관 신고기한 준수율 현황('19년~'23년)]

'19	'20	'21	'22	'23
96.6%	97.9%	96.8%	94.6%	97.0%

['24년 상반기 의료기관 신고기한 준수율*(1월~6월)]

시도	기한 준수율 (a)/(c)*100	신고건수 소계 (c)=(a)+(b)	신고건수 기한준수 (a)	신고건수 미준수 (b)
전국(평균)	98.6	70,666	69,711	955
서울	96.8	12,459	12,066	393
부산	97.5	4,490	4,376	114
대구	99.4	3,448	3,426	22
인천	99.7	4,745	4,733	12
광주	99.6	2,092	2,084	8
대전	99.1	1,602	1,588	14
울산	99.2	1,429	1,418	11
세종	98.9	266	263	3
경기	98.8	18,511	18,283	228
강원	98.1	1,955	1,917	38
충북	99.5	1,689	1,680	9
충남	99.4	1,968	1,957	11
전북	99.8	2,498	2,493	5
전남	99.7	2,392	2,386	6
경북	99.9	3,477	3,475	2
경남	99.0	5,864	5,804	60
제주	98.9	1,781	1,762	19

* 진단일, 타 지역 보건소 이관 등 수정사항에 따른 변동가능성 있음

○ 평가대상 : 17개 시·도

　* 시·군·구 실적 합산하여 평가

○ 평가대상기간: 2025.1.1. ~ 2025.12.31

시스템 구현 서식

구분	법정감염병 의료기관 신고기한 준수율			
	신고기한 준수건 (A)	제1급~제3급 감염병 신고건 (B)	조정계수 (C)	준수율(%) (A/B) x 100 x C
○○시·도(시군구 합계)				
○○ 보건소				
○○ 보건소				
○○ 보건소				

연계시스템: 해당없음

증빙자료:
○ 불필요
- 방역통합정보시스템으로 입력관리, 증빙자료 불필요

VPS실적 입력주체: 중앙부처 | **입력시기**: 연1회

문의처: 질병관리청 감염병정책과 유다은(☎ 043-719-7116, daeunyu@korea.kr)

국정 목표	1. 상식이 회복된 반듯한 나라			
국민 약속	1-1. 상식과 공정의 원칙을 바로 세우겠습니다			
국정 과제	1-1-2. 감염병 대응체계 고도화			
지표명	⑭ **결핵환자 접촉자 잠복결핵감염 검진율**			
지표 성격	< 국가주요시책 > - 2027년까지 결핵발생률 인구 10만명당 20명 이하 　* 「제3차 결핵관리 종합계획('23~'27)」 수립·시행에 따른 지역보건의료계획과의 연계, 국가결핵 　　관리사업의 효율성 향상 및 국민건강증진 도모			
지표 유형	정량	공통	정순	계속(유지)
지표 설명	지표명 설명	o 결핵환자 접촉자의 잠복결핵감염 검진 실시율을 평가하는 지표로 평가대상을 전연령으로 확대 　* (변경전) 65세 이하 접촉자 → (변경후) 전체 연령 접촉자		
	평가근거	o 결핵예방법 제9조(결핵환자등 발생시 조치) o 결핵예방법 제10조(결핵 집단발생 시의 조치) o 결핵예방법 제19조(전염성결핵환자 접촉자의 관리)		
	평가목적	o 결핵은 법정감염병 중 발생과 사망이 가장 많고 막대한 질병 부담을 초래하는 질병임 　* OECD 가입국 중 우리나라 순위(명/10^5): 발생 2위(39명) 사망 4위(3.8명) 　(자료원) Global Tuberculosis Report 2023(WHO, 2023) o 특히 결핵 발병 위험이 일반 인구집단에 비해 4~15배 높은 결핵환자의 접촉자에 대한 검진율 향상으로 지역사회 결핵 전파를 차단하고자 함 o 국내 결핵 발생 및 사망자 중 65세 이상 비율은 매년 증가 추세로 65세 이상 고령 접촉자에 대한 검진 및 관리가 무엇보다 중요함 　* 65세+ 환자 비율: 46.8%('19)→ 48.5%('20)→ 51.0%('21)→ 55.4%('22)→ 57.9%('23) 　* 65세+ 사망 비율: 77.9%('12)→ 78.6%('15)→ 82.3%('18)→ 82.4%('21)→ 85.6%('22) o 2023년 접촉자 중 65세 이하의 검진율 98.7%이나, 65세 초과자는 64.2%로 고령 접촉자의 검진율 향상이 필요함		
	기대효과	o 접촉자의 잠복결핵감염 검진율 향상으로 잠복결핵감염자를 진단·치료하여 향후 결핵 발병을 예방하고 정기적인 추적관리를 통해 결핵환자를 조기에 발견하고자 함		
	기타참고사항	o 접촉자조사: 결핵환자의 접촉자 중 진단되지 않은 추가 결핵환자 및 잠복결핵감염자를 찾아내어 치료하기 위한 조직화된 조사		

	[참고] 최근 3년 접촉자 잠복결핵감염 검진율		
			(단위: %)
	연도	65세 이하	65세 초과
	2021	94.5	56.9
	2022	97.0	52.4
	2023	98.7	64.2

○ 「결핵 진료지침(제5판)」('24.1월 개정)은 결핵환자 접촉자의 잠복결핵감염 검사 시행을 권고하였고, 잠복결핵감염자의 치료 권고 연령을 65세 이상까지 확대함

측정방법

○ 산식 : 결핵환자 접촉자 잠복결핵감염 검진율 =
[(㉮×0.6) + (㉯×0.4)] x ㉰

㉮ 가족접촉자 잠복결핵감염 검진율 : (A/B) × (C/D) × 100
  · A = B중 잠복결핵감염 검진자 수
  · B = 호흡기 결핵환자 가족접촉자 잠복결핵감염 검진대상자 수
  · C = D중 1명 이상 잠복결핵 검진을 한 호흡기 결핵환자 수
  · D = 잠복결핵감염 검사 대상자가 있는 호흡기 결핵환자 수

㉯ 집단시설 역학조사 잠복결핵감염 검진율 : (E/F) × 100
  · E = 집단시설 역학조사 접촉자 잠복결핵감염 검진자 수
  · F = 집단시설 역학조사 접촉자 잠복결핵감염 검진대상자 수

㉰ 검진대상자 수의 합이 상위 5%인 경우 5% 가중치 부여(1.05), 그 외는 1

○ 산식 설명
  · B, F : 신고일 또는 보고일이 당해년인 결핵환자 접촉자(전 연령) 중 잠복결핵감염 검사 대상자
  · A, E : B, F 중 잠복결핵감염검사('TST' 또는 'IGRA')를 시행하여 검사 결과가 입력된 자
    (검사 결과와 상관없이 초회 검사가 완료된 경우 인정)
    (익년 1월 31일까지 질병보건통합관리시스템에 입력된 자료로 실적 확정)

  ※ 제외기준 : 지표환자 치료결과가 진단변경인 경우, 접촉자가 과거 (잠복) 결핵 진단자인 경우, 접촉자가 추가 결핵환자로 신고되는 경우(검진 시행 후 신고되는 경우 제외되지 않음)
  ※ 모든 평가는 질병보건통합관리시스템 등록 자료로 자동 산출되며, 고의로 접촉자 명단을 변경한 것이 발견 될 경우 '0'점 처리함.
  ※ ㉮, ㉯ 중 검진대상자가 없는 경우 대상자가 있는 사업의 검진율을 100%로 부여하며, ㉮, ㉯ 모두 검진대상자가 없는 경우 평가 대상에서 제외함.

○ 목표치 : 85%

○ 평가대상 : 시·군·구(합계)
  ※ 제주특별자치도의 경우 제주시, 서귀포시 실적, 세종특별자치시의 경우 세종특별자치시 실적

○ 평가기준일 : 2026. 1. 31.

시스템 구현 서식	구분	가족접촉자 잠복결핵감염 검진율 ㉮					집단시설 역학조사 접촉자 잠복결핵감염 검진율 ㉯			검진 대상자 수 (B+F)	검진 대상자 수의 합이 상위 5%인 경우 가중치 (㉰)	달성률 [(㉮×0.6)+(㉯×0.4)]×㉰
		B중 잠복결핵 감염진자 (A)	호흡기 결핵환자의 가족접촉자 잠복결핵감염 검진 대상자 (B)	D중 1명이상 잠복결핵감염 검진을 한 호흡기 결핵환자 (C)	잠복결핵감염 검사대상자가 있는 호흡기 결핵환자 (D)	검진율 ㉮=(A/B)×(C/D)×100	검진자 (E)	검진대상자 (F)	검진율 ㉯=(E/F)×100			
	시·도 (시군구 합계)											
	○○시											
	○○군											
	○○구											

연계 시스템	해당 없음

증빙 자료	○ 산식(실적)에 대한 지자체 증빙자료 - 불필요: 질병보건통합관리시스템 내 결핵관리 자료 활용

VPS실적 입력주체	중앙부처	입력 시기	년

문의처	질병관리청 결핵정책과 역학조사관 심지애(☎ : 043-719-7287, E-mail : s1943@korea.kr)

국정목표	1. 상식이 회복된 반듯한 나라
국민약속	1-1. 상식과 공정의 원칙을 바로 세우겠습니다
국정과제	1-1-2. 감염병 대응체계 고도화
지표명	㉔ 결핵환자 접촉자 잠복결핵감염 치료관리율
지표성격	< 국가주요시책 > - 2027년까지 결핵발생률 인구 10만명당 20명 이하 * 「제3차 결핵관리 종합계획('23~'27)」 수립·시행에 따라 2030년까지 결핵 조기퇴치(인구 10만명 당 10명 이하 발병) 목표로 추진 ** 지역보건의료계획과의 연계를 통한 국가결핵관리사업의 효율성 향상 및 국민건강증진 도모

지표유형	정량	공통	정순	계속(유지)

지표설명		
	지표명 설명	o 우리나라 결핵퇴치를 위해 필수적인 잠복결핵감염자의 치료를 강화하여 국민을 결핵으로부터 보호하고, 건강증진을 도모하고자 함 o 결핵환자와 장시간 같은 공간에서 생활한 접촉자는 결핵 발병 고위험군으로 잠복결핵감염 검진 및 치료를 통해 발병을 예방하는 것이 중요 o 평가대상을 65세 이하 전체 접촉자로 확대*하여, 그간 관리가 미흡했던 집단시설 내 접촉자를 포함하여 잠복결핵감염 치료관리를 강화하고자 함 * (변경전) 가족접촉자 → (변경후) 가족 및 집단시설 접촉자
	평가근거	o 결핵예방법 제9조(결핵환자등 발생시 조치) o 결핵예방법 제10조(결핵 집단발생 시의 조치) o 결핵예방법 제19조(전염성결핵환자 접촉자의 관리)
	평가목적	o 결핵은 법정감염병 중 발생과 사망이 가장 많고 막대한 질병 부담을 초래하는 질병으로 결핵 발병 전 선제적 예방 필요 * OECD 가입국 중 우리나라 순위(명/10^5): 발생 2위(39명) 사망 4위(3.8명) (자료원) Global Tuberculosis Report 2023(WHO, 2023) o 잠복결핵감염자가 치료를 완료하면 결핵 발병을 90% 예방할 수 있어 잠복결핵감염 치료는 결핵 예방을 위해 필수 * (자료원:정책연구용역) 국가 잠복결핵감염 검진사업 및 고위험군 대상관리 중장기효과분석 (질병관리청, 2023년) o 잠복결핵감염 치료는 임상적 증상 없이 장기간(3개월~9개월) 항결핵 약제를 복용해야 하기 때문에 치료율 제고를 위해서는 적극적인 관리가 필수적임 o 특히 일반 인구집단에 비해 결핵 발병 위험이 4~15배 높은 결핵환자 접촉자에 대한 잠복결핵감염 치료관리율 향상을 통해 결핵 발병을 예방하고자 함 o 집단시설 접촉자의 치료 관리율은 가족접촉자의 치료관리율에 비해 낮아 잠복결핵감염 치료 관리 강화를 위해 평가대상에 집단시설 접촉자 포함 필요
	기대효과	o 결핵환자 가족 및 집단시설 접촉자의 잠복결핵감염 치료시작률 및 치료완료율 향상을 통한 결핵 발병 감소

구분	내용
기타참고사항	o 접촉자조사: 결핵환자의 가족 또는 집단시설(학교, 직장 등) 내 접촉자 중에 발견되지 않은 결핵환자를 찾아내고, 결핵환자로부터 감염되었을 잠복결핵감염자를 진단하여 치료하기 위한 조직화된 조사 o 잠복결핵감염(LTBI) : 몸 속에 들어온 결핵균이 증식을 하지 않아 결핵이 발병하지 않은 상태로, 결핵과 관련된 증상이 없고 전염성은 없지만 이 중 약 10%정도가 결핵으로 발병함 [참고] 최근 3년간 접촉자(65세 이하) 치료 관리율 (단위: %) <table><tr><th>연도</th><th>전체</th><th>가족접촉자</th><th>집단시설 접촉자</th></tr><tr><td>2021</td><td>67.4</td><td>71.1</td><td>65.3</td></tr><tr><td>2022</td><td>71.7</td><td>87.0</td><td>64.9</td></tr><tr><td>2023</td><td>73.4</td><td>88.3</td><td>67.0</td></tr></table> o 「결핵 진료지침(제5판)」('24.1월 개정)은 결핵환자 접촉자의 잠복결핵감염 검사 시행을 권고하였고, 잠복결핵감염자의 치료 권고 연령을 65세 이상까지 확대함
측정 방법	○ 산식 : 결핵환자 접촉자 잠복결핵감염 치료관리율 = (㉮×0.6 + ㉯×0.4)×㉰ 　㉮ 결핵환자 접촉자 잠복결핵감염 치료시작률 : {(A+C)/(B+D)} × 100 　　· A = 가족접촉자 잠복결핵감염 치료시작자 수 　　· B = 당해년 가족접촉자 잠복결핵감염 치료대상자 수 　　· C = 집단시설 접촉자 잠복결핵감염 치료시작자 수 　　· D = 당해년 집단시설 접촉자 잠복결핵감염 치료대상자 수 　㉯ 결핵환자 접촉자 잠복결핵감염 치료완료율 : {(E+G)/(F+H)} × 100 　　· E = 가족접촉자 잠복결핵감염 치료완료자 수 　　· F = 당해년에 잠복결핵감염 치료완료 예정인 가족접촉자 수 　　· G = 집단시설 접촉자 잠복결핵감염 치료완료자 수 　　· H = 당해년에 잠복결핵감염 치료완료 예정인 집단시설 접촉자 수 　㉰ 시·군·구의 경우 65세 초과 잠복결핵감염 치료대상자와 치료완료예정자 수의 합이 상위 10%인 경우, 가중치 10% 부여(1.1), 그 외는 1 ○ 산식 설명 : 　· ㉮, ㉯ 공통 : 결핵 환자가 다제내성결핵, 광범위약제내성 전 단계 결핵, 광범위약제내성결핵, 진단변경인 경우와 65세 초과 접촉자 제외 　· ㉮ : B,D에서 치료전 검사(간기능/혈소판/신기능)결과 이상자로 치료를 시작하지 않은 자, 결핵 또는 잠복결핵감염 치료력이 있는 자 제외 　· ㉯ : F,H에서 결핵이환, 부작용으로 중단한 자 제외 ※ 부작용으로 중단한 제외대상자는 질병보건통합관리시스템 잠복결핵감염 부작용 관리에 보고된 건 중 조치사항이 '투약중단'으로 입력되고, 부작용 증상 발현일이 치료시작일 이후인 자 　(익년 1월 31일까지 질병보건통합관리시스템에 입력된 자료로 실적 확정) ※ 모든 평가는 질병보건통합관리시스템 등록 자료로 자동 산출되며, 고의로 접촉자 명단을 변경한 것이 발견될 경우 '0'점 처리함. ※ ㉮, ㉯ 중 가족접촉자 잠복결핵감염 치료 대상자가 없는 경우 대상자가 있는 사업의 치료관리율을 100%로 부여하며, ㉮, ㉯ 모두 대상자가 없는 경우 평가 대상에서 제외함.

	○ 목표치 : 75% ○ 평가대상 : 시·군·구(합계) ※ 제주특별자치도의 경우 제주시, 서귀포시 실적, 세종특별자치시의 경우 세종특별자치시 실적 ○ 평가기준일 : 2026. 1. 31.
시스템 구현 서식	(표)
연계 시스템	해당없음
증빙 자료	○ 산식(실적)에 대한 지자체 증빙자료 - 불필요: 질병보건통합관리시스템 내 결핵관리 자료 활용
VPS실적 입력주체	중앙부처 / 입력시기 : 년
문의처	질병관리청 결핵정책과 역학조사관 심지애(☎ : 043-719-7287, E-mail : s1943@korea.kr)

시스템 구현 서식 표:

구분	접촉자 잠복결핵감염 치료시작률 ㉮					접촉자 잠복결핵감염 치료완료율 ㉯					65세 초과 치료 대상자 수 (B+D+F+H)	65세 초과 치료 대상자와 치료완료 대상자 수 합이 상위 10%인 경우 가중치 ㉰	달성률 [(㉮×0.6)+(㉯×0.4)]×㉰
	가족접촉자 잠복결핵감염 치료시작자 (A)	당해년 가족접촉자 잠복결핵감염 치료대상자 (B)	집단시설 접촉자 잠복결핵감염 치료시작자 (C)	당해년 집단시설 접촉자 잠복결핵감염 치료대상자 (D)	치료시작률 ㉮=[(A+C)/(B+D)]×100	가족접촉자 잠복결핵감염 치료완료자 (E)	당해년 잠복결핵감염 치료완료 예정인 가족접촉자 (F)	집단시설 접촉자 잠복결핵감염 치료완료자 (G)	당해년 잠복결핵감염 치료완료 예정인 집단시설 접촉자 (H)	치료완료율 ㉯={(E+G)/(F+H)}×100			
시·도 (시군구 합계)													
○○시													
○○군													
○○구													

국정 목표	1. 상식이 회복된 반듯한 나라			
국민 약속	1-2. 국민의 눈높이에서 부동산 정책을 바로잡겠습니다.			
국정 과제	1-2-7. 주택공급 확대, 시장기능 회복을 통한 주거안정 실현			
지표명	㉮ 개별부동산 공시가격 신뢰성 확보 노력도			
지표 성격	< 국고보조사업, 국가주요시책 > - 각종 조세, 부담금, 복지혜택 등 다양한 행정목적으로 활용하기 위해 시장·군수·구청장이 매년 관할 구역의 개별부동산 공시가격을 결정·공시 - 개별부동산 공시가격 결정·공시에 소요되는 경비에 대해 국고 지원			
지표 유형	정량	공통	정순	신규
지표 설명	지표명 설명	지자체의 개별부동산 공시가격 신뢰성 달성도를 평가		
	평가근거	○「부동산 가격공시에 관한 법률」제10조제7항 : 국토교통부장관은 지가공시 행정의 합리적인 발전을 도모하고 표준지공시지가와 개별공시지가와의 균형유지 등 적정한 지가형성을 위하여 필요하다고 인정하는 경우에는 개별공시지가의 결정·공시 등에 관하여 시장·군수 또는 구청장을 지도·감독할 수 있음 ○「부동산 가격공시에 관한 법률」제17조제7항 : 국토교통부장관은 공시행정의 합리적인 발전을 도모하고 표준주택가격과 개별주택가격과의 균형유지 등 적정한 가격형성을 위하여 필요하다고 인정하는 경우에는 개별주택가격의 결정·공시 등에 관하여 시장·군수 또는 구청장을 지도·감독할 수 있다.		
	평가목적	○ 재산세 등 보유세 과세표준과 건강보험료 등 복지 수급 중 부동산가치 평가의 기준이 되는 공시가격은 공정한 과세·복지를 위한 기초자료 - '부동산 가격공시제도 운용실태' 감사원 감사 결과*('20.5)에서 개별 부동산 공시가격 오류 등이 지적되고 사회적으로 공시가격에 대한 높은 관심을 고려하여 개별부동산 공시가격의 신뢰 확보가 긴요 * 지자체의 공시가격 산정누락, 특성조사 불일치, 공시가격 불균형 등 지적 ○ 공시가격의 투명성·정확성 제고를 위하여 현 정부에서 국정과제로 공시제도 개선을 선정하였으며, 근본적 개선을 위해 공시제도 개선방안을 발표('23.10) ○ 개별부동산 공시가격 조사·산정에 매년 국비 약 325억(개별주택 210억, 개별지 115억)이 지원되고 있어, 보조사업의 정상적인 이행을 담보할 필요		
	기대효과	○ 개별부동산 공시가격 조사·산정 정확성 제고를 통한 신뢰성 향상 ○ 정확한 공시가격 조사·산정을 통한 세제·복지 등 형평성 제고		
	기타참고사항	-		
측정 방법	○ 산식 : 개별공시지가 공시가격 신뢰성(100%) = (1) 공시 적정성(55%) + (2) 업무절차 준수도(45%) + (3) 역량제고 노력도(가점)			

(1) 공시 적정성(55%) =

① $\left(\dfrac{공시필지수}{공시필지수 + 미공시필지 중 공공용지 등을 제외한 사유지 필지수}\right) \times 15 +$

② $\left(\dfrac{비교표준을 이용하여 산정한 필지(호)수}{공시 필지(호)수}\right) \times 25 +$

④ if 당해 특성 불일치 건수 ≤ 전년 특성 불일치 건수, 15

$else\ 15 - \left| \dfrac{(당해특성불일치건수 - 전년 특성 불일치 건수)}{당해개별주택수} \right| \times 100$

(2) 업무절차 준수도(45%) =

① $\left(\dfrac{필수검증필지수 중 실제검증 필지수}{법령상 필수검증필지수}\right) \times 10 +$

② $\left(\dfrac{발급용가격변환필지(호)수}{공시필지(호)수}\right) \times 15 +$

③ $20 - (검증전성과품제출일 - 검증전성과품마감일) * 0.05$
$- (검증후성과품제출일 - 검증후성과품마감일) * 0.05$
$- (최종성과품제출일 - 최종성과품마감일) * 0.1$

(3) 역량제고 노력도(가점, 최대 0.2%) = ① 참석횟수 * 0.05

○ 산식 설명 :

(1) 공시 적정성(55%)
 ① 개별공시지가 공시율(15%)
 - 개별공시지가는 과세 등의 목적으로 공시되나, 공시대상인 사유지임에도 공시지가가 공시되지 않는 토지가 있어 이를 해소하기 위해 공시 누락 없이 공시하는 필지를 파악(공시기준일 1.1일 기준)
 - 미공시 토지는 KOREPS 시스템에 사유코드 선택 및 사유를 유형별로 입력하고, 공공용지, 토지대장은 있으나 지적도면이 없어 위치확인이 불가능한 토지, 표준지로 선정된 토지, 농지보전부담금 및 개발부담금 등의 부과대상이 아닌 토지 등 부동산 공시법상 공시할 필요가 없는 토지는 공시대상 토지에서 제외

 ② 비준표 활용 및 수작업 방지(25%)
 - 비교 표준부동산을 선정하고 비준표를 활용하여 지침에 따라 공시가격을 산정하는 개별부동산 비율(개별지 및 개별주택, 1.1일 기준)로 공시가격 안정성 제고를 위해 수작업 최소화
 - 수작업을 제외한 필지(호) 수를 합하는 것으로, 수작업에 대해 KOREPS 시스템에 사유를 입력하고 타당하다고 인정되면 수작업 현황에서 제외

③ 토지-주택 특성 일치 노력(15%)
- 동일한 필지에 개별공시지가와 개별주택가격 조사·산정 시 특성이 상이한 불합리를 방지하여 공시가격 특성조사의 적정성 제고하기 위한 지표로 당해 공시 주택수 대비 전년보다 특성 불일치 증가한 건수를 평가
- '고저', '형상', '도로접면' 3대 특성 불일치 건수 집계

(2) 업무절차 준수도(45%)
① 개별공시지가 검증률(10%)
- 공시법시행령제18조제3항(개별공시지가의 검증업무 처리지침 제4조제1항제1호, 2호)에 따라 검증생략 대상이 아닌 토지에 대해 검증을 의뢰한 비율(개별지)
② 공부 발급 정확성(15%)
- 개별공시지가 및 개별주택가격의 결정·공시가격과 공부 상 발급되는 공시가격이 일치할 수 있도록 공시 필지(주택) 수 대비 발급용가격변환 필지(주택) 수 비율 평가
③ 기한 준수 노력(20%)
- 검증전·검증후·최종 성과품 제출 마감일 준수 여부를 측정하는 지표로 시군구별로 마감일 기준 검증전·검증후 성과품 1일 지연 시 0.05, 최종 성과품 1일 지연 제출 시 0.1 감점 처리 후 시·도별 평균값으로 평가

(3) 역량제고 노력도(가점, 최대 0.2%)
- 상반기 부동산가격공시 실무자 설명회와 하반기 실무자 현장의견 수렴 회의 등 총 4회(지가, 주택별 상반기 1회, 하반기 1회)에 걸쳐 개별부동산 공시업무 관련 설명회를 실시할 계획이며, 참석 횟수당 0.05점을 곱하여 최대 0.2점까지 가점 부여

○ 목표치 : 97%('26) → 98%('27) → 99%('28)
  * 일몰형(3년간)으로 설정하고 개별부동산 공시가격의 정확성 및 신뢰성 확보 지속 노력
○ 평가대상 : 시·도
○ 평가기준일 : 2025. 12. 31.

시스템 구현 서식	○ 시·도의 실적으로만 평가				
	구분	공시 적정성(A)	업무절차 준수도(B)	역량제고 노력도(가점)	달성률 (A+B)+(가점)
	○○시·도				

연계 시스템	정보시스템운영부서				연계항목	
	정보시스템명칭	기관/부서	담당자	연락처	항목이름	증빙화면
	부동산공시가격산정시스템	국토교통부	박아현	044-201-3427		매뉴얼하단 별첨

증빙 자료	○ 공시 적정성 및 업무 성실도 지표 : 불필요(부동산 공시가격 산정시스템 자동산정)		
VPS실적 입력주체	중앙부처	입력 시기	년
문의처	국토교통부 부동산평가과 사무관 윤상원(☎ 044-201-3426, E-mail: ysw9312@korea.kr) 국토교통부 부동산평가과 주무관 박아현(☎ 044-201-3427, E-mail: ahpark0501@korea.kr)		

국정목표	1. 상식이 회복된 반듯한 나라
국민약속	1-2. 국민의 눈높이에서 부동산 정책을 바로잡겠습니다.
국정과제	1-2-10. 촘촘하고 든든한 주거복지 지원
지표명	㉮ 공공임대주택 공급
지표성격	<국가주요시책> ① 공공임대주택 공급 ② 공공임대 질적 혁신 추진

지표유형	정량	공통	정순	계속(변경)

지표설명	지표명 설명	○ '공공임대주택'이란 영구임대주택, 국민임대주택, 행복주택, 통합공공임대주택, 장기전세주택, 분양전환공공임대주택, 기존주택매입임대주택, 기존주택전세임대주택을 말함(「공공주택특별법 시행령」 제2조 제1항)
		○ 고령자 복지주택[1], 일자리 연계형 지원주택[2], 청년특화주택[3] 실적 평가
		  1) 저소득 고령자의 주거안정과 복지서비스를 함께 제공. 공공임대주택과 함께 공급되는 사회복지시설은 지자체가 관리·운영 하는 등 지자체의 적극 참여 필요
		  2) 지역별 청년 실업률 완화 및 일자리 창출 등을 위해 고용이 불안정하고 소득·복지가 취약한 중소기업 근로자 등을 위한 공공임대 공급 필요
		  3) 청년층 주거안정을 위해 역세권, 대중교통 접근성이 높은 우수입지에 청년특화 주거공간·서비스가 결합된 '청년특화 공공임대' 참여확대 필요
		○ 노후 공공임대주택 리모델링(단일세대 리모델링, 매입임대 시설개선, 일반시설개선) 실적 평가

	평가근거	○ 「공공주택특별법」 제3조 제7항 "국토교통부 장관은 공공주택의 공급·관리 실태를 파악하기 위하여 지방자치단체별로 공공주택의 공급·관리 수준에 대한 평가를 실시할 수 있다"

	평가목적	○ 무주택 서민 주거안정 및 주거수준 향상을 위한 공공임대주택 공급 필요
		○ 지역별 수요에 효과적으로 대응하기 위하여 지자체 또는 지방공사 주도적 공공임대주택 공급 필요
		 - 기존주택 매입임대주택 사업은 추진이 용이(대규모 부지확보 부담 없음)하고, 공급물량의 일부를 지역 특성 및 입주 수요를 감안하여 지자체장이 입주자를 별도 선정 할 수 있는 등 관내 주거복지 인프라로 활용* 가능
		  * 매입임대주택사업은 지역·유형별 호당 단가 10.5~30천만원의 95%를 국비로 지원하며, 매년 공급계획 작성시 지자체 또는 지방공사 희망 물량을 적극 반영
		 - 건설형(통합공공임대 등) 공공임대주택사업의 경우에도 지자체 또는 지방공사의 직접공급이 가능하며, 고령자복지주택·일자리연계형 지원주택·청년특화주택 등 공공임대 공모사업 참여를 통해 LH와 공동 또는 지자체 단독으로 지역사정·수요를 고려한 공공임대주택 공급 가능*
		  * 공공임대주택은 건설 호수 및 공공주택 유형을 고려한 국비지원
		   (사회복지시설의 경우 건설비의 70% 재정 지원)
		 - 단일세대 리모델링 지자체 또는 지방공사 참여 가능(단일세대 리모델링 2.6천만원 중 국비 50~60% 지원)
		 - 노후 장기임대 시설개선(영구·50년임대), 노후 매입임대 시설개선 사업에도 지자체 또는 지방공사 참여 가능(장기임대 시설개선 2백만원, 매입임대 시설개선 6백만원 중 국비 50~60% 지원)

	기대효과	○ 공공임대주택이 상대적으로 많이 공급되는 지역에 인센티브 제공 ○ 매입임대주택 사업 등에 지자체 또는 지방공사의 적극적 참여로 공공임대주택 공급시 지역별 다양한 수요에 대응 가능 ○ 공모에 적극 참여하는 지역에 인센티브를 부여, 지역별 다양한 수요를 반영한 고령자복지주택, 일자리 연계형 지원주택 공급활성화 기대 ○ 노후 공공임대 리모델링에 지자체 또는 지방공사의 적극적 참여로 취약계층 주거 질 향상
	기타참고사항	○ 건설형(통합공공임대 등) 공공임대주택은 당해연도 사업계획승인 실적을 기준(고령자복지주택 등 공모사업은 당해연도 공모당선 실적, 旣선정되어 추진중인 사업지중 당해연도 착공실적 및 준공실적 기준)으로 평가하되, 기존주택 매입임대주택은 당해연도 매입실적, 기존주택 전세임대주택은 당해연도 공급실적을 기준으로 함 ○ 안정적인 공공임대공급을 유도하기 위하여 공공임대주택 공급 실적은 '24년, '25년 공급실적을 가중평균하여 반영 ○ 고령자 복지주택, 일자리 연계형 지원주택, 청년특화주택 공모사업은 LH와 공동추진 또는 지자체 단독 추진 가능

측정
방법
		○ 산식
		$$\frac{\text{최근 2년간 시도별 장기공공임대주택 공급 실적의 가중평균}}{\text{'25년 시도별 총 주택수}} \geq \text{시도별목표의}\,80\%$$
		
		○ 산식 설명
		1) '25년 시도별 총주택수는 "'24년도 총주택수(통계청 인구주택통조사 자료를 기준으로 구분 거처 반영하여 산출) + 최근 5년 평균 상승분"으로 추정
		('25.12월 산출, 국토부 제공)
		2) 최근 2년간 시도별 장기공공임대주택 공급실적의 가중평균
		= (('24년 실적 * 0.8) + ('25년 실적 * 1.2)) / 2
		3) '24년 장기공공임대주택 공급실적= 장기공공임대주택 공급실적* + 공모사업 실적** + 리모델링사업 실적***
		  * 장기공공임대주택 공급실적은 건설형의 경우 '24년 사업승인 기준, 매입 및 전세임대주택은 '24년 공급 기준으로 합산하며, 지자체 또는 지방공사 공급실적은 2배로 인정.
		  ** 고령자복지주택 등 공모사업은 '24년 공모 사업 후보지로 선정된 실적, 旣선정되어 추진중인 사업지 중 '24년 착공 실적 및 준공 실적을 각각 합산하며, 공모사업 후보지 선정분은 5배, 착공 실적은 3배로 인정. 단, 준공 실적은 1배로 인정
		  *** 단일세대 등 리모델링 공급실적은 '24년 착공 기준으로 하며, 지자체 또는 지방공사 공급실적은 2배로 인정
		  **** 노후 장기·매입임대 시설개선 '24년 시설개선 호수(수혜대상 호수) 기준으로 하며, 지자체 또는 지방공사 공급실적은 공사 난이도를 고려하여 2배로 인정하되, 시설개선 사업항목의 다수인 공용부 공사의 경우 호 단위 실적 추산 시 단지 전체 호수가 반영되어 실제 수혜세대와 실적의 격차가 발생하여, 시설개선 실적의 경우 전체 수혜세대(전·공용부)의 1/100배로 인정. 다만, 실적 인정 기준 설정 변경에 따른 지자체 사업 추진 및 목표치 달성 가능여부 등을 고려하여 '25년부터 3개년간 점진적으로 적용('25년 1/25배, '26년 1/50배, '27년 1/100배)
		4) '25년 장기공공임대주택수도 '24년과 동일하게 산정

○ 목표치

※ 아래 표의 공공임대주택 증가 목표는 '24년 주거실태조사 발표 후 관련 통계 확인 후 시도별 그룹 분류 후 목표 설정 예정

1) 임차비율(非자가비율)이 가장 높은 그룹의 시도('24년 주거실태조사 결과 전국 평균 이상) 목표치는 0.60%, 다음 그룹(35% 이상)의 목표치는 0.50%를, 나머지(35% 미만)에게는 0.40%를 목표로 제시('23년 주거실태조사)
2) 장기공공임대주택 비율이 전국 평균('24년 기준) 이상인 경우 0.05% 차감.
   단, 장기공공임대 재고율이 중장기 정부 목표인 10% 이상인 지역은 0.05% 추가 차감
3) 장기공공임대주택 공가율(LH)이 전국 평균 ('24년 기준) 이상인 경우 0.05% 차감.
4) 최종 목표치에서 80% 달성 시 목표를 달성한 것으로 인정

그룹	시도	공공임대주택 증가 목표Ⓐ	공공임대주택 증가의 평가 목표(Ⓐ*0.8)
A그룹	"추후 확정"	0.60%	0.48%
B그룹	"추후 확정"	0.55%	0.44%
C그룹	"추후 확정"	0.50%	0.40%
D그룹	"추후 확정"	0.45%	0.36%
E그룹	"추후 확정"	0.40%	0.32%
F그룹	"추후 확정"	0.35%	0.28%
G그룹	"추후 확정"	0.30%	0.24%
H그룹	"추후 확정"	0.25%	0.20%

○ 평가대상: 시·도(시·군·구 실적 포함)
※ 단, 제주도의 경우 제주시·서귀포시 실적 포함, 세종시의 경우 세종시 실적

○ 평가기준일: '25.12.31

시스템 구현 서식

구분	시도별 장기공공임대주택 공급실적				시도별 리모델링 공급실적				당선 공모형 임대주택** (5배,3배,1배*** 별도 인정)	
	국가(LH)		지자체(공사)*		국가(LH)		지자체(공사)*			
	'24년 Ⓐ	'25년 Ⓕ	'24년 Ⓑ	'25년 Ⓖ	'24년 Ⓒ	'25년 Ⓗ	'24년 Ⓓ	'25년 Ⓘ	'24년 Ⓔ	'25년 Ⓙ
○○시										
○○도										

구분	공급 인정 공공임대		공공임대 공급실적 인정량
	'24년 [(Ⓐ+Ⓑ*2+Ⓒ+Ⓓ*2)+Ⓔ]×0.8 = Ⓚ	'25년 [(Ⓕ+Ⓖ*2+Ⓗ+Ⓘ*2)+Ⓙ]×1.2 = Ⓛ	(Ⓚ+Ⓛ)/2 = Ⓜ
○○시			
○○도			

구분	'25년 시도별 총주택수 ('24년 총주택수 + 최근 5년 평균 상승분)Ⓝ	Ⓜ/Ⓝ X 100	목표치
○○시			
○○도			

* 지자체 공급은 2배 인정
** 고령자복지주택, 일자리 연계형 지원주택, 청년특화주택
*** 공모주택의 선정시 5배, 착공시 3배, 준공시 1배 추가 인정

연계 시스템	없음		
증빙 자료	○ 불필요: 국토교통부 내부자료 활용(공모실적 및 공공임대주택 실적) * 시도별 장기공공임대주택 재고는 마이홈포털에 등재된 공공임대주택 재고 기준 산출		
VPS실적 입력주체	국토교통부	입력 시기	년
문의처	[장기공공임대주택] 　국토교통부 공공주택정책과 김기훈主(☎: 044-201-4578, E-mail : rlgn1004@korea.kr) [기존주택 매입임대·전세임대주택] 　국토교통부 주거복지지원과 김미굉主(☎: 044-201-4528, E-mail : alrhld@korea.kr) 　국토교통부 주거복지지원과 배유진 전문위원(☎: 044-201-4741, E-mail : julia70@korea.kr) [공모형 임대주택] 　국토교통부 청년주거정책과 이석희 전문위원(☎: 044-201-3630, E-mail : leesh2@korea.kr)		

국정목표	1. 상식이 회복된 반듯한 나라			
국민약속	1-2. 국민의 눈높이에서 부동산 정책을 바로잡겠습니다.			
국정과제	1-2-10. 촘촘하고 든든한 주거복지 지원			
지표명	⑭ 주거취약계층 주거지원			
지표성격	<국가주요시책> - 최저주거기준 미달주택, 고시원·쪽방·비닐하우스 등 주택이외의거처에 거주하는 주거취약계층에 대해 발굴 및 공공임대주택 이주지원 등을 통해 주거안정 도모 - 매년 지자체와 협력하여 저소득 고령자·장애인의 주거용 편의시설 설치 지원 - 주거취약계층 발굴·상담·안내 등 종합적인 주거서비스를 전문적으로 상담·제공하는 주거복지센터 설치 확대 추진			
지표유형	정량	공통	정순	계속(유지)
지표설명	지표명 설명	o 주거취약계층에 대한 사각지대 없는 촘촘한 주거복지 실현을 위해 국가 및 지자체간 체계적인 업무 협업 및 전달체계 확대 필요 - 국가는 지자체에 예산 및 자원(공공임대주택)을 지원하고 지자체는 주거취약계층 발굴·이주 지원 추진 - 일정 규모(인구 30만) 이상의 지자체별 주거수요에 대응하기 위해 주거서비스를 전문적으로 종합 지원하기 위한 전담기관 필요 1) 이행성과 지표: 주거취약계층 주거상향 지원사업 및 주거약자 주택 개량사업 실적 2) 운영기반 지표: 주거복지센터 설립·운영 실적		
	평가근거	o 주거취약계층(쪽방·고시원 등의 거주자) 주거상향 지원사업 : 「주거기본법」 제3조(주거정책의 기본원칙), 제18조(최저주거기준 미달가구에 대한 우선 지원 등) 및 '주거취약계층 주거지원 업무처리지침' o 주거약자 주택 개량 사업 : 「주거약자법」 제3조(국가 등의 의무) 및 제15조(주택개조비용 지원) o 주거복지센터 설치·운영 : 「주거기본법」 제21조(주거복지 전달체계) 및 제22조(주거복지센터)		
	평가목적	o 지역주거복지 수준은 해당 주거복지 수요에 대응하는 지자체의 노력 및 주거복지전달체계의 활성화 정도에 따라 달라지므로 지자체별 주거복지 이행성과 및 운영기반 평가를 통해 지역 주거복지 수준 향상 도모		
	기대효과	o 지역별 주거복지 추진체계를 확충하여, 지역별 편차 없이 주거취약계층 등 주거지원이 필요한 주민에게 주거지원, 주거복지 관련 정보 제공 및 상담 등 서비스를 제공할 수 있도록 유도 o 지역주거복지사업에 대한 지자체의 관심도 제고 및 사업추진상황 점검		
	기타참고사항	해당없음		

측정 방법	○ 산식 : 이행성과 지표(4점) + 운영기반 지표(4점) = (6점 이상 획득 시 달성)
	○ 산식 설명

① 이행성과 지표(총 4점)
- 주거상향 지원사업(국토교통부훈령 「주거취약계층 주거지원 업무처리지침」 제9조에 따른 입주대상자 선정 실적) 및 시·도별 수립한 자체계획에 따라 주거취약계층 지원대상 발굴하여 공공임대주택 입주자 선정 실적 + 이사비 지원실적 + 장애인 주택개량사업 실적 합산
  : 목표의 50% 1점, 60% 2점, 70% 3점, 80% 4점 (목표치 참조)

② 운영기반 지표(총 4점)
- 주거복지센터: 주거복지센터 운영 목표의 30% 1점, 50% 2점, 70% 3점, 90% 4점
  (아래 목표치 참조)
  * 시도별 주거복지센터수 : 「주거기본법」 제22조, 같은법 시행령 제14조에 따라 지자체가 직접 운영하거나 해당 법령에서 정한 기관에 위탁·운영하는 센터
  ** '26년 설치를 목표로 주거복지센터 설치를 추진 중인 경우로서, 지자체장 내부 방침 결재를 '25년에 완료한 경우 <u>개소당 0.5개</u>로 인정

○ 목표치:
※ '비주택 등 주거상향 지원목표'는 '23년(평가년도 - 2년) 주거실태조사 발표 후 관련 통계 확인하여 시도별 목표 설정 예정. '장애인 주택개량 지원목표'는 시도 수요 결과 완료 후 확정

① '25년 주거사다리 지원사업 및 장애인 주거지원 지원 목표치

구분	'25년 목표치***			'25년 실적****
	'25년 주거상향 지원(입주자 선정+이사비 지원)목표ⓐ	'25년 장애인 주택개량 지원목표ⓑ**	합계 (ⓒ=ⓐ+ⓑ)	
서울	932	"추후 확정"	"추후 확정"	
부산	173	"추후 확정"	"추후 확정"	
대구	125	"추후 확정"	"추후 확정"	
인천	205	"추후 확정"	"추후 확정"	
광주	76	"추후 확정"	"추후 확정"	
대전	76	"추후 확정"	"추후 확정"	
울산	34	"추후 확정"	"추후 확정"	
세종	10	"추후 확정"	"추후 확정"	
경기	1,120	"추후 확정"	"추후 확정"	
강원	96	"추후 확정"	"추후 확정"	
충북	83	"추후 확정"	"추후 확정"	
충남	131	"추후 확정"	"추후 확정"	
전북	98	"추후 확정"	"추후 확정"	
전남	129	"추후 확정"	"추후 확정"	
경북	177	"추후 확정"	"추후 확정"	
경남	151	"추후 확정"	"추후 확정"	
제주	54	"추후 확정"	"추후 확정"	

* Ⓐ: 시도별 전체 주택이외의 거처 가구수(오피스텔 제외)의 0.5%에 해당하는 가구수*1.8 (농촌위주 또는 도농복합지역인 울산, 세종, 강원, 충북, 충남, 전북, 전남, 경북, 경남, 제주 지역은 0.3%*1.8에 해당), 또한, 이사비 지원사업 추가에 따라 지원목표 상향(주거상향 선정가구 수의 80% 가산)
** Ⓑ: 25년 장애인 주택개량사업 수요조사 결과의 80% 적용
*** '25년 실적 : 주거상향사업 실적(입주자 선정 + 이사비 지원) + 장애인 주택개량 지원사업 실적 목표치 달성률에 따라 목표의 50%이상 1점, 60%이상 2점, 70%이상 3점, 80% 이상 4점

② '25년 시도별 주거복지센터 설치·운영 목표치(누계치)

구분	'25년 목표
서울특별시	26
부산광역시	2
대구광역시	3
인천광역시	2
광주광역시	1
대전광역시	1
울산광역시	1
세종특별자치시	1
경기도	17
강원도	1
충청북도	1
충청남도	1
전라북도	1
전라남도	1
경상북도	1
경상남도	1
제주특별자치도	2

1) '25년 지자체별 목표치는 시도별 설치 계획 및 현재 센터 수를 고려하여 산정
2) 실적으로 인정되는 주거복지센터는「주거기본법」제22조, 같은법 시행령 제14조에 따라 지자체가 직접 운영하거나 해당 법령에서 정한 기관에 위탁·운영하는 센터에 한함
3) '26년 설치를 목표로 주거복지센터 설치를 추진 중인 경우로서, '25년도에 지자체장 방침결재 또는 기본계획을 수립시 개소당 0.5개로 인정
4) 제주는 제주시 및 서귀포시의 실적을 포함
※ 이행성과지표 점수와 운영기반지표 점수 합계가 6점 이상일 경우 달성

○ 평가대상: 시·도(시·군·구 실적 포함)

○ 평가기준일: '25.12.31

시스템 구현 서식	[이행성과 지표] 주거상향 등 지원사업(입주자 선정 + 이사비 지원)+주택개량 지원사업 실적					
	시도	주거상향 지원목표 (입주자 선정 +이사비 지원) Ⓐ	장애인 주택개량 지원 목표 Ⓑ	합계 (ⓒ=Ⓐ+Ⓑ)	'25년 실적 Ⓓ*	획득점수 Ⓔ=Ⓓ/ⓒ if Ⓔ>=0.5→1점 if Ⓔ>=0.6→2점 if Ⓔ>=0.7→3점 if Ⓔ>=0.8→4점
	서울					
	부산					
	대구					
	…					

	[운영기반 지표] 주거복지센터 설치·운영현황				
	시도	'25년 센터 운영 목표 Ⓕ	'25년 센터 운영 현황 Ⓖ	획득점수 Ⓗ=Ⓖ/Ⓕ if Ⓗ>=0.3→1점 if Ⓗ>=0.5→2점 if Ⓗ>=0.7→3점 if Ⓗ>=0.9→4점	최종점수 Ⓘ=Ⓔ+Ⓗ
	서울				
	부산				
	대구				
	….				

* '25년 실적 : 주거상향사업 실적(입주자 선정 + 이사비 지원) + 주택개량 지원사업 실적

연계 시스템	없음
증빙 자료	○ 산식(실적)에 대한 지자체 증빙자료 1) 주거상향사업 실적 : 「주거취약계층 주거지원 업무처리지침」에 따라 LH·지방공사에 공공임대주택 입주자 선정대상으로 요청한 공문, 이사비 지원 실적(LH·지방공사에서 공급한 공공임대 입주자 및 주거취약계층 이주지원 버팀목 대출을 통한 주거상향 대상자 이사비 지원 실적) 2) 장애인 주택개조 실적 : 집행실적 확인 가능한 내부방침 등 공문서 3) 주거복지센터 운영·설치 실적 : 센터 위수탁 계약서, 지자체 내부 방침문서

VPS실적 입력주체	국토부	입력 시기	'25.12

문의처	[주거상향 지원사업·주거복지센터] 국토교통부 주거복지정책과 이누리事(☎: 044-201-4531, E-mail : thisnuri@korea.kr) 국토교통부 주거복지정책과 조병권主(☎: 044-201-4868, E-mail) [장애인 주택개량 지원사업] 국토교통부 주거복지정책과 손정필事(☎: 044-201-4507, E-mail : sjp197201@korea.kr) 국토교통부 주거복지정책과 최만희主(☎: 044-201-4509, E-mail : ku777@korea.kr)

국정목표	1. 상식이 회복된 반듯한 나라					
국민약속	1-3. 소통하는 대통령, 일 잘하는 정부가 되겠습니다.					
국정과제	1-3-11. 모든 데이터가 연결되는 세계 최고의 디지털플랫폼정부 구현					
지표명	㉮ 개인정보 보호 역량 강화 실적					
지표성격	< 국가주요시책 > - 공공기관의 개인정보 보호 역량 강화를 통해 국민이 안심하고 공공서비스를 이용하도록 함					
지표유형	정량		공통		정순	계속(변경)
지표설명	지표명 설명	개인정보 관리체계, 침해방지 및 정보주체 권리보장 등을 평가하여 개선 권고				
	평가근거	「개인정보 보호법」 제11조의2(개인정보 보호수준 평가)				
	평가목적	법령에 의해 국민의 개인정보를 수집·이용하고 있는 지자체의 개인정보 보호를 위한 역량 제고 필요, 이를 위한 기관 차원의 개인정보 보호 관심 및 지원 제고				
	기대효과	국민이 안심하고 공공서비스를 이용하도록 공공기관의 개인정보 보호 역량 강화				
	기타참고사항	< 개인정보 보호수준 평가 지표('24년 기준) >				

지표분류	평가방법	분야	진단항목	지표
정량지표 [43개]	자체평가 [60점]	개인정보 관리체계 [5개]	1. (해당 시) 소속기관 자체평가 자료 제출	1개
			2. 개인정보 책임자의 역할 수행	1개
			3. 개인정보 영향평가 수행 등	3개
		정보주체 권리보장 [10개]	4. 개인정보 처리방침 및 열람·정정·삭제·처리정지 등	3개
			5. 수집·이용·제공 및 목적 외 이용·제공 절차	7개
		개인정보 침해방지 [28개]	6. 접근권한 관리 및 접속기록 점검	8개
			7. 개인정보 침해사고 방지조치 및 대응 절차	10개
			8. 고유식별정보(및 생체인식정보) 암호화	4개
			9. 영상정보처리기기 운영 및 가명정보 처리	6개
정성지표 [8개]	심층평가 [40점]	개인정보 중점관리 업무 [8개]	1. 개인정보보호 인력·조직·예산	5점
			2. 개인정보 교육·홍보 및 우수사례 등	5점
			3. 개인정보 보호책임자 지정 및 업무·역할 등	5점
			4. 개인정보 파일 관리·등록의 적절성 및 개선 노력	5점
			5. 개인정보 처리방침의 적절성 및 이행·개선 노력	5점
			6. 정보주체의 실질적 권리보장	5점
			7. 개인정보 처리업무 위·수탁의 적절성 및 사후관리	5점
			8. 안전성 확보조치를 위한 노력	5점
기타지표	가점	신기술 환경에서의 데이터의 안전한 활용 및 안전조치 적절성		최대 10점
	감점	① 개인정보 유출 등 사고 발생 건당		최대 -10점
		② 유출 등 사고가 아닌 기타 개인정보 관련 사건·사고 발생 건당		최대 -10점
		③ 과태료·과징금·시정명령·시정권고·공표(명령)·개선권고 등 건당		최대 -3점
		④ 제출 자료가 거짓·허위인 경우(해당 지표 미이행 처리) 건당		최대 -2점
		(①②감경) 개인정보 유출 등 사고 대응의 적절성 및 재발방지 노력		최대 5점

측정
방법
	○ 산식
	- 점수 : 해당 시·도의 공공기관 개인정보 보호수준 평가 조치실적
	= [(㉮x0.7)] + [(㉯x0.3)]
	
	○ 산식 설명 :
	㉮ 전년도 자체평가 결과에 대한 개선실적 : A / B * 100 * C
	  A = 금년도 개선실적
	  B = 전년도 미이행 정량지표
	  C = 전년도 미이행 정량지표가 5~9개인 경우, 20% 가중치 부여(1.2)
	                           4개 이하인 경우, 50% 가중치 부여(1.5)
	  * 전년도 지표 기준으로 개선실적을 판단
	  ** ㉮ ≤ 70 (가중치를 부여한 점수가 70점을 초과한 경우, ㉮의 최댓값인 70점으로 반영)
	
	㉯ 전년도 심층평가 결과에 대한 개선실적 : D / E * 100
	  D = 금년도 개선실적
	  E = 전년도 "미흡"이하 정성지표
	  * 전년도 지표 기준으로 개선실적을 판단
	  ** 정성 지표 별 평가 결과 공개(매우우수, 우수, 보통, 미흡, 매우미흡)
	
	○ 목표치 : 70점 이상*
	  * '24년 개인정보 보호수준 평가 결과에 따라 조정될 수 있음
	  ※ 단, 개인정보 보호수준 평가 결과 등급이 상승한 경우 이행으로 봄(F)
	
	○ 평가대상 : 시·도
	
	○ 평가기준일 : 2025.12.31.

시스템 구현 서식			㉮ 자체평가 개선실적(0.7)				㉯ 심층평가 개선실적(0.3)			조치실적
	구분	등급 상승 여부(F)*	금년도 개선실적 (A)	전년도 미이행 정량지표 (B)	가중치 부여 (C)	㉮ 개선실적 =(A/B) *100*C	금년도 개선실적 (D)	전년도 "미흡" 이하 정성지표 (E)	㉯ 개선실적 =(D/E) *100	[(㉮*0.7) +(㉯*0.3)]
	00시도									

* 등급이 상승한 경우 1, 그렇지 않은 경우 0

연계 시스템	없음
증빙 자료	불필요(부처 자체 확인)

VPS실적 입력주체	중앙부처	입력 시기	2025.12.31.
문의처	개인정보보호위원회 자율보호정책과 주무관 이선화(☎ 02-2100-3087, E-mail: lsh083585@korea.kr)		

국정목표	1. 상식이 회복된 반듯한 나라
국민약속	1-3. 소통하는 대통령, 일 잘하는 정부가 되겠습니다
국정과제	1-3-11. 모든 데이터가 연결되는 세계 최고의 디지털플랫폼정부 구현
지표명	⑭ 지역디지털플랫폼정부 구현 수준

지표성격	< 국가주요시책 > - (국정과제) 1. 상식이 회복된 반듯한 나라, 3. 소통하는 대통령, 일 잘하는 정부가 되겠습니다. 11. 모든 데이터가 연결되는 세계 최고의 디지털플랫폼정부 구현 - (디지털플랫폼정부 실현계획) 중앙행정기관, 지자체, 공공기관이 디지털플랫폼정부 구현에 적극 참여하도록 각종 평가에 디지털플랫폼정부 원칙 정책 반영

지표유형	정량	공통	정순	계속(변경)

지표설명	지표명 설명	○ 지방자치단체의 디지털 역량 제고를 통한 격차 완화 및 디지털플랫폼정부의 지역 확산 기반을 마련하고자 함 ○ '지방자치단체 지능정보사회 실행계획'을 기반으로 하는 '지방자치단체 디지털 수준진단' 결과를 반영, 지자체별 디지털플랫폼정부 추진역량 및 디지털서비스 제공 정도 등을 측정
	평가근거	○ 국정과제 1-3-11 ○ 「디지털플랫폼정부위원회 설치령」 제2조(설치 및 기능)에 근거한 '디지털플랫폼정부 실현계획'('23.4. 디지털플랫폼정부위원회 발표)
	평가목적	○ 디지털플랫폼정부의 원칙과 정책 반영을 통한 국가 차원의 혁신 노력에 대한 국민 체감도 제고 및 지자체 차원에서의 추진 방안 마련 유도 ○ 기존 사례 위주의 평가로는 자치단체별 강점 약점 비교분석을 통한 발전 방안 마련에 활용이 어려운 한계를 극복하고, 정량요소 반영으로 평가의 객관성 확보 및 '지방자치단체 지능정보사회 실행계획' 등 旣 추진 업무*와의 연계성을 강화하고자 함 * 지자체 디지털 수준진단 등
	기대효과	○ 지자체 디지털 전환 격차 해소 및 평가 결과의 활용도 제고 ○ 기존 수준진단 결과 등을 활용함으로써 우수사례 선정 작성 제출에 따른 지자체 담당 공무원의 부담완화
	기타참고사항	○ 지방자치단체 디지털 수준진단 : '지방자치단체 지능정보사회 실행계획'을 기반으로 지자체별 디지털플랫폼정부 추진역량 및 지자체 제공 서비스의 지능정보기술 활용 정도 등의 조사를 통한 지역디지털플랫폼정부 구현 수준을 측정

측정방법	○ 산식 : 지역디지털플랫폼정부 구현 수준 　- 행정안전부와 한국지역정보개발원(이하 '개발원')이 공동 실시하는 지방자치단체 디지털 수준진단('25년 실적) 결과 활용 　　· ①디지털플랫폼정부 추진역량 영역(83점) + ②디지털플랫폼정부 추진 정도(17점) = 100점

	○ 산식 설명 - 행정안전부와 개발원이 공동 실시하는 지방자치단체 디지털 수준진단('25년 실적) 결과 활용 · A = 정보화(ICT)사업 지능정보기술 관련 정책(법제) 수립 비율 · B = 정보화(ICT) 지능정보기술 개발 제공 예산 비율 · C = 디지털플랫폼정부 구현을 위한 관련조직, 인력, 예산 비율 · D = 디지털플랫폼정부 실현계획 이행을 위한 사업 발굴 추진실적 - 디지털플랫폼정부 4대 핵심과제 실현을 위한 사업 발굴 추진실적(4건 이상 : 17점, 3건 : 13점, 2건 : 9점, 1건 : 5점) 　　* (예시) 디지털플랫폼정부 협의체(정보화위원회 등) 구성, 클라우드 기술(SaaS, PaaS, IaaS, 클라우드 네이티브(MSA 등) 등) 활용하여 정보시스템을 클라우드로 전환, 재난·사고에 대한 시나리오 기반의 예측모델 구축·대응, 청년정책의 맞춤형 추천·알림·신청 서비스 제공, 창업·성장·수출 단계별 지원 등 ○ 목표치: 50점 ○ 평가대상: 시 도 ○ 평가기준일: 2025. 12. 31. 　　* '26년도 지방자치단체 지능정보사회 실행계획' 1차 요구안('25.9월)을 기반으로 파악·보정

시스템 구현 서식	구분	지역디지털플랫폼정부 구현 수준					합계 (①+②)
		디지털플랫폼정부 추진역량 ①				특성지표 ②	
		계	정책·법규 (A)	기술 (B)	조직역량 (C)	디지털플랫폼정부 추진 정도(D)	
	시·도						

연계 시스템	정보시스템운영부서				연계항목	
	정보시스템명칭	기관/부서	담당자	연락처	항목이름	증빙화면

증빙 자료	○ 산식(실적)에 대한 지자체 증빙자료 - 불필요 : 지방자치단체 디지털 수준진단 결과 자료 활용	
VPS실적 입력주체	중앙부처	입력 시기	년

문의처	행정안전부 지역디지털협력과 사무관 김유환(☎ : 044-205-2768 E-mail : youhwan@korea.kr) 행정안전부 지역디지털협력과 주무관 장혜지(☎ : 044-205-2771 E-mail : jang0720@korea.kr)

지자체합동평가 진단지표 및 산식

분야	세부분야	항목	지표 및 산식	배점
① 디지털플랫폼정부 추진역량(83)	(A) 정책·법규 (제도) (29)	정보화사업(ICT사업) 대응역량	정보화사업(ICT사업) 관련 정책·법제 수립 비율 $\left(\frac{정보화사업\ 대응\ 정책\ 수}{디지털\ 관련\ 전체\ 정책\ 수} \times 100\right) \times 0.5$ $+ \left(\frac{정보화사업\ 대응\ 법규\ 수}{디지털\ 관련\ 전체\ 법규\ 수} \times 100\right) \times 0.5$	13
		지능정보기술 대응역량	지능정보기술 관련 정책·법제 수립 비율 $\left(\frac{지능정보기술\ 대응\ 정책\ 수}{디지털\ 관련\ 전체\ 정책\ 수} \times 100\right) \times 0.5$ $+ \left(\frac{지능정보기술\ 대응\ 법규\ 수}{디지털\ 관련\ 전체\ 법규\ 수} \times 100\right) \times 0.5$	16
	(B) 기술 (25)	정보화기술(ICT) 개발·제공 정도	정보화기술(ICT) 개발·제공 예산 비율 $\left(\frac{정보화기술(ICT)\ 개발\cdot활용\ 예산}{디지털예산} \times 100\right)$	8
		지능정보기술 개발·제공 정도	지능정보기술 개발·제공 예산 비율 $\left(\frac{지능정보기술\ 개발\cdot활용\ 예산}{디지털예산} \times 100\right)$	17
	(C) 조직역량 (29)	디지털플랫폼정부 구현을 위한 조직 보유 정도	디지털플랫폼정부 구현을 위한 관련조직 비율 $\left(\frac{디지털\ 관련\ 팀\ 수}{전체\ 팀\ 수} \times 100\right)$	8
		디지털플랫폼정부 구현을 위한 인력 보유 정도	디지털플랫폼정부 구현을 위한 전담인력 비율 $\left(\frac{디지털\ 인력\ 수}{전체\ 공무원\ 수} \times 100\right)$	8
		디지털플랫폼정부 구현을 위한 예산 보유 정도	디지털플랫폼정부 구현을 위한 예산 비율 $\left(\frac{디지털\ 예산}{전체\ 예산 \times \frac{1}{10}} \times 100\right)$	13
③ 특성지표 디지털플랫폼정부 추진 정도(17)			디지털플랫폼정부 실현계획 이행을 위한 과제 발굴·추진 여부 — 1건: 5점 / 2건: 9점 / 3건: 13점 / 4건 이상: 17점	17
				100

국정목표	1. 상식이 회복된 반듯한 나라
국민약속	1-3. 소통하는 대통령, 일 잘하는 정부가 되겠습니다.
국정과제	1-3-11. 데이터가 연결되는 세계 최고의 디지털 플랫폼 정부
지표명	㉯ 공공저작물 자유이용 정책 참여 노력도

지표성격	<국가주요시책> - 저작권법 제24조의2(공공저작물의 자유이용) 및 공공저작물 이용활성화 시책(2015 사회관계장관 회의 보고) 등에 따라 지자체 보유 공공저작물의 이용 활성화 도모 - 국민의 세금을 투입하여 만든 공공저작물을 납세자인 일반 국민이 자유롭게 이용할 수 있도록 장려하여 국민의 자유로운 창작 및 산업적 활용 확대 - 디지털플랫폼 정부의 기능 수행을 위해 저작권 문제가 없도록 공공저작물을 검토 후 개방하고, 국민이 안심하고 쓸 수 있는 저작권 확보를 위한 기반 확장
지표유형	정량 / 공통 / 정순 / 계속(변경)

지표설명	지표명 설명	공공저작물의 이용 활성화를 위해 지자체별로 관리하는 공공저작물이 안전하게 개방 및 활용될 수 있도록 효율적인 저작권 관리체계를 구축하고, '공공누리' 사이트 연계 등을 통해 이용활성화 기반을 마련하는 노력을 평가
	평가근거	「저작권법」 제24조의2(공공저작물의 자유이용) ① 국가 또는 지방자치단체가 업무상 작성하여 공표한 저작물이나 계약에 따라 저작재산권의 전부를 보유한 저작물은 허락없이 이용할 수 있다.
	평가목적	공공저작물 이용활성화 정책에 따라, 지방자치단체가 보유·생산한 공공저작물의 안전한 개방을 통해 대국민 서비스를 제공하는 디지털플랫폼 정부로서의 역할 구현
	기대효과	지자체에서 생산하는 우수한 공공저작물의 개방을 통해 저작권 침해 걱정 없이 국민의 자유로운 창작활동 지원 및 저작권 관련 산업분야 활용 확대 디지털플랫폼정부로서 공공분야의 역할 수행 및 지자체가 보유·생산한 안전하고 다양한 공공저작물의 제공을 통해 창작활동 활성화 및 만족도 증대
	기타참고사항	(공공누리제도) 공공저작물을 국민이 개별적 이용허락을 받을 필요 없이 자유롭게 이용할 수 있도록 허락하고자, 명확하고 통일성 있는 표시와 조건을 사용하여 정한 공공저작물 자유이용 허락표시 기준

측정방법	○ 산식 : 공공저작물 자유이용 정책 참여 노력도
	① 공공저작물의 체계적 관리 노력도
	  A. 공공저작물 책임관 및 담당자 지정/현행화(30점) : (시도, 시군구 대상 조직 내 공공저작물 책임관 및 담당자를 지정하고 홈페이지에 현행화하여 게시했는지 여부/시도, 시군구 기관)×100
	    * 공공저작물 책임관/실무자 지정 후, 공문발송(한국문화정보원 개방지원센터)
	    * 담당자가 기 지정되거나, 변동사항이 없는 기관의 경우, 당해연도 담당자 기준으로 공문 회신
	  B. 공공저작물 개방 및 활용지원을 위한 역량강화 노력도(30점) : (시도, 시군구 기관별 공공저작물 관련 역량강화 교육, 시도협의체 회의 참여 여부/시도, 시군구 기관)×100
	    * 역량강화 교육: 공공저작물 개방지원센터 소집교육 및 방문교육(화상교육 포함), 연수 등
	② 공공저작물 연계, 개방 노력도
	  C. 공공누리 웹사이트에 기관별 저작물 링크연계 건수(20점) : (시도, 시군구 기관별 2025년 공공누리 링크 연계 구간별 점수/전체 시도 시군구 기관수)
	    * 링크 연계DB : 기관 웹사이트 내 개방 및 공공누리 웹사이트에 링크 연계(2025년 실적)

D. 공공누리 웹사이트 내 원문DB 등록 건수(20점) : (시도, 시군구 기관별 2025년 공공누리 원문DB 등록 건수 구간별 점수/전체 시도, 시군구 기관수)

　　* 원문DB : 기관이 저작권을 보유하여 개방 가능한 저작물 중, 영상, 음원, 이미지 등 활용도 높은 저작물을 선별하여 등록한 파일로, 국민들이 공공누리 웹사이트에서 다운로드 받아 활용할 수 있음 (저작물 활용도 제고 및 홍보 효과 기대)

⇒ ①과 ②를 통합하여 합산

○ 산식 설명
- 평가방향: 시·도별(시·군·구 포함)의 공공저작물이 안전하게 개방될 수 있도록 공공저작물 이용 활성화 정책에 따른 공공저작물 관리, 제공 수준을 향상시키기 위한 노력도를 제도 도입 및 저작물 개방·연계 등의 정량화된 기준으로 평가
- 평가 세부기준

평가항목	평가내용
1) 공공저작물의 체계적 관리 노력도 (60점)	① 관리체계 구성 : 공공저작물 책임관 및 담당자 지정 및 현행화 (30점) | 대상 | 기준 | 배점(30점) | |---|---|---| | 시도/시군구 | 공공저작물 책임관 및 담당자 지정/현행화 | 30점 | * 담당자 지정·현행화 완료 시, '1'을 기재/미이행 시 공란(지정·현행화 모두 완료 시 점수 부여) ② 교육 참여 : 공공저작물 개방 및 활용지원을 위한 역량강화 노력도 (30점) | 대상 | 기준 | 배점(30점) | |---|---|---| | 시도/시군구 | 공공저작물 관련 역량 강화 교육 참여 여부 | 30점 | * 교육참여 완료 시, '1'을 기재/미이행 시 공란 | 점수구간 | 30점 | 25점 | 20점 | 0점 | |---|---|---|---|---| | ① 담당자 지정 및 현행화 | 90% 이상 | 50%~89% | 1%~49% | 미시행 | | ② 역량강화 노력도 | 90% 이상 | 50%~89% | 1%~49% | 미시행 | ** 시도 및 시군구 합계(백분율 환산)를 기준으로 구간별 점수를 부여
2) 공공저작물 연계, 개방 노력도 (40점)	③ 공공누리 웹사이트(https://kogl.or.kr)의 저작물 링크 연계건수 (20점) | 대상 | 기준 | 배점(20점) | |---|---|---| | 시도/시군구 | 공공누리 웹사이트의 게시판 링크 연계 건수 | 20점 | | 점수구간 | 20점 | 18점 | 16점 | 14점 | 12점 | |---|---|---|---|---|---| | ③ 연계건수 | 5,000건 이상 | 2,500건 이상 5,000건 미만 | 1,000건 이상 2,500건 미만 | 200건 이상 1,000건 미만 | 200건 미만 | * 시도 및 시군구 구간별 점수 합계에 대한 평균으로 점수 산정 ** 인구수 5만 이하 시군구는 실적(연계건수)의 1.5배를 곱하여 산정 ※ KOSIS 행정구역별 인구수 통계자료에 따름(2024.12.31. 기준) ④ 공공누리 웹사이트(https://kogl.or.kr) 내 원문DB 등록 건수 (20점) | 대상 | 기준 | 배점(20점) | |---|---|---| | 시도/시군구 | 공공누리 웹사이트 내 공공저작물 원문DB 등록 건수 | 20점 | | 점수구간 | 20점 | 18점 | 15점 | 10점 | 5점 | 0점 | |---|---|---|---|---|---|---| | ④ 등록건수 | 12건 이상 | 8건 이상 11건 이하 | 5건 이상 7건 이하 | 3건 이상 4건 이하 | 1건 이상 2건 이하 | 0건 | * 시도 및 시군구 구간별 점수 합계에 대한 평균으로 점수 산정

	○ 목표치: 90점 (시군구 실적 취합 기준) ○ 평가대상 : 시·도+시·군·구(평균) ※ 시·군·구 실적 합산한 평균으로 시·도 평가가 이루어지며, 제주특별자치도의 경우 제주시, 서귀포시 실적 포함 ○ 평가기준일 : 2025. 12. 31
시스템 구현 서식	○ 시군구별 점수산정 (단위 : 점수) | 구분	공공저작물의 체계적 관리 노력도(A)			공공저작물 연계, 개방 노력도(B)					지자체 수 총합 (시도 및 시군구)	합계 (A+B)
---	---	---	---	---	---	---	---	---	---	---
	공공저작물 책임관/담당자 지정·현행화 (a)	역량강화 노력도 (b)	소계 (A=a+b)	공공저작물 링크연계 건수 (c)			공공저작물 원문등록 여부 (d)		소계 (B=c+d)		
	담당자 지정 여부 (지정 시, 1 표시)	교육 참여 여부 (참여 시, 1 표시)		링크 연계건수	인구수 5만 이하 시군구 해당 여부 (해당 시, 1 표시)	링크연 계건수 (인구수 5만 이하 시군구 실적 1.5배 환산)	구간별 환산점 수	원문 등록건 수	구간별 환산점수		
최종점수*	수식적용	수식적용	수식 적용	입력 불가	입력 불가	입력 불가	수식 적용	입력 불가	수식 적용	입력 불가	수식 적용
총합계(ⓐ+ⓑ)**	수식적용	수식적용	입력 불가	입력 불가	입력 불가	입력 불가	수식 적용	입력 불가	수식 적용		입력 불가
시도(ⓐ)			입력 불가	입력 불가		입력 불가	수식 적용		수식 적용	입력 불가	입력 불가
시군구 합계(ⓑ)	수식적용	수식적용	입력 불가	수식 적용	입력 불가	입력 불가	수식 적용	수식 적용	수식 적용	입력 불가	입력 불가
○○시			입력 불가		수식 적용	수식 적용		수식 적용	입력 불가	입력 불가	입력 불가
○○군			입력 불가		수식 적용	수식 적용		수식 적용	입력 불가	입력 불가	입력 불가
○○구			입력 불가		수식 적용	수식 적용		수식 적용	입력 불가	입력 불가	입력 불가 | * 최종점수 산정 기준: A(공공저작물의 체계적 관리 노력도)= 총합계가 속하는 구간별 점수, 　　　　　　　　　　B(공공저작물 연계, 개방 노력도)= 구간별 점수에 대한 평균 ** 평가항목별 총합계 기준: 공공저작물의 체계적 관리 노력도(A) = (ⓐ+ⓑ)/시도,시군구 수)X100　*백분율 환산 　　　　　　　　　　　공공저작물 연계 개방 노력도(B) = ⓐ+ⓑ
연계 시스템	해당없음
증빙 자료	○ 산식(실적)에 대한 증빙자료 　* 필요 : 평가항목별 이행여부(실적)를 확인할 수 있는 증빙자료 제출(화면캡쳐 등) 1) 공공저작물 책임관(담당자) 지정 현행화 　① 공공저작물 저작권 관리 및 이용지침 제7조의 의거, 공공저작물 책임관, 담당자 지정 　　발송 공문 내역 1부 (수신처 : 한국문화정보원) 2) 공공저작물 역량강화 노력도 　① 책임관(담당자)의 시도협의체 회의·교육·연수 이수증 또는 확인 공문 등 증빙서류 1부

3) 공공누리 웹사이트(https://kogl.or.kr)에 저작물 연계, 개방 여부
① 공공누리 웹사이트에 기관 저작물 링크 연계 확인증 1부
- 공공누리 웹사이트 기관 로그인 후 증명서 출력 가능
  * 마이페이지-저작물관리-저작물통계-연계저작물 현황-년도설정(2025년) 후 검색-연계 확인증 다운로드
② 공공누리 내 기관 저작물 원문DB 등록 확인증 1부
- 공공누리 웹사이트에 기관 로그인 후 증명서 출력가능
  * 마이페이지-저작물관리-저작물통계-원문DB 등록 현황-년도설정(2025년) 후 검색-연계 확인증 다운로드

구분	1) 공공저작물의 체계적 관리 노력도(60점)		2) 공공저작물 연계·개방 노력도(40점)		3) 총점
	공공저작물 책임관/담당자 지정 및 현행화 여부 ①	공공저작물 관련 역량강화 노력도 ②	공공누리 웹사이트 저작물 링크연계 건수 ③	공공누리 웹사이트 원문등록 건수 ④	①+②+ ③+④
시도	O	O	O(공공누리)	O(공공누리)	
시군구	O	O	O(공공누리)	O(공공누리)	

VPS실적 입력주체	시·도 및 시·군·구	입력 시기	연말
문의처	문화체육관광부 저작권산업과 사무관 정종량(☎ : 044-203-2469, E-mail : kinema@korea.kr) 문화체육관광부 저작권산업과 주무관 윤나영(☎ : 044-203-2486. E-mail : yny17@korea.kr)		

국정 목표	1. 상식이 회복된 반듯한 나라
국민 약속	1-3. 소통하는 대통령, 일 잘하는 정부가 되겠습니다
국정 과제	1-3-13. 유연하고 효율적인 정부체계 구축
지표명	㉮ 필수조례 제때 마련율
지표 성격	<국가주요시책> - 법령의 위임에 따른 필수조례 마련을 통한 법체계상 공백 방지 및 정책 효과 확산 도모

지표 유형	정량		공통	정순	계속(변경)
지표 설명	지표명 설명	법령의 제·개정에 따라 꼭 마련해야 할 필수조례 중에서 해당 지자체가 실제로 마련한 필수조례의 비율			
	평가근거	「법제업무 운영규정」 제29조의3에 따른 자치입법 지원			
	평가목적	법령내용의 적용 및 국정과제 등 정책 집행을 위해 상위법령의 개정사항을 조례에 제때 반영하도록 유도			
	기대효과	국정과제 관련 정책의 적법·신속한 집행, 법령과 조례의 체계적인 적용			
	기타참고사항	필수조례: 법령에서 조례로 정하도록 위임한 사항 중 반드시 조례로 정해야 할 의무가 있는 조례			

측정 방법	○ 산식 $$\frac{\text{직전년도에 시행된 법령 필수조례 마련건수(B)}}{\text{직전년도에 시행된 법령 필수조례 과제건수(A)}} \times 100 \times 0.4$$ $$+ \frac{\text{해당연도에 시행된 법령 필수조례 마련건수(B)}}{\text{해당연도에 시행된 법령 필수조례 과제건수(A)}} \times 100 \times 0.6$$ $$+ \frac{\text{국정과제 관련 법령 필수조례 마련건수(B)}}{\text{국정과제 관련 법령 필수조례 과제건수(A)}} \times 100 \times 0.05$$ ○ 산식 설명 1) 직전년도에 시행된 법령('23. 10월부터 '24. 9월까지 시행된 법령으로 한정함) - 필수조례 과제건수(A): 법제처에서 통보한 조례위임사항 포함 법령 중 필수조례의 수 - 필수조례 마련건수(B): '25. 12월까지 마련(공포)된 필수조례 수 2) 해당 연도에 시행되는 법령('24. 10월부터 '25. 9월까지 시행된 법령으로 한정함) - 필수조례 과제건수(C): 법제처에서 통보한 조례위임사항 포함 법령 중 필수조례의 수 - 필수조례 마련건수(D): 상위법령의 시행일까지 마련된 필수조례의 수(조례 마련 유인을 위해 상위법령의 시행일로부터 6개월 이내에 공포된 경우 실적으로 인정함. 다만 '25. 7월 이후 시행되는 법령의 필수조례는 조례 제·개정안이 입법예고 중이거나 지방의회에 제출된 경우에도 실적으로 인정함) ※ 다만, '23. 10월부터 '24. 9월까지 시행된 법령 중 '25년평가('24년실적) 과제에는 포함되지 않았으나, '26년평가('25년실적) 과제로 처음 포함된 경우 '해당 연도 시행되는 법령' 과제건수에 포함하여 평가를 진행하고 '25. 12월까지 공포된 경우 실적으로 인정함.

3) 직전년도 및 해당 연도에서 시행된 법령 중 국정과제 관련 법령(가점)

- 필수조례 과제건수(E): 법제처에서 통보한 조례위임사항 포함 법령 중 국정과제 관련 법령에 따른 필수조례의 수

- 필수조례 마련건수(F): '25. 12월까지 마련된 필수조례 수(다만 '25. 7월 이후 시행되는 법령의 필수조례는 조례 제·개정안이 입법예고 중이거나 지방의회에 제출된 경우에도 실적으로 인정함)

※ 해당 항목은 기본 배점(100%)에는 포함되지 않고 직년년도 및 해당 연도에서 시행된 법령 중 국정과제 관련 필수조례를 마련한 경우 추가로 5%이내에서 가점 부여

○ 목표치: 80%

○ 평가대상: 시·도(시·군·구 포함)

○ 평가기준일: 2025. 12. 31.

(단위: 건, %)

시스템 구현 서식

구분	직전연도에 시행된 법령			해당 연도에 시행되는 법령			직전연도 및 해당 연도 국정과제 관련 법령(가점)			마련율 계
	필수조례 과제건수 (A)	필수조례 마련건수 (B)	마련율 (X)= (B/A) ×100	필수조례 과제건수 (C)	필수조례 마련건수 (D)	마련율 (Y)= (D/C) ×100	국정과제 관련 필수조례 과제건수 (E)	국정과제 관련필수 조례 마련건수 (F)	마련율 (Z)= (F/E) ×100	X×0.4 + Y×0.6 + Z×0.05 (마련율 계≤100)
합계 (ⓐ+ⓑ)										
00시·도 (ⓐ)										
시군구 합계 (ⓑ)										
00시										
00군										
00구										

연계 시스템

정보시스템운영부서				연계항목	
정보시스템명칭	기관/부서	담당자	연락처	항목이름	증빙화면
국가법령정보센터	법제처/ 법령데이터 혁신팀	조병하 사무관	044-200-6786	필수조례 정비현황	매뉴얼하단 별첨

증빙자료	불필요		
VPS실적 입력주체	중앙부처	입력 시기	반기
문의처	법제처 자치법제지원과 사무관 최인숙(☎ 044-200-6628, E-mail: rose0920@korea.kr)		

국정목표	1. 상식이 회복된 반듯한 나라			
국민약속	1-3. 소통하는 대통령, 일 잘하는 정부가 되겠습니다.			
국정과제	1-3-13. 유연하고 효율적인 정부체계 구축			
지표명	⑭ 비영리민간단체 공익활동 지원사업 정보공개 수준			
지표성격	<국가주요시책> - (국정과제 13-6) 비영리민간단체 및 기부금 관리 투명성 제고			
지표유형	정량	부분	정순	계속(유지)
지표설명	지표명 설명	비영리민간단체 공익활동 지원사업의 평가결과 등 정보공개 수준 평가		
	평가근거	비영리민간단체지원법 제9조 및 동법 시행규칙 제4조		
	평가목적	법령(법 제9조 및 시행규칙 제4조) 준수 여부 확인 및 비영리민간단체의 정보공개 수준 제고		
	기대효과	비영리민간단체의 보조금 사용 투명성 제고 및 정보공개 강화		
	기타참고사항			
측정방법	○ 산식 비영리민간단체 공익활동 지원사업 정보공개 수준 = ① + ② + ③ (100점 만점) - ① 비영리민간단체 공익활동 지원사업 평가보고서 공개 여부 (20점) - ② 비영리민간단체 공익활동 지원사업 평가보고서 항목 준수 (60점) - ③ 시·도에서 비영리민간단체의 공익활동 지원사업 평가 시 비영리민간단체의 정보공개 수준 평가항목 보유 여부(20점) ○ 산식 설명 - ① 평가보고서를 시 도 인터넷 홈페이지에 공개했으면 20점, 미공개는 0점 - ② 시행규칙 제4조 제3항에서 정한 평가결과 공개항목 개수(최대 6개) × 10점 　* (해당 비영리민간단체가 수행한 공익사업의 목적 및 내용, 　　사업계획서의 사업추진계획 대비 사업추진 실적, 　　시행규칙 제2조제1호에 따른 사업추진성과, 　　영 제11조제3호에 따른 사업비 지출내역, 　　시행규칙 제2조 및 제3조에 따른 평가결과, 　　행정안전부장관 또는 시 도지사의 종합의견) - ③ 비영리민간단체 공익활동 지원사업 수행단체를 대상으로 하는 평가지표에 정보공개 수준을 확인하는 평가항목을 포함하고 있으면 20점, 미포함은 0점 　(예시) 전년도 비영리민간단체 공익활동 지원사업 평가보고서를 단체 자체 홈페이지 등 　　(블로그, 카페, 페이스북 등)에 공개하였는지를 평가항목*에 포함하여 사업 선정 시 　　공고문, 설명회, 워크숍 등을 통해 단체에게 공지하도록 함 　* 단체 평가 시 전년도('24년) 평가보고서를 공개하지 않은 단체는 감점, 전년도 지원 　　사업 미실시 단체와 전년도 지원사업 실시 후 평가보고서 공개 단체 0점 부여			

	○ 목표치 : 80점					
	○ 평가대상 : 시·도(대구광역시, 세종특별자치시, 충청남도, 전라북도, 전라남도* 제외) * 비영리민간단체 공익활동 지원사업 미실시					
	○ 평가기준일 : ①② 2025 4. 30., ③ 2025 12. 31. ※ ① ②: 2024년 비영리민간단체 공익활동 지원사업에 대한 평가보고서를 2025 4. 30. 기준으로 공개하였는지, 공개항목을 준수하였는지 확인 ③ 2025 비영리민간단체 공익활동 지원사업 수행단체를 대상으로 하는 평가지표에 정보공개 수준 평가항목 보유 여부 확인					
시스템 구현 서식	시도	평가보고서 공개 여부 (공개:20,미공개:0) (A)	평가보고서 항목 준수 (=항목수×10) (B)	단체의 정보공개 수준 평가 여부 (평가:20,미평가:0) (C)	총점 (D)= (A)+(B)+(C)
	서울	20	50	0	70
	부산	20	60	20	100
	…	…	…	…	…
연계 시스템	해당없음				
증빙 자료	○ 산식(실적)에 대한 지자체 증빙자료 - 필요: 비영리민간단체 공익활동 지원사업 평가보고서, 평가지표				
VPS실적 입력주체	광역지자체		입력 시기	년	
문의처	행정안전부 민간협력과 행정사무관 서동환(☎ 044-205-3178, E-mail: dhseo007@korea.kr) 행정안전부 민간협력과 전산주사 신승희(☎ 044-205-3179, E-mail: sshstar@korea.kr)				

2. 민간이 끌고 정부가 미는 역동적 경제

국정목표	2. 민간이 끌고 정부가 미는 역동적 경제
국민약속	2-4. 경제체질을 선진화하여 혁신성장의 디딤돌을 놓겠습니다.
국정과제	2-4-16. 규제시스템 혁신을 통한 경제활력 제고
지표명	㉮ 규제개혁신문고·중소기업 옴부즈만 규제애로 건의/개선 실적
지표성격	<국가주요시책 >

지표유형	정량	공통	정순	계속(유지)

지표설명	지표명 설명	국조실(규제개혁신문고)·중기부(옴부즈만)를 통해 지역민생·경제현장의 각종 규제애로건의를 발굴·개선한 실적
	평가근거	행정규제기본법 제17조 및 동법 시행령 제12조 중소기업기본법 제22조 및 동법 시행령 제14조
	평가목적	지자체의 국민·기업 등 일선 현장의 불합리한 규제애로(행정불합리 포함) 발굴을 적극 유도
	기대효과	지역 현장 체감형 규제혁신 실현
	기타참고사항	

측정방법	○ 산식 : 지자체에서 지역 주민, 기업 및 일선 행정현장의 불합리한 규제를 발굴하여 규제개혁신문고에 건의한 과제 수와 개선한(된) 건수 ① 국조실(규제신문고) 건의 및 개선 실적 　: 민생·경제, 국민불편, 행정불합리 등 중심으로 건의 ② 중기부(옴부즈만) 건의 및 개선 실적 　: 지방 중소기업·소상공인 규제애로 중심으로 건의 ⇒ ①과 ②를 통합, 건의 및 개선 실적 ○ 산식 설명 ① 시군구와 시도 실적을 합산하여 평가점수 산출 | 구분	발굴실적[1]	처리실적[2]	실적 소계[3]
세부산식	건의과제 건수 (국조실+중기부)	규제개선 건수 (국조실+중기부)	건의과제 건수+규제선 건수+가점 | * 1) 건의과제 건수 : 　① 국조실(규제신문고)에 건의·처리한 과제 　② 지방규제 신고센터 운영원칙에 부합하게 발굴·건의한 과제 * 2) 제도개선 건수 : 건의과제 중 소관부처·기관이 수용·일부수용, 대안 제시 및 반영 등 규제애로를 해소하기로 한 과제 * 3) 가점은 중기부 옴부즈만 과제에 대해서만 부여, '기업활력 제고지수' 우수 광역 지자체에 해당되는 경우 [(건의과제 건수+규제개선 건수)×10%] 부여 　* 지자체 목표치의 최대 10% 범위 내에서 인정
---	---

※ 기업활력 제고지수 개요

> • 중기옴부즈만이 기업 협·단체 및 한국정책학회와 공동으로 공공부문의 기업활력 제고 노력·성과를 진단하는 지수(기업활력 제고지수*)를 개발하여 정기적으로 측정 및 공표추진
> * 기업 생존·성장 등 활력제고를 위해 기관(정부·지자체·공공기관)이 규제·행태·지원 등을 개선하여 자유로운 기업활동 보장과 친기업 환경조성에 적극적·능동적으로 활동한 정도

② 실적인정 기준

< 국조실(규제신문고) >
· 지자체(규제개혁담당관)가 규제개혁신문고 하위 메뉴("지방규제개혁신문고")에 건의하여 접수처리된 과제
· 접수·처리된 과제는 평가일 기준으로 일괄 지방규제 건의로 '적정성 검증'을 통해 최종 실적으로 확정(→추후 해당 지자체 확인 및 소명 기회 별도 부여)
· 접수 기준으로 실적을 인정하며, 건의접수 후 답변(처리)이 되지 않은 경우 '25년 실적으로 인정

※ <예시> 동일 지자체에서 중복 과제를 건의한 경우 중복에 대해 1건으로 인정, 규제건의가 아니어서 국민신문고로 이첩된 과제는 실적 배제

< 중기부(옴부즈만) >
· 중소기업·소상공인·자영업자 관련 규제애로 과제로서 기업 민원인이 있으며 지자체가 검토(현황 및 문제점, 개선방안 등) 후 서식에 맞춰 건의한 과제
· 일반민원, 민간 사인·단체간 행위에 따른 애로 등 업무영역 이외 건의는 제외
· 제기과제의 구체성이 떨어지고, 명확한 요구사항이 없어 개선업무 처리 진행이 불가한 과제, 반복민원 등 형식적인 건의, 지자체 노력이 부족한 단순 지원과제, 기 개선과제, 유사안건 분리등록 과제 등은 제외
· '24년에 건의되었으나 처리가 늦어져 '24년도 평가에 반영되지 않은 수용, 일부수용, 조건부수용, 대안반영 실적은 '25년도 평가에 반영

○ 목표치

· 2025년('24년 실적) 평가지표를 바탕으로 목표치 설정
· 광역지자체 소속 기초 지자체 수를 고려하여 4개 그룹으로 나누고, 그룹별 목표 설정
(지차체 규모별 목표치 형평성 제고 및 지자체 평가 수용성 고려)

그룹	가	나	다	라
지자체수 (광역+기초)	1~5	6~14	15~24	25~
광역지자체	세종, 제주	대구, 인천, 광주 대전, 울산, 충북	부산, 강원, 충남 전북, 전남, 경북, 경남	서울, 경기
목표치	20	70	90	210

시도	지자체수(광역+기초) (단위:개)	그룹	'25년 목표 (단위:건)
합계	243		1,510
서울특별시	26	라	210
부산광역시	17	다	90
대구광역시	10	나	70
인천광역시	11	나	70
광주광역시	6	나	70
대전광역시	6	나	70
울산광역시	6	나	70
세종특별자치시	1	가	20
경기도	32	라	210
강원도	19	다	90
충청북도	12	나	70
충청남도	16	다	90
전라북도	15	다	90
전라남도	23	다	90
경상북도	23	다	90
경상남도	19	다	90
제주특별자치도	1(행정시2)	가	20

※ <실적 검증(중복과제 예방 및 처리방안)>

- 국조실-중기부 간 주기적 협의를 통해 중복과제 예방(→ 중복처리된 과제에 대해서는 단일 실적으로 처리)
- 지자체별 국조실(규제신문고) 건의/개선실적(A+B)과 중기부(옴부즈만) 건의/개선실적 및 가점(A+B+C)은 국조실이 취합 후 행안부에 제출
  * 중기부 옴부즈만 (실적 제출) → 국조실 (취합) → 행안부(통합 접수)

○ 평가대상 : 광역·기초지자체
  ※ 제주특별자치도의 경우 제주시, 서귀포시 실적 포함
○ 평가기준일 : 2025. 12. 31.

	구 분	목표치	발굴실적 건의과제 건수(A)	처리실적 규제개선 건수(B)	가점(C)	점수계(D)=A+B+C
시스템 구현 서식	합계(ⓐ+ⓑ)	○○				
	○○시도ⓐ					
	시군구합계ⓑ					
	○○시					
	○○군					
	○○구					

연계 시스템	○ 산식(실적)에 대한 지자체 증빙자료 - 불필요: 규제개혁신문고 시스템 (www.sinmungo.go.kr), 　중소벤처기업부 옴부즈만지원단 시스템 자료 활용

증빙 자료	○ 산식(실적)에 대한 지자체 증빙자료 - 불필요 : 규제개혁신문고 시스템 (www.sinmungo.go.kr), 　중소벤처기업부 옴부즈만지원단 시스템 자료 활용

VPS실적 입력주체	중앙부처	입력 시기	년

문의처	국무조정실 규제총괄정책관실 김민규 사무관(☎ : 044-200-2634, E-mail : sotong1004@mail.go.kr) 중소벤처기업부 옴부즈만지원단 김창호 사무관(☎ : 044-204-7171, E-mail : chowal@mail.go.kr)

국정목표	2. 민간이 끌고 정부가 미는 역동적 경제
국민약속	2-4. 경제체질을 선진화하여 혁신성장의 디딤돌을 놓겠습니다
국정과제	2-4-16. 규제시스템 혁신을 통한 경제활력 제고
지표명	⑭ 중앙규제 개선 및 적극행정 활성화
지표성격	< 국가주요시책 > - 현 정부 규제혁신 추진방향('22.5)에 따라 신산업 혁신생태계 조성, 규제비용 감축 등 강력한 규제개혁 추진으로 지역경제 활성화, 규제개혁 체감도 등 제고

지표유형	정량	공통	정순	계속(변경)

지표설명		
	지표명 설명	o 지자체에서 중앙부처에 건의한 규제혁신 과제* 중 행안부에서 부처협의 과제로 선정된 과제 실적 및 소관 부처에서 제도개선을 수용한 실적 * 지역경제 활성화, 주민생활 불편해소, 신산업 지원 등 건의 과제 o 지자체의 적극행정을 통해 고용창출, 지역경제 활성화, 생활불편 해소 등 규제애로를 해소한 사례 중 행안부가 인정한 실적
	평가근거	o 해당없음
	평가목적	o 주민과 지역기업을 위해 지자체에서 적극적으로 규제 애로를 발굴하고 다각적인 노력으로 규제개선을 추진하기 위함
	기대효과	o 지역기업과 주민의 불편을 해소하여 지역경제 활성화 및 규제혁신 체감도 제고
	기타참고사항	o 해당없음

측정방법	○ 산식 ① 중앙부처 건의 규제발굴 및 개선실적(실적건수) (50%) ② 불합리한 규제개선 등 적극행정 성과 창출 사례(선정건수) (50%) ○ 산식 설명 1. 중앙부처 건의 규제발굴 및 개선실적 | 구분 | 중앙부처 건의규제 중 부처협의 과제 선정 및 개선 실적 | |---|---| | 세부 산식 | 실적건수(선정건수 + 해결건수 + 우수사례 보도건수) | - ① 선정건수: · 중앙부처 건의과제 중 행안부에서 부처협의 과제로 선정한 건수 - ② 해결건수: · 행안부에서 선정한 부처협의 과제 중 '25.12.31.까지 소관 중앙부처에서 규제개선 사항을 수용한 건수 · 행안부 선정 부처협의 과제가 아니더라도 지자체에서 소관 중앙부처에 직접 건의하여 '25.12.31.까지 규제개선 사항을 수용한 건수 - ③ 우수사례 보도건수: · 지자체 건의과제 중 행안부에서 우수사례로 보도한 과제 건수

○ 시도별 목표

- '24년 목표 449건 대비 17건(4%) 증가 ⇒ '25년 목표 466건

(시도 기본 목표값 12건을 기준으로 기초지자체수 별 1건씩 증가)

해당시도 +기초수	1	1 (행정 시2)	6	9	11	12	15	16	17	19	23	24	26	32
목표	14	16	19	22	24	25	28	29	30	32	36	37	39	45

- 시·도별 실적 점수(①+②+③)

(단위 : 건)

시도	지자체수	지자체 비율(%)	인구수 (백만)	인구 비율(%)	'25년 목표	'25년 목표수정 (1차 반영)
합계	243	100.0	51.5	100.0	466	
서울특별시	26	10.7	9.5	18.4	39	
부산광역시	17	7.0	3.3	6.4	30	
대구광역시	10	3.7	2.4	4.7	23	
인천광역시	11	4.5	3.0	5.8	24	
광주광역시	6	2.5	1.4	2.7	19	
대전광역시	6	2.5	1.4	2.7	19	
울산광역시	6	2.5	1.1	2.1	19	
세종특별자치시	1	0.4	0.4	0.8	14	
경기도	32	13.2	13.6	26.4	45	
강원도	19	7.8	1.5	2.9	32	
충청북도	12	4.9	1.6	3.1	25	
충청남도	16	6.6	2.1	4.1	29	
전라북도	15	6.2	1.8	3.5	28	
전라남도	23	9.5	1.8	3.5	36	
경상북도	23	9.9	2.6	5.1	36	
경상남도	19	7.8	3.3	6.4	32	
제주특별자치도	1 (행정시2)	0.4	0.7	1.4	16	

2. 불합리한 규제개선 등 적극행정 성과 창출 실적

1) (목표) '24년 목표(204건) 대비 11건(5%) 증가 ⇒ '25년 목표 215건

❖ 지속적인 목표치 점증에 대한 지자체의 업무 피로도와 목표 형평성 주문 고려할 필요

- '24년 기준 목표 건수 10건 이상이면서 관할내 시군구가 10개 이상인 광역에 대해서는 1건 상향을 통해 발굴 여건에 대한 형평성 고려하면서 관심도 유지
- '24년 기준 목표 건수 10건 미만이거나, 관할내 시군구가 10개 미만인 광역에 대해서는 기존 목표치 유지

구분	서울	부산	대구	인천	광주	대전	울산	세종	경기	강원	충북	충남	전북	전남	경북	경남	제주
시군구수	25	16	9	10	5	5	5	-	31	18	11	15	14	22	22	18	-
24년 목표	18	14	10	11	7	7	7	4	21	15	11	13	13	17	16	15	5

2) (실적 인정 내역)
- ○ '25년에 지자체의 적극행정을 통해 고용창출, 지역경제 활성화, 신기술·신산업 육성(규제 샌드박스 실증지원 등), 생활불편 해소 등 규제를 해소하여 당해년도에 실질적 효과가 발생하는 사례건수(선정건수)
  - ※ 최근 3년간('23~'25) 적극행정을 통해 '25년도에 실제 규제애로를 해소한 사례도 인정
  - √ (우수사례 가점) 신규 선정사례 중 분기별 우수사례(8개 내외 선정)에 대해서는 실적건수 1건 추가 부여
  - √ (벤치마킹) 성과확산을 위한 최근 4년간 선정된 우수사례를 벤치마킹하여 도입한 경우 인정사례 건수
    * 0.5건 부여(단, 목표건수의 최대 30%까지만 인정)
  - √ (사례발굴 노력) 기초자치단체를 인구수 기준으로 3개 그룹(30만 이상/30만 미만/10만 미만)으로 구분하여 각 그룹별 연간 사례 제출건수가 일정건수(10건/7건/4건) 이상이면 초과 건수당 0.2건 부여하되 최대 1건까지 인정(단, 기존 제출 사례, 당해연도 비해당 사례는 제출건수로 불인정)
  - * 적극행정 사례유형 : ① 자치법규 및 자체 제도 개선 ② 유연한 법령해석 ③ 절차 간소화 ④ 사회통합(사회적 약자 경제활동 장려, 협업·갈등조정, 복지성 사업 지원기준 형평성 제고 등) 강화 등

○ 목표치: 시도별 기준값 100% 달성

(단위 : 건, %)

시도	지자체수	적극행정 성과		'25년 목표 달성률 (B/A)
		'25년 목표 (A)	실적건수 (B)	
합계	243	215		
서울특별시	26	19		
부산광역시	17	15		
대구광역시	10	10		
인천광역시	11	12		
광주광역시	6	7		
대전광역시	6	7		
울산광역시	6	7		
세종특별자치시	1	4		
경기도	32	22		
강원도	19	16		
충청북도	12	12		
충청남도	16	14		
전라북도	15	14		
전라남도	23	18		
경상북도	23	17		
경상남도	19	16		
제주특별자치도	1	5		

○ 평가대상: 시·도(시·군·구 포함)
○ 평가기준일: 2025. 12. 31.
○ 목표치: 100%
○ 평가대상 : 시·도(시·군·구 포함)
  ※ 제주특별자치도의 경우 제주시, 서귀포시 실적, 세종특별자치시의 경우 세종특별자치시 실적

시스템 구현 서식	(단위 : 건, %)							
	구 분	중앙규제 개선 및 적극행정 활성화						달성률 (C+F)
		①중앙부처 건의규제 중 부처협의 과제 선정 및 개선 실적(건수)			②불합리한 규제개선 등 적극행정 성과 창출 사례 선정건수(선정률)			
		목표(A)	실적(B)	(C=B/A×50) * 최대값 50	목표(D)	실적(E)	(F=E/D×50) * 최대값 50	
	시·도							
	※ 단, C와 F는 최대 50%까지만 인정 ※ 시·군·구 실적을 포함하여 산정							

연계 시스템	해당없음
증빙 자료	증빙자료 불필요 - 행안부 지방규제혁신과 자료 활용
VPS실적 입력주체	행정안전부	입력 시기	연말 1회
문의처	행정안전부 지방규제혁신과 윤희문(☎ : 044-205-3940, E-mail : yhm3798@mail.go.kr) 행정안전부 지방규제혁신과 강규욱(☎ : 044-205-3997, E-mail : solyaa@korea.kr)

국정목표	2. 민간이 끌고 정부가 미는 역동적 경제
국민약속	2-4. 경제체질을 선진화하여 혁신성장의 디딤돌을 놓겠습니다.
국정과제	2-4-19. 거시경제 안정과 대내외 리스크 관리 강화
지표명	㉮ 지방물가 안정관리 실적(지방공공요금 인상률)
지표성격	< 국가주요시책 > - 지방공공요금 안정적 관리로 가계 부담 완화 및 서민 생활물가 안정에 기여

지표유형	정량	공통	역순	계속

지표설명	지표명 설명	체감물가에 파급효과가 큰 지방공공요금 7종(전철, 시내버스, ,택시, 도시가스, 쓰레기봉투, 상·하수도요금) 안정적 관리
	평가근거	
	평가목적	서민생활과 밀접하게 관련된 지방공공요금(7종)에 대한 관리실적을 평가에 반영함으로써 인상 자제 유도
	기대효과	지방공공요금 인상 자제, 최소화로 물가상승률 안정세 유지
	기타참고사항	

측정방법	○ 산식
	
	$$\text{시·도 지방공공요금 평균 인상률} \leq \text{최근 3년 시도 지방공공요금 평균 인상률}$$
	
	○ 산식 설명: 지방물가 안정관리 실적(지방공공요금 인상률)
	 - 해당연도 시·도 지방공공요금(7종*) 평균 인상률과 최근 3년 시도 지방공공요금(7종) 평균 인상률을 비교하여 각 시·도의 목표 달성 여부 결정
	   * 도시철도, 시내버스, 택시, 도시가스, 쓰레기봉투, 상·하수도
	    (도시철도가 없는 지자체의 경우 6종의 평균으로 비교)
	 - 시·도 지방공공요금(7종) 평균 인상률*이 최근 3년 시도 지방공공요금(7종) 평균 인상률** 보다 낮거나 같으면 평가지표 목표 달성 인정
	   * 평균 인상률은 (전년대비(2024.12.31.) 당해연도(2025.12.31.) 인상률의 합/7종)로 계산, 소수점 셋째 자리에서 반올림
	   ** 최근 3년 평균 인상률은 (2023.12.31.대비 2024.12.31.), (2022.12.31.대비 2023.12.31.), (2021.12.31.대비 2022.12.31.) 인상률의 합/7종으로 계산, 소수점 셋째 자리에서 반올림
	
	○ 목표치: 최근 3년 시도 지방공공요금(7종) 평균 인상률을 목표값으로 제시
	
	○ 평가대상: 시·도(시·군·구 포함)
	
	○ 평가기준일: 2025. 12. 31.

시스템 구현 서식	○ 지방물가 안정관리 실적(지방공공요금 인상률)			
	구분	목표(A)	실적(B)
	서울		
	부산		
	대구		
	⋮		
	⋮		
	경남		
	제주		

1) 목표값(A): 최근 3년 시도 지방공공요금(7종) 평균 인상률
2) 실적(B): 시도별 지방공공요금(7종) 평균 인상률
3) 목표 달성 평가
    - 해당연도 시도별 지방공공요금 평균 인상률 ≦ 최근 3년 시도별 지방공공요금 평균 인상률

연계 시스템	○ 해당없음		
증빙 자료	○ 지자체별 지방공공요금 인상률 자료(필요시)		
VPS실적 입력주체	광역지자체	입력 시기	년
문의처	행정안전부 지역경제과 한영구(☎: 044-205-3922, E-mail: goldhan109@korea.kr)		

국정 목표	2. 민간이 끌고 정부가 미는 역동적 경제			
국민 약속	2-4. 경제체질을 선진화하여 혁신성자의 디딤돌을 놓겠습니다.			
국정 과제	2-4-21. 에너지안보 확립 및 에너지 新산업·新시장 창출			
지표명	㉮ 재생에너지 보급 확대 및 수소 활성화 이행 추진			
지표 성격	< 국가주요시책 > o 합리적 에너지 믹스를 재정립하고, 에너지·산업·수송부문 NDC 달성 - 재생에너지 발전비중 달성 및 수소차 등 청정 교통 인프라 구축을 위한 지자체의 확산 노력			
지표 유형	정량	공통	정순	계속(변경)
지표 설명	지표명 설명	재생에너지 보급 확대 및 수소경제 활성화 이행		
	평가근거	「신에너지 및 재생에너지 개발·이용·보급 촉진법」 제4조 제2항 정부는 지방자치단체, 「공공기관의 운영에 관한 법률」 제4조에 따른 공공기관, 기업체 등의 자발적인 신·재생에너지 기술개발 및 이용·보급을 장려하고 보호·육성하여야 한다.		
	평가목적	o 합리적 에너지 믹스를 바탕으로 탄소중립 이행 필요 * 2030 국가 온실가스 감축목표(NDC) 40%로 조정 o 에너지 주권 확보를 위한 신재생에너지 보급 활성화 적극 추진 필요		
	기대효과	친환경 미래 에너지 육성을 통한 에너지 신산업 선도국가 도약		
	기타참고사항			
측정 방법	O 산식 ① '25년도 시·도별 재생에너지 보급 실적(50%) + ② '25년도 시·도별 수소충전소 설치 이행 실적(50%) O 산식 설명 ① '25년도 재생에너지 신규보급 목표 달성률 - (재생에너지 신규설치 용량 / 재생에너지 신규설치 목표 용량*) × 50%(최대 50% 인정) * (목표용량 산정) 최근 3년간('21~'23) 지역별 평균 재생에너지 보급량(한국에너지공단 보급통계)과 지역별 시장 잠재량(태양광, 풍력 설비용량 기준 / 신재생에너지백서(에공단)을 활용, 지역별 비중 계산 후 정부 목표용량(11차 전기본)을 지역별로 배분 ** (출력제어 보정) 태양광·풍력 설비의 출력제어 조치(KPX 등)가 시행되는 지자체(도 단위, 일수 기준)의 경우, 이를 고려하여 목표 배정 비율 조정) • (예시) 해당지역 목표용량 배정 비율 5%, 출력제어일수 100일 : 5% - 5% × (100 / 365) = 3.63% *** (실적인정) 한국전기안전공사 사용전 검사(점검) 실적 기준('25.12.31) **** (실적가산) 계통포화 및 이격거리 가이드라인 준수 기초지자체 비율을 반영해 가산			

< '25년도 시·도별 재생에너지 신규 보급 목표 용량(잠정) >

지자체	목표용량(MW)	지자체	목표용량(MW)	지자체	목표용량(MW)
서울	12.2	부산	28.7	대구	26.8
인천	28.4	광주	31.9	대전	9.8
울산	22.8	세종	14.6	경기	258.7
강원	323.3	충북	274.1	충남	556.4
전북	544.2	전남	608.8	경북	684.8
경남	352.8	제주	161.8		

※ 11차 전기본, '24년 출력제어 현황 및 '23년 한국에너지공단 보급 통계에 따라 목표치 조정가능
* 당해연도 실적이 목표치 초과 시 차년도 신규보급 용량으로 이월(2개년도 이월 불인정),
  단, 가산으로 인한 목표치 초과는 이월 불인정

② '25년도 수소충전소 설치 이행률

- [(부지선정 및 인·허가 완료수×0.8 + 착공수×0.9 + 완공 또는 운영 수×1.0)]
  / 광역지자체의 누적 수소충전소 설치계획 수* × 50%(최대 50% 인정)
  * '25년 지자체별 수소충전소 설치 계획은 '24년말까지 확정할 예정
  * 민간 사업자 참여 실적 인정

○ 목표치: 90% 이상

○ 평가대상: 시·도(시·군·구 포함)

○ 평가기준일: 2025. 12. 31.

시스템 구현 서식

구분	재생에너지 신규보급			수소충전소 설치						달성값 ①+②
	보급 실적 (A)	보급 목표 (B)	재생에너지 보급목표 달성률 (A/B×50) ① *최대값≤50	부지선정 및 인허가 완료수 (a)	착공수 (b)	완공 또는 운영 수 (c)	소계 (C)= (a×0.8)+ (b×0.9)+ c	설치계획 수 (D)	설치 이행율 (C/D×50) ② *최대값≤50	
시·도										

연계 시스템

증빙 자료
○ 산식(실적)에 대한 지자체 증빙자료
① 한국전기안전공사 사용전 검사(점검) 실적자료 활용
② 출력제어 현황자료(KPX) 및 지자체 조례(가이드라인 준수 여부)
③ 수소충전소 설치 현황자료

VPS실적 입력주체	중앙부처	입력 시기	연간

문의처: 산업통상자원부 재생에너지정책과 권지인 주무관(☎ : 044-203-5367 E-mail : kgi1964@korea.kr)
수소경제정책과 김일 사무관(☎ : 044-203-3958 E-mail : workim1030@korea.kr)

국정목표	2. 민간이 끌고 정부가 미는 역동적 경제
국민약속	2-4. 경제체질을 선진화하여 혁신성장의 디딤돌을 놓겠습니다
국정과제	2-4-21. 에너지안보 확립 및 에너지新산업·新시장 창출
지표명	⑭ 제로에너지 건축물 및 건물에너지관리시스템 보급 확대
지표성격	<국가주요시책> - 국정과제 21 [에너지안보 확립과 에너지 新산업·新시장 창출] 고효율·저소비형 에너지 수요관리 혁신을 위한 제로에너지건축물 및 건물에너지관리시스템 보급을 통한 건물부문 에너지효율화 추진 - 국정과제 86 [과학적인 탄소중립 이행방안 마련으로 녹색경제 전환] 신축 건물은 중소규모 건축물까지 제로에너지건축을 의무화하고, 기존 건물 중 공공부문은 단계적으로 그린리모델링 확산

지표유형	정량	공통	정순	계속(유지)

지표설명		
	지표명 설명	- 제로에너지건축물(ZEB) 에너지자립율 수준(1~5등급) 및 건물에너지관리시스템(BEMS) 도입률을 평가하는 지표
	평가근거	- 「녹색건축물조성지원법」 제17조 및 「건축물 에너지효율등급 인증 및 제로에너지건축물 인증에 관한 규칙」 (국토부, 산업부) - 「에너지이용합리화법」 제8조 및 같은 법 시행령 제15조 - 「공공기관 에너지이용 합리화 추진에 관한 규정」 (산업부) 제6조
	평가목적	- 지자체 주도의 에너지 저소비-고효율 구조로의 전환 및 선도적인 탄소중립 기반 구축을 유도하기 위해 지자체별로 건물 부문의 에너지효율 개선 노력 평가 필요 - 신축 건물 제로에너지 건축물(ZEB) 등급 수준과 건물에너지관리시스템(BEMS) 도입률을 평가하여 지자체의 선도적인 건물 에너지효율 향상 기반체계 구축 유도
	기대효과	- 제로에너지건축물 및 BEMS 보급 확대를 위한 관련 산업육성 및 민간 성과확산을 통해 2050 탄소중립 정책의 성공적인 이행기반 마련
	기타참고사항	- (ZEB 의무화) 공공기관이 연면적 500㎡이상* 건축물을 신축·재축 또는 별동 증축 시 제로에너지건축물 인증* 의무화 시행('23.1.1) * (인증요건) ①건축물에너지효율등급 1++이상, ②에너지자립률 20%(5등급)이상, ③건물에너지관리시스템(BEMS) 또는 전자식원격검침계량기 설치 | 등급	1등급	2등급	3등급	4등급	5등급 | |---|---|---|---|---|---|
자립률(%)	100이상	80~100미만	60~80미만	40~60미만	20~40미만	

측정 방법	○ 산식 ①제로에너지건축물(ZEB) 등급 수준(80%) + ②건물에너지관리시스템(BEMS) 도입률(20%) ① ZEB 등급 수준(E) = $\left(\dfrac{\Sigma(\text{등급별 인증 건물수(A)} \times \text{등급별 가중치(B)})}{\text{ZEB 의무대상 건물수(C)}} + \text{자발적 ZEB 인증 가점(D)} \right) \times 0.8$ ② BEMS 도입률(H) = $\dfrac{\text{BEMS 설치 건물수(F)}}{\text{ZEB 의무대상 중대형 건물수(G)}} \times 100 \times 0.2$ ○ 산식 설명 - 등급별 인증 건물수(A) : 의무대상 건물(C) 중 평가년도 연말까지 ZEB 인증(예비인증 및 본인증)을 취득한 등급별 건물 수 　* 사용승인을 받은 건축물은 본인증 등급을 적용 　** 건축허가를 받은 건축물은 예비인증을 취득한 경우에만 평가대상이 되며, 이 경우 예비인증 등급을 적용 - 등급별 가중치(B) : ZEB 인증 등급별 가중치 	등급구분	1등급	2등급	3등급	4등급	5등급
가중치	100	90	80	60	20 | - ZEB 의무대상 건물수(C) : 지자체가 소유한 ZEB 의무대상 건축물*(2020년 1월 1일 이후 건축허가 기준) 중 평가기간('24년 4분기~'25년 3분기)에 사용승인 또는 건축허가 받은 건축물 수 　* 녹색건축물 조성 지원법 시행령 [별표1]의 '에너지효율등급 인증 또는 제로에너지건축물 인증 표시 의무 대상 건축물'을 따르며, [별표1]의 요건 중 소유 또는 관리 주체는 지방자치법 제2조제1항에 따른 지방자치단체를 말한다. - 자발적 ZEB 인증 가점(D) : ZEB 의무대상 건축물(C) 외에 지자체가 자발적으로 ZEB 인증(예비인증 및 본인증)을 취득한 건물(그린리모델링 포함)에 대하여 인증 개소 당 인증 등급별 가점 부여(최대 15점) | 등급구분	1등급	2등급	3등급	4등급	5등급
자발적 인증 가점	5	4.5	4	3.5	3 | - BEMS 설치 건물수(F) : ZEB 의무대상 중대형 건물(G) 중에 BEMS를 설치 또는 ZEB 예비인증 시 BEMS를 선택한 건축물 수 - ZEB 의무대상 중대형 건물수(G) : ZEB 의무대상 건물(C) 중에 연면적 3,000㎡ 이상인 건축물 수 ○ 목표치: 30점 이상 - 의무대상 건물에 높은 등급(1~4등급) 인증, 의무대상 외에 자발적인 ZEB 인증 및 중대형 건물에 BEMS 설치 확대를 통해 목표 달성 노력 　* 광역 및 기초지자체에 ZEB 의무대상 건축물이 없을 경우 최소등급(5등급) 취득 및 BEMS 미설치로 간주하여 기본점수 16점을 부여하고 자발적 ZEB 인증 가점(D)를 합산하여 점수 산정 → 산정식 : 16+0.8D ○ 평가대상: 시·도+시·군·구(합계) ○ 평가기준일: 2025. 12. 31.

구분		등급별 인증건물수 (A)						ZEB 의무대상 건물수 (C)	자발적 ZEB 인증 건물수(D)						ZEB 등급 수준 (E)	BEMS 설치 건물수 (F)	ZEB 의무대상 중대형 건물수(G)	BEMS 도입률 (H)	총점 (E+H)
		1	2	3	4	5	미인증		1	2	3	4	5						
시스템 구현 서식	총 합계(a+b)																		
	OO시·도(a)															／		／	／
	시군구합계(b)															／		／	／
	OO시															／		／	／
	OO군															／		／	／
	OO구															／		／	／

※ ▢ : 직접 입력 / ▨ : 자동계산 / ◿ : 비활성화

연계 시스템	없음
증빙 자료	○ 산식(실적)에 대한 지자체 증빙자료 　- 불필요: 제로에너지건축물 인증 및 BEMS 설치 확인 실적자료, 건축물대장(세움터) 통계 활용

VPS실적 입력주체	광역·기초지자체	입력 시기	년

문의처	- 산업통상자원부 에너지효율과 신국재 사무관(☎ 044-203-5146, E-mail: skj1004@korea.kr) - 국토교통부 녹색건축과 허성현 주무관(☎ 044-201-3771, E-mail: gjtjdgus89@korea.kr)

국정목표	2. 민간이 끌고 정부가 미는 역동적 경제
국민약속	2-6. 중소·벤처기업이 경제의 중심에 서는 나라를 만들겠습니다
국정과제	2-6-29. 공정한 경쟁을 통한 시장경제 활성화
지표명	㉑ 경쟁제한 및 소비자권익제한 자치법규(조례·규칙 등) 개선율

지표성격	<국가위임사무, 국가주요시책> - 지자체의 자치법규 중 경쟁 제한적인 진입규제, 가격규제, 차별규제, 사업활동제한규제, 카르텔 조장규제, 소비자권익제한규제 등을 개선함으로써 국정과제인 「공정한 경쟁을 통한 시장경제 활성화」를 효율적으로 추진			
지표유형	정량	공통	정순	계속(유지)

지표설명	지표명 설명	- 진입규제, 차별적규제, 가격규제 등 사업자의 자유로운 사업활동을 제한하거나 소비자 안전 저해, 소비자 선택제한 등 소비자의 기본권리를 저해하는 지방자치단체의 경쟁제한 및 소비자권익제한 자치법규(조례·규칙 등)의 개선율
	평가근거	- 「독점규제 및 공정거래에 관한 법률」 제120조에 의거 공정위는 법령 등의 경쟁제한 사항에 대하여 관계행정기관의 장에게 시정의견을 제시 가능 - 국무총리 산하 소비자정책위원회의 역할 제25조(정책위원회의 기능 등) ②정책위원회는 소비자의 기본적인 권리를 제한하거나 제한할 우려가 있다고 평가한 법령·고시·예규·조례 등에 대하여 중앙행정기관의 장 및 지방자치단체의 장에게 법령의 개선 등 필요한 조치를 권고할 수 있다.
	평가목적	- 불합리한 진입규제·사업활동규제·가격규제·소비자선택제한규제 등은 경쟁약화로 인한 가격상승, 품질저하 및 기술혁신 둔화, 소비자권익침해 등의 폐해가 나타날 우려가 있으므로 이와 같은 불합리한 규제 개선 필요
	기대효과	- 시장진입 촉진, 영업활동 자율성 제고 등 기업애로 및 생활불편을 해소하며, 지역시장에서의 경쟁제한 및 소비자권익제한 자치법규 개선을 통한 경제활성화 및 소비자후생 증대에 기여
	기타참고사항	-

측정방법	○ 산식 - 공정위 개선의견에 대한 수용률과 실제 규제개선율 · {[(지자체 수용 건수 / 공정위 개선 의견 건수) × 0.3] + [(실제 규제개선 건수 / 공정위 개선 의견 건수) × 0.7]} × 100 ○ 산식 설명 • ①은 '25년 공정위 발굴 경쟁제한 및 소비자권익제한 자치법규 개선의견 건수 • ②는 공정위 경쟁제한 및 소비자권익제한 자치법규 개선의견에 대한 지자체 수용 건수 • ③은 '25.12.31.기간 내에 자치법규 등이 발의되어 의회에 제출된 실적까지 인정 ○ 목표치 : 90%

- 시도별 목표

시도	'25년 지자체 경쟁제한 및 소비자권익제한 자치법규 개선율			
	개선대상 건수①	수용 건수②	실제 개선 건수③	개선율*(%)= [(②/①×0.3)+ (③/①×0.7)]×100
합계	195			
서울특별시	20			
부산광역시	13			
대구광역시	8			
인천광역시	9			
광주광역시	6			
대전광역시	6			
울산광역시	6			
세종특별자치시	2			
경기도	24			
강원도	15			
충청북도	10			
충청남도	13			
전라북도	12			
전라남도	17			
경상북도	17			
경상남도	15			
제주도	2			

- 개선대상 건수는 자치단체별 기초자치단체 수를 고려하여 배분
  · 광역자치단체별로 광역 2건, 기초자치단체 0.7건의 비율로 개선과제 수 배분
  * 개선율은 공정위 개선의견 개선과제에 대한 수용률(30%)과 실제 규제개선율 (70%)

○ 평가대상 : 시·도 (시·군·구 포함)
○ 평가기준일 : 2025. 12. 31.

※ 참고사항
- 각 지자체별로 개선과제가 구체적으로 선정될 시 표준조례안을 제시할 예정
- 각 지자체가 정해진 개선대상 건수 외에 자율적으로 별도의 자치법규를 개선하였을 경우, 그 자치법규가 경쟁제한 등의 요건을 충족하였다고 인정된다면 가점* 부여
 * 가점은 개선 건수당 0.5건 부여

시스템 구현 서식	구분	개선 의견 건수(A)	지자체 수용건수(B)	실제 개선 건수(C)	개선율(D) =[(B/A×0.3)+ (C/A×0.7)]×100
	합계(ⓐ+ⓑ)				
	○○시도ⓐ				
	시군구 합계ⓑ				
	○○시				
	○○군				
	○○구				

연계 시스템	해당사항 없음			
증빙 자료	○ 필요 - 지자체별 경쟁제한 및 소비자권익제한 자치법규 개선실적 증빙 자료			
VPS실적 입력주체	공정거래위원회	입력 시기	수시	
문의처	공정거래위원회 시장구조개선정책과 이인우 사무관(☎ 044-200-4362, josephlee@korea.kr) 공정거래위원회 소비자정책총괄과 손희완 조사관(☎ 044-200-4415, poiiuuy@korea.kr)			

국정 목표	2. 민간이 끌고 정부가 미는 역동적 경제			
국민 약속	2-6. 중소·벤처기업이 경제의 중심에 서는 나라를 만들겠습니다.			
국정 과제	2-6-29. 공정한 경쟁을 통한 시장경제 활성화			
지표명	⑭ 환경친화 및 사회적 가치 확산을 위한 우선구매율			
지표 성격	< 국가주요시책 > - 계약제도 내 ESG(환경·사회적책임·지배구조) 등 사회적 가치 확산			
지표 유형	정량	공통	정순	계속(변경)

지표 설명	지표명 설명	○ 환경친화 및 사회적 가치 확산을 위한 지자체 우선 구매 실적 평가
	평가근거	○ 국민기초생활보장법 등 개별법 참조
	평가목적	○ 우선구매를 통해 환경 친화 및 사회적 가치 확산 기반 마련 도모
	기대효과	○ 환경친화 및 사회적 가치의 확산
	기타참고사항	

측정 방법	연번	평가 분야	개 념	근거법
	1	자활용사촌 복지공장 생산품	국가유공자등 예우지원에 관한 법률 시행령 제88조 4 규정에 의거 국가보훈부 장관이 지정하고 승인한 생산품	-
	2	마을기업	지역주민이 각종 지역자원을 활용한 수익사업을 통해 공동의 지역문제를 해결하고, 소득 및 일자리를 창출하기 위해 설립·운영하는 마을단위의 기업	-
	3	자활기업	2인 이상의 수급자 또는 차상위자가 상호 협력하여, 조합 또는 사업자의 형태로 탈빈곤을 위한 자활사업을 운영하는 업체 중 에서 지원대상 자활기업 확인서를 발급받은 기업	「국민기초생활 보장법」 제18조
	4	사회적협동조합	지역경제의 활성화 및 취약계층의 일자리 제공 등을 목적으로 하는 사회적협동조합	「협동조합 기본법」 제95조의2
	5	(인증·예비)사회적기업	(인증 사회적기업) 영리기업과 비영리기업의 중간 형태로, 사회적 목적을 우선적으로 추구하면서 재화·서비스의 생산·판매 등 영업활동을 수행하는 기업 (예비 사회적 기업) 사회적기업 인증을 위한 최소한의 법적 요건을 갖추고 있으나 일부 요건을 충족하지 못하여 지방자치단체장이나 부처장이 지정	「사회적기업 육성법」 제12조
	6	장애인표준사업장 생산품	장애인고용촉진 및 직업재활법 제22조의3에 의거 일자리 창출과 자립생활 환경 조성을 위해 인증된 기업	「장애인고용촉진 및 직업재활법」 제22조의3
	7	중증장애인 생산품	공공기관 대상으로 생산시설에서 직접 생산하는 중증장애인생산품(물품. 노무용역) 구매 확대를 통해 생산시설 중증장애인 직업재활도모 및 경제적 자립지원 사업	「중증장애인생산품 우선구매 특별법」 시행령 제10조
	8	녹색제품	에너지·자원의 투입과 온실가스 및 오염물질의 발생을 최소화하는 제품	「녹색제품 구매촉진에 관한 법률」 제6조

○ 산식
  - (분야별 구매액 / 총 구매액) × 100
○ 산식 설명
  - 총 구매액

> ①자활용사촌 ②마을기업 ③자활기업 ④사회적협동조합 ⑤(예비·인증)사회적기업
>   : 지자체에서 물품, 용역구매를 위해 지출한 총 금액
>   - e호조 '계약관리' – '결산관리'– '계약현황' – '계약대금지급현황(56004)' 사용
> ⑥장애인표준사업장 생산품
>   - e호조 '지출관리' – '지출결산'– '기타구매실적' – '장애인표준사업장구매실적(23507)' 사용
> ⑦중증장애인 생산품
>   - e호조 '지출관리'–'지출결산'–'기타구매실적'–'중증장애인생산품 구매실적(23504)' 사용
> ⑧녹색제품 : 녹색제품이 있는 제품군 중 지자체에서 구입한 연간 총 금액
>   - 녹색제품 구매지침에 따른 구매범위와, 에코스퀘어 시스템(ecosq.or.kr)을 통해 집계된 구매액을 적용
>   ※ 지자체에서 12월말까지 신청한 실적 수정요청 건까지 반영하되, 6월까지 지출한 금액은 9월까지 실적 수정요청한 건까지 반영

  - 분야별 구매액 : 분야별 구매를 위해 지출한 금액

> ①자활용사촌 복지공장 : 물품 구매 인정
> ④사회적협동조합 : 물품+용역 구매 인정
> ⑦중증장애인 생산품 : 물품+노무용역 구매 인정
> ②마을기업 ③자활기업 ⑤(예비·인증)사회적기업 ⑥장애인표준사업장 생산품 ⑧녹색제품
>   : 물품+용역+공사 구매 인정

  - 목표치 : 지방자치단체에서 해당 분야 달성을 위해 구매해야 하는 비율
   ※ '25년 실적 - 최근 3개년(21년, 22년, 23년) 평균 사용
   ※ 녹색제품은 최고치 미충족이더라도, 목표치가 50% 이상인 경우, 구매율이 50%이상이면서 전년 대비 구매액
     증가 시 충족으로 판단
    * 25년 실적 - 최근 3개년(21년, 22년, 23년) 평균비율의 + 4 퍼센트 포인트
  - 최저치 : 목표치의 70%
   ※ 자활용사촌은 최저치 미충족이더라도, 전년 대비 구매액 증가 시 충족으로 판단
   ※ 장애인표준사업장 생산품, 중증장애인 생산품의 경우 법정 목표치와 동일
   ※ 녹색제품은 최저치는 최근 3개년(21년, 22년, 23년)구매율 평균
○ 목표치: 8개 분야 중 4개 이상 목표치 달성
           8개 분야 중 5개 이상 최저치 달성
  ※ 분야별 목표치 및 최저치 붙임 참조
○ 평가대상: 시·도(시·군·구 포함)
○ 평가기준일: 2025. 12. 31.

시스템 구현 서식	구분	목표치 및 최저치 달성여부(달성1, 미달성0)																합계		통합지표 달성여부
		자활용사촌		마을기업		자활기업		사회적협동조합		사회적기업		장애인표준사업장		중증장애인생산품		녹색제품				
		목	최	목	최	목	최	목	최	목	최	목	최	목	최	목	최	목	최	
	○○시도																			

연계 시스템	○ 미연계 또는 분야별 연계
증빙 자료	○ 불필요
VPS실적 입력주체	중앙부처	입력 시기	2026. 2월 말까지

문의처	국가보훈부 복지서비스과 황윤진 사무관(☎ 044-202-5636, E-mail: hhyyj789@korea.kr) 국가보훈부 복지서비스과 김소영 주무관(☎ 044-202-5633, E-mail: soyeong27@korea.kr) 행정안전부 기업협력지원과 심창우 사무관(☎ 044-205-3436, E-mail :frog730@korea.kr) 보건복지부 자활정책과 김미정 사무관(☎ : 044-202-3071, E-mail : alwjdzz@korea.kr) 보건복지부 자활정책과 한승훈 주무관(☎ : 044-202-3079, E-mail : hansh9522@korea.kr) 기획재정부 지속가능경제과 김영옥 사무관(☎ : 044-215-5972, E-mail : @korea.kr) 기획재정부 지속가능경제과 김동환 주무관(☎ : 044-215-5973, E-mail : @korea.kr) 고용노동부 사회적기업과 이찬균 사무관(☎ 044-202-7424, E-mail: koufax900@korea.kr) 고용노동부 사회적기업과 구연미 주무관(☎ 044-202-7426, E-mail : yeonmi2792@korea.kr) 고용노동부 장애인고용과 박미진 사무관 (☎ 044-202-7485, E-mail: july00@korea.kr) 고용노동부 장애인고용과 박재성 주무관 (☎ 044-202-7489, E-mail: kool99@korea.kr) 보건복지부 장애인자립기반과 김도윤 사무관(☎ 044-202-3325, E-mail : ds8915@korea.kr) 보건복지부 장애인자립기반과 육민정 주무관(☎ 044-202-3330, E-mail : ymj6mohw@korea.kr) 환경부 환경교육팀 김미노 사무관(☎ 044-201-6529, E-mail : joannh@korea.kr) 환경부 환경교육팀 김효정 주무관(☎ : 044-201-6537, E-mail : me_khj12@korea.kr)

| 붙임 | **2026년('25년 실적) 분야별 목표치 및 최저치** |

○ 분야별 목표치(최근 3개년 평균 - 2021년, 2022년, 2023년)

지자체명	자활용사촌	마을기업	자활기업	사회적협동조합	(인증·예비)사회적기업	장애인표준사업장	중증장애인생산품	녹색제품
서울특별시	0.0074%	0.255%	0.11%	1.21%	4.18%	0.8%	1.00%	46.33%
부산광역시	0.0006%	0.201%	0.26%	0.86%	1.64%	0.8%	1.00%	58.39%
대구광역시	0.0001%	0.120%	0.49%	1.47%	2.82%	0.8%	1.00%	43.84%
인천광역시	0.0033%	0.108%	0.44%	0.60%	3.56%	0.8%	1.00%	44.39%
광주광역시	0.0011%	0.103%	0.64%	0.58%	4.00%	0.8%	1.00%	48.35%
대전광역시	0.0200%	0.268%	0.32%	0.75%	3.00%	0.8%	1.00%	41.91%
울산광역시	0.0001%	0.498%	0.40%	0.32%	2.99%	0.8%	1.00%	34.48%
세종특별자치시	0.0003%	0.285%	0.49%	0.95%	4.02%	0.8%	1.00%	31.13%
경기도	0.0146%	0.092%	0.21%	2.08%	7.05%	0.8%	1.00%	36.91%
강원특별자치도	0.0050%	0.040%	0.18%	0.37%	1.45%	0.8%	1.00%	24.68%
충청북도	0.0510%	0.034%	0.25%	0.60%	3.96%	0.8%	1.00%	29.13%
충청남도	0.0001%	0.150%	0.22%	0.38%	2.26%	0.8%	1.00%	24.64%
전북특별자치도	0.0003%	0.122%	0.52%	0.40%	3.06%	0.8%	1.00%	21.40%
전라남도	0.0165%	0.138%	0.18%	0.56%	1.89%	0.8%	1.00%	23.98%
경상북도	0.0032%	0.049%	0.15%	0.32%	1.56%	0.8%	1.00%	22.04%
경상남도	0.0030%	0.015%	0.10%	0.66%	1.82%	0.8%	1.00%	26.87%
제주특별자치도	0.0005%	0.078%	0.21%	1.88%	3.13%	0.8%	1.00%	24.25%

○ 분야별 최저치(목표치의 70%)

지자체명	자활용사촌	마을기업	자활기업	사회적협동조합	(인증·예비)사회적기업	장애인표준사업장	중증장애인생산품	녹색제품
서울특별시	0.0001%	0.179%	0.08%	0.85%	2.93%	0.8%	1.00%	42.33%
부산광역시	0.0001%	0.141%	0.18%	0.60%	1.15%	0.8%	1.00%	54.39%
대구광역시	0.0001%	0.084%	0.34%	1.03%	1.97%	0.8%	1.00%	39.84%
인천광역시	0.0001%	0.076%	0.31%	0.42%	2.50%	0.8%	1.00%	40.39%
광주광역시	0.0001%	0.072%	0.45%	0.40%	2.80%	0.8%	1.00%	44.35%
대전광역시	0.0001%	0.188%	0.22%	0.53%	2.10%	0.8%	1.00%	37.91%
울산광역시	0.0001%	0.349%	0.28%	0.22%	2.09%	0.8%	1.00%	30.48%
세종특별자치시	0.0001%	0.200%	0.34%	0.66%	2.82%	0.8%	1.00%	27.13%
경기도	0.0001%	0.064%	0.15%	1.45%	4.93%	0.8%	1.00%	32.91%
강원특별자치도	0.0001%	0.028%	0.13%	0.26%	1.02%	0.8%	1.00%	20.68%
충청북도	0.0001%	0.024%	0.18%	0.42%	2.77%	0.8%	1.00%	25.13%
충청남도	0.0001%	0.105%	0.15%	0.26%	1.58%	0.8%	1.00%	20.64%
전북특별자치도	0.0001%	0.085%	0.36%	0.28%	2.14%	0.8%	1.00%	17.40%
전라남도	0.0001%	0.097%	0.13%	0.39%	1.33%	0.8%	1.00%	19.98%
경상북도	0.0001%	0.034%	0.11%	0.22%	1.09%	0.8%	1.00%	18.04%
경상남도	0.0001%	0.010%	0.07%	0.46%	1.28%	0.8%	1.00%	22.87%
제주특별자치도	0.0001%	0.055%	0.15%	1.32%	2.19%	0.8%	1.00%	20.25%

국정 목표	2. 민간이 끌고 정부가 미는 역동적 경제			
국민 약속	2-6. 중소·벤처기업이 경제의 중심에 서는 나라를 만들겠습니다.			
국정 과제	2-6-31. 중소기업 정책을 민간주도 혁신성장 관점에서 재설계			
지표명	㉮ 혁신구매목표 달성 실적			
지표 성격	<국가주요시책> - 공공조달 혁신방안('22.12, 비상경제장관회의)을 수립하여 혁신조달 내실화를 통한 혁신 정책 지원으로 공공조달을 국가 정책수단으로 활용하는 '전략적 조달(SPP)' 본격화			
지표 유형	정량	공통	정순	계속(변경)
지표 설명	지표명 설명	혁신제품 공공구매 확대를 통한 민간 기술혁신 및 공공서비스 개선 촉발을 위해 지자체의 혁신구매목표 달성 실적을 평가하는 지표		
	평가근거	「조달사업에관한법률」 제5조 제1항, 제27조 제1항에 따라 조달정책심의 위원회는 혁신제품 지정, 성과관리 및 평가 등에 관한 사항을 심의·결정		
	평가목적	기관의 혁신구매목표 달성 실적 평가		
	기대효과	혁신제품의 조달로 초기시장 창출을 지원하고, 공공서비스 수준 향상에 기여		
	기타참고사항	해당 없음		

측정
방법
	○ 산식: 혁신구매목표 달성률(%) = $\frac{혁신구매액}{혁신구매목표액} \times 100$
	
	○ 산식 설명
	 - 혁신구매액 : 혁신제품 구매실적 + 혁신제품 임차 실적
	  · 혁신제품 : 「조달사업에관한법률」 제5조제1항제2호 및 법 제27조제1항에 따라 조달
	   정책심의위원회에서 혁신성과 공공성을 인정한 제품으로, 혁신제품으로 지정되면
	   '혁신장터'에 등록되고, 수의계약 등으로 구매 가능
	   ※ 패스트트랙 Ⅰ·Ⅱ·Ⅲ 혁신제품 및 유형1·2 혁신제품('23년 2분기부터 지정) 구매액,
	    혁신제품 시범구매사업 참여금액 모두 구매실적으로 인정
	  · 혁신제품 임차 실적 : 혁신제품 임차 서비스 이용 실적금액
	   ※ 혁신구매실적의 인정기준이 '24년 실적 대비 변경되었으니 반드시 조달청
	    혁신장터 內 '24년 혁신구매목표제 가이드라인'을 참고하시기 바랍니다.
	
	 - 혁신구매목표액 : 기관별 물품구매액('23년 SMPP 구매실적 기준)의 1.5%*
	   * 목표비율은 「조달사업에 관한 법률」 제5조에 따라 "조달정책심의위원회" 심의에
	    결정되므로 변동될 수 있음			

	'26년 지자체 합동평가 혁신구매목표액('25년 실적 대상) (단위 : 백만 원)			
	지역	목표액	지역	목표액
	서울	29,527	전남	27,781
	경기	42,161	경북	28,455
	부산	8,250	경남	23,990
	대구	6,072	광주	5,140
	인천	9,637	대전	3,937
	강원	19,587	울산	3,985
	충북	14,786	제주	5,799
	충남	19,178	세종	1,189
	전북	16,424		

※ 목표액은 추후 부처 협의과정에서 수정될 수 있음

○ 목표치: 100%

※ 소수점 둘째 자리까지 반영(소수점 셋째짜리 반올림)

○ 평가대상: 시·도+시·군·구(합계)

※ 제주특별자치도의 경우 제주시, 서귀포시 실적 포함, 세종특별자치시의 경우 세종특별자치시 실적

○ 평가기준일: 2025. 12. 31.

시스템 구현 서식

○ 혁신구매목표 달성률 (단위: 백만 원, %)

구분	혁신제품 구매액(A)	혁신제품 앞차실적(B)	혁신구매목표액(C)	달성률((A+B)/C)×100
총합계				
○○시도				
시군구합계				
○○시				
○○군				
○○구				

연계 시스템

정보시스템운영부서				연계항목	
정보시스템명칭	기관/부서	담당자	연락처	항목이름	증빙화면
혁신장터	조달연구원	이현선	070-4304-6445	혁신구매 실적등록	매뉴얼하단 별첨

증빙자료

○ 혁신장터 '혁신구매 실적등록' 서비스에 실적과 함께 증빙자료 등록

증빙화면

VPS실적 입력주체

중앙부처(조달청)	입력 시기	연중

문의처

기획재정부 공공조달정책과 송재경(☎ 044-215-5233, E-mail: jksong14@korea.kr)
조달청 신성장판로지원과 박재양(☎ 042-724-7121, E-mail: paksa0718@korea.kr)
조달청 신성장판로지원과 박상수(☎ 042-724-6385, E-mail: takion21@korea.kr)

국정 목표	2. 민간이 끌고 정부가 미는 역동적 경제				
국민 약속	2-6. 중소벤처기업이 경제의 중심에 서는 나라를 만들겠습니다.				
국정 과제	2-6-31. 중소기업 정책을 민간주도 혁신성장 관점에서 재설계				
지표명	⑭ 신기술제품 우선구매율				
지표 성격	<국가주요시책> - 중소기업 경쟁력 제고를 위해 신기술제품(중소기업 기술개발제품)에 대한 공공기관(지자체)의 의무구매 목표 달성 여부를 평가 - 창업기업 및 첫걸음기업의 기술개발제품 공공구매 활성화를 위해 중기부는 시범구매제도를 도입(2018년)하고, 시범구매제도 법적 근거 및 공공조달 상생협력 법적 근거 마련 (판로지원법 개정, '20.4.7)				
지표 유형	정량	공통		정순	계속(변경)
지표 설명	지표명 설명	○ 중소기업이 개발한 우수한 신기술제품의 공공판로를 확대하고, 지자체의 적극적 공공구매를 유도하기 위한 지표			
	평가근거	○ 『중소기업제품 구매촉진 및 판로지원에 관한 법률』 제13조 및 동법 시행령 제12조 ○ 중기부는 기술개발제품 공공구매 활성화를 위해 의무구매비율을 상향 조정(10% → 15%) (시행령 개정 2020.2.18), ○ 기술개발제품 공공구매 활성화를 위해 기술개발제품 시범구매제도 법제화(판로지원법 제14조의2, 제14조의3), 공공조달 상생협력지원제도 법제화(판로지원법 제3장의2)			
	평가목적	○ 4차 산업혁명 시대에 맞게 중소기업의 신기술 개발을 유도하고, 민간시장에서 구매가 어려운 신기술 제품에 대한 공공구매를 장려하기 위함			
	기대효과	○ 시·도별로 의무구매목표를 설정함에 따라 중소기업 기술개발제품 등과 같은 신기술제품 구매를 촉진하여 중소기업의 혁신성장 기반을 구축			
	기타참고사항	○ 기술개발제품 우선구매제도 : 중소기업의 기술개발 의욕을 고취하고, 기술개발제품의 판로 지원 등을 위해 공공기관에서 기술개발제품을 우선 구매하도록 지원하는 제도 ○ 기술개발제품 시범구매제도 : 초기 창업기업 또는 첫걸음 기업의 초기 판로 지원을 위해 중기부가 전문가를 구성하여 구매평가, 구매심의를 거쳐 구매의사결정을 대행하는 제도 ○ 공공조달 상생협력 지원제도 : 대중소기업간 상생협력을 통해 공공조달시장에서 소재·부품기업의 판로 지원 및 우수한 기술을 보유한 창업기업·소기업의 공공구매를 확대하는 제도			

측정
방법
	○ 산식
	- 신기술제품 우선구매율 = (신기술제품 실제 구매율* / 신기술제품 구매목표율)×100
	  * 신기술제품 실제 구매율 = (기술개발제품 구매액 / 중소기업물품 구매액) × 100
	- 시범구매제품 우선구매율 = (시범구매제품 실제 구매율* / 시범구매제품 구매 목표율)×100
	  * 시범구매제품 실제 구매율 = (시범구매제품+상생협력제품)구매액×가중치 / 중소기업물품구매액 × 100
	  ※ 가중치 : ① 관내 (시범구매+상생협력)제품→100%, 관외 (시범구매+상생협력)제품→120%,
	    ② 시범구매, 상생협력제품을 동시에 만족하는 관외지역 제품을 구매하더라도, 가중치는 120% 1회만 적용				

○ 산식 설명
- 중소기업물품 구매액 : 중소기업제품 중 물품구매를 위해 지출한 금액
- 기술개발제품 구매액 : 기술개발제품 구매를 위해 지출한 금액
- 시범구매+상생협력제품 구매액* : 시범구매 또는 상생협력제품 구매 지출 금액
  * 시범구매제품은 중기부의 시범구매제도로 인해 선정된 제품을 구매한 것이며, 상생협력제품은 중기부 공공조달 상생협력 지원 선정된 제품으로, 기업 소재지는 광역지자체를 기준으로 확인

〈 신기술제품우선구매율 적용 기술개발제품 목록('22.1.3 개정) 〉

연번	제품명 (소관부처)	개념	근거법	비고
1	성능인증 (중기부)	중소기업자가 개발한 우선구매제품의 성능을 확보하였음을 증명	판로지원법 제15조	
2	우수조달물품 (조달청)	조달물자의 품질향상을 위해 중소기업이 생산한 제품 중 기술·품질이 우수한 제품을 지정	조달사업법 시행령 제30조	
3	GS인증 (과기정통부)	정부가 SW의 품질을 보장하여 SW업체의 판로지원	소프트웨어진흥법 제20조	
4	우수조달공동상표 (조달청)	5인 이상의 중소기업자가 개발·보유한 공동상표물품	조달사업법 시행령 제31조	
5	수요처 지정형 기술개발제품 (중기부)	① 구매조건부신제품 개발사업 성공제품 수요처(대기업, 중견기업, 공공기관, 해외기업 등)에서 구매를 조건으로 기술개발(R&D)지원	중소기업 기술혁신촉진법 제9조	
		② 민관공동투자기술 개발사업 성공제품 정부와 투자기업이 공동으로 기술개발자금(협력기금)을 조성하여 기술개발(R&D)지원	중소기업 기술혁신촉진법 제9조	
		③ 성과공유과제 성공품 기업 간의 공동노력을 투입하여 거둔 성과를 사전에 정해진 방법으로 공정 배분하는 계약제도	상생협력법 제8조	
6	녹색인증제품 (산업부 등)	에너지를 절약하고, 온실가스 및 오염물질의 배출을 최소화하는 기술이 적용된 제품	탄소중립기본법 제60조	
7	산업융합품목 (산업부)	중소·중견기업의 산업융합 성과로 만들어진 산업융합품목을 선정한 제품	산업융합 촉진법 제3조 및 제22조	
8	산업융합 신제품 적합성인증제품 (산업부)	기존 인증기준에 부합하지 않거나 기준이 없는 경우, 패스트트랙으로 지정하여 기업의 시장 진출 지원	산업융합 촉진법 제13조	
9	물산업우수제품 (환경부)	국내 물기업의 기술경쟁력 강화를 위하여 절차 및 기준에 따라 검증·평가하여 성능이 확인된 우수제품	물관리 기술발전 및 물산업 진흥에 관한 법 제10조	
10	재난안전인증제품 (행안부)	재난안전기술을 이용한 각종 제품 중 국민생활과 밀접한 재난안전제품에 대하여 신청을 받아 적합성을 인증한 제품	재난안전산업 진흥법 제16조	
11	신제품(NEP) (산업부)	국내 최초로 개발된 기술 또는 이에 준하는 대체 기술로서 기존의 기술을 혁신적으로 개선개량한 우수한 기술을 핵심 기술로 적용하여 실용화가 완료되어 성능과 품질이 우수한 제품	산업기술혁신촉진법 제16조	
12	신기술(NET) (산업부 등 9개 부처)	국내 최초로 개발된 기술 또는 이에 준하는 대체 기술을 적용한 제품	산업기술혁신촉진법 제15조의2 등 10개 법률	
13	혁신제품 (기재부 등)	중앙행정기관에 의해 수행된 R&D결과물, 상용화 전 시제품, 기술인정 제품 중 혁신성이 인정되어 조달정책심의회에서 지정된 제품	조달사업법 제27조	

* 우선구매 대상 기술개발제품은 중기부 고시 개정에 따라 변경될 수 있음
** 일몰된 인증(공공기관 개발선정품, 중소기업 융·복합기술 개발사업 성공제품, ICT융합품질인증제품, 우수산업디자인상품) 중소기업 제품이 2021.12.31 기준 유효기간내에 있는 경우, 2024.12.31 기간 내 해당제품 유효기간 종료시까지 우선구매대상으로 유예 인정
  (2022.1.1. 이후에 유효기간이 연장된 경우에는 최초의 유효기간까지만 인정)

○ 2025년 목표: 중소기업물품 구매액 대비 비율 (단위 : %)

<시부>

구 분	신기술제품 구매목표율	(시범구매+상생협력) 구매목표율
서울특별시	17.79	1.23
부산광역시	20.72	1.06
대구광역시	20.72	1.43
인천광역시	20.72	1.40
광주광역시	16.52	1.43
대전광역시	20.72	1.43
울산광역시	20.72	1.40
세종자치시	18.74	1.00

<도부>

구 분	신기술제품 구매목표율	(시범구매+상생협력) 구매목표율
경기도	19.81	1.03
강원도	15.00	0.75
충청북도	19.81	1.03
충청남도	16.94	1.03
전라북도	15.73	0.82
전라남도	18.31	1.03
경상북도	19.34	1.03
경상남도	19.81	1.03
제주자치도	19.81	0.83

  * 신기술제품 구매목표율 :
    ① '21년~'23년 3년간 실적의 평균값으로 목표를 설정하되, 시부 평균값(20.72%) 및 도부 평균값(19.81%)보다 높은 지역은 해당 부 평균값을 적용 * 시도부 평균값 산정 시 최대최소 제외
    ② '21년~'23년 3년간 실적의 평균값이 15%(법정비율) 미만인 지역은 15% 적용
  * (시범구매+상생협력)구매목표율 :
    ① '21년~'23년 3년간 실적의 평균값으로 목표를 설정하되, 시부 평균값(1.43%) 및 도부 평균값(1.03%)보다 높은 지역은 해당 부 평균값을 적용 * 시도부 평균값 산정 시 최대최소 제외

- 물품구매만 인정(대기업집단* 구매 제외, 기술개발제품은 중견기업까지 구매제외)
  * 공정거래위원회 기업집단포털(www.egroup.go.kr) 지정 현황 참조

- 신기술제품 구매목표율과 (시범구매+상생협력제품)구매목표율을 모두 달성해야 '목표달성'으로 분류

○ 목표치: 100%

○ 평가대상: 시·도(시·군·구 포함)

○ 평가기준일: 2025. 12. 31.

시스템 구현 서식

○ 신기술제품 우선구매율 (단위 : 백만원, %)

구분	중소기업 물품 구매액 (A)	신기술제품			시범구매+상생협력(이하 "시범구매제품")					시범구매 제품 구매실적 (②=(D/E) x100)	달성률 (①+②)/2 *① ②의 최대값은 각각 100으로 계산
		금액 (ⓐ)	비율 (B=ⓐ/A)	목표치 (C)	신기술 제품 구매실적 (①=(B/C) x100)	금액			비율 (D=ⓓ/A)	목표치 (E)		
						관내 (ⓑ)	관외 (ⓒ)	소계 ⓓ=ⓑ+(ⓒ×1.2)				
시도												

연계 시스템	미연계
증빙 자료	시범구매제품 계약·구매(납품)실적 보고서(전년도) / 공공구매종합정보망(smpp) 활용
VPS실적 입력주체	시·도	입력 시기	연간
문의처	중소벤처기업부 판로정책과 김경배 사무관(☎ : 044-204-7547, E-mail : lkaiser72@korea.kr) 중소벤처기업부 판로정책과 정지희 주무관(☎ : 044-204-7544, E-mail : jjihee@korea.kr)

국정목표	2. 민간이 끌고 정부가 미는 역동적 경제
국민약속	2-6. 중소벤처기업이 경제의 중심에 서는 나라를 만들겠습니다
국정과제	2-6-31. 중소기업정책을 민간주도 혁신성장의 관점에서 재설계
지표명	㉮ 중소기업지원사업 사전협의 이행률
지표성격	<국가사무> o 지방자치단체의 중소기업 보호·육성 정책 추진 장려 및 지원사업 유사중복 등의 조정을 통한 국정과제(2-6-31, 중소기업정책을 민간주도 혁신성장의 관점에서 재설계)의 효율적 추진 지원 o 사전협의를 통해 신설된 중소기업지원사업의 지역 특성 반영, 중앙-지자체간 사업의 연계 등 중소기업 성장환경 구축에 기여

지표유형	정량	공통	정순	계속(유지)

지표설명	지표명 설명	o 중소기업지원사업 사전협의제도 이행에 관한 지자체 실적 평가
	평가근거	o 중소기업기본법 제4조의 2, 제20조의 5
	평가목적	o 지자체 중소기업지원사업 사전협의제도 활성화 및 이행력 제고를 위해 사전협의 이행률 점검 실시
	기대효과	o 사전협의제도를 활성화하여 지방자치단체 신규 중소기업지원사업의 유사중복성 완화 및 사업효과성 제고 o 지방자치단체 중소기업지원체계 기반을 강화하여, 지역 우수 중소기업 성장을 통한 지역 일자리 창출 지원
	기타참고사항	o 해당사항 없음

측정방법	O 산식
	
	$$\text{사전협의 이행률}(C, \%) = \frac{\text{사전협의 신청사업 수}(A)}{\{\text{사전협의 신청사업 수}(A) + \text{사전협의 미신청사업 수}(B)\}} \times 100$$
	
	O 산식 설명 : 지방자치단체의 장이 신설하여 추진하려는 중소기업 지원사업의 사전협의 이행률
	  - '26년도 신설 예정 중소기업 지원사업(세부사업, 추경포함)으로서
	    ① '25년도에 사전협의를 신청한 중소기업 지원사업 수(A),
	    ② '25년도에 사전협의를 미신청한 중소기업 지원사업 수(B)[*]
	      * 최종 예산명세서를 통해 산출하되, 의회에서 신설한 사업은 증빙 시 미신청 건에서 제외
	  - '26년도에 신설된 중소기업 지원사업이 없는 경우, 목표를 달성한 것으로 처리
	O 목표치 : 50% 이상
	O 평가대상 : 시·도 (17개 광역지자체)
	O 평가기준일 : 2025. 12. 31.

시스템 구현 서식	○ 중소기업지원사업 사전협의 이행률			
	구 분	사전협의 신청사업 수(A)*	사전협의 미신청사업 수(B)**	이행률 {A/(A+B)}×100
	○○시도			
	* '25년도에 중소벤처기업부에 사전협의를 신청한 중소기업 지원사업 수(개) ** '25년도에 중소벤처기업부에 사전협의를 미신청한 중소기업 지원사업 수(개) ※ 최종확정 예산명세서를 기준으로 '25년도에 사전협의를 신청하지 않은 사업 수(B)를 산정			
연계 시스템	○ 없음(공문, 온메일 등 제출·회신)			
증빙 자료	○ 산식(실적)에 대한 지자체 증빙자료 - 필요('26년 예산안 지방의회 제출본, '26년 지자체 예산명세서, '25년 추경예산명세서)			
VPS실적 입력주체	중앙부처(중소벤처기업부)		입력 시기	년(2026년 2월)
문의처	중소벤처기업부 전략총괄과 김호진 사무관 (☎ : 044-204-7423 E-mail : himan81@korea.kr) 중소벤처기업부 전략총괄과 이충현 주무관 (☎ : 044-204-7424 E-mail : lch23@korea.kr)			

국정 목표	2.민간이 끌고 정부가 미는 역동적 경제			
국민 약속	2-6.중소·벤처기업이 경제의 중심에 서는 나라를 만들겠습니다.			
국정 과제	2-6-33.불공정거래,기술탈취 근절 및 대중소기업 동반성장 확산			
지표명	㉮ 지방자치단체 상생결제 활성화			
지표 성격	< 국가주요시책 > - 지방자치단체가 상생결제를 도입 및 활용하여 국정과제(2-6-33. 불공정거래, 기술탈취 근절 및 대·중소기업 동반성장 확산)의 효율적 추진 - 지방자치단체가 물품구매, 공사, 용역 등 예산을 상생결제를 통해 집행하여 직접 거래하는 기업뿐만 아니라 하위 지역중소기업까지 안정적으로 대금을 회수			
지표 유형	정량	공통	정순	계속(변경)
지표 설명	지표명 설명	지방자치단체 상생결제를 통한 예산집행 실적 평가		
	평가근거	○ 「대·중소기업 상생협력 촉진에 관한 법률」제2조제8의3호(중앙관서 및 지방자치단체의 상생결제)「국가재정법」제6조에 따른 중앙관서 및 「지방자치법」제2조에 따른 지방자치단체가 공공부문과 중소기업 간 협력을 촉진하기 위하여 상생결제 방식으로 제22조제6항에 따라 납품 대금을 지급하는 것을 말한다.		
	평가목적	○ 지방자치단체의 예산집행에 상생결제 실적을 평가하여 거래단계에 따른 기업 간 결제환경 양극화 해소		
	기대효과	○ 지방자치단체와 직접 거래하는 기업뿐만 아니라 그 하위협력사까지 대금을 제때 안전하게 회수하여 자금유동성을 공급 ○ 지방자치단체 예산을 지역기업에 현금보다 빠르게 공급하여 지역경제 활성화에 기여 ○ 건설 하도급대금 지급보증수수료 면제에 따른 지자체 예산절감		

	기타참고사항	○ 상생결제 : 원청(정부, 지자체, 대기업 등)과 직접 거래하는 기업(1차사) 뿐만 아니라 하위 협력사까지 결제일에 현금을 지급하고, 결제일 전에도 원청 신용으로 조기현금화를 지원하는 결제수단
		○ 관련법령 :「대·중소기업 상생협력 촉진에 관한 법률」제2조제8의2호 및 제8의3호, 제22조제6항
		○ 지자체는 건설공사에 활용할 전자조달시스템으로 하도급지킴이 또는 상생결제 등을 자유롭게 선택가능하며, 상생결제는 공사대금 지급 시 원사업자 명의의 계좌를 거치지 않고 건설대금, 자재·장비대금, 임금을 직접 지급 가능한 장점이 있음
		○ 지자체 대상으로 권역별 순회 설명회 예정(필요시 개별 방문 지원 가능)
		○ 상생결제 도입을 위한 행정사항
		  - (은행약정) 상생결제 도입 시 협약금융기관*과 약정 체결
		    * 농협·하나·우리·기업·신한·국민·제일·경남·대구·전북·부산·광주은행, 현대커머셜 중 선택
		  - (대금지급) 지출담당관은 원인행위 이후 가급적 당일 지급명령하고, 해당 대금이 약정계좌에 입금되도록 실행		

측정 방법	○ 산식 : 시·군·구를 포함한 광역지자체별 상생결제 지급 건수의 총합 ○ 산식 설명 : 평가연도에 상생결제로 예산을 집행한 실적(건수) ○ 목표치 : 상생결제 지급 연 36건 이상 ○ 평가대상(방법) : 시·도+시·군·구(합계) ○ 평가기준일 : 2025. 12. 31		
시스템 구현 서식	구분	상생결제 지급 건수	
	총합계(ⓐ+ⓑ)		
	시·도ⓐ		
	시·군·구 합계ⓑ		
	시		
	군		
	구		
연계 시스템	없음		
증빙 자료	○ 증빙자료 불필요 / 부처 자체 확인		
VPS실적 입력주체	중앙부처	입력 시기	년
문의처	중소벤처기업부 상생협력정책과 염정수 사무관(☎ 044-204-7923, E-mail: juyom@korea.kr)		

국정 목표	2. 민간이 끌고 정부가 미는 역동적 경제			
국민 약속	2-8. 하늘·땅·바다를 잇는 성장 인프라를 구축하겠습니다.			
국정 과제	2-8-38. 국토공간의 효율적 성장전략 지원			
지표명	㉮ 지적재조사사업 추진실적			
지표 성격	< 국가위임사무, 국고보조사업 > - 지적재조사에 관한 특별법 제40조(권한의 위임) 규정에 따른 국가위임사무			
지표 유형	정량	공통	정순	계속(유지)
지표 설명	지표명 설명	○ 지자체의 지적불부합지 해소를 위한 노력과 사업 추진 목표의 달성도 평가		
	평가근거	「지적재조사에 관한 특별법」제39조 국토교통부장관은 시·도지사에게, 시·도지사는 지적소관청에 대하여 지적재조사 사업의 진행현황에 관하여 보고하게 하고 필요한 지원과 감독을 할 수 있다.		
	평가목적	○ 전 국토의 지적불부합지 해소 및 디지털 지적구축을 위한 지자체의 노력이 절실하며, 국가시책 달성 및 사업 추진의 동기부여 필요		
	기대효과	○ 국토의 효율적 관리, 공간정보 융·복합 기반 마련 및 국민의 재산권 보호 ○ 지적재조사사업의 신속한 추진, 지자체의 적극적 참여를 통한 활성화 도모		

측정
방법

○ 산식

지적재조사사업 추진 실적*

  * 지적불부합지가 없는 지자체는 제외하고 평가

- 추진공정(70%) + 정보화(20%) + 시군구별 업무량(20%)

  ① 추진공정 (70%)

구분	미추진	실시계획 수립	주민 설명회 개최	지구계 측량 (완료)	일필지 측량 (완료)	동의서 징구 (충족)	지적재조사 사업지구 지정고시	확정예정 조서통보	성과검사 예산집행 (완료)
배점	0	10	10	5	10	10	5	15	5
누계	0	10	20	25	35	45	50	65	70

※ 사업지구별 추진율에 따라 평가 후 평균값을 시군구 업무추진 단계별 점수로 결정 (최고 70점)

② 지적재조사사업 주요정보(간접) (20%)

  1. 지적재조사사업 담당자 역량교육(5점)

   - 직접 교육(오프라인) 1인 2점 / 온라인 교육 수료시 1인 1점

     ※ 지적재조사사업 담당자 50% 이상 수료시 (5점)

  2. 지적재조사사업 담당자 정보관리 (4점)

   - 담당자 접속 관리(2점)

     ※ 평가일 기준까지 당해연도 근무일 중 60% 이상 접속(2점)

     ※ 1년간 90일 이상 미접속 계정이 있을 경우(0점)

   - 민감정보 관리 현황 (2점)

  3. 지적재조사행정시스템(외부망) 활용 (4점)

   - 제도개선 연 10회 이상 1점 / 10회 미만 0점

- 경계조정위원회 인용률 80% 이상 등록 2점
- 지적재조사사업 온라인(보도자료 포함) 홍보(1점)
4. 지적재조사사업지구 단계별 추진현황(평균공정률) (2점)
- 우수(2점) / 양호 (1점) / 미흡 (0점)
5. 지적재조사사업 정보 일관성 확보(5점)

구분	미추진	사업지구관리 (집단+개별)	사업지구 정보 현행화	정보입력 (토지현황조사서)	정보입력 지상경계점
배점	0	1	2	1	1
누계	0	1	3	4	5

③ 시군구별 업무량(20%) [(당해연도 추진 업무량 / 지적불부합지 시군구 나머지업무량) * 100]

구분	(가)미추진	3%미만	3%이상~ 4%미만	4%이상~ 5%미만	5%이상~ 6%미만	6%이상~ 7%미만	7%이상~ 8%미만	8%이상
배점	0	8	10	12	14	16	18	20

(가) 미추진이란 사업대상에는 포함되지만 사업지구가 진행되지 않은 대상
※ 지적불부합지 중 사업완료 및 추진 중인 업무량을 제외한 2030년까지 추진해야 할 나머지 업무량을 기준으로 하되, 당해연도 추진 업무량이 지역별(특별시·광역시/도) 추진업무량 상위 5%에 해당되는 시·군·구는 추진비율에 관계없이 20점 인정(최고 20점)

▶ ① 70점 + ② 20점 + ③ 20점 = 110점

○ 산식 설명
지적재조사 추진실적
① 개별 사업지구에 대한 추진공정별 점수를 배정하며 각 단계의 공정 완료 시 해당되는 배점을 누적하여 최고 70점의 점수를 배정, 시·군·구에 사업지구가 두 개 이상일 경우 사업지구별 추진실적에 대한 점수를 산정한 뒤 평균하여 시군 점수로 계산하나, 자체예산, 협업사업 예산 등 지적재조사사업 국비 외 사업비로 추진하는 지구는 별도 일정으로 추진됨에 따라 평가에서 제외

② 지적재조사사업 주요정보(간접) 중
1. "지적재조사사업 담당자 역량교육"는 "지적재조사사업" 업무 관련 교육을 수료한 담당자를 의미하며, 평가일 기준 최근 3년 이내 수료한 교육을 인정 (담당자 당 최대 3점까지 획득 가능)
2. "지적재조사사업 담당자 정보관리" 항목에서 시스템 접속률이 근무일 중 60% 이상 접속 시, 정보 보안관리는 추진단 관리자가 월별 개인정보 및 정보 보안 탐지 (업무시간 외 이력관리, 개인정보 대량 조회 이력) 등을 확인 시 점수 부여
3. "지적재조사 행정시스템(외부망) 활용"은 제도개선 내역 연 10회 이상 제출시 1점 / 10회 미만 0점 / 경계조정위원회 인용율 80% 이상 등록시 2점 / 지적재조사사업 온라인 (보도자료등) 홍보시 1점
(단, 온라인 주민설명회는 지적재조사행정시스템에 등록 시 자동 점수 부여)
4. "지적재조사사업지구 단계별 추진현황"은 실시계획 수립 당시 사업기간을 기준으로 공정단계에 따른 가중치를 적용하여 예정일정 대비 실 공정일을 비교 평균 공정율을 산정 우수 (2점) 양호 (1점) 미흡 (0)을 부여한다.

5. "지적재조사사업 정보 일관성 확보"의 "사업지구관리"는 지적불부합지구 관리 시스템에 대상지 우선순위 관리 및 관리카드 내역을 기록 하였는지를 평가하고 "사업지구 정보현황화" 성과물 등록 및 경미한 변경 등 입력 여부 판단, "정보 입력은 토지현황조사서 및 지상경계점 등록부 내역이 100% 입력이 되었을 경우 점수를 부여한다.

③ 지자체별로 추진하여야 할 지적불부합지를 대상으로 평가하며, 사업완료, 추진 중인 필지를 제외한 나머지 업무량의 8%이상 추진을 목표로 배점 (자체예산, 협업 사업 예산 등 지적재조사사업 국비외 추진 업무량은 당해연도 시·군·구 추진 업무량에는 포함)

【 예 시 】

○○도는 5개 시·군 중 4개 시·군에서 국고보조금을 받아 지적재조사사업에 참여
○○도는 도전체 나머지업무량 / 시군구 자체 나머지업무량을 기준(1~4등급)

구분		○○도	A 시		B 시	C 군	D 군
			"가"지구	"나"지구	"다"지구	"라"지구	"마"지구
① 추진공정	단계	-	성과검사 예산집행	확정예정 통보	동의서 징구 충족	성과검사 예산집행	사업지구 지정
	점수	56.25	70	60	40	70	50
② 정보화	담당자 역량교육	3.5	전담인력5명(5) /온라인1 /집합교육2		전담인력5명(3) /온라인1 /집합교육1	전담인력5명(5) /온라인0 /집합교육5	전담인력5명(1) /온라인1명 /집합교육0명
	담당자 관리	2.5	60일/100일 접속(2) /민감정보관리(2)		50일/100일 접속(0) /민감정보관리(2)	50일/100일 접속(0) /민감정보관리(2)	30일/100일 접속(0) /민감정보관리(2)
	외부망 시스템 활용	3	제도개선 10회(1) 경계결정조정 인용율(2) /지적재조사사업 온라인홍보(1)		지적재조사사업 온라인홍보(1)	제도개선10회(1) 경계결정조정 인용율(2) /지적재조사사업 온라인홍보(1)	제도개선 10회(1) 경계결정조정 인용율 2)
	단계별 추진현황	1	우수(2)		미흡(0)	양호(1)	양호(1)
	정보 일관성	4.5	정보입력 토지현황조사서 100%(4)		정보입력 지상경계점 100%(5)	정보입력 토지현황조사서 100%(4)	정보입력 지상경계점 100%(5)
	점수	14.5	19		11	16	12
③ 업무량 (필지수)	지구별	5,620	1,500	1,500	150	2,200	270
	시군구	5,620	3,000		150	2,200	270
	목표량 (나머지업무량)	120,000	50,000		3,000	20,000	5,000
	추진율	4.7%	6%		5%	11%	5.4%
	점수 (평균)	16.25	16	16	15	20	14
최종 점수	시군구		100		66	106	76
	시도		87점 = 56.25 + 14.5 + 16.25				

○ 목표치 : 92점
○ 평가대상 : 사업지구를 수행하는 시·도(시·군·구 포함)
○ 평가기준일 : 2025. 12. 31.

시스템 구현 서식	○ 지적재조사 추진 실적					
	구분	업무추진 점수 (A=①+②+③)	추진실적	정보화	사업화
	○○시·도 (평균, 미추진 포함)	87	56.25	14.5	16.25
	○○시	100	65	19	16
	○○시	66	40	11	15
	○○시	106	70	16	20
	○○시	76	50	12	14

연계 시스템	정보시스템운영부서				연계항목	
	정보시스템명칭	기관/부서	담당자	연락처	항목이름	증빙화면
	바른땅시스템	㈜웨이버스/사업본부	고성일	1599-4576 (070-7494-0655)	시도별 사업현황관리	매뉴얼하단 별첨

증빙 자료	○ 업무량은 증빙자료 불필요 - 바른땅시스템 자료 활용 ○ 교육 수료증 및 교육 증빙 자료 ○ 우편물 사용 이력을 증빙할 수 있는 자료 ○ 지적재조사 온라인 홍보를 증빙할 수 있는 자료 ○ 협업을 증빙할 수 있는 자료		
VPS실적 입력주체	시·도	입력 시기	분기

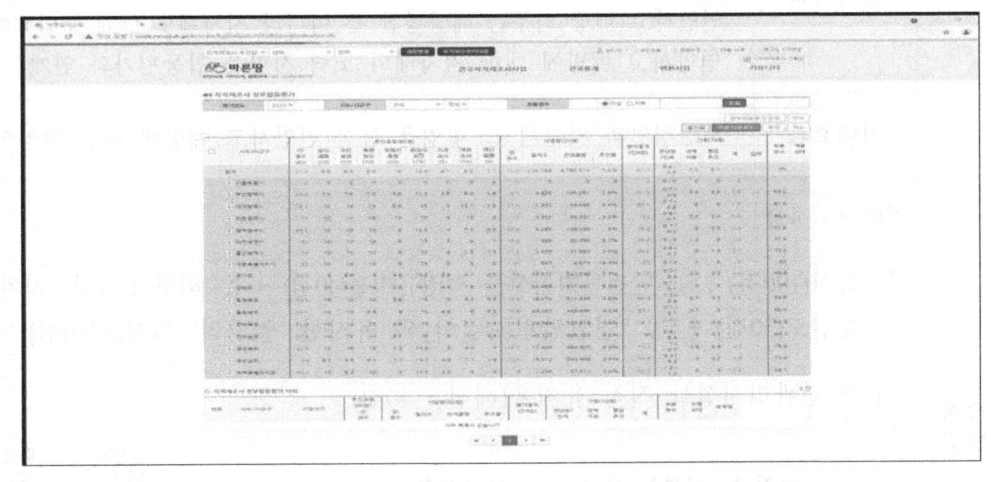

문의처	국토교통부 공간정보제도과 손기열 사무관(☎:044-201-4657, E-mail : prugio1240@korea.kr) 김은애 주무관(☎:044-201-4659, E-mail : dsm2419@korea.kr)

국정목표	2. 민간이 끌고 정부가 미는 역동적 경제
국민약속	2-8. 하늘·땅·바다를 잇는 성장인프라를 구축하겠습니다.
국정과제	2-8-41. 해양영토 수호 및 지속가능한 해양관리
지표명	㉮ 연안사고 예방 추진 목표 달성도
지표성격	<국가주요시책> - 연안사고로부터 국민의 생명·신체 및 재산을 보호하기 위하여 국가와 지자체는 필요한 시책을 강구하고 추진

지표유형	정량	부분	정순	계속(변경)

지표설명		
	지표명 설명	- 연안사고 예방을 위한 지자체의 자발적 참여와 노력을 객관적으로 평가 - 상·하반기 연안해역 정기(합동)점검 및 연안사고예방협의회 참석 여부를 해양경찰-지자체 간 협업도 평가 지표에 산입
	평가근거	- 「연안사고 예방에 관한 법률」 제3조(국가 등의 책무) - 「연안사고 예방에 관한 법률」 제9조(연안사고 안전관리규정의 작성·시행) - 「연안사고 예방에 관한 법률」 제17조(연안안전지킴이 위촉) - 「연안사고 안전관리규정(해양경찰청 훈령)」 제16조(안전관리시설물의 설치), 제20조(안전관리시설물의 관리), 제21조(연안해역 안전점검), 제22조(점검결과 응급조치), 제24조(예방업무종사자 지정)
	평가목적	- 실효적인 연안사고 예방을 위해서는 「연안사고예방법」에 규정된 국가와 지자체 간 안전체계 구축 및 기반조성 필수 - 연안사고 예방 의무는 해양경찰 뿐 아니라 지자체도 함께 부담해야 하므로 연안사고 예방에 대한 지자체의 노력 사항을 합동평가와 연계
	기대효과	- 해양경찰과 지자체 간 협업을 통한 연안사고 예방에 대한 책임의식 제고
	기타참고사항	

측정방법	① 산식(100점) : ① 안전관리시설물 적정유지율(40점) + ② 해양경찰-지방자치단체 간 협업도(50점) + ③ 「연안안전지킴이」와 유사한 '일자리' 참여도(10점) ① 안전관리시설물 적정 유지율(배점 : 40점) $$\frac{\text{안전관리시설물 설치·보수 이행건수(A)}}{\text{안전관리시설물 설치·보수 협의건수(B)}} \times 100$$ | 달성도 | 평가 | |---|---| | 80% 이상 | 40 | | 70% 이상 | 35 | | 60% 이상 | 30 | | 50% 이상 | 20 | | 50% 미만 | 0 |

《산식설명》

㉠ 대상 : 「연안사고 안전관리규정」제21조, 제22조에 따른 전년도 위험도 평가 결과를 반영한
① 사망사고 발생구역 ② 연안사고 다발구역, ③ 연안사고 위험구역 내 안전관리시설물

> ▶ '25년('24년 기준) 전국 연안해역 위험구역은 총 000개소이며, 그 중 사망사고 발생구역 000개소(00%), 연안사고 다발구역 000개소(00%), 연안사고 위험구역 000개소(00%)임

㉡ 협의건수(B) : '24년 하반기 연안해역 정기 점검 시 안전관리시설물 설치·보수에 대해 해양경찰서(해양안전과)와 지자체가 협의한 건수(지자체 예산 감안)
  * 안전관리시설물 설치·보수 협의건수가 "0"인 경우 인정하지 않음(단, 지역별 정비사업 등 특수한 사정으로 시설물 설치·보수가 불필요함이 객관적으로 인정되고, 관할 해경서에서도 동의하는 경우 협의건수가 "0"건인 경우에도 인정 가능)

㉢ 이행건수(A) : 안전관리시설물 설치·보수 협의건수에 대한 지자체 이행건수

〈 세부설명 〉

> ▶ 협의건수를 정하고 안전관리시설물을 설치·보수를 이행하는 방법은?
> ☞ (예시) '24년 하반기 연안해역 정기점검 실시(해경-지자체 합동) → 점검결과 의거 A해경서와 B지자체 간 안전관리시설물 설치·보수 건수 협의 → 지자체는 협의된 개소의 안전관리시설물 설치 또는 보수 이행 → 안전관리시설물 설치·보수결과 통보(지자체→관할 해양경찰서<해양안전과>)

㉣ 안전관리시설물 범위 : 연안사고 예방을 위한 각종 안전관리시설물
  * 위험표지판·알림판, 인명구조함, 차량추락 방지턱, 안전펜스, CCTV(설치목적이 연안안전관리용에 한함), 재난방송(경보)시설 등

㉤ 산 식 : (시·도 및 시·군·구 안전관리시설물 설치·보수 이행건수(A) 합계 / 시·도 및 시·군·구 안전관리시설물 설치·보수 협의건수(B) 합계) x 100
  * 광역지자체(시·도) 추가 이유 : "어항, 어촌, 해수욕장, 도로" 등 대부분의 안전관리 시설물은 기초지자체에서 관리 中, 다만, "항만"의 경우 광역지자체가 관리하는 점을 감안함

㉥ 증빙서류 : 안전관리시설물 설치·보수 조치 결과 통보(지자체 → 해경서 해양안전과)*
  * 공문내용 : 협의건수, 이행건수, 세부내용(설치 or 보수, 위치, 내용) 등

② 해양경찰-지방자치단체 간 협업도 (배점 : 50점)

- 연안사고 안전관리규정 제24조에 따른 예방업무 종사자 지정(C) : 10점
- 해당연도 상·하반기 연안 해역 정기(합동)점검 참여도(D) : 20점
- 중앙(광역·지역)연안사고예방협의회* 참여도(E) : 20점
  * 대면(출석)회의, 서면회의, 화상회의, 본회의, 분과회의 등 모든 형태의 회의

《산식설명》

㉠ 예방업무 종사자의 역할(C)

- 지자체별 연안사고 예방업무 종사자 지정시 10점 부여
- 지자체는 부서별로 관리하는 연안안전관리시설물이 상이하고 담당자도 부서별로 정해져 있음. 이에, 본 지표 관련 해양경찰 관서에서 안전관리시설물 설치·보수 등 관련 지자체와 협의 시 해양경찰 관서↔지자체 관련부서 간 원활한 협의를 위한 총괄 소통창구 역할 이행

      ⓒ 해당연도 상·하반기 연안해역 정기(합동)점검 참여도(D)
        - 기초지자체별 연안해역 정기 합동점검 1회 참여시 10점, 2회 참여시 20점 부여
        - 연안사고 안전관리규정 제21조에 의거 연안해역 안전관리 정기점검은 해양경찰서장 및 지방자치단체의 장이 합동으로 행락시기 이전·이후 2회 점검토록 명시되어 있고, 실제로도 해양경찰서와 지자체 간 연 2회 실시되고 있음
      ⓒ 연안사고예방협의회 참여도(E)
        - 각 시·도 및 시·군·구에서 중앙·광역·지역협의회 중 1회이상 참석시 20점 부여
        - 지자체 관할 해양경찰관서에서 부득이한 사유로 해당 협의회를 개최하지 않거나* 소속 지자체 공무원이 협의회 위원으로 선정되지 않아** 출석하지 못한 경우 : 15점
         * 「연안사고 예방에 관한 법률」 시행령 제3조의3, 제4조의3을 보면, 중앙협의회(해양경찰청) 및 광역협의회(지방해양경찰청), 지역협의회(해양경찰서)는 연 1회 개최 규정
         ** 다만, 중앙·광역·지역협의회는 연안사고 예방을 담당하는 지자체 공무원이 해당 협의회의 위원으로 위촉·출석하므로, 평가대상 지자체 소속 공무원이 협의회의 위원으로 위촉되지 않으면 출석할 수 없는 점을 고려함(同法 시행령 제3조 및 제4조 참조)
        - 해양경찰에서 개최 일정 및 참석 요청이 있음에도 불출석한 경우 : 0점
     ⓔ 산 식 : [(C)/지자체수] + [(D)/기초지자체수] + [(E)/지자체수]
     ⓜ 증빙서류 : 사무분장, 관련 공문

  ③ 「연안안전지킴이」와 유사한 '일자리' 참여도(배점 : 10점)
    - 해경 '연안안전지킴이'와 유사한 '일자리 사업'으로 연안해역 안전관리 범위 확대
    - '유사 일자리 사업' : 1번 항목에서 5번 항목까지 모두 만족하는 경우 해당

1. 선발(채용)근거	2. 활동기간	3. 활동장소	4. 운영방법	5. 활동목적
가. 개별 법령에 따른 위촉·선발 또는	최소 1개월 이상 (단, 5~10월 중 1개월 이상 활동)	1. 해양(바다) 또는	제한 없음	가. 해양(연안)사고 예방 및 안전관리 또는
나. 공공근로사업 (일자리사업) 또는		2. 연안(해수욕장 포함)		나. 부수적 업무로 연안사고 예방 활동을 명시한 경우 (모집·선발·채용 단계 시)
다. 직접일자리사업				

    - 지자체 '유사 일자리 사업 수(F)* : 일자리 명칭 기준으로 각 5점
     ※ 단, 기초지자체 일자리 명칭이 상이하더라도 중앙부처 또는 광역지자체의 예산출처 또는 지원 사유가 동일한 경우 별건으로 볼 수 없으며, 기초지자체가 중앙부처 또는 광역지자체의 지원 없이 자체 예산으로 유사일자리 참여시 별건으로 봄

《산식설명》
  ⓐ 산 식 : 지자체 '유사 일자리 사업 수(F) × 5
  ⓑ 증빙서류 : 사업계획서 및 사업결과보고서

② 목 표 치 : 총점 90점 이상

③ 평가대상 : 연안을 접하는 광역지자체(시군구 실적포함)

연번	광역지자체	기초지자체
1	경기도	김포시, 시흥시, 화성시, 안산시, 평택시
2	인천광역시	남동구, 서구, 중구, 강화군, 옹진군
3	울산광역시	북구, 동구, 울주군
4	부산광역시	강서구, 기장군, 남구청, 사하구, 서구, 수영구, 영도구, 중구, 해운대구, 남항관리사업소
5	강원자치도	고성군, 속초시, 양양군, 강릉시, 동해시, 삼척시
6	충청남도	서산시, 태안군, 보령시, 홍성군, 서천군, 당진시
7	전북자치도	군산시, 부안군, 고창군
8	전라남도	완도군, 해남군, 장흥군, 강진군, 여수시, 보성군, 고흥군, 진도군, 영광군, 신안군, 무안군, 목포시
9	경상북도	울릉군, 영덕군, 울진군, 포항시, 경주시
10	경상남도	창원시, 통영시, 거제시, 사천시, 고성군, 하동군, 남해군
11	제주자치도	제주시, 서귀포시

※ 서울, 대구, 광주, 대전, 세종, 충북 제외

④ 평가기준일 : '25. 12. 31.

시스템 구현 서식

구분	① 안전관리시설물 적정유지율(40점)				② 해양경찰-지방자치단체 간 협업도(50점)								③ 일자리 참여도(10점)		총점
	이행건수(A)	협의건수(B)	유지율=A/B×100	①점수	지자체수	기초지자체수	예방업무종사자지정(C)	(C점수)=C/지자체수	정기접점참여도(D)	(D점수)=D/기초지자체수	협의회참여도(E)	(E점수)=E/지자체수	②점수(C+D+E)	일자리사업수(F)	③점수	①+②+③
총합계(a+b)																
○○시·도(a)																
시군구합계(b)																
○○시																
○○군																
○○구																

※ ☐ : 직접 입력 / ▩ : 자동계산 / ▨ : 비활성화

연계시스템
○ 연계 없음

증빙자료
○ 산식(실적)에 대한 증빙자료
- ① 안전관리시설물 적정 유지율 : 안전관리시설물 설치·보수 조치 결과 통보(지자체 → 관할 해양경찰서 해양안전과)*
  * 공문내용 : 협의건수, 이행건수, 세부내용(설치 or 보수, 위치, 내용) 등
- ② 해양경찰-지방자치단체 간 협업도 : 사무분장(필요시), 관련 공문 등
- ③ 「연안안전지킴이」와 유사한 '일자리' 참여도 : 사업계획서, 사업결과보고서
- 그 밖에 지표 이행여부(실적)를 확인 할 수 있는 증빙자료(보조자료)

VPS실적 입력주체	광역지자체	입력 시기	수시

문의처	해양경찰청 해양안전과 김영란 경감 (☎ 032-835-2339, E-mail: poppy1124@korea.kr)

3. 따뜻한 동행, 모두가 행복한 사회

3. 따뜻한 운동,
모두가 행복한 사회

국정 목표	3. 따뜻한 동행, 모두가 행복한 사회			
국민 약속	3-9. 필요한 국민께 더 두텁게 지원하겠습니다.			
국정 과제	3-9-43. 국민 맞춤형 기초보장 강화			
지표명	㉮ 읍면동 지역사회보장협의체 운영 활성화			
지표 성격	< 국가주요시책, 기타 > ○ 보장기관(국가기관과 지방자치단체)은 지원이 필요한 국민이 급여대상에서 누락되지 아니하도록 지원대상자를 적극 발굴하여 이들이 필요로 하는 사회보장급여를 적절하게 제공받을 수 있도록 노력하여야 함(사회보장급여법 제4조제2항) ○ '22.8월 수원세모녀 사망사건을 계기로, 민관협력을 통한 발굴체계 강화 및 위기가구의 신속하고 두터운 지원을 주요내용으로 '복지 사각지대 발굴·지원체계 개선대책' 마련·발표('22.11월) - 지역사회 위기가구 발굴체계 강화를 위해, 사회보장급여법 제41조제7항 및 같은 법 시행규칙 제7조에 따라 구성된 읍면동 지역사회보장협의체 기능[*] 및 운영 활성화 필요 　* (주요역할) 위기가구 발굴, 사회보장 자원 발굴 및 연계업무 등 지역주민 사회보장 증진 관련 업무			
지표 유형	정량	공통	정순	계속(유지)
지표 설명	지표명 설명	지역사회 내 약자복지의 실현을 위해 위기가구 발굴, 사회보장자원 발굴 및 연계 등을 수행하는 읍면동 지사협의 기능 및 운영 활성화 지원 필요		
	평가근거	「사회보장급여의 이용·제공 및 수급권자 발굴에 관한 법률」 제4조, 제14조, 제41조, 제45조 및 동 법 시행규칙 제7조 제4조(기본원칙) ② 보장기관은 지원이 필요한 국민이 급여대상에서 누락되지 아니하도록 지원대상자를 적극 발굴하여 이들이 필요로 하는 사회보장급여를 적절하게 제공받을 수 있도록 노력하여야 한다. 제14조(민관협력) ① 보장기관과 관계 기관·법인·단체·시설은 지역사회 내 사회보장이 필요한 지원대상자를 발굴하고, 가정과 지역공동체의 자발적인 협조가 이루어질 수 있도록 노력하여야 한다. ② 특별자치시장 및 시장·군수·구청장은 지원대상자의 발굴 및 지역사회 보호체계의 구축을 위하여 필요한 경우 제41조에 따른 지역사회보장협의체(특별자치시의 경우에는 제40조에 따른 시·도사회보장위원회를 말한다)에 관계 기관·법인·단체·시설의 장 및 그 밖에 사각지대 발굴과 관련한 기관·법인·단체·시설의 장 등을 포함시켜 운영할 수 있다. ③ 특별자치시장 및 시장·군수·구청장은 제1항에 따른 지역사회 내 지원대상자를 발굴하는 활동을 촉진하기 위하여 예산의 범위에서 필요한 비용을 지원할 수 있다. 제41조(지역사회보장협의체) ⑤ 보장기관의 장은 지역사회보장협의체의 효율적 운영을 위하여 필요한 인력 및 운영비 등 재정을 지원할 수 있다. ⑦ 특별자치시장 및 시장·군수·구청장은 읍·면·동 단위로 읍·면·동의 사회보장 관련 업무의 원활한 수행을 위하여 해당 읍·면·동에 읍·면·동 단위 지역사회보장협의체를 둔다. ⑧ 제7항에 따른 읍·면·동 단위 지역사회보장협의체의 조직·운영에 필요한 사항은 보건복지령으로 정하는 바에 따라 해당 특별자치시 및 시·군·구의 조례로 정한다.		

		제45조(지역사회보장의 균형발전) 중앙행정기관의 장 및 시·도지사는 시·도 및 시·군·구 간 사회보장 수준의 차이를 최소화하기 위하여 예산 배분, 사회보장급여의 제공 기관 등의 배치 등에 필요한 조치를 하여야 한다. 시행규칙 제7조(읍·면·동 단위 지역사회보장협의체의 구성 및 운영) ① 법 제41조제7항에 따라 읍·면·동 단위 지역사회보장협의체는 다음 각 호의 업무를 지원한다. 1. 관할 지역의 저소득 주민·아동·노동·장애인·한부모가족·다문화가족 등 사회보장 업무에 의한 도움을 필요로 하는 사람 발굴 업무 2. 사회보장 자원 발굴 및 연계 업무 3. 지역사회보호체계 구축 및 운영 업무 4. 그 밖에 관할 지역 주민의 사회보장 증진을 위하여 필요한 업무
	평가목적	○ 수원 세모녀 사망사건과 같은 지역사회 내 위기가구 사건사고가 지속적으로 발생하고 있어, 지역사회 내 위기가구의 선제적 발굴 및 자원연계 등 읍면동 지사협의 역할에 대한 중요성이 높아지고 있어 기능 및 운영 활성화 필요 ○ 지역사회 내 위기가구 발굴 및 자원연계 등을 통해 지역사회보장 증진에 기여 목적으로 구성된 읍면동 지역사회보장협의체는 '15년 법적 근거의 마련 이후 지속 확충되어, 2023.12. 기준 총 3,519개 읍면동에 설치·운영 중이나, 시도 및 시군구 지원 정도나 읍면동 지사협 운영 현황의 편차는 지역별로 큰 상황이며, - 그에 따라 사회보장급여법 시행규칙 제7조에 따른 읍면동 지사협 업무 실적이 없는 지역도 존재하고 있어, 지역사회 위기가구 발굴·지원 등 사회보장 증진을 위해 읍면동 지사협의 운영 활성화가 필요한 상황 ○ 평가 1~2년차는 전국적으로 균형있는 협의체 운영 활성화 유도를 목표로 하고, - 2~3년차는 전국의 읍면동 지사협 활동을 바탕으로 지사협별 활동량과 실적 등 실질적 운영 활성화 정도를 평가하는 등 평가의 지속성·정례화를 꾀하겠음 ○ 읍면동 지사협의 효율적이고 체계적인 운영 활성화를 통해 지역사회내 위기가구를 적극적으로 발굴하고, 발굴된 사회적 약자에게 필요한 복지 서비스를 두텁게 제공할 수 있을 것으로 기대 - 궁극적으로 지역사회 내 따뜻한 동행, 모두가 행복한 사회 달성 가능
	기대효과	읍면동 지역사회보장협의체의 기능 및 운영 활성화를 도모하고, 이를 통해 지역사회 내 사회적 약자의 적극적 발굴과 필요한 서비스 연계를 통한 두 터운 지원 가능
	기타참고사항	
측정 방법		○ 내용 : 시군구별 소관 읍면동 중 ①위기가구 발굴, ②발굴가구에 대한 자원연계, ③민간 자원 발굴, ④지역특화사업 수행 실적이 있는 읍면동의 비율에 항목별 가중치 적용 ○ 산식 : (①×0.3 + ②×0.3 + ③×0.2 + ④×0.2) ÷ 소관 읍면동 수 × 100 - ① 소관 읍면동 중 위기가구 발굴 실적이 있는 읍면동 수 (가중치 30% 적용) 　* 근거자료 : 분기별 읍면동 지역사회보장협의체 운영현황 중 '사각지대 대상자 발굴가구 수' - ② 소관 읍면동 중 발굴가구에 대한 자원 연계 실적이 있는 읍면동 수 (가중치 30% 적용) 　* 근거자료 : 분기별 읍면동 지역사회보장협의체 운영현황 중 '발굴가구에 대한 자원 연계 (공적급여연계, 민간자원연계, 기타자원연계 중 1개라도 실적이 있는 읍면동 수)'

- ③ 소관 읍면동 중 민간 자원발굴 실적이 있는 읍면동 수 (가중치 20% 적용)
  * 근거자료 : 분기별 읍면동 지역사회보장협의체 운영현황 중 '민간자원발굴-자원발굴(건)'
- ④ 소관 읍면동 중 지역 특화사업을 수행하고 있는 읍면동 수 (가중치 20% 적용)
  * 근거자료 : 분기별 읍면동 지역사회보장협의체 운영현황 중 '지역 특화사업 업무-사업수(개)'

○ 산식 설명
- 사회보장급여법 시행규칙 제7조(읍면동 단위 지역사회보장협의체의 구성 및 운영)에 따른 읍면동 지사협의 역할*이 지역사회 내에서 충실히 수행될 수 있도록 노력 필요
  * 사회보장사업에 의한 도움을 필요로 하는 사람의 발굴업무, 사회보장 자원 발굴 및 연계 업무, 지역사회보호체계 구축 및 운영 업무, 그 밖에 관할 지역주민의 사회보장 증진을 위하여 필요한 업무
- 읍면동 지사협 역할 중 '위기가구 발굴'과 '발굴된 가구에 대한 자원연계'의 중요성을 감안하여 2개 지표는 30% 가중치를 적용하고, 민간자원 발굴 및 지역특화사업은 지역별 보유 자원의 편차가 있는 점을 감안하여 20% 가중치만 적용
  ※ 해당연도 신설, 재개발 등 부득이한 사유로 지사협 미구성 읍면동은 증빙자료 제출 시 모수(소관 전체 읍면동 수)에서 제외

○ 목표치: 시부 93%, 도부 93%
○ 평가대상: 시·도(시·군·구 포함)
○ 평가기준일: 2025년 12월 31일

시스템 구현 서식

구분		소관 전체 읍면동 수 (A)	위기가구 발굴 수행 읍면동 수 (B)	발굴가구에 대한 자원연계 수행 읍면동 수 (C)	민간자원 발굴 수행 읍면동 수 (D)	지역특화사업 수행 읍면동 수 (E)	달성률(F)= (B×0.3 +C×0.3 +D×0.2 +E×0.2) /A×100
읍면동수	시도=시군구계						
	○○시						
	○○군						
	○○구						

연계 시스템

해당없음

증빙자료

○ 필요
- 분기별 읍면동 지역사회보장협의체 운영현황 자료*(공문 제출)
  * 필요시 제출자료에 대한 증빙자료 요청 가능
- 읍면동 지역사회보장협의체 미구성 사유(재개발, 신설 등)에 대한 증빙자료(공문 제출)

VPS실적 입력주체

시군구	입력 시기	연

문의처

보건복지부 복지행정지원관 지역복지과 행정사무관 김행미(☎ 044-202-3122, E-mail: khmi@korea.kr)
지방사회복지주사 성기원(☎ 044-202-3125, E-mail: kiwonkiwon@korea.kr)

국정목표	3. 따뜻한 동행, 모두가 행복한 사회			
국민약속	3-9. 필요한 국민께 더 두텁게 지원하겠습니다			
국정과제	3-9-43. 국민 맞춤형 기초보장 강화			
지표명	⑭ 복지사각지대 발굴·지원 및 수급자 사후관리			
지표성격	< 국가주요시책 > ① 복지사각지대 발굴 - 국정과제 44〈사회서비스 혁신 기반 조성을 통한 복지·돌봄서비스 고도화〉에 복지사각지대 발굴시스템 운영 포함 - 보장기관은 복지사각지대 발굴시스템을 통해 선별된 가구 중 복지지원이 누락된 지원대상자를 발굴하기 위해 노력하여야 함 (사회보장급여법 제9조의2, 제12조) ② 수급자 사후관리 - 보장기관의 장은 수급자 및 그 부양의무자의 인적사항, 소득·재산 상태 등에 변동이 있어 사회보장급여의 전부 또는 일부가 필요 없게 된 때에는 사회보장급여를 변경·중지하여야 함 (사회보장급여법 제19조, 제21조, 제22조)			
지표유형	정량	공통	정순	계속(변경)
지표설명	지표명 설명	o 복지사각지대 발굴시스템으로 통보된 대상자를 조사한 실적 및 지자체에서 위기상황에 처한 대상자를 자체적으로 발굴하기 위한 노력을 평가 o 사회보장정보시스템으로 통보된 기존 수급자의 소득재산 변동정보를 확인하여 처리한 비율을 평가		
	평가근거	o 「사회보장급여의 이용·제공 및 수급권자 발굴에 관한 법률」제9조의2, 제10조, 제12조, 제19조, 제21조 제9조의2(위기가구의 발굴) ① 보장기관의 장은 누락된 지원대상자가 적절한 사회보장급여를 제공받을 수 있도록 지원이 필요한 다음 각 호의 가구(이하 이 조에서 "위기가구"라 한다)를 발굴하기 위하여 노력하여야 한다. 1. 제12조제1항 각 호의 자료 또는 정보의 처리 결과 보장기관의 장이 위기상황에 처하여 있다고 판단한 사람의 가구 ② 보장기관의 장은 제1항에 따라 발굴한 위기가구의 구성원이 필요로 하는 적절한 사회보장급여를 제공받을 수 있도록 지원하여야 한다. 제19조(사회보장급여의 적정성 확인조사) ① 보장기관의 장은 수급자에 대한 사회보장급여의 적정성을 확인하기 위하여 제7조제1항 각 호에 해당하는 정보를 조사할 수 있다. 제21조(사회보장급여의 변경·중지) ② 보장기관의 장은 제1항에 따른 변동으로 수급자에 대한 사회보장급여의 전부 또는 일부가 필요 없게 된 때에는 사회보장급여의 전부 또는 일부를 중지하거나 그 종류·지급방법 등을 변경하여야 한다. 제22조(사회보장급여의 환수) ② 보장기관의 장은 수급권이 없는 자에게 사회보장급여를 제공하거나 그 변경·중지로 인하여 수급자에게 이미 제공한 사회보장급여 중 과잉지급분이 발생한 경우에는 즉시 이를 제공받은 사람에 대하여 그 전부 또는 일부의 반환을 명하여야 한다. 다만, 이를 이미 소비하였거나 그 밖에 수급자에게 부득이한 사유가 있는 때에는 그 반환을 면제할 수 있다.		

평가목적	o 부양의무자 폐지 등 복지제도 완화에도 불구하고 생활고 비관에 의한 자살 사건이 계속 일어나고 있어 국가차원의 선제적인 위기가구 발굴 요구가 증가하고 있으며, 복지급여가 확대되면서 수급 적정성 관리에 대한 중요도 증가 o 이에 지자체에서 복지사각지대 발굴 및 사회보장급여 적정성 관리 노력에 대한 평가 필요	
기대효과	o 사회보장급여 수급 적정성이 있으나 지원받지 못한 사람은 찾아내고, 기존 수급자에 대해서도 적정급여가 제공될 수 있도록 지속적으로 관리하여 복지제도가 공정하고 효과적으로 운영되도록 함	
기타참고사항		
측정 방법	O 산식 = 복지사각지대 발굴·지원 실적(60점) + 수급자 사후관리(40점) 		구분	계산식	달성기준/배점
---	---	---	---
복지 사각지대 발굴실적 점수 (60점) =	발굴 대상자 처리 결과	$\frac{단순상담^* \times 0.3 + 조치완료(민간서비스지원, 서비스의뢰) \times 0.7 + 조치완료(차상위, 기타공공서비스) \times 1.0 + 조치완료(기초, 긴급) \times 1.5}{'25년도 발굴대상자수^*} \times 100\%$ * 미처리 대상자 제외	달성기준 만족 → 달성 (60점) 달성기준 미달 → 미달성 (55점) | ※ 발굴대상자 처리결과 달성기준 - ① (지자체별 기준) 해당 지자체의 '24년 실적으로 계산한 처리결과의 98% 이상 - ② (전국 기준) '25년도 전국 처리결과의 100% 이상 ☞ 해당 지자체의 '25년도 처리결과 값이 달성 기준(①, ②) 중 하나라도 만족한 경우 달성 * 대상자 상담 이후 요청접수, 조치중, 미지원, 비대상 처리한 경우에도 단순상담으로 집계 ※ 단, '25년도 발굴대상자 수가 최근 3년 연평균 발굴대상자 수의 90% 이상인 경우에 한함, 미충족 시 미달성한 것으로 처리 |	구분	계산식	달성기준/배점
---	---	---	---
수급자 사후관리 점수 (40점) =	자격중지 및 급여감소 처리율	$\frac{기간 내 처리 완료 수}{'25년 정기 및 월확인조사 예상 중지 및 급여감소자 수}$	지자체별 기준* 이상 → 달성 (40점) 지자체별 기준* 미만 → 미달성 (35점)	 * 지자체별 기준 : '25년도 전국 평균 이상이거나, 전국 평균 미만이더라도 '24년 대비 처리율이 상승한 경우 달성한 것으로 처리 O 산식 설명 1. 복지사각지대 발굴·지원 성과(60점) - (처리결과) 중앙발굴 대상자 및 지자체발굴 대상자를 지자체에서 현장 조사하여 복지급여·서비스를 연계한 실적	

	• 처리실적 기준일자는 각 차수 실적마감일 적용(공문 등에 별도 명시)
	• 처리결과에 따라 가중치 차등(미처리 제외)
	  - 단순상담·요청접수·조치중·미지원·비대상 : 30%
	  - 서비스의뢰·조치완료(민간서비스) : 70%
	  - 조치완료(차상위·기타공공서비스) : 100%
	  - 조치완료(기초·긴급) : 150%
	  ※ '22년 1차부터 '24년 6차까지의 연평균 발굴대상자 수의 90% 이상 조사한 경우에 한함, 미충족 시 미달성으로 처리
	2. 수급자 사후관리(40점)
	  - '25년 정기 및 월별 확인조사 예상판정이 자격중지 및 급여감소인 대상자에 대한 처리율을 40점 만점으로 변환
	  ※ 처리율 : 확인조사 기간 내 정비 완료 건수 / 정비대상 건수
	○ 목표치: 95점 이상
	○ 평가대상: 시·도
	○ 평가기준일: 2026.1월 (복지사각지대 발굴은 공문에 명시된 각 차수 실적마감일, 수급자 사후관리는 확인조사 안내 공문에 명시된 완료요청 일시 기준)

시스템 구현 서식	25년 복지사각지대 발굴·지원 및 수급자 사후관리 (단위 : 명, %) 	구분	복지사각지대 발굴·지원(중앙발굴+지자체발굴)											수급자 사후관리		복지사각 지대발굴 지원점수 (①)	수급자 사후 관리점수 (②)	합계 (①+②)
---	---	---	---	---	---	---	---	---	---	---	---	---	---	---	---	---
	최근3 년 연평 균 발굴 대상자 ('22.~ '24.)	발굴 대상 자 ('25.)	단순 상담	요청 접수	조치 중	미 지원	조치 완료 (서비 스의 뢰)	조치 완료 (민간 서비 스)	조치 완료 (법정 차상 위)	조치 완료 (기타 공공 서비 스)	조치 완료 (기초 생활보 장)	조치 완료 (긴급 복지)	비대상	정비 대상 수	처리 완료 수			
시군구 합계																			
연계 시스템	
증빙 자료	○ 산식(실적)에 대한 지자체 증빙자료 - 불필요(자료 등록 담당자 복지정보기획과 김유미 주무관(044-202-3169))
VPS실적 입력주체	중앙부처 입력시기 연간
문의처	복지사각지대발굴 : 보건복지부 복지정보기획과 김유미(☎ 044-202-3169, E-mail: joyyumi@korea.kr) 수급자사후관리 : 보건복지부 복지정보운영과 배원진((☎ 044-202-3171, E-mail: dsa299@korea.kr)

국정 목표	3. 따뜻한 동행, 모두가 행복한 사회			
국민 약속	3-9. 필요한 국민께 더 두텁게 지원하겠습니다.			
국정 과제	3-9-44. 사회서비스 혁신 기반 조성을 통한 복지·돌봄서비스 고도화			
지표명	㉮ 보건복지분야 사회복무요원 소요 요청			

지표
성격
	<국가주요시책>
	- 저출산·고령화·양극화 등 급증하는 사회취약 계층에 대한 복지서비스 향상 및 감염병 등 사회안전망 확충을 위하여 사회복무제도를 운영하며, 보건의료 및 복지서비스 등 공익목적의 필요한 사회의 각 분야에 사회복무요원을 배치하고 있음
	- 사회복무요원 인건비(보건복지부)가 지방이양됨에 따라 봉급 인상 시 수요 감소가 예상되는 바 이에 대한 대책이 필요함
	  * 국정과제(108번 : 군 복무가 자랑스러운 나라 실현) "병역의무 이행에 대한 단계적 봉급 인상"
	- 또한, 병역의무자의 입영 대기기간을 최소화하기 위해서는 수요가 감축되지 않도록 지자체의 협조가 필요함
	  * 국정과제(107. 미래세대 병영환경 조성 및 장병 정신전력 강화) "입영대상자의 선호가 고려된 입영계획 수립을 통한 입영 대기기간 최소화"			

지표 유형	정량	공통	정순	계속(유지)
지표 설명	지표명 설명	지자체 보건복지분야에 사회복무요원을 배치하여 복지서비스 제공 등		
	평가근거	병역법 제27조 및 동법 시행령 제48조(사회복무요원의 배정 요청) 병역법 시행령 제64조의2(사회복무요원의 자원관리 등)		
	평가목적	당초 보건복지부에서 지급하던 사회복무요원의 인건비가 '22년부터 지방이양됨에 따라 보건복지분야의 사회복무요원 배치인원이 적정규모를 유지할 수 있도록 평가에 반영		
	기대효과	해당 시·도에 거주하는 사회복무요원이 원하는 시기에 병역을 이행할 수 있도록 지자체의 배치인원을 확보하고, 보건복지분야의 복지서비스와 감염병 등 사회안전망 구축에 기여		
	기타참고사항			
측정 방법	○ 산식 ('26년도 사회복무요원 소요 요청인원 / '26년 사회복무요원 목표인원) × 100 * 보건복지분야 (보건복지부 지방이양 대상)만 해당함 ○ 산식 설명 1. '26년 사회복무요원 소요 요청인원 : 지자체에서 지방병무청으로 필요한 인원을 요청한 인원(보건복지부 지방이양 대상만 해당) 2. '26년 사회복무요원 목표인원 : 지자체에서 지방병무청에 요청하여 배정된 인원의 2년('24년, '25년) 평균값의 80%(보건복지부 지방이양 대상만 해당)			

- 목표인원 : 최근 2년 평균값의 80%* (시·도별 설정)
  (다만, 전년도 목표값 대비 실적이 50% 미만 시·도는 최근 3년 평균값의 80% 적용)
  ※ 80% 설정 기준 : 100% - (병 봉급 5%이내 인상 + 지자체 재정여건 감안 15%)
- '26년 목표값은 전년 배정인원보다 1,869명 감소된 인원으로 설정
- 연도별 배정현황 : ('24년) 14,544명 → ('25년) 12,871명 → ('26년) 11,002명

구분	서울	부산	대구	인천	광주	대전	울산	세종	경기	강원	충북	충남	전북	전남	경북	경남	제주
'26년	**1,051**	**418**	**499**	**455**	**457**	**204**	**220**	**79**	**3,120**	**490**	**594**	**640**	**478**	**502**	**734**	**829**	**232**
'25년	1,232	525	613	496	511	102	239	93	3,797	616	672	781	585	586	789	952	282
'24년	1,395	520	634	643	632	320	311	105	4,002	608	813	818	610	669	1,045	1,121	298
'23년	1,870	515	660	690	595	345	283	72	3,601	568	748	857	657	726	1,015	1,044	316

* 필요 시 시군구별 목표값 설정 가능

○ 목표치 : 100% 이상
 - 사회복무요원 소요 요청 인원이 시·도별 목표인원 이상인 경우 달성
○ 평가대상: 시·도+시·군·구(합계)
○ 평가기준일: 2025.12.31.

시스템 구현 서식

구분	'26년도 소요 요청인원(A)	'26년도 목표인원(B)	달성률(C) (A/B)x100
총합계(ⓐ+ⓑ)			
ㅇㅇ시도(ⓐ)			
시군구 합계(ⓑ)			
ㅇㅇ시			
ㅇㅇ군			
ㅇㅇ구			

※ ☐ : 직접 입력 / ▨ : 자동계산 / ◪ : 비활성화

연계 시스템: 없음

증빙 자료: ○ 증빙자료 불필요(지방병무청에서 확인 가능)

VPS실적 입력주체: 광역지자체 **입력 시기**: 년

문의처:
병무청 사회복무정책과 4급 김미옥(☎ 042-481-3006, E-mail: eva2911@korea.kr)
병무청 사회복무정책과 6급 남석현(☎ 042-481-3024, E-mail: ilam4@korea.kr)

국정 목표	3. 따뜻한 동행, 모두가 행복한 사회			
국민 약속	3-9. 필요한 국민께 더 두텁게 지원하겠습니다.			
국정 과제	3-9-45. 100세 시대 일자리·건강·돌봄체계 강화			
지표명	㉮ 지역사회 치매관리율			
지표 성격	< 국고보조사업, 국가주요시책 >			
지표 유형	정량	공통	정순	계속(유지)
지표 설명	지표명 설명	치매안심센터 서비스 제공 등을 통한 지역사회 치매환자 관리율 측정		
	평가근거	치매관리법		
	평가목적	지역사회 치매환자 관리 정도 평가를 통해 치매안심센터 운영 활성화		
	기대효과	치매환자 치료·관리 확대하여 치매로 인한 고통 경감 가능		
	기타참고사항			
측정 방법	○ 산식 : (치매안심센터 치매환자 등록률 ① × 0.2) + (치매안심센터 치매환자 서비스 이용률 ② × 0.6) + (치매안심센터 보호자 서비스 이용률 ③ × 0.2) ① (치매안심센터에 등록된 누적 치매환자 수/'25년 60세 이상 추정 치매환자 수) × 100 | ② (치매안심센터 서비스 이용 치매환자 수/치매안심센터에 등록된 누적 치매환자 수) x 100 | ③ (치매안심센터 서비스 이용 누적 보호자 수/ 치매안심센터 등록된 누적 치매환자 수) x 100 ※ 실적 계산 시 사망자는 집계 제외 ○ 산식 설명 - 치매안심센터 등록된 누적 치매환자 수 = 치매안심센터에 등록된 전체 치매 진단자 (누적, 실인원(사망자 제외)) - 치매안심센터 서비스 이용 치매환자 수(누적, 실인원(사망자 제외)) ※ (조호물품, 치매치료관리비, 치매환자쉼터, 맞춤형사례관리(일반, 긴급, 중점), 자원연계, 서비스의뢰 중 1개 이상 서비스 이용자(실인원))* 0.8 + (맞춤형사례관리(긴급, 중점), 자원연계, 서비스의뢰 중 1개 이상 서비스 이용자(실인원))* 0.2 • '맞춤형사례관리(긴급, 중점)', '자원연계', '서비스의뢰' 중 1개 이상을 이용한 자는 1명(실인원)으로 최종산정 • 치매안심센터 서비스 '조호물품', '치매치료관리비', '치매환자쉼터', '맞춤형사례관리(일반)' 중 1개 이상 서비스 이용자는 0.8명(실인원)으로 최종산정 - 치매안심센터 서비스 이용 보호자 수 = 돌봄부담분석, 가족교실, 힐링프로그램, 자원연계 중 1개 이상 이용한 보호자(누적, 실인원(사망자 제외))			

○ 목표치: 59.5%(최근 5년 간 실적치 증가율 및 장기적 목표 달성을 위한 최소 달성목표, 예산 상황 등 고려 '23년 상위 50% 시·군·구 실적치로 목표치 설정)

→ '2023년도 치매역학·실태조사' 연구* 결과에 따른 지자체별 추정 치매환자 수 변화를 반영하여 목표치 일부 변경 가능

　　* 고령자 인지건강 실태조사', ~ 2024. 11월

○ 평가대상: 시도(시·군·구 포함)

○ 평가기준일: 2025. 12. 31.

시스템 구현 서식

구분	치매안심센터 치매환자 등록률①			치매안심센터 치매환자 서비스 이용률②				치매안심센터 보호자 서비스 이용률③			총점 (① ×0.2 + ② ×0.6 + ③ ×0.2)
	추정 치매 환자 수 (A)	치매 안심 센터 등록 치매 환자 수 (B) *사망자 제외	치매 환자 등록률(①) (B/A) *100	치매 안심 센터 등록 치매 환자 수(B) *사망자 제외	서비스 이용 전체 치매 환자 수(C) *사망자 제외	맞춤형 사례 관리 (긴급, 중증 및 자원 연계, 서비스 의뢰 이용 치매 환자 수 (C') *사망자 제외	치매 안심 센터 치매 환자 서비스 이용률 (②) (C*0.8 + C'*0.2) *100/B	치매 안심 센터 등록 치매 환자 수 (B) *사망자 제외	서비스 이용 보호 자 수 (D) *사망자 제외	치매 안심 센터 보호자 서비스 이용률 (③) (D/B) *100	
시·도 (평균)											
○○시											
○○군											
○○구											

연계시스템

정보시스템운영부서				연계항목	
정보시스템명칭	기관/부서	담당자	연락처	항목이름	증빙화면
치매안심통합 관리시스템 (ANSYS)	중앙치매 센터	주지원	02-6260 -3126		

증빙자료
○ 산식(실적)에 대한 지자체 증빙자료
- 불필요: 치매안심통합관리시스템 내 실적관련 자료 활용

VPS실적 입력주체	중앙부처	입력 시기	월간

문의처	보건복지부 노인건강과 안성웅 주무관 (☎ 044-202-3533, asu9107@korea.kr)

국정 목표	3. 따뜻한 동행, 모두가 행복한 사회			
국민 약속	3-9. 필요한 국민께 더 두텁게 지원하겠습니다.			
국정 과제	3-9-45. 100세 시대 일자리·건강·돌봄체계 강화			
지표명	⑭ 방문건강관리사업 수행실적			
지표 성격	<국고보조사업, 국가주요시책> 취약계층 대상 건강관리 제공, 지역주민의 건강증진을 위해 국고보조			
지표 유형	정량	공통	정순	계속(변경)
지표 설명	지표명 설명	① 신규등록 처리실적 - 연간 65세 이상 어르신 가구원의 신규등록 목표대비 달성 실적 ② 집중관리 서비스 처리실적 - 연간 집중관리 서비스 수행 목표대비 달성 실적		
	평가근거	지역보건법 제 11조 5항(보건소 기능 및 업무) "여성 노인 장애인 등 보건의료취약계층의 건강 유지 증진", "가정 및 사회복지시설 등을 방문하여 행하는 보건의료사업"		
	평가목적	노인 대상 방문건강관리사업과 AI·IoT 기반 어르신 건강관리사업 확대및 건강관리서비스 질적 수준 제고		
	기대효과	노인 및 장애인 등 건강취약계층 대상 예방적 건강관리 서비스체계의 효율적 확대로 지역사회에서 건강한 상태 오래 유지		
	기타참고사항	해당사항 없음		

측정
방법
	○ 산식
	= ①신규등록 처리실적(40%) + ②집중관리 서비스 처리실적(60%)
	
	○ 산식 설명
	
	① 신규등록 처리실적
	  ◦ (산식) '25년 노인(65세 이상)가구원의 신규등록 목표치 대비 실적치 달성실적
	  ◦ (신규등록의 정의) 노인(65세 이상)이 방문건강관리 서비스 대상으로 신규등록된 인원수
	    * '24년도 이전 사망 등으로 인한 가구원 수 미포함
	  ◦ (신규등록 방법) 보건소 내·외 연계를 통해 추진하며, 주민자치형 공공서비스(읍면동 찾아가는 보건복지서비스), 지역사회 통합돌봄 선도사업 연계 대상자 포함 가능, AI·IoT 기반 어르신 건강관리 사업 신규등록자의 10%를 추가 실적으로 인정
	  ◦ (목표치 산출) 최근 3년('21.~'23.) 신규등록 평균 실적치에 '21년 대비 '22년 전국평균 신규등록 실적 상승률 7.2% 반영
	    ※ 코로나19 대응 기간('20~23년) 동안 보건소의 업무 중단·재개가 반복되어, 실적치 변동이 큼에 따라 적정한 추세 산정이 어려워, '25년 평가에 반영된 실적 상승률(7.2%)을 적용			

시·도명	'25년 신규등록 목표
합계	157,469
서울특별시	61,138
부산광역시	9,011
대구광역시	3,454
인천광역시	4,768
광주광역시	2,136
대전광역시	1,371
울산광역시	1,599
세종특별자치시	212
경기도	20,672
강원도	4,023
충청북도	5,480
충청남도	6,563
전라북도	6,178
전라남도	8,395
경상북도	9,544
경상남도	10,653
제주특별자치도	2,272

② 집중관리 서비스 처리실적

ㅇ (산식) 시도별 집중관리 서비스 목표치 대비 실적 달성 실적

ㅇ (집중관리 서비스의 정의) 방문건강관리 서비스 대상 중 집중관리군으로 분류되어 3개월 동안 8회* 이상의 집중 건강관리서비스를 받은 경우

  * (집중관리 정상 완료) [1)]8회 방문, 또는 [2)]7회 방문+1회 보건소 내소, [3)]7회 방문+1회 전화상담

ㅇ (목표치 산출) '23년 방문건강관리 사업 전체 등록 가구원 수 실적 × 3.0%*

  * 전체 사업 대상자 중 적극적인 건강관리가 요구되는 대상자들에게 집중관리 서비스가 충분히 제공될 수 있도록, '23년 시도별 전체 사업 대상자 수 대비 평균 집중관리 비율(약 3%) 수준으로 목표치 설정

시·도명	집중관리 서비스 처리실적
합계	31,012
서울특별시	8,335
부산광역시	1,861
대구광역시	748
인천광역시	1,007
광주광역시	582
대전광역시	314
울산광역시	338
세종특별자치시	81
경기도	4,510
강원도	1,160
충청북도	1,409
충청남도	1,447
전라북도	2,716
전라남도	2,510
경상북도	1,912
경상남도	1,573
제주특별자치도	509

○ 목표치 : 95점 이상

○ 평가대상 : 시·도(시·군·구 포함)
  * 제주특별자치도의 경우 제주시, 서귀포시 실적 포함

○ 평가기준일 : 2025. 12. 31.

○ 기타사항
  ◦ '24. 10. 1~12. 31 동안 퇴록 처리된 가구(가구원)는 '25년 재등록 시 신규등록 실적에서 제외(동 지표 실적치에 합산하지 않는 것이며, 재등록 자체를 금지하는 것은 아님)
  ◦ 동일인·동일가구에 대해 중복 등·퇴록이 발생하더라도 신규등록 1건으로 산정

시스템 구현 서식	구분	신규등록 처리실적			집중관리 서비스 처리실적			달성 값 ①+②
		'25년 신규 등록 목표(A)	'25년 신규 등록 실적(B)	목표 달성률① (B/A×100) ×0.4 *최대값≤40	'25년 집중 관리 목표(C)	'25년 집중관리 정상 완료 실적(D)	목표 달성률② (D/C×100) ×0.6 *최대값≤60	
	시도							
	○○시							
	○○군							
	○○구							

연계 시스템	정보시스템운영부서				연계항목	
	정보시스템명칭	기관/부서	담당자	연락처	항목 이름	증빙화면
	지역보건의료 정보시스템	보건의료 정보부	김준호 주임	02-6360-6943	방문건강관리사업 등록 가구(원) 수	

증빙 자료	○ 지역보건의료정보시스템(PHIS)
VPS실적 입력주체	보건복지부	입력 시기	월별 1회
문의처	보건복지부 건강정책과 김민정 사무관(☎044-202-2808, E-mail: mj6712@korea.kr) 보건복지부 건강정책과 신동일 주무관(☎044-202-2812, E-mail: check4road2@korea.kr)

국정목표	3. 따뜻한 동행, 모두가 행복한 사회
국민약속	3-9. 필요한 국민께 더 두텁게 지원하겠습니다.
국정과제	3-9-45. 100세 시대 일자리·건강·돌봄체계 강화
지표명	㉕ 노인일자리 목표 달성률
지표성격	< 국고보조사업, 국가주요시책> - 다양한 수요에 대응할 수 있는 사회서비스형 일자리와 시장형 일자리 확충(국정과제) - 노인일자리 확대 및 내실화를 위한 예산 지속 확대 중('24년 2조260억원 국고보조)

지표유형	정량	공통	정순	계속

지표설명	지표명 설명	노인일자리 제공 목표량 달성 여부 평가
	평가근거	없음
	평가목적	노인일자리 사업은 노인의 소득 보전을 통해 건강하고 품위 있는 노후생활을 보장하기 위한 사업이며, 다양한 수요에 대응할 수 있는 사회서비스형 일자리와 시장형 일자리 확충을 위해 지자체의 관심 및 적극적인 협조 필요
	기대효과	노인의 소득 보전을 통한 건강하고 질 높은 노후생활을 보장
	기타참고사항	

측정방법	○ 산식
	노인일자리 목표 달성률
	= {(공익활동 제공 수 / 공익활동 목표량) x 100} x 0.3
	+ {(시장형사업단 제공 수 / 시장형사업단 목표량) x 100} x 0.3
	+ {(사회서비스형 제공 수 / 사회서비스형 목표량) x 100} x 0.4
	
	○ 산식 설명
	노인일자리 목표 달성률
	- 노인일자리 제공 수 : 공익활동, 시장형사업단, 사회서비스형 일자리 제공 수
	※ (공익활동) 누적참여자 수 - 중도포기자 수
	   (시장형사업단, 사회서비스형) 누적참여자 수
	- 노인일자리 목표량 : 지자체 본예산 확정내시* 사업목표량
	   * 연도 중 예산상황 변경으로 변경내시가 있을 시 변경내시에 따른 사업량을 따름
	※ 시군구 외에 시도의 별도 제공 수 및 목표량이 있을 경우 시, 시도행에 합산
	
	○ 목표치: 총 달성률 100% 이상(단 사업유형별로 90% 달성 필요)
	※ 총 사업량 기준, 전년 대비 사업량 증가율이 전국 평균 증가율 보다 10% 이상 높은 경우에 한해, 목표 달성률이 95% 이상이면 달성으로 인정
	   (예시, 전체 일자리 사업량 증가율 20%인 경우, 22% 이상 사업량이 증가한 경우 인정)

	○ 평가대상: 시·도+시·군·구(합계) ○ 평가기준일: 2025.12.31.
시스템 구현 서식	(단위 : 개소, %) | 시도	노인일자리 제공 수			노인일자리 목표량			사업별 달성률			달성률(G) (①×0.3)+ (②×0.3)+ (③×0.4)	전국 평균 증가율 (H)	전년 대비 사업 량증 가율 (I)	달성값 (J) (G≧100 & ①, ②, ③≧90) or (G≧95 & (H×1.1≦I) & ①, ②, ③≧90) = 달성
	공익형 (A)	시장형 (B)	사회 서비 스형 (C)	공익형 (D)	시장형 (E)	사회 서비 스형 (F)	공익형 (①=A/ D×100)	시장형 (②=B/E ×100)	사회서 비스형 (③=C/ F×100)				
총계													
시도													
시군 구합													
시													
군													
구														 * 달성률 및 달성값은 소수점 셋째자리에서 반올림하여 둘째자리까지 표기
연계 시스템		정보시스템운영부서				연계항목	
---	---	---	---	---	---	---
정보시스템명칭	기관/부서	담당자	연락처	항목이름	증빙화면
노인일자리 업무시스템	한국노인 인력개발원	진혜림 부장 강나영 과장	031-8035-7590 031-8035-7591	-	매뉴얼하단 별첨	
증빙 자료	불필요
VPS 입력주체	중앙부처 / 입력시기: 수시
문의처	보건복지부 노인지원과 김민주 사무관(☎ : 044-202-3477, E-mail : mjkim60@korea.kr) 보건복지부 노인지원과 김은지 주무관(☎ : 044-202-3475, E-mail : ekim26@korea.kr)

국정목표	3. 따뜻한 동행, 모두가 행복한 사회
국민약속	3-9. 필요한 국민께 더 지원하겠습니다.
국정과제	3-9-46. 안전하고 질 높은 양육 환경 조성
지표명	⑭ 임신·출산 지원강화 노력 우수사례
지표성격	< 국가주요시책 > - 제4차 저출산고령사회 기본계획 1-⑤-③ 건강하고 안전한 임신·출산 보장
지표유형	정성 / 공통 / 계속(변경)

지표설명		
	지표명 설명	o 임신·출산 지원을 강화하기 위해 지자체에서 수립·시행중인 임신·출산 지원대책에 대한 제도개선, 신규 서비스 발굴 등을 포함한 지원강화 노력 평가
	평가근거	o 저출산고령사회기본법 제21조
	평가목적	o 지자체 중심의 임신·출산 지원강화를 위한 계획수립, 제도개선, 신규 서비스 발굴 등 적극적인 정책 시행 유인 * 모든 세대가 함께 행복한 사회를 구현하기 위해 임신, 출산 지원강화를 위한 지자체의 노력을 지속적으로 평가하고, 이를 확산할 필요
	기대효과	o 타 자치단체에 모범이 될 만한 지자체 임신·출산 지원강화 노력 촉진 및 확산
	기타참고사항	-

측정방법

O 산식: ⑭ 임신·출산 환경조성 지원강화 노력(정성평가)

O 산식 설명
- 평가방향: 시·도(시군구 포함)별로 우수 자체사업 1건을 제출받아 합동평가단에서 정성평가
- 평가 세부기준

평가항목(100)	평가내용
지자체 노력도 (30점)	· 해당 지자체의 인구 현황, 지역 여건 등 특성을 반영한 정책 개발 및 시행 여부 · 해당 지자체의 임신·출산지원을 강화하기 위해 제도개선 사항 등을 발굴하고, 이를 개선하는 등 지원을 강화하려는 노력 · 임신·출산 지원강화를 위한 지자체 사업 추진 활성화 노력(타 사업과의 연계, 사회서비스 개발, 관련 지역단체 의견 수렴 등) · 사회적 약자 등 지역내 취약계층을 대상으로 한 임신·출산 정책 추진 여부 · 산모 및 영유아 건강관리 사업 및 홍보 여부(모유수유 촉진, 산후조리원 모자동실 이용, 산모·신생아 대상 방문 서비스, 임산부 정신건강지원 등) · 해당 지역주민 의견수렴 여부 등 정책 수용도를 높이기 위한 지자체 노력 여부 · 지역 내 임신·출산 사업의 정책 대상자 누락 방지를 위한 촘촘한 전달체계 구축 여부 및 신청 효율화·편의증진 등 개선 노력 · 자치단체의 임신·출산 분야 인적·행정적 지원 여부(별도인력·예산 확보, 조례 제정 등) 및 지원강화를 위한 인프라 구축 노력 · 임신·출산 지원강화를 위한 신규 서비스, 중장기적 사업 개발·추진 노력
지역사회 연계·협력 (30점)	· 지역사회 자원(기관내 타 부서·주민센터·보건소 등 유관기관, 의료기관·보건소 공공산후조리원 등) 활용을 위한 연계 협력체계 구축을 위한 노력 정도 · 지자체 내 민간단체 및 지역주민과의 협력체계 구축 및 협업 노력 정도 · 광역자치단체와 기초자치단체 간의 협력체계 구축 정도

사업의 적절성 및 효과성 (20점)		· 임신·출산 지원강화라는 지표에 맞는 사업내용 구성 및 성과지표 선정의 타당성 등 · 사업 성과지표(목표치)의 달성 정도 · 임신·출산 지원강화에 기여한 정도 · 임신·출산 관련 중앙정부 정책방향(국정과제 등) 부합여부
전파·활용 가능성 (20점)		· 일회성 사업이 아닌 지속하여 실현·발전 가능한 사업 여부 · 타 자치단체로의 확산 가능성 등 · 기타 정부업무평가 대표사례 채택 여부

○ 우수사례 및 부적합사례 예시 등 설명

┌─ 우수 사례 ─┐

(우수사례 범위) 모든 세대가 함께 행복한 사회를 구현하기 위해 지자체 특수성을 연계한 사업 추진·신규 서비스 발굴, '지자체-지역사회'가 협력하여 임신·출산 지원을 강화하기 위한 제도개선 등 사업 추진 사례 및 이를 통해 지역 내 산모·영아 등에게 효과적으로 임신·출산시 불편한 사항을 개선·지원을 강화하였거나 함께 일하고 함께 돌보는 사회 조성을 위해 관련 인프라를 조성·확충한 사례

(우수사례 예시)
1. (지역 특화) 지역별 출생률 및 인구분포, 임신·출산 인프라 활용, 지역사회 산업 구조등을 반영한 임신, 출산 관련 사업 추진 여부 및 관련 사업서비스 개발 사례
2. (유기적 사업 체계 마련) 지자체 내 관련부서 협업을 통한 의료·복지·심리 등 통합적 사업 추진 사례 및 지자체 외 민간분야와 협력을 통한 임신·출산지원 사례
3. (공공서비스 사각지대 해소) 모자건강 증진 관련 공공서비스 소외부문(예: 산전·후 우울증, 고위험 임산부·미숙아 등)에 대한 세밀한 맞춤형 서비스 제공 노력

┌─ 부적합 사례 ─┐

(부적합사례 범위) 임신·출산사업의 단순 집행내역(총 예산 지원액 등) 및 1회성 축하 이벤트(플랜카드 게시 등)

(참고사항) 기존 지자체에서 수행하는 모든 사업을 단순 취합하여 제출하는 것은 지양하고, 임신·출산 지원강화를 위한 제도개선, 신규 서비스 발굴, 인프라 확충 등 노력 위주 제출

○ 평가대상: 시·도(시·군·구 포함) ※ 제주특별자치도는 제주시, 서귀포시 실적 포함
○ 평가기준일: 2025. 12. 31.

증빙자료

○ 우수사례명 * 합동평가시스템(VPS)에 직접 입력

연번	우수사례명
1	

○ 임신·출산 지원강화 노력에 대한 주요 성과 등 요약서(2페이지)
○ 사업계획서 및 결과보고서(평가 연도 내에 결재받은 공문서 등)
○ 임신·출산 지원강화 노력에 따른 사업효과를 설명할 수 있는 보조자료

문의처

보건복지부 출산정책과 사무관 유능재(☎ 044-202-3393, E-mail: amida33@korea.kr)
보건복지부 출산정책과 주무관 최진희(☎ 044-202-3394, E-mail: choisoft@korea.kr)

국정목표	3. 따뜻한 동행, 모두가 행복한 사회			
국민약속	3-9. 필요한 국민께 더 두텁게 지원하겠습니다			
국정과제	3-9-46. 안전하고 질 높은 양육환경 조성			
지표명	⑭ 아동학대 대응체계 내실화율			
지표성격	< 국가주요시책 > - 국정과제 46 (아동·청소년 보호책임 강화) 전방위 아동학대 예방 시스템 구축 - 아동·청소년 학대 방지대책 ('20.7월), 아동학대 대응체계 강화방안('21.1월, 사회관계장관회의) - 아동학대 대응체계 보완방안('21.8월, 국정현안점검조정회의) - 학대위기·피해아동 발굴 및 보호 강화 방안('23.4월, 아동정책조정위원회)			
지표유형	정량	공통	정순	계속(변경)
지표설명	지표명 설명	아동복지법 개정에 따라 '20.10월부터 각 시군구에 아동학대전담공무원을 배치하고 학대 조사 공공화 체계 확립 안착을 위한 아동학대 대응체계 신규 지표 수립. 정보연계협의체 운영을 통한 외부협업체계 구축, 위기아동 발굴 방문 조사를 통해 적절한 연계서비스 제공 등 아동학대 대응체계 내실화 노력 평가		
	평가근거	▪ 국정과제 3-9-46 안전하고 질 높은 양육환경 조성 - (아동·청소년 보호책임 강화) 관계기관 협업 활성화 등 통해 전방위 아동학대 예방 시스템 구축 ▪ 「아동복지법」 제22조 제3항, 제4항 제22조 제③항 시·도지사 또는 시장·군수·구청장은 피해아동의 발견 및 보호 등을 위하여 다음 각 호의 업무를 수행하여야 한다.('20.4.7 신설) 제22조 제④항 시·도지사 또는 시장·군수·구청장은 아동학대 전담공무원을 두어야 한다. ('20.4.7 신설)		
	평가목적	아동학대전담공무원을 배치하고 정보연계협의체 운영을 통한 관계기관 협업 강화, e아동행복지원사업 운영 내실화 등 아동학대 대응체계 강화를 위한 지자체 노력 평가		
	기대효과	아동학대 대응체계 내실화를 통해 학대 피해아동 보호체계 강화		
	기타참고사항	없음		
측정방법	○ 산식 아동학대대응체계 내실화 점수(100점) = 외부 협업체계 내실화 (A,40점) + e아동행복지원사업 운영 내실화(B, 60점) + 가·감점(C, ±2점)			

○ 산식 설명

1) 외부 협업체계 내실화 (A, 40점)

 - 평가요소: 학대피해·위기의심 아동 정보를 공유하고 아동보호 지원을 위한 협력 방안 모색을 위한 경찰, 교육(지원)청, 아동보호전문기관 등이 참석한 정보연계협의체의 원활한 운영을 평가하여 외부 협업체계의 내실화 강화 (월 1회 개최 권고)

<배점표>

정보연계협의체 운영 횟수	1~2회	3~5회	6~9회	10회 이상
점수(A)	34	36	38	40

<정보연계협의체 주요 협의사항>
○ 국가아동학대정보시스템 내 학대 피해 아동 정보공유, 보호조치 논의 및 공유
○ e아동행복지원시스템 내 위기의심 아동 보호(월별 추진 상황 점검, 위기의심 아동에 대한 경찰 수사시 해당 상황 및 관련 정보 공유)
○ 만3세 아동 전수조사 아동 현황 및 월별 추진상황 공유, 경찰 조사
○ 학교 현장의 학대피해·위기의심 아동에 대한 관찰·상담 결과 공유
○ 아동학대 24시간 대응을 위한 지자체-경찰-아보전 협업 필요사항
○ 그밖에 기관 간 공유가 필요한 정보에 대한 논의 등

* 협의체 목적에 부합하는 타 협의체(위원회) 활용하여 운영 가능
 - 다만, 구체적 아동학대 사례 판단을 위한 통합사례회의 등은 제외

* 영상회의도 인정하되, 서면회의는 인정하지 않음

* 필수참여기관: 시군구, 아동보호전문기관, 경찰서
 - 다만, 필수참여기관 중 1개 기관이 불가피한 사정에 의해 사전 협의 없이 당일 불참했을 경우 관련 증빙자료를 제출하면 운영 횟수로 인정

* 필요시 참여가능기관 : 교육(지원)청, 읍면동 e아동 담당자(위기의심 아동 관련 특이·건의사항 필요시), 학교 내 정보공유 필요시 아동의 담임교사, 전담의료기관, 기타 자문 등이 필요시 학계 및 지역 전문가 참석

- 시도 평가산식 : 관내 시군구 정보연계 협의체 운영 점수 평균(시군구별 정보연계협의체 운영 점수 합 / 관내 시군구 수)
 * 소수점 뒤 둘째 자리 이하 절삭

2) e아동행복지원사업 운영 내실화 (B, 60점)

 - 평가요소: 각종 사회보장빅데이터를 활용해 위기아동을 발굴, 읍면동 담당 공무원이 가정방문 조사하여 학대 신고·서비스 지원 등 연계하는 e아동행복지원시스템의 효과적 운영 여부를 평가 (기간 내 가정방문 후 적극적 서비스 연계 및 학대예방을 위한 방문조사 노력)

<배점표>

| e아동
행복지원
사업 운영
내실화
(60점) | ① 발굴대상자 처리율
: 매 차수별 기간 내(3개월) 가정방문조사 98% 완료(매분기말 완료 기준)
② 발굴대상자 처리결과
: 직전년도 전국 평균 처리결과의 105% 이상 달성
　또는 해당 지자체 직전년도 처리결과의 120% 이상 달성

$$\frac{(현장종결 \times 0.1) + (서비스연계 \times 2) + (학대신고 \times 1.5) + (수사의뢰 \times 1)}{1\sim4차수\ (시군구)처리완료자\ 수} \times 100$$

* 현장조사에 따른 처리결과는 현장종결, 서비스연계(초기상담, 드림스타트 연계), 학대의심신고, 수사의뢰로 구성
** 소수점 뒤 둘째 자리 이하 절삭 |||

구분	①과 ② 모두 충족	① 또는 ② 충족	①과 ② 미충족
점수(B)	60	57	54

- 시도 평가산식 : 관내 시군구의 발굴대상자 수, 기한 내 처리대상자 수, 현장종결 수, 서비스 연계 수, 학대의심아동 신고건수, 수사의뢰 건수를 각각 더한 시도 값으로 산식 계산(아동통합정보시스템(행복e음) 실적 기준)

3) 가·감점(C, ±2점)
- 아동학대전담공무원 1인당 담당 사례 건수(±2) : 아동학대 대응이 전문성 있게 이루어질 수 있도록 아동학대의심사례 건수 대비 아동학대전담공무원을 적절히 배치하였는지 평가
- 시·도 평가산식 : 관내 아동학대 의심사례 건수[*] / 관내 시·군·구 소속 아동학대 전담공무원 수[**]
  * 예측가능성을 높이기 위해 '22~'24년 아동학대 의심사례 평균 건수(아동통합정보시스템 기준)를 적용하되, '24년 의심사례 건수가 전년대비 20% 이상 증가한 경우 '24년 의심사례 건수는 '23년 의심사례 건수 적용(산식 : [('22년 건수 + ('23년 건수)×2) / 3])
  * '22~'24년 의심사례 평균 건수가 50건 이하인 시·군·구의 의심사례 건수는 50건으로 산정함(예시 : 50건 이하 시군구가 4개, 52건 시군구 1개인 경우 관내 아동학대 의심 사례 건수는 252건(50×4+52=252))
  ** 아동학대 조사·판단 업무를 수행하는 관내 시·군·구 소속 아동학대전담공무원 수를 기준으로 평가(시·도 소속 전담공무원 미인정)

1인당 사례 건수	1인당 70건 초과	1인당 45건 이하
점수	-2	2

	○ 목표치: 95 ○ 평가대상: 시·도 ○ 평가기준일: 2025. 12. 31.
시스템 구현 서식	1) 외부 협업체계 내실화 (A) 	구분	외부 협업체계 내실화(A)	
---	---	---
	정보연계협의체 운영횟수	점수(A)
ㅇㅇ시도 점수	X	
ㅇㅇ시도	X	X
시군구 합계	X	
ㅇㅇ시		
ㅇㅇ군		
ㅇㅇ구		| 2) e아동행복지원사업 운영 내실화 (B) | 구분	e아동행복지원사업 운영 내실화(B)								
---	---	---	---	---	---	---	---	---	---
	전체 발굴 대상자 수 (a)	차수별 기한내 처리 대상자 수 (b)	① 기간내 처리율 (b/a*1 00) ㉮	처리완 료자 ('24년) ㉮	현장 종결 ㉯	서비스 연계 ㉰	학대 의심 신고 ㉱	수사 의뢰 ㉲	② 현장 조사 처리율 {(㉯x0. 1)+(㉰ x2)+(㉱x1.5) +(㉲x1)}/㉮* 100	점수 (B)
ㅇㅇ 시도 점수										
ㅇㅇ 시도	X	X	X	X	X	X	X	X	X	X
시군구 합계										시도 수기 입력
ㅇㅇ시										시도 수기 입력
ㅇㅇ군										시도 수기 입력
ㅇㅇ구										시도 수기 입력	 * 점수 : 시도별로 ①기간내 처리율과 ②현장조사 처리율 충족여부를 확인하여 수기로 점수를 기재하고 복지부에서 아동통합정보시스템(행복e음)상 실적을 확인하여 점수 조정

3) 가·감점 (C)

구분	가·감점(C)			
	'22~'24년 연간 아동학대의심사례 평균 건수(a)*	아동학대전담 공무원 수(b)	아동학대전담 공무원 1인당 사례 건수 (a/b)	점수(C)
ㅇㅇ시도 점수				
ㅇㅇ시도	X	X	X	X
시군구 합계				
ㅇㅇ시				
ㅇㅇ군				
ㅇㅇ구				

* '22~24년 연간 아동학대의심사례 평균 건수가 50건 이하인 시군구의 경우 시·군·구 값(a)은 50건으로 입력

4) 총 합계 점수란 필요

점수(A) + 점수(B) + 점수(C) = 총 합계 점수 (자동입력)

구분	총점(D)= A+B+C
ㅇㅇ시도 점수	
ㅇㅇ시도	
시군구 합계	
ㅇㅇ시	
ㅇㅇ군	
ㅇㅇ구	

연계 시스템	해당 없음		
증빙 자료	○ 산식(실적)에 대한 지자체 증빙자료 - 정보연계협의체 운영 횟수 : 정보연계협의체 회의결과보고, 회의록, 서명록 등 정보연계협의체 안건 내용과 참석기관(참석자)을 알 수 있는 자료 * 필요시 필수참석 기관의 불가피한 불참 사유를 증명할 수 있는 자료 제출		
VPS 입력주체	시도	입력 시기	연
문의처	보건복지부 아동학대대응과 사무관 권용환(☎ 044-202-3381, E-mail: kwonyh1117@korea.kr) 보건복지부 아동학대대응과 주무관 이수정(☎ 044-202-3383, E-mail: leesuj72@korea.kr)		

국정 목표	3. 따뜻한 동행, 모두가 행복한 사회
국민 약속	3-9. 필요한 국민께 더 두텁게 지원하겠습니다.
국정 과제	3-9-46. 안전하고 질 높은 양육환경 조성
지표명	㉭ 아동보호체계 구축 노력
지표 성격	< 국고보조사업, 국가주요시책 > - 아동보호체계 구축을 위한 예산지원('22년 17,290백만원) 국고보조 - 「포용국가 아동정책」 <4> 보호가 필요한 아동에 대한 공적 책임 강화 ('19.5월, 관계부처 합동) - 「제2차 아동정책 기본계획」 <3> 공정한 출발 국가책임 강화 ('20.7월, 관계부처 합동) - 「아동학대 대응체계 강화방안」 <2> 아동보호전담요원 역할 강화 ('21.1월, 관계부처 합동) - 국정과제 46번 안전하고 질 높은 양육환경 조성

지표 유형	정량	공통	정순	계속(변경)

지표 설명	지표명 설명	지자체별 아동보호전담요원 충원율, 양육상황점검 실적을 집계하여 지자체의 아동보호체계 내실화 노력 평가
	평가근거	「아동복지법」 제15조(보호조치) 시·도지사 또는 시장·군수·구청장은 그 관할 구역에서 보호대상아동을 발견하거나 보호자의 의뢰를 받은 때에는 아동의 최상의 이익을 위하여 대통령령으로 정하는 바에 따라 다음 각 호에 해당하는 보호조치를 하여야 한다. 「아동복지법」 제15조의3(보호대상아동의 양육상황 점검) ①시·도지사 또는 시장·군수·구청장은 제15조제1항제2호부터 제6호까지의 보호조치 중인 보호대상아동의 양육상황을 보건복지부령으로 정하는 바에 따라 매년 점검하여야 한다.
	평가목적	학대, 가정해체, 빈곤 등으로 사회적 보호가 필요한 아동에 대해 아동 최선의 이익이 반영된 보호조치를 할 수 있도록 지자체의 아동보호체계 구축 방향 제시 및 독려
	기대효과	아동보호전담요원 1인당 보호대상아동 수 현실화, 보호조치 후에도 지속적 모니터링을 통한 보호대상아동의 건강한 성장발달 지원 및 가정형 보호 확대

측정 방법	○ 산식 아동보호체계 구축 노력 (100점) = 아동보호전담요원 충원율 (10점) + 양육상황점검 실적 (80점) + 신규 가정형 보호율 (10점) + 시·도간 보호대상아동 연계 실적 (가산점 5점) ※ 평가요소별 목표치 대비 실적(달성률)을 점수로 환산하며, 달성률은 100을 넘을 수 없음 ○ 산식 설명 - 아동보호전담요원 충원율(10점): 시·도 및 관내 시·군·구 아동보호전담요원 정부지원 인원 대비 실제 채용하여 근무하고 있는 아동보호전담요원의 비율 - 양육상황점검 실적(80점): 관내 시·군·구에서 관리하고 있는 양육상황점검 대상 아동 수 대비 실제 양육상황점검 실적 * 2025.12.31. 기준 양육상황점검 대상 아동 수 대비 2025.1.1.~2025.12.31. 실적을 평가(행복e음 추출)

- 신규 가정형 보호율 (10점): 신규 발생 보호대상아동 수 대비 가정형 보호 비율에 따른 구간별 점수 부여

  * 입양, 가정위탁, 입양 전 위탁

$$\left(\frac{입양+가정위탁+입양\ 전\ 위탁\ 아동\ 수}{신규\ 발생\ 보호대상아동\ 수} \times 100 \right)$$

- 가산점(5점): 타 시·도에서 보호 의뢰 받은 전체 건수 대비 실제 해당 시·도에서 보호 조치 완료 건수 비율이 50% 이상인 경우

○ 목표치: 95점

구 분	공공 아동보호체계 구축 노력			'25년 목표 전체 점수
	아동보호전담요원 충원율 '25년 목표치		양육상황점검 실적 '25년 목표치(회)	
	채용인원	채용율		
서울	85	85.0	4	95
부산	38	84.4	4	
대구	31	88.6	4	
인천	29	90.9	4	
광주	27	90.0	4	
대전	20	90.9	4	
울산	12	92.3	4	
세종	2	100	4	
경기	108	88.5	4	
강원	37	88.1	4	
충북	23	82.1	4	
충남	38	88.4	4	
전북	43	93.5	4	
전남	42	84.0	4	
경북	44	91.7	4	
경남	39	90.7	4	
제주	13	92.9	4	

○ 평가대상: 시·도(시·군·구 포함)
○ 평가기준일: 2025. 12. 31. (2025. 1. 1. ~ 2025. 12. 31.)

시스템 구현 서식	공공 아동보호체계 구축 노력					
	구 분	아동보호전담요원 충원율(%, 10점)			양육상황점검 실적 (횟수, 80점)			신규 가정형 보호율 (%, 구간별10점)	시·도간 보호대상 아동연계 실적 (가산점)
		실적 (①)	목표치 (②)	점수 = (①/②) × 10	실적(⑤)	목표치 (⑥)	점수 = (⑤/⑥) × 80	60% 이상 10점 50% 이상 60% 미만 8점 40% 이상 50% 미만 6점 30% 이상 40% 미만 4점 30% 미만 2점	5점
	시·도								
	* '아동보호전담요원 충원율'은 10점, '양육상황점검 실적'은 80점을 초과할 수 없음 * 지표 총점(가산점 포함)은 100점을 초과할 수 없음								
연계 시스템	없음								
증빙 자료	○ 산식(실적)에 대한 지자체 증빙 자료 - 필요 : 아동보호전담요원 채용현황, 시·도간 보호대상 아동 연계 의뢰 및 실제 보호 조치한 자료(공문, 시스템입력 자료 등) - 불필요(행복e음 추출 예정) : 신규 가정형 보호실적. 양육상황점검 실적								
VPS실적 입력주체	보건복지부				입력 시기		년		
문의처	보건복지부 아동정책과 사무관 신연식(☎ 044-202-3419, E-mail: shinyssun@korea.kr) 보건복지부 아동정책과 주무관 류인경(☎ 044-202-3418, E-mail: riksan@korea.kr)								

국정 목표	3. 따뜻한 동행, 모두가 행복한 사회			
국민 약속	3-9. 20대 국민약속 중 해당 국민약속명 선택			
국정 과제	3-9-47. 장애인 맞춤형 통합지원을 통해 장애와 비장애 경계없는 사회 구현			
지표명	㉮ 교통약자 이동여건 확보율			
지표 성격	- 국고보조사업 - 국가주요시책			
지표 유형	정량	공통	정순	신규
지표 설명	지표명 설명	특별교통수단 보급, 저상버스 보급 측정		
	평가근거	교통약자의 이동편의 증진법 제25조의2		
	평가목적	특별교통수단 및 저상버스 등의 도입을 확대하여 교통약자 이동편의를 제고하고, 지자체별 교통약자 이동권 서비스 격차 해소		
	기대효과	교통약자 이동권 확대		
	기타참고사항	(특별교통수단) 이동에 심한 불편을 느끼는 교통약자의 이동편의를 위해 휠체어 탑승설비등을 장착한 차량(장애인콜택시) (저상버스) 계단이 없고 차체가 낮아 휠체어 이용자, 고령자 등의 승·하차가 용이한 버스		
측정 방법	○ 산식 : (특별교통수단 보급률 점수)×0.5 + (저상버스 보급률 점수)×0.5 ○ 산식 설명 1) 특별교통수단 보급률 점수 : 　(특별교통수단 운행대수* / 법정기준대수**)의 전년 대비 증가율에 대해 배점표로 환산 　* 해당 연도 12월말 기준 운행 대수 　** 교통약자 이동편의 증진법 시행규칙 제5조에 따라 보행상의 장애인으로서 장애의 정도가 심한 장애인 150명당 1대(인구 10만 이하의 경우 100명당 1대)로 산정 2) 저상버스 보급률 : 　(저상버스 운행대수* / 시내버스 총 대수**)의 전년 대비 증가율에 대해 배점표로 환산 　* 해당 연도 12월말 기준 시내버스 중 저상버스 운행 대수(광역급행, 집행좌석버스 제외) 　** 해당 연도 12월말 기준 시내버스 총 대수 ○ 목표치 : 전년 대비 증가율을 적용하며 아래 배점표에 따라 구분 ⇒ 시군별 실적 수치는 별도 엑셀 자료 참조			

○ '21~'23년 저상버스 연평균 증가율은 4.21%p로, 이 평균 증가율을 기준으로, 평균 미만 시도는 2.1%p(평균증가율의 50%), 평균 이상 시도는 1.1%p(평균증가율의 25%)을 보급률 증가 목표치로 제시

○ '21~'23년 특별교통수단 연평균 증가율은 6.95%로, 법정대수 달성은 목표치 설정없이 만점 부여, 법정대수 미달성지역은 3.47%p(평균증가율의 50%)를 보급률 증가 목표치로 제시

⇒ 증가율 목표치 달성에 대해 배점기준 마련

증가율 목표 달성도 배점					
저상버스 보급률 증가		배점	특별교통수단 보급률 증가		배점
전체 평균 이상 지역	1.1%p 이상 증가	50점	법정 대수 달성 지역	-	50점
	0.88%p 이상 증가	47점			
	0.66%p 이상 증가	44점			
	0.66%p 미만 증가	41점			
전체 평균 미만 지역	2.1%p 이상 증가	50점	미 달성 지역	3.47%p 이상 증가	50점
	1.68%p 이상 증가	47점		2.78%p 이상 증가	47점
	1.26%p 이상 증가	44점		2.08%p 이상 증가	44점
	1.26%p 미만 증가	41점		2.08%p 미만 증가	41점

* 목표 달성도 계산시 소수점 셋째자리에서 반올림
  총점(100점 만점) = 특별교통수단 + 저상버스 분야 점수 합산

○ 평가대상 : 시·군·구(평균)

○ 평가기준일 : 2025. 12. 31

시스템 구현 서식

구분	특별교통수단 보급률(A)					저상버스 보급률(B)					교통약자 이동여건 확보율 (5)+(10)
	법정 기준 대수 (1)	운행 대수 (2)	보급률 =(2)/(1) ×100% (3)	전년 보급률 (%) (4)	증가율 (3)-(4)	달성도[1] 에 따른 점수 (5)	총 대수 (6)	운행 대수 (7)	보급률 (C) =(7)/(6) ×100% (8)	전년 보급률 (%) (9)	증가율 (8)-(9)	달성도[1] 에 따른 점수 (10)	
총합계 (ⓐ+ⓑ)													
특광역시 (ⓐ)													
시도 (시·군·구 합계) (ⓑ)													
○○시													
○○군													
○○구													

	1) 달성에 대한 목표치					
	<td colspan="6">차량 증가율 목표 달성도</td>
	<td colspan="2">저상버스 보급률 증가</td>	배점	<td colspan="2">특별교통수단 보급률 증가</td>	배점
	전체평균이상지역	1.1%p 이상 증가	50점	법정대수달성지역	-	50점
		0.88%p 이상 증가	47점			
		0.66%p 이상 증가	44점			
		0.66%p 미만 증가	41점			
	전체평균미만지역	2.1%p 이상 증가	50점	미달성지역	3.47%p 이상 증가	50점
		1.68%p 이상 증가	47점		2.78%p 이상 증가	47점
		1.26%p 이상 증가	44점		2.08%p 이상 증가	44점
		1.26%p 미만 증가	41점		2.08%p 미만 증가	41점

연계시스템	없음		
증빙자료	○ 실적 증빙 자료 - 교통약자 이동편의 실태조사 보고서 * 교통약자법 제25조에 따라 매년 실시하는 법정 조사로, 동 자료를 통해 특별교통수단 및 저상버스 지자체 기초 자료 취합		
VPS실적 입력주체	중앙부처	입력시기	10월
문의처	국토교통부 생활교통복지과 윤영진 사무관(☎ 044-201-4772, E-mail: y3y2000@korea.kr) 국토교통부 생활교통복지과 노운용 주무관(☎ 044-201-3805, E-mail: tonwy@korea.kr)		

국정목표	3. 따뜻한 동행, 모두가 행복한 사회
국민약속	3-9. 필요한 국민께 더 두텁게 지원하겠습니다.
국정과제	3-9-48. 누구 하나 소외되지 않는 가족, 모두가 함께하는 사회 구현
지표명	㉮ 나눔문화(자원봉사, 기부·자선 등) 활성화 추진 우수사례
지표성격	< 국가주요시책 > - 지역 공동체 나눔문화 확산을 통한 국정과제의 성공적 실현

지표유형	정성	공통	계속(변경)

지표설명		
	지표명 설명	○ 다양한 주체들이 협력하여 지역사회 문제해결 및 사회적 가치를 증진할 수 있는 나눔문화 활동(자원봉사, 기부·자선 등) 사례에 대한 평가 ○ 공동체 의식함양 및 사회적 가치 강화를 위해 자원봉사를 기반으로 하는 연계·협력 사업에 대한 평가
	평가근거	○ 자원봉사활동 기본법 제4조 ○ 기부금품의 모집·사용 및 기부문화 활성화에 관한 법률 제3조의2
	평가목적	○ 나눔 분위기 확산을 위한 다양한 주체들의 참여·협력을 통한 선진 공동체 문화의 정착
	기대효과	○ 지역의 다양한 기관·단체에서 개별적으로 진행 중인 자원봉사, 기부·자선 행사 등을 범국민적 활동으로 확산 ○ 연중 나눔활동 전개를 통한 모두가 함께하는 선진 사회 구현
	기타참고사항	○ (자원봉사활동 기본법 제4조) 국가와 지방자치단체는 자원봉사활동의 진흥에 관한 시책을 마련하여 국민의 자원봉사활동을 권장하고 지원하여야 한다. ○ (기부금품의 모집·사용 및 기부문화 활성화에 관한 법률 제3조의2) 국가와 지방자치단체는 건전한 기부문화 및 기부자의 명예가 존중받는 사회 분위기를 조성하는 데 필요한 지원방안을 마련하도록 노력하여야 한다.

측정방법	
	○ 산식 : 나눔문화(자원봉사, 기부·자선 등) 활성화 추진 우수사례에 대한 정성평가 ○ 산식 설명 - 평가방향 : 지역에서 추진한 나눔문화 활성화(ex. 온기나눔 캠페인 등) 관련 구체적 사례에 대해 평가항목(지속성, 효과성, 협력성, 창의성, 확산성)별로 평가 - 평가 세부기준

평가항목 (100)	평가내용
지속성 (20)	·일회성·선심성에 그치지 않고 지속 발전될(추진체계 구성·운영 등) 가능성 ·지속 추진을 위한 제반 여건(사업모델 구체성, 후속계획 여부 등)의 충분성
효과성 (20)	·추진된 사례를 통한 지역사회 발전, 문제해결 기여도 ·수혜 집단 또는 시민 만족도 정도
협력성 (20)	·지역의 단체·기관·기업 등과 협업 정도 ·시민 참여와 관심 정도
창의성 (20)	·지역 특성을 고려한 차별성 있는 봉사·나눔 사업(시책) 개발 정도 ·최근 사회·환경 변화(포스트 코로나, 디지털화, 고령화 등) 등에 대응한 새로운 봉사·나눔 사업(시책) 개발 정도
확산성 (20)	·추진된 사례가 타 지역 또는 활동에 적용하여 확산될 가능성 ·추진된 사례에 대한 홍보·확산 노력도

○ 우수사례 및 부적합사례 예시 등 설명

우수 사례

(우수사례 범위) 나눔활동(자원봉사, 기부·자선 등)을 지역 단체·기관·기업 등과 협력하여 지역의 사회문제 해결 또는 최근의 사회환경 변화 대응 등을 추진한 사례

(우수사례 예시)
1. 지역 온기나눔 캠페인 추진본부 주관으로 연말·연시 등 특정기간별 캠페인 활동 전개
2. 지역의 인구소멸 문제에 대응한 빈집 정비 재능 나눔 활동
3. 비공식·개별적 봉사활동 활성화를 위한 온라인·디지털 연계 봉사활동
4. 기관·단체간 연계(자원봉사단체+자원봉사단체, 자원봉사단체+기부단체 등)를 통한 나눔활동 전개 등
5. 학생들의 공동체 의식 및 나눔문화 함양을 위한 학교 연계 봉사활동
6. 기업 사회공헌활동과 연계한 봉사활동
   - '22년 우수사례(대구) : 맞춤형 리어카·실버카 개발 전달
     : (기업) 안전리어카 개발 지원, (자원봉사자) 방문 모니터(유지보수), (지자체) 수혜자 발굴

부적합 사례

(부적합사례 범위) 구체적 성과 사례(사업, 활동 등)가 아닌 그간 추진한 연간 활동을 나열하는 방식의 사례 작성은 지양하고, '전국 최초 시행', '전국 유일'이라는 표현은 이를 검증하기가 어렵고 평가 항목에도 반영되는 사항이 아니므로 표현 자제

(부적합사례 예시)
1. 지방자치단체 등의 기부 참여 독려, 후원 홍보, 캠페인 활동
   ※「기부금품법」제5조에서 국가·지자체 등의 기부금품 모집행위를 금지하고 있으므로 지자체가 기부금품 모금·홍보 등에 관여하는 경우「기부금품법」위반 소지가 있음

○ 평가대상 : 시·도(시·군·구 포함)
○ 평가기준일 : 2025.12.31.

증빙자료	○ 우수사례명 * 합동평가시스템(VPS)에 직접 입력 　* 나눔문화(자원봉사, 기부·자선 등) 활성화 추진 우수사례 | 연번	우수사례명 | |---|---| | 1 | | ○ 우수사례에 따른 주요 성과 등에 대한 요약서(2페이지) ○ 사업계획서 및 결과보고서(평가 연도 내에 결재받은 공문서 등) ○ 우수사례의 사업효과를 설명할 수 있는 보조자료(사진, 언론보도 등)
문의처	행정안전부 민간협력과 조원태(☎ : 044-205-3172, E-mail : cwthihi@korea.kr) 행정안전부 민간협력과 최은주(☎ : 044-205-3176, E-mail : ej1117@korea.kr)

국정목표	3. 따뜻한 동행, 모두가 행복한 사회			
국민약속	3-9. 필요한 국민께 더 두텁게 지원하겠습니다.			
국정과제	3-9-48. 누구 하나 소외되지 않는 가족, 모두가 함께하는 사회 구현			
지표명	⑭ 가족센터 온가족보듬서비스 지원 실적			
지표성격	<국가주요시책> - (국정과제) 9. 필요한 국민께 더 두텁게 지원하겠습니다.			
지표유형	정량	공통	정순	신규

지표설명		
	지표명 설명	○ 가족센터 온가족보듬사업 서비스 지원 실적 및 지자체 노력을 평가하는 지표
	평가근거	○ 건강가정기본법 제5조, 다문화가족지원법 제3조
	평가목적	○ 가족센터의 대상별 서비스를 통합하여 사각지대 해소 및 원스톱서비스로 가족서비스 지원 역량 강화
	기대효과	○ 1인 가구, 취약·위기가족의 사례관리, 상담, 교육, 자원연계 등을 통하여 거주 지역에 관계없이 균등한 가족서비스 제공
	기타참고사항	

측정방법

○ 산식 : 온가족보듬서비스 사업실적(100%) = 상담실적(30%) + 사례관리(40%) + 긴급위기가족지원(30%) + 기타 정책사업(가점 5%)

○ 산식 설명
1. 상담실적(명) (30점)

전체 상담실적 (가족상담, 일반상담, 기타 상담 등)	1,500명 이상	1,000명 이상	500명 이상	500명 미만
점수	30점	25점	20점	15점

※ 실적 기준(공통):
① 시·도별 전체 실적을 시·도 전체 센터수*로 나눈 센터 1개소당 평균 실적
   * 온가족보듬서비스 사업을 추진한 센터 수
② 실적인원: 연인원 기준
③ 실적대상: 온가족보듬사업 수행 중인 220개 가족센터('24년 기준)

2. 사례관리(건) (40점)
① <서비스 제공(건)> (15점)

서비스 제공	1,500건 이상	1,000건 이상	500건 이상	500건 미만
점수	15점	12점	9점	6점

② <자원연계 현황(건)> (15점)

자원연계 현황	500건 이상	300건 이상	100건 이상	100건 미만
점수	15점	12점	9점	6점

③ <학습정서 및 생활도움 지원(건)> (10점)

학습정서 및 생활도움 지원	700건 이상	500건 이상	300건 이상	300건 미만
점수	10점	8점	6점	4점

3. 긴급위기가족지원 (30점)

① <심리정서지원 및 전문상담연계(건)> (15점)

정서지원 및 전문상담 연계	125건 이상	100건 이상	75건 이상	50건 이상	50건 미만
점수	15점	12점	9점	6점	3점

② <가족돌봄 및 1인가구 긴급돌봄(건)> (15점)

가족돌봄 및 1인가구 긴급돌봄	100건 이상	75건 이상	50건 이상	25건 이상	25건 미만
점수	15점	12점	9점	6점	3점

4. 기타 신규 정책사업 (가점 5점)

면접교섭 서비스 지원	지원 여부(○/X)
위기임산부 출산양육지원 (미혼모·부 출산양육지원 포함)	지원 여부(○/X)
경계성 장애인 지원 등	지원 여부(○/X)
기타 신규사업(필요시)	지원 여부(○/X)

신규 정책사업	4개 사업	3개 사업	2개 사업	1개 사업	수행사업 없음
점수	5점	4점	3점	2점	0점

* 해당 지표별 지원 실적이 없는 경우 '0'점 부여

○ 목표치

시·도	(실적) 목표치	시·도	(실적) 목표치
서울	70	경기	70
부산	50	강원	40
대구	68	충북	50
인천	70	충남	50
광주	70	전북	50
대전	60	전남	60
울산	70	경북	58
세종	70	경남	60
경기	70	제주	70

○ 평가대상: 17개 시·도
○ 평가기준일: 2025. 12. 31.

○ 가족센터 온가족보듬사업 서비스 지원 실적
① 전체상담실적(30점)

구 분	전체상담실적 (A)	지자체 센터 수 (B)	센터 1개소당 상담실적 (A/B)
○○특별시			
○○광역시			
○○도			

② 사례관리(40점)

구 분	사례관리 실적 (A)		지자체 센터 수 (B)	센터 1개소당 사례관리 실적(A/B)
○○특별시	■ 서비스제공			
	■ 자원연계현황			
	■ 학습정서 및 생활도움 지원			
○○광역시	■ 서비스제공			
	■ 자원연계현황			
	■ 학습정서 및 생활도움 지원			
○○도	■ 서비스제공			
	■ 자원연계현황			
	■ 학습정서 및 생활도움 지원			

③ 긴급위기가족 지원(30점)

구 분	긴급위기가족지원 실적 (A)		지자체 센터 수 (B)	센터 1개소당 긴급위기가족지원실적(A/B)
○○특별시	■심리정서지원 및 전문상담연계			
	■가족돌봄 및 1인가구 긴급돌봄			
○○광역시	■심리정서지원 및 전문상담연계			
	■가족돌봄 및 1인가구 긴급돌봄			
○○도	■심리정서지원 및 전문상담연계			
	■가족돌봄 및 1인가구 긴급돌봄			

④ 기타 신규 정책사업(가점 5점)

구 분	정책 유형	지원 여부(○/X)
○○특별시	■면접교섭 서비스 지원	
	■위기임산부 출산양육지원(미혼모·부 출산양육지원 포함)	
	■경계성 장애인 지원 등	
	■기타 신규사업(필요시)	
○○광역시	■면접교섭 서비스 지원	
	■위기임산부 출산양육지원(미혼모·부 출산양육지원 포함)	
	■경계성 장애인 지원 등	
	■기타 신규사업(필요시)	
○○도	■면접교섭 서비스 지원	
	■위기임산부 출산양육지원(미혼모·부 출산양육지원 포함)	
	■경계성 장애인 지원 등	
	■기타 신규사업(필요시)	

시스템 구현 서식

연계 시스템	(한국건강가정진흥원) 가족지원통합정보시스템		
증빙 자료	○ 불필요		
VPS실적 입력주체	지자체	입력 시기	년
문의처	여성가족부 가족정책과 사무관 김홍식(☎ 02-2100-6326, E-mail : dillkim@korea.kr)		

국정목표	3. 따뜻한 동행, 모두가 행복한 사회
국민약속	3-9. 필요한 국민께 더 두텁게 지원하겠습니다.
국정과제	3-9-48. 누구 하나 소외되지 않는 가족, 모두가 함께하는 사회 구현
지표명	㉔ 반려동물 등록률
지표성격	< 국가주요시책 > - 2027년까지 반려견 등록률 70%(국정과제 48-7)을 위해 행정기관과 소유자의 지속적인 동물등록 노력 제고 추진

지표유형	정량	공통	정순	계속(변경)

지표설명	지표명 설명	반려동물 등록 마릿수 누계
	평가근거	「동물보호법」제12조
	평가목적	○ 동 지표는 소유자 책임의식 제고 및 유실·유기동물 방지를 위해 추진 중인 동물등록제* 연관 지표이며, 반려견 관련 정책의 핵심 지표** 　* '14년 전국 시행된 제도로, 주택·준주택에서 기르거나, 그 외의 장소에서 반려의 목적으로 기르는 2개월령 이상의 개를 지자체에 등록하도록 소유자에 의무 부과 　** 유실·유기 방지뿐만 아니라, 반려견 사육 현황, 견종 등을 파악할 수 있는 통계 ○ 국정과제 48-7「반려동물 생명 보장과 동물보호 문화 확산」추진의 일환으로 등록필요성 인식부족 등을 개선하기 위해 동물등록 의무를 국민에게 지속적으로 홍보하고 있으며, 그 결과인 시·도별 동물등록 마릿수를 점검·평가 실시
	기대효과	동물 유실·유기 방지 및 유실동물의 주인 반환률 증가
	기타참고사항	

| 측정방법 | ○ 산식
- '25.12.31.기준 동물등록 마릿수(누계) ÷ '25년 동물등록 목표 마릿수(누계) × 100
○ 산식설명
- '25년 시·도별 목표 등록마릿수 설정 : '20~'23년 증가마릿수(964,515마리)의 산술평균(321,505마리)에서 5% 증가한 337,580마리를 '23년 동물등록 마릿수에 반영하여 목표치 설정
○ 시·도별 동물등록 목표 마릿수　　　　　　　　　　　　　　　(단위: 마리)

구분	'25년 동물등록 목표 마릿수(누계)	'23년 동물등록 마릿수(누계)	'22년 동물등록 마릿수(누계)	'21년 동물등록 마릿수(누계)	'20년 동물등록 마릿수(누계)
계	3,623,796	3,286,216	3,054,342	2,878,481	2,321,701
서울특별시	616,734	573,312	545,162	530,508	449,249
부산광역시	221,955	206,631	196,842	193,577	162,849
대구광역시	151,019	138,507	129,285	123,244	102,759

인천광역시	241,199	219,030	203,777	192,027	155,690
광주광역시	84,807	75,704	69,852	63,959	49,696
대전광역시	112,142	103,156	95,910	90,956	77,482
울산광역시	66,977	61,652	58,111	56,166	46,439
세종특별자치시	19,398	16,969	15,007	13,171	10,028
경기도	1,075,882	973,419	907,543	852,273	680,668
강원도	118,491	106,727	98,559	92,889	73,115
충청북도	113,219	101,510	93,427	87,339	68,057
충청남도	146,132	129,927	118,729	108,456	83,628
전라북도	106,040	92,825	83,833	74,916	55,069
전라남도	117,856	102,468	91,481	81,661	58,501
경상북도	153,267	135,608	122,076	110,838	85,153
경상남도	208,393	186,656	168,976	157,744	124,549
제주특별자치도	70,286	62,115	55,772	48,757	38,769

* 출처: 국가동물보호정보시스템

○ 목표치 : 100% 이상
○ 평가대상 : 시·도(시·군·구 포함)
※ 제주특별자치도의 경우 제주시, 서귀포시 실적 포함
○ 평가기준일 : 2025. 12. 31.

시스템 구현 서식	(단위: 마리, %)		
	구분	'25년 동물등록 마릿수(누계)(A) (2025.12.31.일 기준)	'25년 동물등록 목표 마릿수(누계)(B)	'25년 동물등록 목표 달성률 (A)/(B) x 100
	○○시도			

* '24년 동물등록 마릿수(누계)(A)는 국가동물보호정보시스템 상 자료 활용

연계 시스템	정보시스템운영부서				연계항목	
	정보시스템명칭	기관/부서	담당자	연락처	항목이름	증빙화면
	국가동물보호 정보시스템	농림축산 검역본부 동식물빅데 이터팀	김경식	054-912-0377	동물등록 마릿수	-

증빙 자료	○ 산식(실적)에 대한 지자체 증빙자료 - 불필요: 정보시스템 연계

VPS실적 입력주체	중앙부처	입력 시기	수시

문의처	농림축산식품부 동물복지정책과 사무관 이동우(☎ 044-201-2626, E-mail: blackvet@korea.kr) 주무관 나성화(☎ 044-201-2627, E-mail: fayenash@korea.kr)

국정 목표	3. 따뜻한 동행, 모두가 행복한 사회			
국민 약속	3-9. 필요한 국민께 더 두텁게 지원하겠습니다.			
국정 과제	3-9-48. 누구 하나 소외되지 않는 가족, 모두가 함께하는 사회 구현			
지표명	㉑ 위기청소년 지원 수준 및 학교 밖 청소년 자립성취도			
지표 성격	<국고보조사업, 국정과제> - 국정과제 48-1. 학교 밖 청소년 통합지원 체계 구축 및 청소년 위기유형별 맞춤형 서비스 제공 - 청소년사회안전망 구축(720억, 청소년안전망 운영, 청소년상담1388운영, 학교 밖 청소년 지원, 위기청소년 특별지원 등 지원), 청소년복지시설 운영 지원(308억, 청소년쉼터, 청소년자립지원관, 청소년회복지원시설 등) 국고보조사업 (*'24년 예산 기준)			
지표 유형	정량	공통	정순	계속(변경)
지표 설명	지표명 설명	○ 지역사회 청소년통합지원체계(청소년안전망)의 운영 주체인 지자체의 위기청소년 지원 수준을 지원서비스 제공 목표 달성률을 통해 평가하고, 학교 밖 청소년 맞춤형 서비스를 제공하여 학업 복귀, 사회 진입, 자립역량 강화성과를 거둔 실적을 평가하는 지표		
	평가근거	「청소년복지 지원법」 제9조 ① 지방자치단체의 장은 관할구역의 위기청소년을 조기에 발견하여 보호하고, 청소년 복지 및 「청소년기본법」 제3조제5호에 따른 청소년보호를 효율적으로 수행하기 위하여 지방자치단체, 공공기관, 「청소년기본법」 제3조제8호에 따른 청소년단체 등이 협력하여 업무를 수행하는 지역사회 청소년통합지원체계(이하 "통합지원체계"라 한다)를 구축·운영하여야 한다. 「학교 밖 청소년 지원에 관한 법률」 제3조 ① 국가와 지방자치단체는 학교 밖 청소년에 대한 사회적 차별 및 편견을 예방하고 학교 밖 청소년을 존중하고 이해할 수 있도록 조사·연구·교육 및 홍보 등 필요한 조치를 하여야 한다. ② 국가와 지방자치단체는 학교 밖 청소년을 조기에 발견하고, 지원에 필요한 법적·제도적 장치를 마련하여 시행하여야 한다.		
	평가목적	○ 각 지자체가 운영해야 하는 지역사회 청소년통합지원체계(청소년안전망)을 통한 위기청소년의 지원 수준을 측정·평가하여 청소년안전망을 더욱 촘촘히 운영하도록 유도함 ○ 학교 밖 청소년의 개인적 특성과 수요를 고려한 상담, 교육, 진로 및 취업 지원, 자립지원 등의 실적 평가를 통해 서비스의 질적 수준 제고를 유도함		
	기대효과	○ 청소년안전망을 통한 위기청소년 지원에 대한 평가를 통하여 지역 위기청소년에 대한 지자체의 적극적 관심 유도와 위기청소년 상담복지서비스 강화 ○ 학교 밖 청소년의 사회적응, 학업복귀를 통해 건강한 사회구성원으로 성장		
	기타참고사항	○ 지역사회 청소년통합지원체계(청소년안전망) : 위기청소년 통합지원 및 연계협력, 상담 및 활동지원, 청소년1388 운영, 긴급구조, 일시 보호, 교육 및 자립 등 맞춤형 서비스 제공을 위한 지역사회 협력망 ○ 학교 밖 청소년의 정의(법률 제2조) : ①초·중학교 입학 후 3개월 이상 결석하거나 취학의무를 유예한 청소년 ②고등학교에서 제적·퇴학처분을 받거나 자퇴한 청소년 ③고등학교에 진학하지 아니한 청소년		

측정 방법	○ 산식 위기청소년 지원 수준 및 학교 밖 청소년 자립성취도(100점) = 위기청소년 지원서비스 제공 목표 달성률(50점)+학교 밖 청소년 자립성취도(50점) ○ 산식 설명 ① 위기청소년 지원서비스 제공 목표 달성률(50점) : [('25년 청소년 1인당 지원서비스 제공 건수 / '25년 청소년 1인당 지원서비스 제공 시·도별 목표치[1]) × 50][2] - '25년 청소년 지원서비스 목표달성 구간별 점수[3] + 목표치가 지자체 상위 10% 지역 가산점[4] ※ 목표 달성률 산정 : 지원서비스 제공 시·도별 목표치 산출(최대 50점) 후 구간별 점수 (00건) 달성 여부에 따라 감점을 적용하여 달성률 산정 ※ 지원서비스 집계 : 청소년안전망시스템의 사례관리(실행) 건수 1」 청소년 1인당 지원서비스 제공 시·도별 목표치 : (최근 5년 평균('20년~'24년, 소수점 이하 버림)+ 최근 5년 표준편차에서 소수점 이하 버림) 또는 '23년도 실적 중 높은 실적 ※ 해당 지역 센터에서 제공한 지원서비스의 총합을 지원받은 청소년 총 인원으로 나누어 청소년 1인당 제공받은 지원서비스를 계산, 목표치 설정 2」 목표치를 초과하여 달성한 경우도 최대 50점까지 인정 3」 구간별 점수 : 1인당 지원서비스 제공 건수 17개 시·도 목표치 평균 이상 0점, 평균 미만 : 0.5점 감점('25년 17개 시·도 목표치 평균, 00) 4」 목표치가 지자체 상위 10%(2개 시도)는 0.5점 가점 적용(최대 50점 범위 내) ■ '25년 청소년 1인당 지원서비스 제공 건수 : $$\frac{지원서비스(사례등록) + 사후지원서비스}{사례관리\ 전체인원\ 수}$$ • 사례관리 전체인원 수는 '25.1.1. 이후 신규 등록된 '전체 사례관리 인원 수'를 의미 • (지원서비스(사례등록)+사후지원서비스)가 10건 이하의 단기 개입사례는 평가대상에서 제외함 (※전체인원 수(분모), 지원서비스 건수(분자)에서 모두 제외) ex) A청소년 : 지원서비스 7건+사후관리 3건 = 10건 → 해당사례는 평가대상에서 제외 B청소년 : 지원서비스 8건+사후관리 3건 = 11건 → 해당사례는 평가대상에서 포함 **<'25년 청소년 1인당 지원서비스 제공 시·도별 목표치(단위 : 건)>** | 구분	시도	'20년~'24년 1인당 지원서비스 제공건수(건)					5년간 평균	표준 편차	5년 평균 +5년 표준 편차(소수점 이하 버림)	'25년 목표치	비고
		'20년	'21년	'22년	'23년	'24년					
1	서울특별시	21.49	20.09	25.72	29.49						※ 목표치: (최근5년 평균 ('20-24년) + 최근5년 표준편차 에서 소수점이하 버림) 또는 '24년 실적 중 높은 실적
2	부산광역시	28.03	31.54	38.11	47.05						
3	대구광역시	18.71	29.25	32.01	40.94						
4	인천광역시	27.59	29.68	31.56	31.64						
5	광주광역시	21.51	21.60	27.54	30.30						
6	대전광역시	20.07	15.22	23.82	31.60						
7	울산광역시	21.98	22.48	25.72	28.15						
8	세종특별자치시	8.30	12.01	20.07	31.97						
9	경기도	20.23	21.38	28.26	27.74						
10	강원도	12.55	12.44	23.17	33.16						
11	충청북도	22.72	19.78	30.51	28.17						
12	충청남도	22.07	24.19	28.39	30.53						
13	전라북도	15.27	17.01	20.38	22.21						
14	전라남도	17.06	18.55	23.66	25.11						
15	경상북도	18.94	21.42	29.59	32.79						
16	경상남도	22.69	23.73	28.02	30.08						
17	제주특별자치도	16.65	15.32	25.11	33.42						
	시·도별 목표치 평균										

② 학교 밖 청소년 자립성취도(50점)

: ('25년 성과인원/'25년 학교 밖 청소년 지원인원)×100

- 자립성취도 : 학교 밖 청소년 지원인원 대비 성과인원 비율
- 성과인원 : '학교밖청소년지원센터'에서 학업복귀나 사회진입 목표를 달성하거나, 진로체험, 봉사 등 여러 활동을 통해 자립역량향상 성과를 거둔 '학교 밖 청소년 수'를 의미하며 각 영역별(학업복귀, 사회진입, 자립역량향상 성과) 인원 합산

※ 예시 : 성과인원 = 학업복귀 성과(실인원) 50명 + 사회진입 성과(실인원) 50명 + 자립역량향상 성과(실인원) 100명 = 200명

* 학업복귀 성과 : '학교밖청소년지원센터'에서 교육지원 서비스를 통해 정규학교 복교, 상급학교 진학, 대안학교, 검정고시, 학교 재적응, 대학진학, 학력인정 등을 이룬 '학교 밖 청소년 수'
** 사회진입 성과 : '학교밖청소년지원센터'의 지원을 통해 취업, 창업, 직업훈련(국민취업지원제도, 민간기관 훈련과정 등), 자격취득(직업기술 관련) 등을 이룬 '학교 밖 청소년 수'
*** 자립역량향상 성과 : '학교밖청소년지원센터'의 지원을 통해 자기계발, 진로체험, 봉사활동, 수상, 학습체험, 기초소양 등을 통해 자립역량을 향상시킨 '학교 밖 청소년 수'

□ 자립역량향상 성과

분야		내용
자기계발	문화예술	• 회화, 디자인, 공예, 서예, 악기·보컬교육, 연극, 댄스, 사진, 영상편집, 푸드아트, 뷰티, 문학, 역사, 인성, 마술 등
	신체단련	• 카약, 요트, 수영, 스킨스쿠버, 서핑 등
	봉사활동	• 일손돕기, 위문활동, 재능기부 등
	과학정보	• 컴퓨터, IT, 모형, 로봇, 과학탐구, 창업 등
	환경보존	• 환경체험, 생태·환경 탐사, 환경·시설보존 등
	언어	• 회화, 언어자격 등
진로체험		• 직업현장 방문, 직업체험, 현장견학, 진로캠프, 진로특강, 창업교육 등
수상경력		• 대회, 공모전, 행사 등 참여
학습체험		• 꿈이음사업 학력인정 프로그램 이수 등(매뉴얼 기준 인정)
기초소양		• 필수교육(7종)을 포함하여 10종을 이수한 경우 등(매뉴얼 기준 인정)

- 지원인원 : '학교밖청소년지원센터'로부터 학업, 취업, 진로 지원 등 서비스를 제공받은 '학교 밖 청소년 수'를 의미하며 중복을 제거한 실인원임
- 시도별 '25년 학교 밖 청소년 자립성취도 목표치('24년 실적 '25.2.1. 확정 후 통보)

구분	시 도	'22년~'24년 자립성취도(%)				'25년 목표치	'25년 자립성취도	비고
		'22년	'23년	'24년	3년간 평균			
1	서울특별시	46.47	46.60					※ 최근 3년간 전체 자립성취도 평균 미만 시도는 1.0%p 증가 목표치 설정, 전체 자립성취도 평균 이상 시도는 0.5%p 증가 설정 (단, 평균 이상 시도 중 전체 자립성취도 대비 1표준편차를 넘는 경우, 0.3%p 증가 목표치 설정)
2	부산광역시	54.78	55.18					
3	대구광역시	52.91	58.17					
4	인천광역시	58.48	62.17					
5	광주광역시	55.48	58.85					
6	대전광역시	52.08	54.51					
7	울산광역시	62.94	63.55					
8	세종특별자치시	38.19	39.46					
9	경기도	44.52	50.09					
10	강원도	65.57	68.42					
11	충청북도	63.98	68.07					
12	충청남도	62.59	66.58					
13	전라북도	70.48	71.96					
14	전라남도	61.38	61.23					
15	경상북도	58.21	59.18					
16	경상남도	67.74	74.14					
17	제주특별자치도	69.60	69.55					
	전국 자립성취도	53.64	57.13					
	표준편차	9.08	9.31					

학교 밖 청소년 자립성취도 목표 달성도 배점표		배점
최근 3년간 전체 자립성취도 평균 이상 지역(1표준편차 이상)	시도별 최근 3년 자립성취도 평균 대비 0.3%p 이상 증가	50점
	시도별 최근 3년 자립성취도 평균 대비 0.2%p 이상 증가	47점
	시도별 최근 3년 자립성취도 평균 대비 0.1%p 이상 증가	44점
	시도별 최근 3년 자립성취도 평균 대비 0.1%p 미만 증가	41점
최근 3년간 전체 자립성취도 평균 이상 지역(1표준편차 미만)	시도별 최근 3년 자립성취도 평균 대비 0.5%p 이상 증가	50점
	시도별 최근 3년 자립성취도 평균 대비 0.4%p 이상 증가	47점
	시도별 최근 3년 자립성취도 평균 대비 0.3%p 이상 증가	44점
	시도별 최근 3년 자립성취도 평균 대비 0.3%p 미만 증가	41점
최근 3년간 전체 자립성취도 평균 미만 지역	시도별 최근 3년 자립성취도 평균 대비 1.0%p 이상 증가	50점
	시도별 최근 3년 자립성취도 평균 대비 0.8%p 이상 증가	47점
	시도별 최근 3년 자립성취도 평균 대비 0.6%p 이상 증가	44점
	시도별 최근 3년 자립성취도 평균 대비 0.6%p 미만 증가	41점

※ 목표 달성도 계산 시 소수점 셋째자리에서 반올림

○ 목표치: 98점

○ 평가대상: 시·도 (시·군·구 실적 포함)

　※ 제주특별자치도의 경우 제주시, 서귀포시 실적 포함

○ 평가기준일: 2025. 12. 31.

시스템 구현 서식

구분	위기청소년 지원서비스 제공건수(50점) * b/a*50≤50점 * (b/a*50)+ⓓ≤50점					학교 밖 청소년 자립성취도(50점) * 목표달성도 배점표 참조				총점 (100점) ①+②
	목표치 (a)	달성치 (b)	구간점수 (c)	가산점 (d)	A배점= b/a ×50-c+d	시도별 최근 3년 자립성취도 평균(d)	'25년 자립성취도 실적 (e)	달성도 (B= e-d)	B 배점	
시·도 총괄					①				②	
○○시·도										
○○구										
○○군										

연계 시스템: 청소년안전망시스템

증빙자료:
① 지표 : 증빙자료 불필요(청소년안전망시스템 입력자료 확인)
② 지표 : 증빙자료 불필요(꿈드림 정보망시스템 및 청소년안전망시스템 통계자료 확인)

VPS실적 입력주체: 시도 　　**입력시기**: 년

문의처: 여성가족부 청소년자립지원과 사무관 김경희, 주무관 최지윤 (☎ 02-2100-6273, E-mail: chldltmf1@korea.kr)
여성가족부 학교밖청소년지원과 사무관 최요한 주무관 심혜경 (☎ 02-2100-6317, E-mail: smart68@korea.kr)

국정목표	3. 따뜻한 동행, 모두가 행복한 사회			
국민약속	3-9. 필요한 국민께 더 두텁게 지원하겠습니다.			
국정과제	3-9-48. 누구 하나 소외되지 않는 가족, 모두가 함께하는 사회 구현			
지표명	㉮ 청소년유해환경 감시체계 구축 및 운영 실적			
지표성격	<국가주요시책·국고보조사업> - 누구 하나 소외되지 않는 가족, 모두가 함께하는 사회 구현((국정과제 48) - 국가 및 지방자치단체(청소년유해환경감시단 지원)('24년 320백만원 국고보조)			
지표유형	정량	공통	정순	계속(유지)

지표설명	지표명 설명	지역 내 청소년 유해환경* 감시기반 조성(민간단체 발굴·운영 등)**, 생활주변 환경에 대한 민·관의 감시 및 점검·단속 등 청소년 보호 활동 실적 평가
		  * (유해환경) 유해업소, 유해약물·물건·매체물, 유해행위, 청소년근로권익 침해 등
		  ** (감시기반 조성) 민관협업 네트워크 구축·운영(청소년유해환경감시단 발굴·지원 등)

	평가근거	「청소년 보호법」 제5조(국가와 지방자치단체의 책무) "해당 지역의 청소년유해환경으로부터 청소년을 보호" "청소년 관련 단체 등의 유해환경 감시·고발 활동의 장려 및 지원 등"
	평가목적	생활주변에 청소년유해업소가 꾸준히 생겨나고 규제의 빈틈을 이용한 탈법적 영업행위 증가에 대한 지자체의 현장 맞춤형 탄력적 관리·대응이 필요
	기대효과	편의점·노래방 등 생활밀착형 업소의 청소년에게 유해한 영업행위 등에 대한 규제를 통해 이들의 안전하고 건강한 성장을 지원
	기타참고사항	

측정방법	○ 산식
	  - 청소년유해환경* 감시체계 구축 및 운영실적
	    = {유해환경 감시활동(50점) + 유해환경 단속활동(25점) + 감시기반 구축(25점)}
	    * 청소년 보호법 등의 위반행위 : 청소년 유해업소(청소년 출입·고용금지 위반), 유해약물·물건(주류·담배·마약류·환각물질, 성기구류, 전자담배기기장치류 판매 등), 유해매체물(유해매체물 판매 등, 포장의무 위반, 불건전 전단지 배포 등), 유해행위(성적인 접대 또는 알선, 유흥접객 또는 알선, 구걸, 호객행위, 청소년 이성혼숙 등 묵인·방조 등) 점검·단속, 청소년근로권익 침해 관련 보호활동
	○ 산식 설명
	① 유해환경 감시활동 실적 : 50점
	  - 내용 : 시·군·구별 청소년유해환경감시 활동(감시·순찰)에 대하여 기준실적 충족률에 따른 배점단위 구간별 달성도에 비례하여 점수를 산정
	  - 기준실적 충족률 = 연간 활동실적/연간 기준실적(400회, 고정값)×100
	    · 연간 활동실적 : 1일 활동팀 수*(1팀당 3명 이상) × 팀당 1일 방문업소 수**(10개 업소 권장) × 회당 활동일수***(회당 4일 이상 권장) × 연간 활동횟수****(5회 이상 권장)

* 활동팀 수 : 감시활동을 1팀당 3명 이상 구성해야하며, 3명 이상 구성된 팀의 개수가 1일 평균 팀인지 계산
    ex) 감시활동을 1팀 당 3명씩 구성하고, 1일 2개 팀씩 나눠 활동했다면 '2개 팀'으로 계산. 만약 감시활동을 1팀당 3명씩 구성하였으나, 활동일 수 마다 활동 팀 개수가 달랐다면 평균치로 계산 (계산식 예시 : {(2개 팀×10일)+(4개 팀×20일)}/30일=3.3개 팀)
** 팀당 1일 방문업소 수 : 1일 평균 방문업소는 10개 업소를 권장하며, 1일 팀당 방문한 업소 수의 평균치로 계산
*** 회당 활동일수 : 회당 4일 이상을 권장하며, 월별, 분기별, 계기별 등을 활동할 경우 평균 활동일수를 계산함
    ex) 월별로 활동시 1팀당 4일씩 활동했다면, 평균치는 4일임. 만약 월별로 활동했으나 청소년의 달(5월), 여름휴가철(8월), 수능계기(11월)는 10일씩 활동하고 나머지 달은 4일씩 활동했다면 평균치는 5.5일임(계산식 : {(9회×4일)+(3회×10일)}/12회=5.5일)
**** 연간 활동횟수 : 연간 5회 이상을 권장하며, 활동횟수를 월별, 분기별, 계기별로 했다면 해당 횟수로 작성
    ex) 매월 활동한 경우 12회, 주요 계기별로 한 경우(새학기, 청소년의 달, 여름휴가철, 개학기, 수능계기) 계기 횟수, 분기별로 한 경우 4회

· 연간 기준실적(고정 값, 400회) : 2개팀(1팀당 3명 이상) × 10개 업소(1일 방문업소 수) × 4일(회당 활동일수) × 5회(연간 활동횟수) = 400회
- 점수 평가표

구 분	배점 구간(기준실적 대비 연간실적 비율)			
감시·순찰 (연간 400회 기준)	70%미만	70%이상~80%미만	80%이상~90%미만	90%이상~100%
	26점	34점	42점	50점

* 100%를 초과 달성하는 경우 시·도 및 시·군·구 모두 가점 2점 부과

② 시·군·구별 청소년유해환경 단속활동 : 25점
- 내용 : 시·군·구별 청소년유해환경 단속활동(수사의뢰, 시정명령 및 과태료, 과징금, 행정조사)에 대하여 배점단위 구간별 달성도에 비례하여 점수를 산정

< 청소년 유해환경에 따른 단속활동 >

청소년 유해환경	단속 대상	단속 활동
청소년 출입,고용 금지 업소	①유흥주점 ②단란주점 ③비디오물감상실업 ④노래연습장업(청소년실 출입은 가능) ⑤무도학원업 ⑥무도장업 ⑦사행행위영업 ⑧복합유통게임제공업 ⑨복합영상물제공업 ⑩경마, 경륜·경정사업장 ⑪일반게임제공업 ⑫여성가족부 고시업소(성인용품점, 키스방, 도박 및 사행심을 조장할 우려가 있는 게임을 제공하는 영업)	○ 청소년 출입금지 위반 : 수사의뢰, 과징금 부과, 행정조사 ○ 청소년 고용금지 위반 : 수사의뢰, 과징금 부과, 행정조사 ○ 청소년 출입·고용금지 표시 불이행 : 시정명령, 미이행시 과태료 부과, 행정조사
청소년 고용금지 업소	①숙박업 ②이용업 ③목욕장업 ④유해화학물질관리법에 의한 유독물영업 ⑤티켓다방 ⑥주로 주류의 조리·판매를 목적으로 하는 소주방·호프·카페 ⑦비디오물소극장업 ⑧만화대여업 ⑨PC방 등	○ 청소년 고용금지 위반 : 수사의뢰, 과징금 부과, 행정조사
청소년 유해약물. 물건	①주류·담배 ②환각물질 ③여성가족부 고시약물(초산에틸함유 칼라 풍선류) ④여성가족부 고시물건(성기구, 레이저 포인터류, 전자담배 기기장치류, 담배 형태의 흡입제류) 등	○ 청소년 대상 판매금지 위반 : 수사의뢰, 과징금 부과, 행정조사 ○ 청소년 유해표시 불이행/포장의무 불이행 : 시정명령, 미이행시 과태료 부과, 행정조사

청소년 유해환경	단속 대상	단속 활동
청소년유해 매체물	비디오물, 게임물, 음반, 간행물 등 매체물 중 청소년유해매체물 해당, 불건전 전화서비스 전화번호 광고와 성매매 알선 또는 암시 전화번호 광고 전단지 등	ㅇ 청소년 대상 판매금지 위반 : 수사의뢰, 과징금 부과, 행정조사 ㅇ 청소년 유해표시 및 포장의무 위반 등 : 시정명령, 미이행시 과태료 부과, 행정조사
청소년유해 행위	성적인 접대 또는 알선, 유흥접객 또는 알선, 구걸, 호객행위, 청소년 이성혼숙 및 묵인·방조 등	ㅇ 유해행위 금지 위반 : 수사의뢰, 과징금부과, 행정조사
청소년근로 권익 침해 관련 보호활동	근로계약서 작성 및 최저임금 적용 여부, 부당처우 사례 발견 등	ㅇ 고용노동부 청소년근로권익센터 연계

 - 평가방식 : 배점기준에 따른 시·도별 소관 시·군·구의 점수를 합산하고, 합산된 총 점수를 소관 시·군·구 수로 나눈 평균값(소수점 이하 절사)을 산정(배점의 상한은 25점으로 함)

※ 청소년 유해행위·고용·출입·유해약물 등 판매행위 등을 추가 적발 시 유형별 소관 시군구 실적(점수)에 가점(2점) 부여함
　(세종특별자치시, 제주특별자치도는 1개 시·군·구로 산정함)
 - 점수 평가표

　* (반영 기준) 청소년 보호법 위반에 대하여 문서를 통해 시정명령, 과태료, 과징금 등 행정처분, 고발 조치한 건수로서, 적발일시·위반업소·위반사항·처분일자 등 일련의 내용이 포함된 경우 1건으로 산출함

항 목	배점기준(시·군·구 당)		
㉠ 유해광고·선전물 등 ㉡ 유해표시 미부착	30건 미만	30건 이상~70건 미만	70건 이상
	10점	18점	25점

* 청소년 유해행위·고용·출입·유해약물 등 판매행위 적발 시 가점 2점

③ 감시기반 구축 : 25점
 - 내용 : 시·군·구별로 청소년유해환경감시단 발굴·지원에 대하여 <u>기준규모</u> 대비 달성도에 비례하여 배점을 부여
 - 평가방식 : '25년 12월말 시·군·구별 관내 유해업소 수(행정정보시스템)를 기준으로, 시·군·구에서 실제 운영 중인 감시단이 관내 유해업소 수 대비 적정한 규모인지 여부를 평가
 · 점수 평가표

구 분	유해환경감시단 적정규모별 배점기준			
유해환경감시단 발굴·지원	0.1~0.5배 미만	0.5이상~1배 미만	1배이상~1.5배 미만	1.5배이상
	16점	19점	22점	25점

* (점수 산정)
　ⅰ) 유해업소의 밀집도가 상대적으로 높은 대도시 지역(자치구)과 중소도시 지역(市) 및 농어촌 지역(郡)을 구분하여 기준지수를 설정
　ⅱ) 시·군·구별 기준지수의 값으로 해당지역의 유해업소 수를 나눈 값에서 소수점 이하를 절사하여 유해환경감시단의 최소운영 기준규모를 산정(다만, 해당지역의 유해업소 수가 기준지수 값[1])보다 적은 경우에 기준규모는 1개로 함)
　ⅲ) 기준규모 대비 실제 유해환경감시단의 운영배율을 산정(적정 감시단 수/실제 감시단 수)하여 각 운영배율의 구간에 해당하는 점수를 부여

< 유해업소 지역별규모 대비 적정 감시단 수 기준지수 >

구 분	대도시 지역(세종·제주포함)	중소도시 지역	농어촌 지역
유해업소 수	3,000개소	2,000개소	1,000개소

<※ 점수산출 예시 >
예시) 서울 ○○구 현황(행정정보시스템) ☞ 유해업소 수 16,947개소, 유해감시단 지정 수 2개
❶ 기준규모 산정 : 16,947(유해업소 수) / 3,000(기준지수) = 5.6 ⇒ 5개(소수점이하 절사)
❷ 운영배율 산정 : 2개소(현행규모) / 5개소(기준규모) = 0.4배(운영배율) ⇒ 16점(배점)

○ 목표치 : 70점

<청소년유해환경 감시체계 구축 및 운영실적에 따른 배점 부여(절대평가)>

감시활동(A)	배점		단속활동(B)	배점		감시기반 구축(C)	배점		총점***
90%이상~100%	50*		70건 이상	25**		1.5배이상~	25		70점
80%이상~90%미만	42	+	30건 이상~70건 미만	18	+	1배이상~1.5배미만	22	=	(목표 달성치: A+B+C)
70%이상~80%미만	34					0.5이상~1배미만	19		
70%미만	26		30건 미만	10		0.1~0.5배미만	16		

* 100%를 초과 달성하는 경우 가점 2점
** 청소년 유해행위·고용·출입·유해약물 등 판매행위 등을 추가 적발 시 유형별 소관 시·군·구 실적(점수)에 가점(2점) 부여
*** 총점은 최대 100점을 넘지 않음
※ (신·변종업소) 현행 청소년 보호법상의 청소년유해업소는 아니나 일반음식점, 자유업 등의 형태로 운영되어 청소년이 출입이 가능한 업소이나, 그 영업행위 및 형태가 청소년에게 유해한 신·변종 유해업소 발굴 시 1건당 추가 가점 2점(최대 4점) 부여(이 경우 총점에 합산됨)

○ 평가 대상 : 시·도(시·군·구 포함)
○ 평가기준일 : 2025. 12. 31.

시스템 구현 서식

○ 청소년유해환경 감시체계 구축 및 운영 실적

구분	시군구수(ⓐ)	①감시활동(A)			②단속활동(B)			③감시기반 구축(C)			신·변종 업소 발굴 건수 (가점) *최대값 ≤4점	총점* (A + B + C) +가점 * 최대값 ≤100
		연간 기준 실적(ⓑ) *고정값	연간 활동 실적(ⓑ)	(A)배점 (A=ⓒ값 해당 구간 점수) *최대값 ≤50점 +가점	유형별 소관 시군구 실적(ⓓ)	청소년 유해행위·고용·출입·유해약물 등 판매행위 적발건수	합산된 총 점수의 평균값 (ⓔ=ⓓ/소관 시군구 수)	(B)배점 [(B=ⓔ) ≤25] *최대값 ≤25점 +가점	실제 감시단 수(ⓕ)	기준규모 감시단 수(ⓖ)	충족률 (ⓗ) = ⓕ/ⓖ	(C)배점 (C=ⓗ 값의 해당 구간 점수) *최대값 ≤25점		
시·도	✕				✕				✕					
시군구 합계													✕	✕
○○시														
○○군														
○○구														

* 총점은 최대 100점을 넘지 않음(신·변종 유해업소 발굴 시 1건당 추가 가점 2점(최대 4점) 부여
※ 소수점 셋째자리에서 반올림

연계 시스템: 해당사항 없음

증빙 자료:
- 사업추진관련 근거자료(행정처분·수사의뢰 등 관련 문서)
- 유해환경감시단 활동일지 및 활동실적 결과자료 등

VPS실적 입력주체: 시·군·구 | **입력 시기**: 분기

문의처: 여성가족부 청소년보호환경과 손동락 주무관(☎ : 02-2100-6299, E-mail : zoom1318@korea.kr)

국정목표	3. 따뜻한 동행 모두가 행복한 사회			
국민약속	3-9. 필요한 국민께 더 두텁게 지원하겠습니다.			
국정과제	3-9-48. 누구 하나 소외되지 않는 가족, 모두가 함께하는 사회 구현			
지표명	⑭ 성별영향평가 실효성 제고 노력			
지표성격	<국가주요시책> - 제3차 양성평등정책 기본계획(2023~2027)			
지표유형	정량	공통	정순	계속(유지)
지표설명	지표명 설명	성별영향평가를 통해 정책개선이 필요한 사업의 개선계획을 수립하고, 지자체의 특성 및 상황을 고려하는 고유사업에 대한 성별영향평가 실시 실적을 파악함으로써 실질적인 개선안 마련 및 지역 주민의 체감도를 높이려는 노력을 평가		
	평가근거	○「성별영향평가법」제9조 제1항 - 중앙행정기관의 장 및 지방자치단체의 장은 성별영향평가의 결과를 정책에 반영하여야 하고, 매년 그 결과를 여성가족부장관에게 제출하여야 한다.		
	평가목적	○ 성별영향평가 개선계획 산출율과 지자체 고유사업 성별영향평가 실시 실적을 반영함으로써 정책 수립, 집행에서 성별 균형적 관점의 반영을 촉진하여 양성평등한 정책개선 유도		
	기대효과	○ 성별영향평가 실효성 제고를 통해 지역 상황에 맞는 개선방안을 적극 발굴하고 정책 개선에 반영함으로써 양성평등 정책 추진 강화		
	기타참고사항	※ 성별영향평가 : 국가와 지방자치단체는 제정·개정을 추진하는 법령(법률·대통령령·총리령·부령 및 조례·규칙을 말한다)과 성평등에 중대한 영향을 미칠 수 있는 계획 및 사업 등이 성평등에 미치는 영향을 평가(양성평등기본법 제15조)		
측정방법	○ 산식 = 성별영향평가 개선계획 산출율(70점) + 지자체 고유사업 성별영향평가 실시율(30점) 1. 성별영향평가 개선계획 산출률(%) (70점) $= \dfrac{2025년\ 성별영향평가\ 개선계획\ 산출\ 사업\ 수}{2025년\ 성별영향평가\ 실시\ 사업\ 수} \times 100$ | 성별영향평가 개선계획 산출률	90% 이상	90% 미만~80% 이상	80% 미만
---	---	---	---
점수	70점	60점	50점 | ① (성별영향평가 실시 사업 수) 성별영향평가(GIA)시스템에 등록된 사업 수 ② (성별영향평가 개선계획 산출 사업 수) 성별영향평가 실시사업 중 개선계획 수립한 사업 수(자체개선안 동의 사업 + 개선의견 수용사업) * 개선계획 수립 사업 : 성별영향평가 검토의견 통보 결과, 자체개선안 동의 사업과 지자체 성별영향평가책임관의 개선의견을 수용(또는 일부 수용)한 사업 2. 지자체 고유사업 성별영향평가 실시율(%) (30점) $= \dfrac{2025년\ 지자체\ 고유사업\ 성별영향평가\ 실시\ 사업\ 수}{2025년\ 성별영향평가\ 대상\ 세출예산\ 단위사업\ 수} \times 100$			

지자체 고유사업 성별영향평가 실시율	7% 이상	7% 미만 ~ 6% 이상	6% 미만
점수	30점	25점	20점

① (성별영향평가 대상 세출예산 단위사업 수) 2025년 세출예산 단위사업(e호조에서 추출) 중 지침에서 규정한 성별평가 제외대상*에 해당하지 않는 단위사업 수
  ※ 제외대상 : 일반회계 및 기타 특별 회계의 행정운영 경비, 재무활동비, 기금 사업 관련 제외
② (지자체 고유사업 성별영향평가 실시 사업 수) 성별영향평가시스템(GIA)에 등록된 지자체 고유사업 수
  ※ 고유사업은 지방자치단체 예산 100%로 추진되는 사업(e호조시스템에 등록된 예산이 지방자치단체 100%인 사업)
    ↳ e호조 재원내역에서 도비(시비)보조금, 특별조정교부금, 지방채, 자체재원으로 구성된 사업
○ 목표치 : 85점 이상
○ 평가대상: 17개 시·도(시·군·구 포함)
○ 평가기준일: 2025. 12. 31.

○ 성별영향평가 실효성 제고 노력

구 분	성별영향평가 개선계획 산출률(A)			지자체 고유사업 성별영향평가 실시율(B)			총점
	'25년 성별영향평가 실시 사업 수(개) (a)	'25년 성별영향평가 개선계획 산출 사업 수(개) (b)	산출율(%) A=b/a×100	'25년 성별영향평가 대상 세출예산 단위사업 수(개) (c)	'25년 지자체 고유사업 성별영향평가 실시 사업 수(개) (d)	실시율(%) B=d/c×100	
			A 점수			B 점수	A+B
합계							
○○시·도							
시군구 소계							
○○시							
○○구							
○○군							

연계 시스템	성별영향평가시스템(GIA시스템)		
증빙 자료	증빙자료 필요 * 지자체 고유사업 증빙자료(e호조시스템 재원내역 등)		
VPS실적 입력주체	여성가족부	입력시기	연
문의처	여성가족부 성별영향평가과 김은경(☎ : 02-2100-6179, E-mail : ulsan717@korea.kr)		

국정 목표	3.따듯한 동행, 모두가 행복한 사회		
국민 약속	3-10. 노동의 가치가 존중받는 사회를 만들겠습니다.		
국정 과제	3-10-49. 산업재해 예방 강화 및 기업 자율의 안전관리체계 구축 지원		
지표명	㉮ **지역 산재예방활동 활성화 추진**		
지표 성격	< 국가주요시책> - 국정과제 49 산업재해 예방 강화 및 기업 자율의 안전관리체계 구축 지원		
지표 유형	정량	공통/부분	정순	계속(변경)
지표 설명	지표명 설명	○ 지자체가 관할지역의 산재예방의 주체로 활동할 수 있도록 지자체 발주공사·수행사업의 사고사망자수 비율 감소 목표를 설정하여 산업재해 예방활동 유도		
	평가근거	○ 산업안전보건법 제4조의2(지방자치단체의 책무) ○ 산업안전보건법 제4조의3(지방자치단체의 산업재해 예방 활동 등) ○ 국정과제 49. 산업재해 예방 강화 및 기업 자율의 안전관리체계 구축 지원		
	평가목적	○ 정부의 국정 목표 달성을 위해서는 지방자치단체에서 수행 또는 발주하는 건설 현장의 산재예방활동 촉진 및 안전·보건 책임의식 제고 필요		
	기대효과	○ 지방자치단체 안전·보건 책임의식 제고 및 안전·보건 분위기 확산		
	기타참고사항	○ 사고사망자: 당해 연도에 업무와 관련한 사고로 인하여 발생된 사망 ※ 단, 사업장외 교통사고, 체육행사, 폭력행위, 사고발생일로부터 1년 경과 사고사망자 제외		
측정 방법	1. 사고사망자수 비율 감소실적(60점) (※지방자치단체 발주공사/수행사업에 한함) ○ 지방자치단체 발주/수행사업에서의 사고사망자수 감소실적을 통해 재해감소 성과 분석 <산식> 【(목표 사고사망자수 비율 / 당해 연도 사고사망자수 비율) × 100 】 x 0.6 　　* 목표 사고사망자수 비율: 최근 3년 평균 사고사망자수 비율의 20% 감소치 　　　(당해연도 목표가 17개 광역지자체의 평균 이하인 경우 전국 평균 목표치 적용) 　　* 사고사망자수 비율 = 사고사망자수/발주공사 건수 　　* 사고사망자수: 해당 지자체에서 수행하거나 발주한 건설공사·수행사업에서 발생한 사고사망자 　　　(당해 연도 사고사망자의 경우 1월 1일부터 12월31일까지의 기간 동안 고용노동부 중대재해 발생 보고 자료 중 사고사망자 수 적용) 　　* 발주공사 건수: 지방재정365 시스템 계약현황에서 공사(1억~120억) 건수 ※ (수행사업 사고사망자 수 집계 대상) 지방자치단체에서 직접 수행하는 모든 사업(도급사업 포함), 사고 통계 추출 시「국가 및 지방자치단체의 사업*」업종으로 확인될 경우 소속 지자체에 적용 ※ (발주공사 사고사망자 수 집계 대상) 지방자치단체 소속 각 부서에서 직접 발주하거나 지방자치단체에서 조달청에 의뢰하여 발주한 건설공사, 물품구매 현장 설치·용역 등 단가계약 작업. 다만, 조달청 맞춤형서비스 계약으로 위탁한 경우 제외			

2. 안전점검 이행률(40) (※지방자치단체 발주공사/수행사업에 한함)

<산식> (안전점검 이행건수 / 안전점검 대상 건수) × 100

<점수산정>

이행률	120% 이상	110%이상 ~120%미만	100%이상 ~110%미만	90%이상 ~100%미만	80%이상 ~90%미만	70%이상 ~80%미만	60%이상 ~70%미만	60% 미만
점수	40점	35점	30점	25점	20점	15점	10점	0점

▶ 현장점검 이행률: [현장점검 이행 건수/발주공사 건수(1억~120억)] x 100
▶ 현장점검 이행 건수: 지방재정365에 업로드된 공사(1억~120억)에 대한 점검 및 자체적으로 실시한 [①공사(1억 미만), ②용역(폐기물, 녹지, 산림 관련 내용만 해당), ③물품(공사 혹은 설치 관련 내용만 해당)] 점검 건수
  ↳ 지자체 공무원, 지자체에서 채용한 안전점검원, 지자체가 안전점검을 위탁한 민간재해예방기관 (산업안전보건법에 따른 안전관리전문기관, 보건관리전문기관, 건설재해예방전문지도기관 등) 점검 모두 실적에 포함, 단 산업안전보건법 73조에 따른 지도실적은 제외
▶ 발주공사 건수: 지방재정365 시스템 계약현황에서 공사(1억~120억) 건수, 발주공사 건수는 계약 기간으로 적용(실착공일과 무관)

○ 목표치: 65점 이상
○ 평가대상: 시·도(광역 지자체 단위로 평가하되 소속 기초지자체 실적 포함)
○ 평가기준일: 2025. 12. 31.

시스템 구현 서식

① 지방자치단체 발주공사·수행사업 건수 대비 사고사망자수 비율 감소 실적(60점)

| 구 분 | 당해 연도 사고사망자 수 비율 (A) | 목표 사고사망자 수 비율(B) | | | 사고사망자수 비율 감소 실적 점수(C) C=B/A×100 |
		3년 평균 사고사망자수 비율	3년 평균 사고사망자수 비율 20% 감소치	'24년 최종 목표치 (B)	
○○특별시					
○○광역시					
○○도					

② 안전점검 이행률 (40점)

구 분	발주공사 건수 (A)	안전점검 이행건수 (B)	안전점검 이행률(C) B/A×100
○○특별시			
○○광역시			
○○도			

연계시스템: 없음

증빙자료: 필요 : 안전보건공단 K2B 전산시스템 상 산재예방계획 수립 등 실적 증빙

VPS실적 입력주체: 중앙부처(고용노동부) | **입력시기**: 년

문의처:
고용노동부 산업안전보건정책과 김정태 사무관(☎ : 044-202-8814, E-mail : kimjt927@korea.kr)
고용노동부 산업안전보건정책과 이미현 차장 (☎ : 044-202-8829, E-mail : lmh0405@korea.kr)

국정목표	3. 따뜻한 동행, 모두가 행복한 사회
국민약속	3-10. 노동의 가치가 존중받는 사회를 만들겠습니다.
국정과제	3-10-50. 공정한 노사관계 구축 및 양성평등 일자리 구현 * 국정과제에 정부인증 가사서비스 활성화 내용이 직접 포함되어 있지는 않음
지표명	㉮ 정부인증 가사서비스 활성화 추진실적
지표성격	<국가주요시책> - 양질의 가사서비스 활성화를 통한 맞벌이 가정 등의 일·가정 양립과 경제활동 촉진 등으로 저출생·인구 대책에 기여

지표유형	정량	공통	정순	계속(유지)

지표설명	지표명 설명	정부인증 가사서비스 활성화 관련 지방자치단체의 추진실적

	평가근거	그동안 "직업소개" 등으로 운영되던 가사서비스 시장을 "직접고용" 형태로 전환하여, 양질의 일자리 창출 및 가사근로자의 고용안정·근로조건 향상을 도모하고자 가사근로자법이 제정·시행되었으며('22.6월), 이를 위해 지방자치단체에서도 관련 시책을 마련, 실시하도록 규정
		
		제3조(국가 등의 지원) ① 국가와 지방자치단체는 가사근로자의 고용안정, 권익 향상 및 일자리 창출 등을 위하여 노력하여야 한다.
		② 국가와 지방자치단체는 가사근로자의 근로조건 향상 및 건전한 가사서비스 시장의 조성을 위하여 가사서비스 제공기관 및 가사근로자에 대한 다음 각호의 지원 시책을 마련하여 실시할 수 있다.
		  1. 가사서비스 제공기관의 운영 등에 필요한 자문 및 정보 제공
		  2. 가사근로자의 전문성 향상을 위한 교육·훈련 지원
		  3. 가사근로자에 대한 고충 처리, 상담 등 가사근로자의 권익 증진을 위하여 필요한 사항

	평가목적	직업소개 형태로 운영되던 가사서비스 시장을 직접고용 형태로 전환하려는 가사근로자법의 입법 목적에 부합하는 지자체의 노력을 평가
	기대효과	양질의 일자리 창출 및 가사근로자의 고용안정·근로조건 향상을 도모하고, 맞벌이 가정 등의 일·가정 양립과 경제활동 촉진 등으로 저출생·인구대책 등에도 기여
	기타참고사항	없음

측정방법	○ 산식
	직접고용 형태의 가사서비스 시장 활성화와 관련하여,
	(A) 가사서비스 지원사업 운영 실적 + (B) 정부 인증 가사서비스 홍보·안내 실적 = (C) 총점
	
	○ 산식 설명
	- A(60점) + B(40점) = C(100점)
	- A (가사서비스 지원사업 운영 실적, 60점)
	  · 가사서비스 지원사업을 운영하고 있는 경우 30점
	    * 시·도비를 전부 또는 일부 투입하거나 중앙부처 국비매칭 사업도 가능하며(예: 복지부 일상돌봄 서비스 사업 등) 시·도 직접 수행 또는 기초 시·군·구를 통해서 운영하는 것도 모두 가능 (예산 규모도 고려하지 않음)
	    ※ 복지부 일상돌봄 서비스 사업: 가사·돌봄서비스 지원사업(280억원 규모)

	・ 가사서비스 지원사업 추진 시 정부인증(직접고용) 형태로의 전환을 유인하는 내용*이 반영된 경우 30점 　　* 예) 사업 수행기관 선정 시 「가사근로자의 고용개선 등에 관한 법률」에 따른 가사서비스 제공기관을 우선적으로 선정하거나, 심사 시 가점을 부여한 경우 (사업계획 또는 공고문 등에 반영하는 것으로 가능) 　　* 참고로, 복지부에서 지자체에 송부한 "일상돌봄 서비스 사업 지침"에는 「가사근로자의 고용개선 등에 관한 법률에 따른 정부 인증기관 우대 가능」이라는 내용이 포함되어 있으므로, 이 문구를 사업공고문에 포함하는 것으로 가능 - B (정부인증 가사서비스 홍보·안내 실적, 40점) 　・ 정부인증 서비스를 홍보·안내한 경우 40점 　　* 홍보·안내 실적 각 회당 10점 (단, ①~③ 통합 월 1회만 인정) 　　<홍보·안내 예시> 　　① 정부인증 가사서비스 포스터·홍보물 등 배포 또는 게시한 경우 10점 　　② 기관 홈페이지, SNS 등을 통해 홍보한 경우 10점 　　③ 정부인증기관 명단·연락처 등을 소속 직원들이 이용할 수 있도록 공람·공지한 경우 10점 　　* 고용부에서 포스터·홍보물 배포 및 분기별 1회 정부인증기관 명단 등 송부 예정 ○ 목표치 : 70점 이상 ○ 평가대상 : 시·도 ○ 평가기준일 : 2025. 12. 31
시스템 구현 서식	<table><tr><th>구 분</th><th>가사서비스 지원사업 운영 실적(A)</th><th>정부인증 가사서비스 홍보 안내 실적(B)</th><th>총점(C) (A+B)</th></tr><tr><td>○○시·도</td><td></td><td></td><td></td></tr></table>
연계 시스템	없음
증빙 자료	○ 실적에 대한 지자체 증빙자료 - 가사서비스 지원사업 계획, 공고문 등 사업 운영 실적 증빙자료 - 홍보·안내 실적 증빙자료(공문, 사진 등)
VPS실적 입력주체	광역 지자체	입력 시기	연
문의처	고용노동부 고용문화개선정책과 사무관 손영기(☎ 044-202-7467, E-mail : sonyg@korea.kr) 고용노동부 고용문화개선정책과 주무관 김혜지(☎ 044-202-7504, E-mail : khg5564@korea.kr)

국정 목표	3. 따뜻한 동행, 모두가 행복한 사회			
국민 약속	3-10. 노동의 가치가 존중받는 사회를 만들겠습니다.			
국정 과제	3-10-52. 일자리사업의 효과성 제고 및 고용서비스 고도화			
지표명	㉮ 자치단체 재정지원 일자리사업 수행성과(자치단체 자체사업)			
지표 성격	< 국가주요시책 > - 일자리사업 재정효율성 제고를 위해 일자리사업 통합전산망인 '일모아시스템' 활용			
지표 유형	정량	공통	정순	계속(유지)
지표 설명	지표명 설명	○ 자치단체 예산만으로 운영하는 재정지원 일자리사업의 참여목표 달성도 평가(일모아시스템에 입력된 참여자를 실적으로 인정)		
	평가근거	○ 고용정책기본법 제13조의2(재정지원 일자리사업의 효율화)의 제1항 1호, 6호, 7호, 같은 조 제5항 1호, 4호 ○ 같은 법 제15조의5(재정지원 일자리사업 통합정보전산망의 구축·운영 등)		
	평가목적	○ 사업추진 실적 점검, 국정과제 추진		
	기대효과	○ 각 자치단체가 계획한 일자리 사업을 충실히 이행함으로써 취약계층의 생계 및 고용안정에 기여할 것으로 기대 ○ 중복·반복 참여자 관리, 취업취약계층 참여자 관리, 사업 성과평가 등에 일모아시스템 참여자 정보를 활용함으로써 일자리 사업의 효과성 제고		
	기타참고사항	○ 일자리사업 유형 중 ①직접일자리, ②직업훈련, ③고용장려금, ④창업지원, ⑤실업소득 유지 및 지원, ⑥지원고용 및 재활사업에 한하며(고용서비스 유형은 제외), 평가대상 사업은 자치단체 협의 등을 통해 확정		
측정 방법	○ 산식 : {(상반기 시행사업 중 참여자 입력사업 수의 가중 합계 점수/ 상반기 시행사업 수)} + {(연간 참여인원 / 연간 계획인원) × 70점} ○ 산식 설명 : - 상반기 시행사업 수: 상반기에 시작하는 사업 개수의 합계 - 상반기 시행사업 중 참여자 입력사업 수의 가중 합계: 각 입력률* 구간 점수와 해당 입력률 구간 내 사업 개수 곱의 합계 점수 * 입력률은 사업별 연간 계획인원 대비 참여인원 입력 비율 | 입력률 | 점수 | |---|---| | 30% 이상 | 30점 | | 25% 이상 ~ 30% 미만 | 25점 | | 20% 이상 ~ 25% 미만 | 20점 | | 15% 이상 ~ 20% 미만 | 15점 | | 10% 이상 ~ 15% 미만 | 10점 | | 10% 미만 | 5점 | | 미입력 | 0점 | ex) 상반기 시행사업 수 및 참여자 입력사업 수가 10개인 경우(입력률 30% 이상 5개, 20%이상~25% 미만 3개, 10%미만 2개)이고, 연간 참여인원이 510명, 연간 계획인원이 500명인 경우 → 총 93.4점 [{(5개*30점)+(3개*20점)+(2개*5점)}/10개=22점] + [(510명/500명)*70점=71.4점]			

	- 참여인원: 각 재정지원일자리 사업별 실제 활동인원 - 계획인원: 각 재정지원일자리 사업별 활동 목표인원 - 연간 참여인원: 상반기 시작 사업을 포함하여 연간 전체 사업별 실제 활동인원의 합계 - 연간 계획인원: 상반기 시작 사업을 포함하여 연간 전체 사업별 활동 목표인원의 합계 ○ 목표치 : 달성도(참여율) 90점 이상 ○ 평가대상 : 시·도(시·군·구 실적은 해당 시·도의 실적에 포함하여 산출) ○ 평가기준일 : 상반기 평가(참여자 입력사업 수 산정)는 2025. 6. 30., 하반기 평가(연간 참여인원 산정)는 2025. 12. 31. 기준
시스템 구현 서식	○ 자치단체 일자리사업 수행성과(자치단체 자체사업) (단위: 점, 개, 명) | 구 분	상반기 시행 사업 중 참여자 입력 사업 수의 가중 합계 점수(A)	상반기 시행사업 수(B)	점수① (A/B) * 최대 30점	연간 참여인원 (C)	연간 계획인원 (D)	점수② (C/D)×70점	달성도(참여율) = ①+② [(A/B)+(C/D)×70점]
---	---	---	---	---	---	---	---
○○ 시·도								 * 달성도(참여율)는 소수점 첫째 자리까지 산정(소수점 둘째 자리에서 반올림) * 상반기 시행사업 수 대비 참여자 입력사업 수의 가중 합계 점수(A/B)는 최대 30점만 인정
연계 시스템	없음
증빙 자료	○ 불필요 - 참여자 입력사업 수 및 연간 참여인원은 일모아시스템에 입력된 정보를 기준으로 산출
VPS실적 입력주체	중앙부처 · 입력시기: 반기
문의처	고용노동부 기업일자리지원과 사무관 이지선 (☎ : 044-202-7232, E-mail : wlals1210@korea.kr)

국정목표	3. 따뜻한 동행, 모두가 행복한 사회
국민약속	3-10. 노동의 가치가 존중받는 사회를 만들겠습니다.
국정과제	3-10-52. 일자리 사업의 효과성 제고 및 고용서비스 고도화
지표명	⑭ 취업지원 서비스 달성률
지표성격	<국가주요시책 > - 국정과제 52. 일자리 사업의 효과성 제고 및 고용서비스 고도화 * 고용복지⁺센터 중심으로 특화센터와 통합적 연계서비스 제공 및 역할분담체계 구축 - 한국형 실업부조제도인 국민취업지원제도의 취업지원서비스 제공망 확대를 위한 연계 확대

지표유형	정량	공통	정순	계속(유지)

지표설명	지표명 설명	취업자수 서비스 달성률
	평가근거	「고용정책기본법」 제6조제1항제5호 및 제3항] 「고용정책기본법」 제11조 제3항] 「직업안정법」 제3조제1항제2호제3호 및 제4조의2 「구직자 취업촉진 및 생활안정지원에 관한 법률」
	평가목적	고용서비스기관의 취업지원 역량 제고 및 전달체계 간 연계·협업 강화를 통한 서비스 효율성 제고
	기대효과	공공고용서비스기관의 취업지원서비스 품질 제고 및 참여자 접근성 강화, 지역적 특성에 맞춘 취업지원서비스 제공
	기타참고사항	자치단체 해당

측정방법

○ 산식

○ 자치단체 취업자수 달성률(%) = $\dfrac{\text{자치단체 취업실적}}{\text{자치단체 성과목표}} \times 100$

○ 산식 설명

○ 자치단체의 취업자수 달성률

- (평가개요) '23년 자치단체의 취업자수 성과목표 대비 취업실적 달성률을 평가

- (취업자 수 인정기준) 고용24에 등록된 상용 구직신청자 중 유효기간 내에 자치단체의 서비스를 통해 취업한 실적만 취업자 수로 인정*하여 평가

  * 고용24 취업유형 중 5개 유형(상담알선, 행사참여, 외부구인정보제공, 컨설팅제공, 고용24 활용 (0.1점))만 인정하고 그 외(정부일자리, 공공근로, 본인 취업 등)는 취업자 수 인정에서 제외

- (가·감점 기준) 지역내 일자리 문제 해결을 위한 유관기관 협업을 활성화하기 위하여 국민취업지원제도* 연계·협업 실적, 고용복지플러스센터 참여 직원수**, 구인공개율***에 대해 가·감점 부여

  * (가점) 자치단체가 고용센터로부터 연계된 국민취업지원제도 참여자에게 취업지원서비스를 제공하여 해당 참여자가 취업하는 경우 +1명 추가하여 산정

  ** (가점) 전년 대비 고용복지⁺센터 입주한 지자체(복지팀, 일자리센터) 소속 직원(공무원, 공무직 등) 수가 증가하면 +3% 가점, 감소하면 -1% 감점 부여

*** (감점) 자치단체의 구인정보 공개율이 전년 대비 1% 이상 상향되지 않으면 -1% 감점 부여 (구인정보 공개율 97% 이상인 자치단체는 감점 대상에서 제외)

- (성과목표 부여기준) 지역의 질적인 특성(지역별 고령자의 비중 및 구직자 수 변화)을 반영할 수 있도록 조정계수를 설정·반영하여 성과목표 설정(다만, 조정계수는 1을 초과할 수 없음)

< 예시 >	A지역	B지역
3년평균 취업자수	10,000	7,000
노령인구 비중	지난 3년간 15%, 당해연도 17% → 15/17 =0.882	지난 3년간 20%, 당해연도 19% → 20/19 = 1.05
구직자 수 변화	지난 3년간 평균 구직자 수 500명, 당해연도 540명일 경우 → 540/500=1.08	지난 3년간 평균 구직자 수 250명, 당해연도 구직자수 200명일 경우 → 200/250=0.8
가중치 부여를 통한 조정계수 도출	0.882*0.4+1.08*0.6=1.001	1.05*0.4+0.8*0.6=0.9
가중치 부여후 목표량	10,000*1=10,000명	7,000*0.9=6,300명

○ 목표치: 100%

구분	성과목표	구분	성과목표	구분	성과목표
전체	100,277	대전광역시	861	충청남도	2,218
서울특별시	4,682	울산광역시	1,781	전라북도	1,930
부산광역시	12,512	세종시	374	전라남도	1,325
대구광역시	1,938	경기도	52,385	경상북도	2,187
인천광역시	9,132	강원도	1,334	경상남도	3,180
광주광역시	812	충청북도	3,222	제주도	404

* '25년 1월말 '24년 추진실적이 확정되면 성과목표 재 산정(소수점 절삭)

* '24년 추진실적이 확정되지 않았으므로 '24년 성과목표를 적용

○ 평가대상: 시·도(시.군.구 포함)

○ 평가기준일: 2024. 12. 31.

시스템 구현 서식

○ 취업 지원 서비스 달성률

(단위 : 건수,%)

구 분	취업실적 (A)			성과목표(B)	달성률(C) (A / B) x 100	가-감점(D)		합계 (C + D)
	자치단체	국취연계	합계			입주 직원	구인 공개율	
합계 (ⓐ+ⓑ)								
시도ⓐ								
시군구 합계ⓑ								
○○시								
○○군								
○○구								

연계시스템	정보시스템운영부서					연계항목	
	정보시스템명칭	기관/부서	담당자	연락처		항목이름	증빙화면
	고용24	한국고용정보원/ 데이터분석팀	송유진 과장	043-870-8853			매뉴얼하단 별첨
증빙 자료	○ 산식(실적)에 대한 지자체 증빙자료 - 불필요: 고용24 통계 자료 활용						
VPS실적 입력주체	중앙부처			입력 시기	월			
문의처	고용노동부 고용서비스정책과 사무관 강정식(☎ 044-202-7331, E-mail: rabby0001@korea.kr) 고용노동부 고용서비스정책과 전문위원 김인섭(☎ 044-202-7342, E-mail: supik031@korea.kr)						

국정목표	3. 따뜻한 동행, 모두가 행복한 사회
국민약속	3-11. 문화공영으로 행복한 국민, 품격있는 대한민국을 만들겠습니다.
국정과제	3-11-56. 일상이 풍요로워지는 보편적 문화복지 실현
지표명	㉮ 독서문화진흥 및 도서관 특성화 우수사례
지표성격	<국가주요시책, 국고보조사업>

지표유형	정성	공통	계속(유지)

지표설명	지표명 설명	시도(시군구 포함)별 독서문화진흥 또는 도서관 특성화 우수사례 1건을 제출받아(택1) 합동평가단에서 정성평가
	평가근거	·「독서문화진흥법」 제3조(국가 및 지방자치단체의 책무), 제9조(지역의 독서 진흥), 제6조(연도별 시행 계획) 수립·시행, 제4차 독서문화진흥기본계획('24~'28) ·「도서관법」 제5조(국가 및 지방자치단체의 책무)
	평가목적	·독서문화 진흥 및 도서관 특성화 우수 사례를 적극 발굴하여 확산 도모
	기대효과	·지역별 특성에 맞는 독서정책 추진과 민·관 협력을 통한 지역 간 독서 양극화 해소와 균등한 독서 생태계 발전을 통한 국민의 삶의 질 제고 ·지역별 특성에 맞는 특성화 도서관(음악, 미술, 과학, 어린이 도서관 등) 활성화에 따른 대국민 문화향유권 확대
	기타참고사항	해당사항 없음

측정방법	○ 산식: 지자체 독서문화진흥 또는 도서관 특성화 우수사례(택1건) 정성평가
	○ 산식 설명
	  - 평가방향 : 시도별(시·군·구 포함)로 독서문화진흥 또는 도서관 특성화 우수사례 중 1건을 제출받아 합동평가단에서 정성평가(택1)
	    * 온라인, 비대면 방식으로 추진한 사례도 우수사례로 인정
	
	                                        <관련근거>
	[독서문화진흥법]
	제3조(국가 및 지방자치단체의 책무) ① 국가와 지방자치단체는 독서 문화 진흥에 필요한 시책을 수립하여 시행하여야 한다. ② 국가와 지방자치단체는 독서소외인의 독서 문화 활동 기회를 보장하기 위한 시책을 지속적으로 강구하여야 한다.
	제9조(지역의 독서 진흥) ① 지방자치단체의 장은 지역 주민이 독서를 생활화하는 데 필요한 독서 시설의 마련 등 독서 진흥에 관한 여건을 조성하고 이를 지원하여야 한다. ② 지방자치단체의 장은 매년 1회 이상 독서 관련 행사를 개최하거나 독서 관련 기관이나 단체가 이를 개최하도록 지원하여야 한다.
	제6조(연도별 시행 계획) ①문화체육관광부장관, 관계 중앙행정기관의 장, 특별시장·광역시장·특별자치시장·도지사 또는 특별자치도지사(이하 이 조에서 "시·도지사"라 한다) 및 「지방자치법」 제198조제1항에 따른 서울특별시·광역시 및 특별자치시를 제외한 인구 50만 이상 대도시(이하 "대도시"라 한다)의 시장은 기본 계획에 따라 연도별 시행 계획(이하 '연도별 시행 계획'이라 한다)을 수립하여 시행하여야 한다.
	
	[도서관법]
	제5조(국가 및 지방자치단체의 책무) 국가 및 지방자치단체는 국민이 자유롭고 평등하게 지식정보에 접근하고 이를 이용할 수 있도록 도서관의 발전을 지원하여야 하며 이에 필요한 시책을 강구하여야 한다.

<평가목적>

○ 독서문화 진흥 확산과 특성화 도서관 육성을 위한 자치단체의 관심도 제고 및 우수사례 발굴·확산

- (실적인정기준) 2026년('25년 실적)
    * '25년 이전에 계획을 수립하고, 실제 실행이 '25년에 된 경우도 인정
- 평가 세부기준

평가항목(100)	평가내용
지자체노력도(30)	• 지자체 특성을 고려하여 신규 시책을 개발하거나 타 모범사례를 벤치마킹하기 위한 행정역량 투입정도(제도정비, 계획마련, 현장방문 등) • 기관장 및 조직 내 관심도(단체장 및 주요간부 등의 현장행보, 간담회, 인터뷰, 지시사항, 점검회의 등)
연계·협력성(30)	• 시책 추진과정에서 자치단체 일방적 추진이 아닌 주민 포함 지역사회의 다양한 주체들(학교, 도서관, 지역서점, 독서동아리, 관련 협·단체 등)의 참여 및 협업 정도 • 중앙행정기관, 타자치단체, 유관기관 등과의 협업정도
창의성(20)	• 일반적이고 전형적인 시책이 아닌, 자치단체의 지역적 특성과 현황 분석에 기초하여 그에 따른 창의성 있는 시책을 추진했는지의 여부 • 타 자치단체와의 차별성 비교 우위 평가
확산가능성(20)	• 우수사례가 기존 인프라 및 예산 규모와 관계없이 시행 가능하여 타자치단체로의 활용·확산이 용이한 우수사례인지 평가

○ 우수사례 및 부적합사례 예시 등 설명

우수 사례

(우수사례 범위)

① (독서문화 진흥) 지자체가 중심이 되어 지역사회의 다양한 주체(지역주민, 학교, 도서관, 지역서점, 관련 협·단체 등)들이 참여·협력하는 독서 환경조성(인프라 개선, 제도 도입 등), 프로그램 운영, 지역서점 활성화 등을 위한 정책을 시행하여 성과를 보인 사례(시군구 포함)

< 예 시 >
- (완주군 '삼례 책마을') 완주군 삼례역 일원에 책 관련 문화 시설이 집적된 책마을을 조성하고, 주민 대상 전시 및 체험프로그램, 헌책방, 북카페 등 운영
- (청주시 '1인1책쓰기') 시민 1인 1책 쓰기를 목표로 도서관, 복지관, 주민자치센터 등 문화시설·단체와 글쓰기 교육 등 지원
- (경기도 '지역서점인증제') 경기도 내 서점을 지역서점으로 인증하고, 공공기관의 도서구매계약 체결 시 지역서점 우선 구매제도, 서점 역량강화 지원사업과 연계
- (용인시 '희망도서바로대출') 지역서점에서 구매한 도서를 일정기한 내에 반납할 경우, 도서 구매금액은 환불해주고 해당도서는 관내 도서관에 납품하도록 하는 제도 최초 도입

┌─ 우수 사례 ─┐

② (도서관 특성화) 지자체별 특화도서관 육성 등을 위해 구체적인 성과를 보인 사례

(우수사례 예시)

- ○ 음악·미술·과학·어린이도서관 등 지역별 인구·사회학적 특성을 반영한 도서관 설치·운영 사례
  - (파주가람도서관/음악) 음악자료실 운영 및 관련 도서·음반·영상 큐레이션 및 컬렉션 전시
  - (의정부미술도서관/미술) 미술 전시회, 창작오픈스튜디오 운영, 공모전 등 국내 최초 미술도서관 운영
  - (광주광산구립이야기꽃도서관/그림책) 그림책 아카이브 자료관 운영, 그림책 전시 및 도서관 도슨트 운영
  - (고양아람누리도서관/예술) 예술자료실 및 강의실 운영, 북큐레이션 등 예술분야 이슈 소개, 전시공간 대관 등
  - (아산탕정온샘도서관/웹툰) 웹툰 특화도서 구입, 추천코너 운영, 작가 강연 등 관련 프로그램 운영
- ○ 도서관 및 도서관 서비스에 대한 인식개선, 지역사회 협력을 위한 정책 개발 및 시행 등 비용 지원 위주의 방식에서 벗어나 지역특성과 자원을 활용한 정책 개발 사례
  - (구립증산정보도서관) 은평구 소재 초등학교와 공공도서관 협력형 독서프로그램 개발·운영 * 학습교과 연계 책 읽기 및 다양한 주제의 작가 혹은 전문가 초빙 강연 운영 등
  - (개포도서관) 강남구 교육특화지역(도서관 인근 학교 밀집)으로 청소년 성장 위한 독서프로그램 및 청소년 특화 공간 지원

┌─ 부적합 사례 ─┐

(부적합사례 범위) 독서문화 진흥 및 도서관 특성화와 직접적 관련이 없는 자문회의의 형식적 운영, 중앙부처 정책, 국비 등을 지원받아 지자체에서 단순 집행, 단순 민간 위탁 사업 사례 등. 다만, 사업비에 국비가 포함되었다고 하여 부적합 사례에 해당하는 것은 아니며 해당기관의 역할 등을 고려하여 평가

○ 평가대상 : 시·도(시·군·구 포함)
○ 평가기준일 : 2025.12.31.

─── <참 고> ───

※ ('22년 실적 분석) 17개 시도에서 제출된 '22년 실적의 경우 지역사회와 협력하고 지역별 특성을 반영한 프로그램 운영 등 도서관별 특성화 사업을 통한 독서문화 진흥으로 복합적인 내용을 다룬 사례가 대부분임
※ (평가세부기준 유지) 도서관법 전부개정(시행일: '22.12.8.)에 따라, 단위도서관에 대한 운영평가는 지자체로 변경, 이는 사무 변경으로 지자체 합동평가 "독서문화진흥 또는 도서관 특성화 우수사례 분야"에 대한 평가내용은 기존 기준 유지

증빙 자료	○ 독서문화진흥 또는 도서관 특성화 우수사례(정성평가) 1) 우수사례명 기재(시스템에 직접 입력) | 연번	우수사례명
1	| 2) 우수사례에 대한 주요 성과 등 요약서를 2페이지 작성 3) 계획서 및 결과보고서(평가대상 년도 내에 결재를 받은 공문서 등) 4) 사업추진내용을 상세하게 작성한 계획서 및 결과보고서 5) 필요시 사업추진 내용 및 결과를 설명·증빙할 수 있는 보조 자료 첨부 (선택, 사진, 언론보도 등)
문의처	문화체육관광부 출판인쇄독서진흥과 윤아람 사무관(☎ : 044-203-3245, E-mail : aram@korea.kr) 문화체육관광부 출판인쇄독서진흥과 이인화 주무관(☎ : 044-203-3240, E-mail : dlshk@korea.kr) 문화체육관광부 도서관정책기획단 박윤희 주무관(☎ : 044-203-2613, E-mail: pyhee@korea.kr)

국정목표	3. 따뜻한 동행, 모두가 행복한 사회
국민약속	3-11. 문화공영으로 행복한 국민, 품격 있는 대한민국을 만들겠습니다.
국정과제	3-11-56. 일상이 풍요로워지는 보편적 문화복지 실현
지표명	⓷ 국어문화복지 실현을 위한 쉽고 바른 공공언어 쓰기
지표성격	<국가주요시책>

지표유형	정량	공통	정순	계속(유지)

지표설명	지표명 설명	공문서에서는 누구나 쉽게 이해할 수 있는 용어를 사용하도록 함으로써 공공언어를 개선하고 국어문화복지를 실현
	평가근거	○ 국어기본법 제4조: 국가와 지방자치단체는 변화하는 언어 사용 환경에 능동적으로 대응하고, 국민의 국어능력 향상과 지역어 보전 등 국어의 발전과 보전을 위하여 노력하여야 한다. ○ 국어기본법 제14조: ① 공공기관등은 공문서등을 일반 국민이 알기 쉬운 용어와 문장으로 써야 하며, 어문규범에 맞추어 한글로 작성하여야 한다. ② 문화체육관광부장관은 공공기관등이 작성한 공문서등에 대하여 제1항에 따른 사항을 매년 평가하고 그 결과를 누리집 등에 공개하여야 한다. ○ 제219차 정부업무평가위원회에서 해당 평가는 기존 통합평가(특정평가, 합동평가) 지표를 수정·보완하여 운영하도록 권고
	평가목적	지방자치단체의 공문서(대국민 문서)에서 사용하는 용어를 점검하여, 누구나 이해할 수 있는 용어를 사용하도록 함으로써, 국민의 정부 정책 정보 이해도와 접근성을 높이고 국어문화복지를 널리 확산
	기대효과	○ 어려운 행정용어, 무분별한 외국어 사용으로 인한 시간 비용(연간 약 3,500억 원, 한국현대경제연구원, 2021)을 줄이고, 집단·세대 간 소통 개선 ○ 특히 지자체에서의 생활안전·복지 분야에서 그 용어의 뜻을 모르는 어르신, 이주민 등의 생명·재산 피해의 위험성 감소 효과
	기타참고사항	○ 이 지표는 기존 '쉽고 바른 공공언어 행정 서비스 우수사례(정성)'를 수정한 지표임. 지자체에서의 쉽고 바른 공공언어 사용을 통해 대국민 소통을 강화한다는 지표 목적은 같으나, 2021년 12월 11일 국어기본법 개정에서 '지자체의 공문서 평가'가 의무화됨에 따라 정성지표가 아닌 공문서를 평가할 수 있는 정량지표로 수정하여 24년 평가(23년 실적)부터 시행함.

측정방법	○ 산식 ㉮-1 보도자료에서의 쉽고 바른 용어 사용 　(용이성) 어려운 표현 노출 개수/보도자료 어절 수 * 350 　(정확성) 잘못된 표기·표현 개수/보도자료 어절 수 * 350 - 용이성·정확성 각각의 목표치 달성 필요 * 평가단 구성·교육(전문가 50여 명) 및 각 지자체 평가 준비를 위해 평가는 3월~12월 시행 ○ 산식 설명 ㉮-1 보도자료에서의 쉽고 바른 용어 사용 - 매달 문화체육관광부(국립국어원)에서 지자체(시도/시군구)별 보도자료를 표본 추출, 검토하여 평가 시행

- 평가 대상 보도자료에서의 어려운 표현 및 잘못된 표현·표기 개수(평균)가 '목표치'보다 적으면 '통과', '목표치'보다 많으면 '미통과'
- 시도는 매월 보도자료 10건씩, 시군구는 매월 보도자료 5건씩 표본 추출 평가
- 평가 대상 보도자료의 수가 부족한 경우는 추출된 보도자료만으로 평가 진행(예: 시도 7건 추출 시, 10건이 아닌 7건의 평균값으로 점수 계산)
- 시군구가 보도자료는 배포했으나 누리집(홈페이지)에 보도자료를 등재하지 않은 경우에는 해당 시도 소관 시군구 중 가장 실적이 좋지 않은 시군구와 같은 점수 부여
  (예: ○○광역시 △△구가 보도자료 미등재·미제출 시, △△구에 ○○광역시 소관 시군구 중 가장 실적이 좋지 않은 시군구와 같은 점수 부여)
- 시도의 평가 결과는 시도와 시군구의 평가 점수 70:30으로 산정(기초지자체가 없는 세종과 제주는 광역 100 반영)하며, 시군구 수에 따라 시도의 목표치를 차등 부여 (기초지자체 수가 많을수록 평가 통과 기준 완화)

(보도자료 표본 선정 기준)
- 기관 누리집(홈페이지)에 등재되어 있는 본문 2매 내외의 보도자료
- 동일 평가 기간(월) 안에 동일한 부서의 보도자료는 중복으로 선정하지 않음.
- 해명자료, 기관장 단순 동정자료 등은 표본으로 추출하지 않음.

(보도자료 표본 추출 방법)
- 선정 기준에 따라 무작위 추출

(용이성 평가 방법)
- '어려운 표현'은 대국민 인식 조사 결과 60% 미만의 국민이 해당 용어를 알고 있다고 응답한 용어 및 외국문자로 쓰인 표현
    예) '모델'은 대국민 인지율 81.7%로 지적에서 제외되며, '듀얼'은 인지율 54.2%로 어려운 표현이므로 지적함.
- 지적 대상 용어(어려운 표현) 목록은 엑셀자료로 만들어 지자체에 사전에 제공하며, 정기적으로 새로운 용어를 추가하여 목록 갱신 예정
- 고유명사(중앙행정기관 및 지자체의 제도명, 사업명, 정책명 등)는 기본적으로 지적하지 않으나, NCCK, IOC 등의 기관 및 국제기구명은 어려운 표현으로 지적함.
- 순화어를 사용하고 괄호 안에 어려운 표현을 병기하는 경우에는 지적하지 않음. 예)
    한국기독교교회협의회(NCCK) 지적 × / NCCK(한국기독교교회협의회) 지적 ○
    국제올림픽위원회(IOC)   지적 × / IOC(국제올림픽위원회)   지적 ○
    지능형전력망(스마트그리드) 지적 × / 스마트그리드(지능형전력망) 지적 ○

(정확성 평가 방법)
- '잘못된 표기·표현'은 4대 어문 규범(한글 맞춤법, 표준어 규정, 외래어 표기법, 국어의 로마자 표기법) 오류나 비문법적인 표현

(지자체별 목표치)
- 기초지자체 수에 따라 광역지자체 목표치를 차등하여 설정함.
- 용이성 최종 목표치 = 기준 목표치 + (기초지자체 수 X 0.02)
    예) 서울특별시 목표치 = 1.68(기준 목표치) + (25개 X 0.02) = 2.18
- 정확성 최종 목표치 = 기준 목표치 + (기초지자체 수 X 0.03)
    예) 서울특별시 목표치 = 2.43(기준 목표치) + (25개 X 0.03) = 3.18

구분	지자체명	목표치(보도자료 1건당 목표치 이하 '통과')	
		용이성 (어려운 표현 사용 건수)	정확성 (잘못된 표현·표기 건수)
시부	서울특별시	2.18	3.18
	부산광역시	2	2.91
	인천광역시	1.88	2.73
	대구광역시	1.88	2.73
	광주광역시	1.78	2.58
	대전광역시	1.78	2.58
	울산광역시	1.78	2.58
	세종특별자치시	1.68	2.43
도부	경기도	2.3	3.36
	강원특별자치도	2.04	2.97
	충청북도	1.9	2.76
	충청남도	1.98	2.88
	전북특별자치도	1.96	2.85
	전라남도	2.12	3.09
	경상북도	2.12	3.09
	경상남도	2.04	2.97
	제주특별자치도	1.68	2.43

○ 기준 목표치: 보도자료 1건(350어절 기준)당 용이성 오류 1.68건 이하, 정확성 오류 2.43건 이하

○ 평가대상: 시도(시군구 포함)

○ 평가기준일: 2024. 12. 31.

시스템 구현 서식

구분 시도명	용이성			정확성			최종 결과
	목표치 ①	어려운 표현 개수(연평균) ②	결과 ③	목표치 ④	잘못된 표현 개수(연평균) ⑤	결과 ⑥	
○○시			①≧② = 50 ①<② = 0			④≧⑤ = 50 ④<⑤ = 0	통과: ③+⑥ = 100 미통과: ③+⑥ < 100

연계 시스템: ○ 없음.

증빙자료: ○ 불필요(평가 담당 기관에서 직접 평가 대상 자료 수집)

VPS실적 입력주체: 문화체육관광부 | 입력시기: 매월(3~12월)

문의처: 문화체육관광부 국어정책과 사무관 정아봉(☎ 044-203-2534, E-mail: jeongab@korea.kr)
주무관 신능호(☎ 044-203-2536, E-mail: seasuper@korea.kr)

국정목표	3. 따뜻한 동행, 모두가 행복한 사회
국민약속	3-11. 문화공영으로 행복한 국민, 품격있는 대한민국을 만들겠습니다.
국정과제	3-11-56. 일상이 풍요로워지는 보편적 문화복지 실현
지표명	㉴ 문화누리카드 이용 활성화
지표성격	<국고보조사업, 국가주요시책> - 국고보조사업 : 17개 시·도 국고보조('24년 335,400백만원 보조/국비 70%, 지방비 30%) - 국가주요시책 : 「문화예술진흥법」 제15조의3, 제15조의4에 근거하여 저소득층 문화향유 여건 개선을 위해 시행하고 있는 주요사업

지표유형	정량	공통	정순	계속(변경)

지표설명	지표명 설명	○ 통합문화이용권(문화누리카드) 사업 예산 대비 이용금액 비율 ○ 통합문화이용권(문화누리카드) 전체 이용건수 대비 문화예술체험분야 이용건수 비율
	평가근거	○ 정부업무평가 기본법 제21조(국가위임사무등에 대한 평가)
	평가목적	○ 국고보조사업의 성과 및 효과성 측정
	기대효과	○ 소외계층 삶의 질 향상 및 문화격차 해소
	기타참고사항	○ 해당사항 없음

측정방법

○ 산식

- 문화누리카드 이용 활성화 = ① 사업 예산 집행률(70%)+② 문화예술체험분야 이용률(30%)

○ 산식 설명 :

① 사업 예산 집행률(70%) : 각 시도에 배정된 사업예산 대비 문화누리카드 이용금액

$$\text{문화누리카드 사업 예산 집행률(\%)} = \frac{\text{문화누리카드 이용금액(원)}}{\text{문화누리카드 사업 예산액(원)}} \times 100$$

- 목표치 : 시부 84, 도부 84

· 지자체별 전체발급대상자 중 60대 이상의 비중('25년 연초 사회보장정보원 통계 기준)을 고려, 목표치의 5% 내에서 하향조정 예정

구분	성과목표(a)	60대 이상 비중	조정(b)	최종목표치(a)+(b)	구분	성과목표(a)	60대 이상 비중	조정(b)	최종목표치(a)+(b)
서울	84				경기	84			
부산					강원				
대구					충북				
인천					충남				
광주					전북				
대전					전남				
울산					경북				
세종					경남				
					제주				

② 문화예술체험분야 이용률(30%) : 각 시도별 전체 이용건수 대비 문화예술체험분야 이용건수

$$문화예술체험분야\ 이용률(\%) = \frac{문화예술체험분야\ 이용건수(결제건수)}{전체\ 이용건수(결제건수)} \times 100$$

* 문화예술체험분야 : '25년도 통합문화이용권 사업지침의 문화누리카드 가맹점 소분류 상 공연, 전시, 문화체험 분야 이용건수(결제건수)의 비중

- 목표치 : 지자체별 3년 평균 실적을 고려하여 차등 부여

· 광역지자체 관할 기초지자체의 50% 이상이 행정안전부 고시 제2024-15호에 따라 지정된 인구감소지역(89개)일 경우, <u>지자체 3년 평균값 유지</u>

구분	지자체 3년 평균≥ 1.51(전국 3년 평균)	1.0≤지자체 3년 평균<1.51 (전국 3년 평균)	지자체 3년 평균<1.0	인구감소지역
목표	지자체 3년 평균값의 3% 확대	지자체 3년 평균값의 5% 확대	지자체 3년 평균값의 7% 확대	지자체 3년 평균값 유지
해당 지자체	5개 시도 (서울, 광주, 울산, 세종, 제주)	2개 시도 (인천, 경기)	3개 시도 (부산, 대구, 대전)	7개 시도 (강원, 충북, 충남, 전북, 전남, 경북, 경남)

구분	3년('21~23)평균	목표부여	최종목표치	구분	3년('21~23)평균	목표부여	최종목표치
서울	1.65	3% 증가	1.70	경기	1.49	5% 증가	1.56
부산	0.83	7% 증가	0.89	강원	1.65	유지	1.65
대구	0.79	7% 증가	0.85	충북	2.00	유지	2.00
인천	1.34	5% 증가	1.40	충남	0.95	유지	0.95
광주	1.73	3% 증가	1.79	전북	1.93	유지	1.93
대전	0.85	7% 증가	0.91	전남	1.72	유지	1.72
울산	1.67	3% 증가	1.71	경북	2.86	유지	2.86
세종	2.40	3% 증가	2.48	경남	1.26	유지	1.26
				제주	2.13	3% 증가	2.20

○ 목표치 : 90점 이상
○ 평가대상 : 광역지자체
○ 평가기준일 : 2025. 12. 31.

시스템 구현 서식

○ 문화누리카드 이용 활성화

(단위: 원, %)

구분	①사업예산집행률			②문화예술체험분야 이용률			달성값 (C)+(F)
	목표 (A)	실적 (B)	달성률(C) (B/A×70) *최대값≤70	목표 (D)	실적 (E)	달성률(F) (E/D×30) *최대값≤30	
시·도 (시군구 합계)							

연계 시스템

정보시스템운영부서				연계항목	
정보시스템명칭	기관/부서	담당자	연락처	항목이름	증빙화면
문화누리카드 시스템	한국문화예술위원회 /문화누리팀	이승남	061-900-2274	문화누리카드 예산집행률	매뉴얼하단 별첨

증빙 자료	증빙자료 불필요(한국문화예술위원회 문화누리카드 시스템 통계자료 활용하여 부처 자체 확인)
VPS실적 입력주체	중앙부처	입력 시기	년(2026년 1월)
문의처	문화체육관광부 문화정책과 김정윤 주무관(☎ : 044-203-2519 E-mail : jeongyun74@korea.kr)

국정목표	3. 따뜻한 동행, 모두가 행복한 사회		
국민약속	3-11. 문화공영으로 행복한 국민, 품격있는 대한민국을 만들겠습니다.		
국정과제	3-11-56. 일상이 풍요로워지는 보편적 문화복지 실현		
지표명	㉔ 문화접근성 확대 정책 추진 우수사례		
지표성격	<국가주요시책> ○ 새 정부 핵심 문화정책인 "문화의 공정한 접근기회 보장" 관련 국민 누구나, 지역과 관계없이, 차별 없는 공정한 문화를 누릴 수 있는 환경 조성 ○ 지역민의 문화 향유 기회 확대 및 지역 간 문화 격차 해소를 통한 문화권 제고		
지표유형	정성	공통	계속(유지)
지표설명	지표명 설명	지자체 간 문화격차 뿐만 아니라, 지자체(기초/광역) 내에서도 인구 및 문화기반 시설의 편중, 문화프로그램 활성화 정도 등 문화 격차가 있는 점을 고려, 지역 내 경제적·사회적·지리적 제약 없는 공정한 문화접근성 제고 위한 지자체 노력*을 정성적으로 평가 * 취약계층 등의 문화누림 확대는 물론 지리적 접근성 제약 및 문화기반시설 편중에 따른 지역간 문화격차 해소 등 공정하고 차별 없는 문화접근기회 확대를 위한 지자체 노력을 포함	
	평가근거	「문화기본법」제4조(국민의 권리) 모든 국민은 성별, 종교, 인종, 세대, 지역, 정치적 견해, 사회적 신분, 경제적 지위나 신체적 조건 등에 관계없이 문화 표현과 활동에서 차별을 받지 아니하고 자유롭게 문화를 창조하고 문화 활동에 참여하며 문화를 향유할 권리(이하 "문화권"이라 한다)를 가진다. 「문화기본법」제5조(국가와 지방자치단체의 책무) ③국가와 지방자치단체는 경제적·사회적·지리적 제약 등으로 문화를 향유하지 못하는 문화소외 계층의 문화향유 기회를 확대하고 문화 활동을 장려하기 위하여 필요한 시책을 강구하여야 한다. ④ 국가와 지방자치단체는 각종 계획과 정책을 수립할 때에 문화적 관점에서 국민의 삶의 질에 미치는 영향을 평가(이하 이 조에서 "문화영향평가"라 한다)하여 문화적 가치가 사회적으로 확산될 수 있도록 하여야 한다. 「지역문화진흥법」제3조(지역문화진흥의 기본원칙) 국가와 지방자치단체는 다음 각 호의 기본원칙에 따라 지역문화진흥 정책을 추진하여야 한다. 1. 지역 간의 문화격차 해소와 지역문화 다양성의 균형 있는 조화 2. 지역주민의 삶의 질 향상 추구 3. 생활문화가 활성화될 수 있는 여건 조성 4. 지역문화의 고유한 원형의 우선적 보존	
	평가목적	「문화기본법」제5조에 명시된 문화소외계층의 문화향유 기회 확대와 문화적 가치의 사회적 확산을 통한 국민의 삶의 질 향상 위한 지자체의 책무 및 「지역문화진흥법」제3조에 따른 지역간 문화격차 해소 및 지역민 삶의 질 향상이라는 기본원칙에 의거, 지방자치단체의 관련 정책 추진 정도를 평가하기 위한 지표 필요	
	기대효과	국민의 소득·지역별·연령별 문화향유 격차 완화 및 삶의 질 제고 「문화기본법」 및 「지역문화진흥법」에 근거, 지자체(시·군·구 포함)가 지역 내 경제적·사회적·지리적 제약 없는 공정한 문화접근성 제고를 위하여 창의적이고 효과적인 정책을 기획·수립·시행할 수 있도록 책임성을 강화하는 한편, 우수사례를 통한 지자체 상호 간 교류·협력 추진	
측정방법	○ 산식: '문화접근성 확대' 정책 추진 우수사례(정성평가) ○ 산식 설명 - 평가 방향 : 지역 내 취약계층의 문화누림 확대 및 지역간 문화격차 해소를 위해 시·도별(시·군·구 포함)로 추진한 '문화접근성 확대' 정책 추진 우수사례 1건을 제출받아 합동평가단에서 정성평가		

- 평가 세부기준

평가항목	평가내용
효과성 (20%)	- 취약계층의 문화누림 확대, 문화 사각지대 해소, 문화시설 지리적·물리적 접근기회 확대, 문화기반시설 프로그램 다양화 등 주민의 문화향유 확대 및 지역 내 문화격차 해소 등 문화접근성 확대를 위한 노력 - 해당 사례의 시행으로 확인 가능한 양적·질적 성과 등 객관적 지표에 의해 효과성을 입증할 수 있는 자료(통계 등 제시)
독창성 (20%)	- 기존 프로그램(문화누리카드 사업, 스포츠강좌이용권, 어르신문화프로그램 등)과 구분되어, 지역 내 문화환경을 고려한 혁신적 정책 개발 정도 * 기존 정책(프로그램)이라 하더라도, 주민참여·향유확대·문화격차해소 위한 적극적 사업개선 노력이 있었던 경우, 독창성 등 평가 가능
지자체의 노력 (30%)	- 지역 내 문화격차해소 위한 제도 정비, 문화재정 확충, 「문화기본법」제5조 4항에 따른 문화영향평가 수행 및 결과(정책제언) 반영 노력 등 지자체 정책적 노력 * 문체부 주관 문화영향평가 뿐만 아니라 지자체 자체적으로 실시한 문화영향평가 실적 포함 - 기관장 및 조직 내 관심도(문화접근성 확대 위한 단체장 및 주요 간부들의 현장 행보, 관계자 의견수렴, 간담회, 인터뷰 등 실적) - 해당 지자체 노력을 입증할 수 있는 객관적 자료(보도자료, 예산자료 등 제시)
연계 및 협력 (30%)	- 정책의 원활한 추진을 위한 지역 내외 민관협력 거버넌스 구축 및 협업 노력 - 지역민의 자발적 참여 또는 참여 활성화 위한 정책 성과 - 해당 지자체 내 유관단체, 지역민의 참여도 및 협업사례를 입증할 수 있는 객관적 자료(협업실적, 참여단체 명단 및 사진자료 등 제시)

○ 우수사례 및 부적합사례 예시 등 설명

구 분	예시
우수사례	- 교통약자 보호 및 지리적 제약을 해소하기 위한 '문화버스' 운영 사례 - 지역 내 인구·문화·지리적 자원분포 현황조사(문화지도 제작 등) 사례 - 문화기반시설 취약지역 내 유휴공간 활용한 문화공간 조성 및 공간 활용한 독창적인 기획프로그램 개발·운영 사례 - 도농형 지자체의 경우, 청사 소재지와 읍면지역간 문화 불균형 해소를 위해 동별/읍면별 문화기반시설(공간)·교통·생활여건 등을 종합적으로 조사하고, 조사결과를 토대로 문화취약지역의 접근성 제고를 위한 정책 마련 사례 * 독서 및 도서관 특성화 관련 활성화 사례는 타 지표가 존재하므로 제외
부적합사례	- 기존 국고지원 사업(통합문화이용권(문화누리카드), 어르신문화프로그램 등) 단순 확대(지원규모·예산규모 등) 사례

○ 평가대상 : 시·도(시·군·구 포함)
○ 평가기준일 : 2025.12. 31.

증빙자료

○ 우수사례명 * 합동평가시스템(VPS)에 직접 입력

연번	우수사례명
1	

○ 우수사례에 따른 주요 성과 등에 대한 요약서(2페이지)
○ 사업계획서 및 결과보고서(평가 연도 내에 결재받은 공문서 등)
○ 우수사례의 사업효과를 설명할 수 있는 보조자료

문의처 문화체육관광부 지역문화정책과 이승현 주무관 (☎ 044-203-2615, E-mail: pos1251@korea.kr)

국정 목표	3. 따뜻한 동행, 모두가 행복한 사회			
국민 약속	3-11. 문화공영으로 행복한 국민, 품격있는 대한민국을 만들겠습니다.			
국정 과제	3-11-60. 모두를 위한 스포츠, 촘촘한 스포츠 복지 실현			
지표명	㉮ 장애인스포츠강좌이용권 집행률			
지표 성격	< 국고보조사업 > - 국고보조사업 : 17개 시·도 국고보조('25년 23,932백만원 보조/국비 70%, 지방비 30%)			
지표 유형	정량	공통	정순	계속(유지)
지표 설명	지표명 설명	ㅇ 장애인 스포츠강좌 이용권 지원 사업의 국고보조 배정예산 대비 집행률		
	평가근거	ㅇ 정부업무평가 기본법 제21조(국가위임사무 등에 대한 평가)		
	평가목적	ㅇ 국고보조사업에 대한 지자체의 관심제고를 통한 예산집행률 제고		
	기대효과	ㅇ 장애인의 체육활동 참여기회 확대		
	기타참고사항	ㅇ 해당사항 없음		

측정
방법

○ 산식 :

$$장애인\ 스포츠강좌이용권\ 집행률(\%) = \frac{시도별\ 국고보조\ 배정예산\ 집행액(원)}{시도별\ 국고보조\ 배정\ 예산액(원)} \times 100$$

○ 산식 설명 : 각 시도에 배정된 국고보조 배정 예산액 대비 국고보조 배정예산 집행액
 - 집행액 : 카드예산 국고보조 배정예산 집행액(카드이용액) + 단기스포츠체험강좌 국고보조 배정예산 집행액

○ 목표치 : ('22년 평균 집행률+'23년 평균 집행률+'24년 지자체별 집행률)/3 × 인구가중치

지자체	목표치
서울특별시	○○.○○%
부산광역시	○○.○○%
대구광역시	○○.○○%
인천광역시	○○.○○%
광주광역시	○○.○○%
대전광역시	○○.○○%
울산광역시	○○.○○%
세종특별자치시	○○.○○%
경기도	○○.○○%
강원도	○○.○○%
충청북도	○○.○○%
충청남도	○○.○○%
전라북도	○○.○○%
전라남도	○○.○○%
경상북도	○○.○○%
경상남도	○○.○○%
제주특별자치도	○○.○○%

* [참고] 연도별 평균 집행률

연도	'22년	'23년
평균 집행률	49.6%	82.7%

* [참고]

구분	'24년 집행 현황			장애인구(만 5세~69세) ('23년 기준)			'25년 국고보조 배정 예산액(원)
	예산액(원)	집행액(원)	집행률(%)	인구수(명)	비율	가중치	
서울	2,690,688,000		○○.○%	389,795	14.8%	0.95	
부산	1,218,756,000		○○.○%	175,467	6.6%	1.1	
대구	910,140,000		○○.○%	130,520	4.9%	1.2	
인천	1,102,332,000		○○.○%	152,226	5.8%	1.1	
광주	518,364,000		○○.○%	69,314	2.6%	1.2	
대전	534,996,000		○○.○%	71,440	2.7%	1.2	
울산	394,548,000		○○.○%	51,383	1.9%	1.3	
세종	97,020,000		○○.○%	12,944	0.5%	1.3	
경기	4,328,940,000		○○.○%	586,421	22.2%	0.9	
강원	679,140,000		○○.○%	100,520	3.8%	1.2	
충북	691,152,000		○○.○%	97,117	3.7%	1.2	
충남	891,660,000		○○.○%	134,004	5.1%	1.1	
전북	832,524,000		○○.○%	130,189	4.9%	1.2	
전남	848,232,000		○○.○%	136,472	5.2%	1.1	
경북	1,143,912,000		○○.○%	178,341	6.8%	1.1	
경남	1,338,876,000		○○.○%	188,825	7.1%	1	
제주	258,720,000		○○.○%	36,918	1.4%	1.3	
합계	18,480,000,000		○○.○%	2,641,896	100.0%	-	

△ 가중치

장애인구 비율	20% 초과	10%초과 ~ 20%	7% 초과 ~ 10%	5% 초과 ~ 7%	2% ~ 5%	2% 미만
가중치	0.9	0.95	1	1.1	1.2	1.3

* 장애인구가 많을수록 사업 대상·예산 등 사업 규모가 확대되므로 장애 인구 비율이 높을수록 평가에 유리하도록 설계(평균 장애인구 비율 5.9%)
* '24년 평균집행률(○○%) 상회 지자체(○○, ○○, ○○, ○○) 0.07%P 추가 하향
* '24년 공공체육시설 장애인스포츠강좌 평균 가맹비율 상회지자체 0.05% 추가 하향

○ 평가대상 : 시·도(시·군·구 포함) *제주특별자치도의 경우 제주시, 서귀포시 실적 포함
○ 평가기준일 : 2025. 12. 31.

시스템 구현 서식

○ 장애인스포츠강좌이용권 집행률
(단위 : 원, %)

구 분	예산배정액(A)	집행액(B)	집행률(%) (B/A)×100
시도(시군구 합계)			
○○ 시			
○○ 군			
○○ 구			

연계시스템 미연계

증빙자료
○ 산식(실적)에 대한 지자체 증빙자료
- 필요: 스포츠강좌이용권 집행실적 다운로드 파일 등록(시도)
* 시도에서 시군구의 VPS 입력 실적과 장애인 스포츠강좌이용권 시스템 실적(단기스포츠체험강좌 포함) 확인 후 파일 등록

VPS실적 입력주체 시·도 **입력시기** 매월

문의처
문화체육관광부 장애인체육과 사무관 노길래(☎044-203-3179, kaint@korea.kr)
문화체육관광부 장애인체육과 주무관 이영민(☎044-203-3187, ym0808@korea.kr)

국정 목표	3. 따듯한 동행, 모두가 행복한 사회			
국민 약속	3-11. 문화공영으로 행복한 국민, 품격있는 대한민국을 만들겠습니다.			
국정 과제	3-11-62. 전통문화유산을 미래 문화자산으로 보존 및 가치 제고			
지표명	㉮ 국가유산보수정비사업 추진실적 달성도			
지표 성격	<국고보조사업> - 국정과제 62 [국가유산보수정비 사업 추진실적 달성도] 전국에 산재·분포 관리중인 국가유산의 원형보존, 체계적 보존관리를 통해 대국민 국가유산 향유기회 적기 제공 추진			
지표 유형	정량	공통	정순	계속(유지)
지표 설명	지표명 설명	매년 국가유산 보수정비를 위해 지자체에 지원되는 국비의 실집행률 및 완료율을 평가		
	평가근거	「정부업무평가 기본법」 제21조 "국가위임사무등에 대한 평가"		
	평가목적	지자체에 지원되는 국가유산보수정비 사업의 실집행률·완료율의 제고를 통해 대국민 국가유산 향유기회 적기 제공		
	기대효과	대국민 국가유산 향유기회 적기 제공을 통해 경제활성화 및 지방소멸 방지에 기여		
	기타참고사항	'25년도 국가유산보수정비 사업비(국비) : 5,299억원(정부안) '25년도 국가유산보수정비 사업 건수 : 검토 중		

측정
방법
	○ 산식 : 국가유산보수정비사업 추진실적 달성도 = [(㉮ x 0.8%)+(㉯ x 0.2%)] × 100
	○ 산식 설명
	 - ㉮ = ['25년 실집행액(국비) / '25년 예산액(국비)]×0.8(가중치)
	   ㉯ = ['25년 완료건수 / '25년 지원건수]×0.2(가중치)
	○ 목표치: 60점 이상
	 - '21년 까지 "국가유산보수정비사업 추진실적 달성도"는 실집행률로만 평가하였으나 '22년부터 "실집행률+완료율"로 평가 산식 조정
	 - 평가 산식이 조정되었음에도 지자체 혼란 방지를 위해 우선적으로 기존 목표치 60점 유지(국가유산 보수정비 사업의 특수성 감안하여 목표치를 높게 설정하는 것은 위험 부담이 있음)
	   * 국가유산보수정비 사업은 일반 건축·토목 공사와는 달리 단계적 절차가 복잡한 특수성이 있고, 매칭 지방비 확보 지연 및 토지 소유자의 보상금액 과다요구에 따른 협의 지연 등의 사유로 사업집행에 있어 실집행률·완료율에 큰 영향을 받음
	    · 사업추진단계 : 발굴조사 → 원형고증 → 전문가 현지자문, 기술지도 → 설계변경 → 공기연장
	 - 조정된 평가 산식을 3년간 적용후 결과 등을 감안 후 목표치 조정 예정
	○ 평가대상: 시·도
	○ 평가기준일: 2025. 12. 31.			

시스템 구현 서식	구분	국가유산보수정비사업 실집행액(국비) (A)	국가유산보수정비사업 예산액(국비) (B)	국가유산보수정비사업 완료 건수 (C)	국가유산보수정비사업 시행 건수 (D)	달성도(E)= [(A/Bx0.8)+ (C/Dx0.2)]*100
	총합계(a+b))					
	OO시·도(a)					
	OO시·군·구 합계(b)					
	OO시					
	OO군					
	OO구					

연계 시스템	없 음		
증빙 자료	시도별 국가유산보수정비사업 실적보고서		
VPS실적 입력주체	광역지자체	입력 시기	년
문의처	국가유산청 기획재정담당관 허창학 주무관 (☎ 042-481-4657, E-mail: dylena@korea.kr)		

국정목표	3. 따뜻한 동행, 모두가 행복한 사회
국민약속	3-12. 국민의 안전과 건강, 최우선으로 챙기겠습니다
국정과제	3-12-64. 범죄피해자 보호지원 시스템 확립
지표명	㉮ 신종 여성폭력 방지 및 피해자 지원체계 구축·개선 추진
지표성격	<국가사무, 국고보조사업, 국가주요시책, 국정과제> - 여성폭력방지기본법 제4조, 성폭력방지법 제4조, 가정폭력방지법 제4조, 스토킹방지법 제3조 등에 근거하여 신종폭력 방지 및 피해자의 조속한 피해 회복 지원을 위해 추진하고 있는 사업

지표유형	정량	공통	정순	신규

지표설명		
	지표명 설명	- 지역사회내 디지털 성범죄, 스토킹 범죄, 교제폭력 등 신종 여성폭력 방지 및 피해자 지원을 위한 지자체 기반 내실화 · (스토킹범죄) '스토킹행위'란 상대방의 의사에 반하여 정당한 이유 없이 접근하거나 따라다니거나 진로를 막아서는 행위 등을 하여 상대방에게 불안감 또는 공포심을 일으키는 것이며, '스토킹범죄'란 지속적 또는 반복적으로 스토킹행위를 하는 것을 말한다.(스토킹처벌법 제2조, 스토킹방지법 제2조) *112 스토킹 신고 현황 '21년 14,509건 → '23년 31,824건으로 2배 이상 증가 **스토킹범죄 발생 및 검거 건수 '21년 1,023건(880건) → '23년 12,009건(11,531건)으로 대폭 증가 · (교제폭력) 일반적으로 '친밀한 관계 혹은 연애관계에 있는 연인 사이에서 발생하는 신체적·정신적·성적 폭력' 또는 '데이트관계에 있는 남녀가 서로 간에 합의 없이 한 사람이 일방적으로 파트너에게 해를 끼칠 의도를 가지고 행하는 신체적·언어적·성적 폭력'으로 정의됨.(국회 법제사법위원회 검토보고서, '23.2.) *교제폭력 신고건수 '17년 3.6만 건 → '23년 7.7만 건으로 2배 이상 증가 ** '23년 형사입건은 1.4만 건, 피해 유형은 폭행·상해 9천 건, 체포·감금·협박 1.3천 건, 경범 등 기타 2.8천 건 · (디지털성범죄) 불법촬영, 비동의 유포, 허위영상물 반포 등 디지털 기기 및 정보통신기술을 이용한 이미지·영상 제작·유통 등을 통해 피해자의 성적 자기결정권을 침해하거나 성적 혐오감을 유발하는 행위(성폭력처벌법 제13조, 제14조, 제14조의2, 제14조의3, 청소년성보호법 제11조 등) * 디지털성범죄 발생 건수 : '19년 7,936건 → '22년 19,028건 (약 2.4배 증가)
	평가근거	- 여성폭력방지기본법 제4조(국가와 지방자치단체의 책무), 제15조(피해자 보호·지원) - 성폭력방지법 제3조(국가 등의 책무) - 가정폭력방지법 제4조(국가 등의 책무) - 스토킹방지법 제4조(국가 등의 책무) - 국정과제 64 범죄피해자 보호지원 시스템 확립 중 5대 폭력(권력형 성범죄, 디지털 성범죄, 가정폭력, 교제폭력, 스토킹범죄) 피해자 보호지원 확대
	평가목적	- 지역사회내 디지털 성범죄·스토킹 범죄·교제폭력 등 신종 여성폭력 방지 및 피해자 지원을 위한 기반 내실화
	기대효과	- 지역사회내 신종 여성폭력 방지와 피해자 지원 기반 구축을 강화하여 정책 효과성 증진
	기타참고사항	

측정방법	
	○ 산식 : 지역 신종 여성폭력 방지 계획 수립(30점) + 여성폭력 방지 협의체 구성·운영(40점) + 신종 여성폭력 예방 홍보·안내 실적(30점)

○ 산식설명
1. 지역 신종 여성폭력 방지 계획 수립(30점)
 - 여성폭력방지기본법 제4조(국가와 지방자치단체의 책무) 등에 의거, 지자체별 신종 여성폭력(스토킹, 교제폭력, 디지털성범죄 중 한 가지 이상)방지 계획 수립 여부 확인
  * 여성폭력방지기본법 제8조(연도별 시행계획의 수립 등)에 따른 연도별 시행계획에 포함하여 수립할 수 있음
 - (산식)지역 신종 여성폭력방지 계획 수립 여부 × 시·도여성폭력방지위원회 의결 가중치
  * 지역 신종 여성폭력방지계획 수립 여부 : 수립 시 30점, 미수립 시 0점 부여
  * 가중치 : 시도여성폭력방지위원회 의결 시 1, 그 외 0.8

2. 여성폭력 방지 협의체 구성·운영(40점)
 - 여성폭력방지기본법 제11조(지방여성폭력방지위원회) 및 각 시·도 조례에 따른 지방여성폭력방지위원회 또는 실무협의체를 통해 스토킹·교제폭력·디지털성폭력 주요정책 심의 및 현안 논의
  * 스토킹, 교제폭력, 디지털성범죄 등 신종 여성폭력 중 한 가지 이상 포함되면 가능
 - (산식) 여성폭력 방지 협의체 구성 × 대면/서면 개최 가중치
 - (배점)

여성폭력 방지 협의체 구성·운영	점수
2회 이상	40
1회	20
미실시	0

  * (가중치) 대면으로 개최 시 1, 서면으로 개최시 0.7
  * (점수 예시) 대면 1회, 서면 1회 개최 시 → 20 × 1 + 20 × 0.7 = 34점
           서면으로 1회만 개최 시 → 20 × 0.7 = 14점

3. 신종 여성폭력 예방 홍보·안내 실적(30점)
 - 스토킹, 교제폭력, 디지털성폭력 근절 등 신종 여성폭력에 대한 인식제고, 피해 지원기관 정보 전달 등 홍보. 각 회당 7.5점 (단 월 1회, 반기별 2회까지 인정)
  * (점수 예시) 3월에 여성의날 계기 캠페인, 피해 지원기관 안내 카드뉴스 게시 → 1회만 인정
           4월 현장방문 보도자료 배포, 5월 유관기관 대상 홍보 포스터 배포, 6월 웹포스터 게시한 경우 → 2회 인정
<홍보 예시>
 ① 기관 홍보 채널(홈페이지, SNS 등)을 통해 카드뉴스, 웹포스터, 인포그래픽 등 게시
 ② 3·8 세계 여성의날, 여성폭력추방주간 등 각종 주요 계기를 활용한 홍보 캠페인
 ③ 유관기관(경찰청 등), 공공기관·학교 성희롱성폭력 고충처리 담당자 대상 지원기관 안내
 ④ 지원시설 현장방문, 유관기관 간담회, 지원 서비스 실시 안내 등 보도자료 배포

○ 목표치 : 82점
 (예시①) 1. 여폭위 의결시 30점 / 2. 대면 1회, 서면 1회 34점 / 3. 홍보 3회 22.5점 → 86.5점
 (예시②) 1. 여폭위 미의결시 24점 / 2. 서면 2회 28점 / 3. 홍보 4회 30점 → 82점

○ 평가대상 : 시·도

○ 평가 기준일 : '25.12.31. |

시스템 구현 서식	구분	지역 신종 여성폭력방지 계획 수립 점수 (가)			여성폭력방지 협의체 구성·운영 점수 (나)			신종 여성폭력 예방 홍보 안내 실적 점수 (다)		총점 (가)+(나)+(다)
		지역 신종 여성폭력 방지계획 수립 여부 (A) * 30점 또는 0점	시도 여성폭력 방지 위원회 의결 여부 가중치 (B) * 1 또는 0.8	점수 (가)=(A)*(B)	대면 여성폭력 방지 협의체 구성 운영 횟수(C)	서면 여성폭력 방지 협의체 구성 운영 횟수(D)	점수 (나)= ((C)×20)+ ((D)×20*0.7) * 최대값 40점	신종 여성폭력 예방홍보 안내 횟수 (E)	점수 (다)= (E)×7.5 * 최대값 30점	
	시·도									

연계 시스템	없음
증빙 자료	○ (계획) 시도 여성폭력방지위원회 결과보고 공문 및 계획 파일 ○ (협의체) 시·도 여성폭력방지위원회 혹은 실무협의체 개최 계획 및 결과보고 공문(붙임 파일 포함) ○ (홍보) 홍보·안내 실적 증빙자료(공문, 사진 등)
VPS실적 입력주체	광역지자체
입력 시기	년
문의처	여성가족부 가정폭력스토킹방지과 서기관 정유진(☎ 02-2100-6382, E-mail: yj23@korea.kr) 여성가족부 가정폭력스토킹방지과 주무관 이윤혁(☎ 02-2100-6383, E-mail: lee891@korea.kr)

국정목표	3. 따뜻한 동행, 모두가 행복한 사회
국민약속	3-12. 국민의 안전과 건강, 최우선으로 챙깁니다.
국정과제	3-12-65. 선진화된 재난안전 관리체계 구축
지표명	㉮ 지방자치단체장 안전한국훈련 참여도
지표성격	< 국가 주요시책 > - 국가는 신종·복합재난 대응 역량 강화를 목표로 국가훈련체계 개선, 관계기관 합동훈련 및 1차 대응기관(소방·경찰·해경·DMAT·지자체 등) 협력체계 점검 등 실전중심의 훈련강화 - 재난대응 초기단계의 1차 대응기관의 신속하고 효과적인 활동이 재난의 확산방지 및 피해예방을 결정하는 만큼 지방자치단체의 대응역량 강화가 필요 - 지자체의 신속하고 정확한 의사결정능력 및 대응역량 배양을 위해 안전한국훈련에 참여하는 지방자치단체장의 임무와 역할을 점검·숙달시키고 있으며, 이를 평가할 수 있는 지표로 "지방자치단체장 안전한국훈련 참여도"를 설정

지표유형	정량	공통	정순	계속(변경)

지표설명	지표명 설명	안전한국훈련에 지방자치단체장의 참여도 평가
	평가근거	재난 및 안전관리 기본법 제35조(재난대비훈련의 실시)
	평가목적	지방자치단체장의 안전한국훈련 참여도를 높여 재난대응역량을 강화
	기대효과	지방자치단체장 역량강화를 통해 재난발생 시 국민의 생명과 재산을 보호
	기타참고사항	안전한국훈련 - 재난안전법 제35조에 따른 정기훈련

측정방법	○ 산식 : 시·도와 소속 시·군·구 단체장의 안전한국훈련 참여점수* 산술평균 　* 참여점수 : 지방자치단체장 안전한국훈련 참여 시(1점), 차상위자 참여 시(0.5점), 기타(0점) 　※ 지자체장 이 공석인 경우(직무대행 발령문서로 증빙 가능할 경우) 차상위자 참석하면 1점 부여 　※ READY Korea훈련 주관기관은 1점 부여, 안전한국훈련 면제 기관은 결측(평가대상에서 제외) ○ 산식 설명 : 시·도와 소속 시·군·구 단체장의 안전한국훈련 참여점수 산술평균 ○ 목표치: 0.85(2023년 실적 대비 1%p 상향) ○ 평가대상: 시·도, 시·군·구 (자치단체별로 별도평가) 　※ 제주특별자치도의 경우 도지사, 제주시장, 서귀포시장의 참여점수를 산술평균 ○ 평가기준일: 2025.12.31.

시스템 구현 서식	○ 지방자치단체장 안전한국훈련 참여도		
	구 분	지방자치단체장 안전한국훈련 참여도(A) (기관장 1점, 부기관장 0.5점 기타 0점)	
	평균{(ⓐ+ⓑ)/ⓒ}		
	지자체 수(1+시군구 수) ⓒ		
	참여점수 합계(ⓐ+ⓑ)		
	○○시도 참여점수 ⓐ		
	시군구 참여점수 합계 ⓑ		
	○○시 참여점수		
	○○군 참여점수		
	○○구 참여점수		
	⋮		
연계 시스템	해당없음		
증빙 자료	○ 산식(실적)에 대한 지자체 증빙자료 - 필요 : 안전한국훈련 기관별 결과보고서(회의참석 서명부 및 참석사진 등)		
VPS실적 입력주체	광역지자체, 기초지자체	입력 시기	년(2025년 12월)
문의처	행정안전부 재난대응훈련과 서기관 최화영(☎ 044-205-5294, E-mail: gogerum@korea.kr) 행정안전부 재난대응훈련과 행정주사 김택화(☎ 044-205-5297, E-mail: k32kth@korea.kr)		

국정목표	3. 따뜻한 동행, 모두가 행복한 사회
국민약속	3-12. 국민의 안전과 건강, 최우선으로 챙기겠습니다.
국정과제	3-12-65. 선진화된 재난안전 관리체계 구축
지표명	ⓙ 민방위경보 운영관리 개선
지표성격	< 국가주요시책 > - 선진화된 재난안전 관리체계 구축을 위한 민방위 경보시설의 지속적인 관리 노력 제고 추진

지표유형	정량	공통	정순	계속(유지)

지표설명	지표명 설명	o 시도 경보장비 장애 시간을 측정 및 평가하여 민방위 경보시설의 안정적 운영과 신속한 처리 등 대응 태세를 확립
	평가근거	o 민방위기본법 제33조(민방위 경보) 제2항, 제4항 o 민방위기본법 시행규칙 제65조의2(민방위경보통제소) 제2호
	평가목적	o 민방위 경보의 신속한 전파 o 민방위 경보 발령 시설 및 장비의 유지·관리
	기대효과	o 시도 경보통제소의 안정적인 경보 장비 운영관리로 민방위경보 발령 태세 확립 및 주민의 생명과 재산 보호
	기타참고사항	o "민방위경보"란 적의 공격으로 인한 피해를 줄이기 위한 민방공 재난 발생으로 인한 피해를 줄이기 위한 재난경보로 나뉘어짐 o "발령"이란 민방위 사태가 발생하거나 발생할 우려가 있는 경우 규정에 따라 권한을 가진 사람이 사람들에게 알리는 행위

측정방법	○ 산식 : 민방위 사이렌 장비 장애 시간 감소율 =
	(최근 3년 시도 사이렌 장비 평균 장애 시간 – 각 시도 평균 장애 시간)×100 / 최근 3년 시도 사이렌 장비 평균 장애 시간
	○ 산식 설명
	㉮ 민방위 사이렌 장비 장애 시간 개선
	  - 최근 3년('22~'24년) 시도별 사이렌 장비 평균 장애 시간 대비 '25년 시도 사이렌 장비 평균 장애 시간 감소율 산출
	    ※ 장애 시간 산정 시 DB 기록 중 5분 이상의 건만 장애로 판단
	  - 제1민방위경보통제소 DB 기록을 통해 장애 발생 건에 대한 시도별 장애 시간 평균 산출
	  - 장애 발생 건 중 사이렌 장비 장애가 아닌 네트워크 통제 장비(스위치, 터미널서버 등) 장애에 따른 다수의 장비 장애 시 해당 시간의 50%를 경감하고 최대 장애 인정 시간은 6시간을 상한으로 함(유선 장애 시 위성망 정상 상태에 대한 증빙자료 제출 필요)
	  - 장비 교체 및 이전설치 등 불가피한 장애 발생을 제외(작업 전 사전공지(공문) 필요)
	  - 즉각적인 장애 조치가 어려운 풍수해* 관련 기상특보(경보) 발령 시 특보 발령 후부터 해제 시까지는 장애 시간 산정 제외
	    * 태풍, 강풍, 풍랑, 호우, 홍수, 폭풍해일, 지진해일, 대설
	  - 적의 공격, 재난 등으로 사이렌 장비의 파손 또는 소실로 수리 불가일 경우 재설치 시까지 장애 시간 산정 제외(파손 또는 소실 상태에 대한 증빙자료 제출 필요)

	○ 목표치 : 10점(최근 3년 시도 사이렌 장비 평균 장애 시간 대비 5% 이상 감소) - 최근 3년('22년~'24년) 시도 사이렌 장비 평균 장애 시간 대비 '25년 사이렌 장비 장애 시간 감소 비율이 5% 이상 되도록 목표치를 설정하여 이에 미달하지 않도록 실적관리 ※ 민방위 사이렌 장비 장애 시간 평가 기준(최근 3년 시도 평균 장애 시간) | 시(특별시, 광역시, 특별자치시) 단위 |||| 도(도, 특별자치도) 단위 |||| |---|---|---|---|---|---|---|---| | 목표치 | 평균 | '22년 | '23년 | '24년 | 목표치 | 평균 | '22년 | '23년 | '24년 | | 0.203 | 0.214 | 0.172 | 0.126 | - | 0.226 | 0.238 | 0.141 | 0.143 | - | ○ 평가대상 : 시도 ○ 평가기준일 : 2025.12.31.
시스템 구현 서식	○ 민방위경보 운영관리 개선 | 구분	최근 3년 시도 사이렌 장비 평균 장애 시간(A) (단위: hr)	'25년 시도별 사이렌 장비 평균 장애 시간(B) (단위: hr)	장애 시간 감소율 (C) (=(A-B)×100/A, 단위: %)	배점 | |---|---|---|---|---| | 00시도 | | | | | ○ 배점 기준 | 감소율	5% 이상	4.5% 이상 5% 미만	4% 이상 4.5% 미만	3.5% 이상 4% 미만	3% 이상 3.5% 미만 | |---|---|---|---|---|---| | 배점 | 10 | 9 | 8 | 7 | 6 | | 감소율 | 2.5% 이상 3% 미만 | 2% 이상 2.5% 미만 | 1.5% 이상 2% 미만 | 1% 이상 1.5% 미만 | 0.5% 이상 1% 미만 | | 배점 | 5 | 4 | 3 | 2 | 1 | ※ 0.5% 미만 0점
연계 시스템	해 당 없 음
증빙 자료	○ 불필요(제1민방위경보통제소 경보통제시스템 DB) - 장애 시간 경감 또는 제외 요청 시 증빙자료 필요(유선 장애 시 위성망 상태 자료, 사이렌 장비 교체·이전 사전작업 공지 공문 등)
VPS실적 입력주체	광역지자체 / 입력시기 : 월
문의처	행정안전부 중앙민방위경보통제센터 방송통신사무관 김창석(☎ 044-205-4381, E-mail: charmer1@korea.kr) 행정안전부 중앙민방위경보통제센터 시설주사 남도현(☎ 044-205-4383, E-mail: q12wsa@korea.kr)

국정목표	3. 따뜻한 동행, 모두가 행복한 사회
국민약속	3-12. 국민의 안전과 건강, 최우선으로 챙기겠습니다.
국정과제	3-12-65. 선진화된 재난안전 관리체계 구축
지표명	㉥ 어린이 보호구역 내 어린이 교통안전 강화

지표성격	<국가주요시책> - 관계부처 합동「어린이 보호구역 교통안전 개선대책」마련·추진('23.6.~) ※ 서울 강남, 대전 서구, 경기 수원시 사고 이후 기존 대책 보완을 통해「어린이 보호구역 교통안전 개선대책」(5대분야 60개과제) 마련하여 안전정책조정위('23.6.26.), 중앙안전관리위('23.6.29., 총리주재) 상정

지표유형	정량	공통	정순	계속(유지)

지표설명	지표명 설명	어린이보호구역 내 교통안전 강화를 위한 관리체계를 시·도별로 평가
	평가근거	○「어린이 보호구역의 지정 및 관리에 관한 규칙」제4조(보호구역의 지정·관리계획) 제3항, 제11조(보호구역에 대한 사후관리) ○「도로교통법」제12조의4(보호구역에 대한 실태조사 등, '24.1.1.시행) 시장등은 제12조에 따른 어린이 보호구역과 제12조의2에 따른 노인 및 장애인 보호구역에서 발생한 교통사고 현황 등 교통환경에 대한 실태조사를 연 1회 이상 실시하고, 그 결과를 보호구역의 지정·해제 및 관리에 반영하여야 한다.
	평가목적	○ 어린이보호구역 내 교통안전 강화를 통해 교통사고 예방에 기여
	기대효과	○ 어린이보호구역에서 어린이 교통사고 제로화에 기여
	기타참고사항	○ 해당없음

측정방법	○ 산식 - 어린이 보호구역 실태 조사율(%) : $\frac{어린이\ 보호구역\ 실태조사\ (개소)}{어린이\ 보호구역\ (개소)} \times 100$ | 조사율	20% 미만	20% 이상 ~ 40% 미만	40% 이상 ~ 60% 미만	60% 이상 ~ 80% 미만	80% 이상 ~ 100% 미만	100% | |---|---|---|---|---|---|---| | 점수 | 20 | 40 | 60 | 80 | 90 | 100 | ○ 산식 설명 - 어린이 보호구역(개소) : '24.12.31. 기준, 어린이 보호구역 지정 현황(개별보호구역)* 개소 *「어린이·노인 및 장애인 보호구역의 지정 및 관리에 관한 규칙」(공동부령) 제11조에 따라 시장 등이 관리하는 보호구역 지정 현황(향후 지자체·경찰청으로부터 취합) - 어린이 보호구역 실태조사(개소) : '25.12.31. 기준, 어린이 보호구역 실태조사* 실시 후, 결과**를 보호구역 통합관리시스템에 입력한 개소 수 * 보호구역의 기본현황정보, 교통사고 통계, 안전시설 현황 파악(안전시설 설치 위치, 수량) 등을 의미하여 실태조사 세부사항은「보호구역실태조사지침」(경찰청) 참고 ** 실태조사 결과로 작성된 보고서(현황도면)를 의미하며 세부사항은「보호구역실태조사지침」(경찰청) 참고 ※ 통합 보호구역의 실태조사를 완료할 경우, 해당 구간 내 모든 개별 보호구역의 실태조사를 완료한 것으로 간주 ○ 목표치 : 60점 이상 ○ 평가대상: 시·도 + 시·군·구(합계) ○ 평가기준일: 2025.12.31.

시스템 구현 서식	○ 어린이 보호구역 실태조사율(%)				
	구 분	어린이 보호구역 실태조사 건수(A)	어린이 보호구역개소(B)	조사율(C) (A/B×100)	점수
	총합계(a+b)	80	94	85.106	90
	○○시도(a)	20			
	시군구 합계(b)	60	94	63.830	80
	○○시	10	30	33.333	40
	○○군	20	33	60.606	80
	○○구	30	31	96.774	90

연계 시스템	없음
증빙 자료	○ 표준 보고서(현황도면) 제출 현황(경찰청·도로교통공단 증빙자료)

VPS 입력주체	중앙부처	입력 시기	연 1회

문의처	행정안전부 안전개선과 사무관 설재희(☎ 044-205-4220, E-mail: bung7@korea.kr) 행정안전부 안전개선과 주무관 연홍철(☎ 044-205-4222, E-mail: hongchul20@korea.kr)

국정목표	3. 따뜻한 동행, 모두가 행복한 사회
국민약속	12. 국민의 안전과 건강, 최우선으로 챙기겠습니다.
국정과제	65. 선진화된 재난안전 관리체계 구축
지표명	㉔ 재난관리 조직 인력 운영 적절성
지표성격	< 국가주요시책 > 10.29. 이태원 참사에 따른 후속대책으로 마련한 「국가안전시스템개편 종합대책」의 주요과제 [과제24] "지방자치단체 재난관리 인력 확충 및 전문성 강화" 관련

지표유형	정량	공통	정순	계속(변경)

지표설명	지표명 설명	○ 재난업무 인력 운영 및 처우개선을 위한 노력 여부를 판정
	평가근거	○ 재난안전법 제25조의2(재난관리책임기관의 장의 재난예방조치 등)
	평가목적	○ 재난관리 조직 및 인력 운영과 처우개선 관련 사항에 대한 개선 유도
	기대효과	○ 재난안전 분야 공무원의 안정적 인력 운영으로 업무 전문성·연속성 확보, 재난발생 시 대응역량 제고
	기타참고사항	해당없음

측정방법

○ 산식

방재안전직 근무지속률(A, 40점) + 직급별 방재안전직 정원배정(복수직 포함) 현황(B, 30점) + 재난관리부서 근무자 인센티브 부여실적(C, 30점)

○ 산식 설명

1) 방재안전직 근무지속률 (A, 40점)
 - 평가요소: 방재안전직렬 직원의 이탈을 최소화하고, 현원 확보를 위한 노력을 평가

(산식) 방재안전직 근무지속률(%) = 100% - 방재안전직 이탈률*(%)
* 방재안전직 이탈률 = 방재안전직 퇴직인원 수 / 방재안전직 현원전체
※ 직급무관, 전문관, 임기제, 시간선택제 등

- "퇴직인원"은 2025년도 1월 1일~12월 31일 중 퇴직 인원수를 의미
  * 의원면직인 경우에만 해당(당연퇴직, 명예퇴직, 징계퇴직 등은 퇴직 인원수에서 제외)하며, 이 경우나 할지라도 기존 임기제 공무원의 지속적인 근무 여건 보장을 위해 의원면직 후 직급 상향(직급유지는 X)하여 재채용하는 경우에는 퇴직 인원수에서 제외(관련 증빙서류 별도 제출 필요)
- "현원"은 2024년도 12월 31일 방재안전직렬 근무자 인원*을 의미
  * 직급무관, 전문관, 임기제, 시간선택제 모두 포함
- 휴직(기간제한없음), 장기 교육훈련(국내·외), 파견(소속기관, 타부처, 지방 등) 인원은 추가 현원으로 인정
- '24년도 방재안전직렬 현원이 0명일 경우 0점 적용을 원칙으로 하되, 방재안전직렬(공채·경채) 충원 수요 제출(채용공고)에도 지원자(합격자)가 없을 경우 22점 적용(현원이 0명인 경우에만 적용, 증빙자료 별첨)

근무지속률	90%이상	90%미만 ~75%이상	75%미만 ~60%이상	60%미만 ~45%이상	45%미만 ~30%이상	30%미만
점수	40	34	28	22	16	10

2) 직급별 방재안전직 정원배정(복수직 포함) 현황 (B, 30점)
 - 평가요소: 해당기관의 직급별 방재안전직 정원배정(복수직 포함) 현황

산식
(① + ②)

① 방재안전직 최고 급수 현황(15점)
 : 해당기관의 직급별 정원표상 방재안전직이 반영된 최종 직급을 평가
  * 직급별 정원표상 다른 직렬과 함께 복수직으로 정원을 배정한 경우에도 인정

<시도 기준>

최고급수	5급	6급	7급	8급	9급
점수	15	12	9	6	3

<시군구 기준>

최고급수	6급	7급	8급	9급	없음
점수	15	12	8	3	0

② 방재안전직 직급의 연속성(15점)
 : 해당기관의 직급별 정원표상 방재안전직 정원이 연속적으로 배정된 정도에 따라 평가
  * 직급별 정원표상 다른 직렬과 함께 복수직으로 정원을 배정한 경우에도 인정

<시도 기준>

구분	4개 직급 이상 연속 배정	3개 직급 연속 배정	2개 직급 연속 배정	1개 직급 배정	없음
점수	15	12	8	3	0

<시군구 기준>

구분	3개 직급 이상 연속 배정	2개 직급 연속 배정	1개 직급 배정	없음
점수	15	11	5	0

※ 단, 정원표상 직급 상향으로 직급의 연속성을 충족하지 못하는 경우 해당년도는 직급의 연속성을 충족한 것으로 인정
(A군 정원이 7급 1, 8급 1, 9급 1이었으나 직급 변경을 통해 7급 2, 9급 1로 변경되었다면 해당년도는 3개 직급 연속 배정으로 인정)

3) 재난관리부서 근무자 인센티브 부여실적 (C, 30점)
- 평가요소: 재난관리부서 근무자 대상(재난관리부서, 모든 재난안전 매뉴얼 업무 담당자, 계장, 과장을 말함) 승진 가점부여, 인사가점(근평실적 등) 부여, 전문관 직위부여, 국내·외 연수기회, 국외훈련 및 파견 기회, 특별휴가, 시간외 수당 개선, 자체 표창 등 각종 인센티브 부여 여부

구분	4종 이상	3종	2종	1종	미실시
점수	30	22.5	15	7.5	0

【인정되는 것】
* 지방공무원 평정규칙 제24조 제4항 제2호에 따라 승진·인사가점 부여(해당기관 인사규칙·지침 개정 여부로 확인) / 전문관 직위부여(재난관리 관련 부서 근무자의 전문관 직위지정 및 관련 수당 지급 등) / 국내·외 연수시행(배낭여행 등) / 국외 훈련 및 파견(재난관리 관련부서 근무자 우대) / 재난업무 유공자 특별휴가 실시 / 재난업무 수행자에 대한 시간 외 근무수당 우대 / 재난관리업무 우수공무원에 대한 해당기관의 자체표창 (※ 공적내용이 재난업무 내용이어야 함을 유의)
단, 같은 종류로 여러명이 받은 인센티브는 1종으로 인정됨(예, 단체로 국내연수를 갔을 경우 1건으로 인정됨)

【미 인정되는 것】
* 일괄적으로 시행하거나 타 기관 평가에서 수상하여 포상하는 것 등은 불인정

○ 목표치: 85점
○ 평가대상: 시·도(시·군·구 포함)
○ 평가기준일: 2025. 12. 31.

구 분		① 방재안전직 근무지속률(40점)	② 직급별 방재안전직 정원배정 현황(30점)		③ 재난관리부서 근무자 인센티브 부여실적(30점)	총점 ①+②+③
			방재안전직 최고 급수 현황(15점)	방재안전직 직급의 연속성(15점)		
시스템 구현 서식	평균 (가중치 적용)	소속 시군구 규모에 따른 가중치 반영한 평균값	좌동	좌동	좌동	
	시·도ⓐ					
	시군구 평균ⓑ					
	○○구					
	○○군					
	<가중치 적용 평균값 산정> ○ 소속 시군구가 없는 경우 : ⓐx1.0 ○ 소속 시군구가 10개 미만인 경우 : (ⓐx0.3) + (ⓑx0.7) ○ 소속 시군구가 10개 이상 ~ 20개 미만인 경우 :(ⓐx0.2) + (ⓑx0.8) ○ 소속 시군구가 20개 이상인 경우: (ⓐx0.1) + (ⓑx0.9)					
연계 시스템	해당없음					

증빙 자료	○ 산식(실적)에 대한 지자체 증빙자료 : 필요
	1) 방재안전직 근무지속률
	  - 방재안전직 퇴직자, 현원 관련 문서 사본(퇴직자·현원 증빙할 수 있는 자료)
	  - 방재안전직렬(공채·경채) 충원 수요 제출(채용공고) 공문(현원 0명일 경우에만)
	
	<별도 작성 표1>
	
		방재안전직 현원						퇴직인원 (의원면직)

계	5급	6급	7급	8급	9급	
						| 2) 직급별 방재안전직 정원배정(복수직 포함) 정원 배정 현황 - 정원표(방재안전직 직급 확인 가능 서류), 정원표상 직급 상향시 직급상향을 확인할 수 있는 서류(전년도와 올해 비교 가능하도록) <별도 작성 표2> | 방재안전직 정원 |||||| 직급 연속배정 현황
계	5급	6급	7급	8급	9급	
						| 3) 재난관리부서 근무자 인센티브 부여실적 - 지자체별 인센티브 부여 총괄표, 건별 증빙서류 <별도 작성 표3> | 연번	건명	내용	비고
---	---	---	---
합계	0 종 부여						
VPS실적 입력주체	시·도, 시·군·구			입력 시기	년	
문의처	행정안전부 재난관리정책과 사무관 한광순(☎ 044-205-5118, E-mail: skkukshan147@korea.kr)					

국정 목표	3. 따뜻한 동행, 모두가 행복한 사회			
국민 약속	3-12. 신속하고 정확한 디지털 국가재난관리체계 구축			
국정 과제	3-12-65. 선진화된 재난안전 관리체계 구축			
지표명	⑭ 재해위험지역 점검·관리 이행실적			
지표 성격	< 국가주요시책 > 재해위험지역의 점검·관리 이행실적 평가로 위험요인 사전 해소 및 인명·재산 피해 저감 효과 제고			
지표 유형	정량	공통	정순	계속(유지)
지표 설명	지표명 설명	재해위험지역(자연재해위험개선지구, 급경사지, 저수지·댐, 소하천, 소규모 공공시설로 한정) 안전점검 후속조치 이행 실적 평가		
	평가근거	○「자연재해대책법」제12조(자연재해위험개선지구의 지정 등),「자연재해위험개선지구 관리지침」 ○「급경사지 재해예방에 관한 법률」제5조(급경사지에 대한 안전점검) ○「저수지·댐의 안전관리 및 재해예방에 관한 법률」제7조(안전점검) 및 제8조(합동안전점검) ○「소하천정비법」제26조의2(소하천 관리실태 점검 등) ○「소규모 공공시설 안전관리 등에 관한 법률」제5조(소규모 공공시설의 안전점검 등)		
	평가목적	○ 이상기후에 따른 국지성 집중호우, 극한 강우 등이 심화됨에 따라 선제적 재해예방대책 마련 필요 ○ 재해위험지역 위험요인 사전 발굴·해소를 위하여 매년 안전점검을 실시하고 있으나, 지적·미흡사항에 대한 후속조치 이행이 미흡 ○ 점검 및 후속조치 이행 실적 평가를 위해 지자체의 재난관리 역량 제고 및 위험요인 사전 해소		
	기대효과	점검을 통한 위험지역 감소 및 재난으로 인한 인명·재산 피해 예방		
	기타참고사항	○ 해당사항 없음		

측정
방법
	○ 산식 = 재해위험지역 점검·관리 이행 실적 :
	- (재해위험지역) 자연재해위험개선지구, 급경사지, 저수지·댐*, 소하천, 소규모 공공시설로 한정, 각 분야별 20% 비중으로 평가
	    * 저수지·댐법 제2조 제1호에 따른 저수지 및 댐 중 지자체 관리 시설로 한정
	- 평가 항목
	  가) 점검 실적(30%) = 기한 내* 점검 완료 시설 개소수 / 점검 대상 시설 개소수 × 100 × 0.3(가중치)
	    * 연 2회 : (자연재해위험개선지구, 급경사지) 기한 별도 통보(공문)
	       연 1회 : (저수지·댐) 기한 별도 통보(공문), (소하천) ~4/30, (소규모 공공시설) ~3/31
	  나) 위험요인 발굴 실적(30%) = 지적사항 건수 / 점검 완료 시설 개소수 × 100
	    * 아래 표에 따라 실적별 (나) 항목에 대한 점수 적용		

위험요인 발굴 실적(%)	4.0 이상	4.0 미만 ~ 3.0 이상	3.0 미만 ~ 2.0 이상	2.0 미만 ~ 1.0 이상	1.0 미만
점수	30	25	20	15	10

  다) 후속조치 이행 실적(40%) = 조치완료 건수* / 지적사항 건수 × 100 × 0.4(가중치)
    ※ 단, 지적사항 중 예산 수반 등 중장기적인 조치가 필요한 사항은 긴급 안전조치 완료 실적 인정

○ 산식 설명: 시군구별 점검 후속조치 이행 실적 평가

	○ 목표치: 재해위험지역 개소수별 적용	
	시도별 재해위험지역 개소수	이행실적 목표치
	1,000개소 이하	90%
	1,000개소 초과~5,000개소 이하	88%
	5,000개소 초과~10,000개소 이하	86%
	10,000개소 초과~15,000개소이하	84%
	15,000개소 초과~20,000개소이하	82%
	20,000개소 초과	80%

○ 평가대상: 광역·기초자치단체(시도는 시군구 실적 평균값 반영)
※ 재해위험지역 관리대상이 없는 시군구는 해당 시도 내 시군구 평균 점수로 부여
※ 해당 시군에 재해위험지역 분야 중 일부 분야 대상시설이 없는 경우 나머지 분야의 실적 평균값을 부여
    ex) A시에서 급경사지 15점, 저수지댐 20점, 소하천 18점, 소규모 16점을 받은 경우, 자연재해위험개선지구 분야 실적은 평균값인 17.25점 부여, 이행실적 86.25% 달성
※ 제주특별자치도는 제주시, 서귀포시 실적의 평균값 반영
○ 평가기준일: '25.12.31.

시스템 구현서식

재해위험지역 점검·관리 이행 실적
<시스템 구현서식>

(단위 : 점)

구분	① 자연재해 위험개선지구 점검·관리 실적	② 급경사지 점검·관리 실적	③ 저수지·댐 점검·관리 실적	④ 소하천 점검·관리 실적	⑤ 소규모 공공시설 점검·관리 실적	총점 (①×0.2+②×0.2 +③×0.2+④×0.2 +⑤×0.2)
시도						
시군구						

※ 점수 산출 서식
① 자연재해위험개선지구 점검·관리 실적(20%)

(단위 : 개소수, %)

구분	점검대상 시설 개소수(A) (행안부 자료 적용)	점검완료 시설 개소수(B)	점검 실적 (㉮=B/A ×100)	지적사항 건수(C)	위험요인 발굴실적 (㉯=C/B ×100-표 적용)	조치완료 건수(D)	후속조치 이행실적 (㉰=D/C ×100)	점수 (㉮×0.3 +㉯ +㉰×0.4)
시도								
시군구								

② 급경사지, ③ 저수지·댐, ④ 소하천, ⑤ 소규모 공공시설 구현 서식 동일, 각 가중치 20%
점수(%) = (① × 0.2 + ② × 0.2 + ③ × 0.2 + ④ × 0.2 + ⑤ × 0.2) × 100

연계시스템: NDMS(국가재난관리시스템)

증빙자료:
○ 산식(실적)에 대한 지자체 증빙자료
- 필요: 시설별 안전점검 결과보고, 점검표 및 보수·보강 관련 공문 사본 또는 조치 전후 사진 증빙

VPS실적 입력주체	기초자치단체	입력시기	연(1월)

문의처:
총괄, 소규모 행정안전부 재난경감과 시설주사보 서지우(☎ 044-205-5148, E-mail: pinky0322@korea.kr)
위험지구 행정안전부 재난경감과 시설주사 류해춘(☎ 044-205-5152, E-mail: ryu1602@korea.kr)
급경사지 행정안전부 재난경감과 시설주사 이성건(☎ 044-205-5157, E-mail: kk100y2k@korea.kr)
소하천 행정안전부 재난경감과 시설주사보 박승준(☎ 044-205-5147, E-mail: psj971213@korea.kr)
저수지·댐 행정안전부 재난경감과 시설서기 박재성(☎ 044-205-5144, E-mail: gscivil@korea.kr)

국정목표	3. 따뜻한 동행, 모두가 행복한 사회
국민약속	3-12. 국민의 안전과 건강, 최우선으로 챙기겠습니다.
국정과제	3-12-65. 선진화된 재난안전 관리체계 구축
지표명	㊳ 집중안전점검 지적사항 후속조치율

지표성격	< 국가주요시책 > - 재난사고 발생으로부터 국민을 보호하기 위하여 국가와 지자체는 필요한 시책을 강구하고 추진			
지표유형	정량	공통	정순	계속(유지)

지표설명	지표명 설명	집중안전점검을 통해 발견한 전체 지적사항(위험요인) 건수 대비 조치 완료 실적을 평가해 후속조치 상황을 진단
	평가근거	ㅇ「재난 및 안전관리 기본법」제32조의3(집중 안전점검 기간 운영 등) - 행정안전부장관은 매년 집중안전점검 기간을 설정하고 운영에 필요한 계획을 수립
	평가목적	- 점검 결과 발견된 위험요인에 대한 지자체의 후속조치 상황을 평가·독려함으로써 국민안전 확보
	기대효과	- 집중안전점검 후속조치에 대한 지자체의 책임의식 제고 - 지적사항(위험요인) 개선을 통한 사고 예방 및 국민안전 확보
	기타참고사항	

측정방법	ㅇ 산식
	  - 후속조치율(%) 산출 산식
	
	  X(총점) : ①환산값('N년 조치율(%) = $\frac{기준일\ 조치\ 건수}{당해\ 지적\ 건수} \times 100$) +
	              ②환산값('N-1~-2년 조치율(%) = $\frac{기준일\ 조치\ 건수}{2개년\ 지적\ 건수} \times 100$)
	  * 지적건수 : 보수·보강 또는 정밀안전진단 대상 시설물의 수 * N년 : 실적년도(2025년)
	  ※ 대상 시설물은 공공시설만 해당
	
	- 점수 산출 산식
	
	① 'N년 조치율' 점수 : 49%이상(50점), 49%미만~39%이상(30점), 39%미만(10점):
	  * 평가기준일 기준 당해년도 전체 지적건수 대비 조치완료 비율
	② 'N-1~-2년 조치율' 점수 : 80%이상(50점), 80%미만~70%이상(30점), 70%미만(10점)
	  * 평가기준일 기준 직전 2개년 전체 지적 건수 대비 조치 완료 비율
	  ※ 해당년도 조치율 평균값을 각 최고점수(50점)로 설정
	
	- 목표 달성 여부 산출 공식
	  1. 달성 : X(총점) ≥ 60점 2. 미달성 : X(총점) < 60점:

○ 산식 설명

지적사항 후속조치율을 실적년도·누적(2개년) 실적으로 각각 평가·환산 후 합산
1. 'N년 조치율에 따라 10~50점 부여
2. 'N-1~-2 누적 조치율에 따라 10~50점 부여

○ 목표치: 60점

- 직전년도('23년) 조치율(%) 평균 및 2년간('21~'22년) 누적 조치율(%)을 참고하여 목표치 설정

지자체	평균	서울	부산	대구	인천	광주	대전	울산	세종
직전년도 조치율('23년)	48.7	50.1	51.3	61.3	51.9	40.0	63.0	64.3	61.3
누적 조치율('21~'22년)	79.5	70.3	80.1	83.2	73.4	60.6	91.6	80.6	88
지자체	경기	강원	충북	충남	전북	전남	경북	경남	제주
직전년도 조치율('23년)	54.6	45.8	34.9	71.8	46.3	31.9	41.1	58.7	62.4
누적 조치율('21~'22년)	95.1	86.4	85.6	83.7	64.8	72.1	83.4	73.5	80.8

○ 평가대상: 시·도(17개시도)
○ 평가기준일 : 2025. 12. 31
   ※ 집중안전점검 후 특교세 교부 및 후속조치 기간을 감안하여 기준일 선정

시스템 구현 서식

구분	지적사항 건수(개)		조치완료 건수(개) * 평가기준일 기준						총점 ①+②
			'N년			'N-1~-2 누적			
	'N년 (A)	'N-1 ~-2년 (B)	조치건수 (개) (C)	조치율% (C/A)*100 (D)	배점*①	조치건수 (개) (E)	조치율% (E/B)*100 (F)	배점**②	
시·도									

* ① 배점 : D≧49 이면 50점, 39≦D<49 이면 30점, D<39이면 10점
** ② 배점 : F≧80 이면 50점, 70≦F<80이면 30점, F<70이면 10점

연계시스템: 해당없음

증빙자료:
○ 증빙 불필요
- 중앙에서 관리시스템 상 건수를 확인하여 평가기준일 입력

VPS실적 입력주체: 중앙부처   **입력시기**: 년

문의처: 행정안전부 재난안전점검과 주무관·최상식(☎ 044-205-4244, E-mail: choiss92@korea.kr)

국정목표	3. 따뜻한 동행, 모두가 행복한 사회
국민약속	3-12. 국민의 안전과 건강, 최우선으로 챙기겠습니다.
국정과제	3-12-65. 선진화된 재난안전 관리체계 구축
지표명	㉑ 국민 보호를 위한 민방위 준비태세 확립도
지표성격	< 국가주요시책 > 국민 보호에 필요한 교육·훈련 시행 및 시설 확보로 민방위사태 즉시 대응역량 강화 ※ 「제10차('22~'26) 민방위 기본계획('21.8.10., 대통령)」: 실전 체험교육 인프라 확대, 안정적 비상용수 확보 등

지표유형	정량	공통	정순	신규

지표설명	지표명 설명	전시 등 민방위사태 대비 평상시 준비 태세 확립 및 대응역량 강화
	평가근거	① 「민방위기본법」 제3조, 제23조, 제25조, 제32조 ② 제10차 민방위 기본계획 및 민방위 집행계획 ③ 민방위 업무지침
	평가목적	민방위 교육·훈련 및 시설 운영 기반 확대로 민방위사태 시 국민 보호 역량 강화
	기대효과	합동평가를 통한 지자체의 관심도를 높여 국가 주요시책 운영의 실효성을 제고하고, 민방위사태 대응 태세를 확립하여 국민 보호 역량 강화
	기타 참고사항	비상 상황 대응 역량을 제고할 수 있도록 민방위 시설 확보, 민방위 훈련, 국민행동요령 홍보 등으로 민방위 준비 태세 확립

측정방법

○ 산식 : 100점 = (가 × 50%) + (나 × 50%)

○ 산식 설명

가. 민방위 비상급수시설 응급조치명령 준비율

▶ (개요) 전시 지역주민에게 비상용수 공급을 위해 준비되는 민방위 비상급수시설의 고장·파괴에 대비하여 예비시설(응급조치명령 대상)을 확보하여 안정적 비상용수 공급체계 마련

※ 2029년까지 예비 민방위 비상급수시설로 비상용수 20% 추가 확보(매년 4%씩 단계적 확대)

※ 예비시설 추가 확보 기준 20% : 정부기관·공공기관 및 정수장(수도권)의 전시피해율 고려

▶ (평가) 예비시설(응급조치명령 대상)을 통한 시도별 예비 비상용수 확보(4% 이상) 시군구* 비율에 따라 점수 차등 부여

  * 평가 대상 : 행정시·구를 제외한 지자체(세종특별자치시, 제주특별자치도 및 226개 시군구)의 실적을 종합하여, 관할 총괄 기관인 광역 시도를 평가

- 평가 배점표

연도별 목표치	90% 이상	90% 미만 ~80% 이상	80% 미만 ~70% 이상	70% 미만 ~60% 이상	60% 미만
배점(가)	100점	90점	80점	70점	60점

- 평가 배점 산정식

$$\left(확보율 = \frac{비상용수\ 총소요의\ 4\%를\ 예비시설로\ 확보한\ 자치단체수}{광역시도\ 관할\ 자치단체수} \times 100 \times 가산율^*\right)$$

* 광역시도의 관할 규모(기초 자치 단체 수)를 기준으로 가산점 차등 적용

목표 구분	1그룹(4)	2그룹(7)	3그룹(4)	4그룹(2)
광역시도	서울, 경기, 전남, 경북	부산, 인천, 강원, 충북, 충남, 전북, 경남	대구, 광주, 대전, 울산	세종, 제주
가산율	1.15	1.10	1.05	1
기초 자치 단체 수 (가산 사유)	20개 이상	10개 이상	10개 미만	-

▶ (평가조정)
① 기초자치단체별로 평시 비상용수가 100%를 초과하는 경우, 평가에서 제시한 목표 소요량을 초과분에 한하여 확보한 것으로 인정

> [배점 조정 예시 : 100점 기준] 평시 기준 확보율의 충족 여부는 평가 대상이 아님
> ① A군(郡)의 1일 비상용수 총 소요가 5,180톤이고 평시 확보율이 80%(4,144톤)인 경우, 응급조치명령 대상시설 목록화에 의한 비상용수 확보 예시
> ⇨ '25년 207톤/일 → '26년 414톤/일 → '27년 621톤/일 → '28년 828톤/일 → '29년 1,035톤/일
> ② B구(區)의 1일 비상용수 총 소요가 5,180톤이고 평시 확보율이 110%(5,698톤)인 경우, 응급조치명령 대상시설 목록화에 의한 비상용수 확보 예시
> ⇨ '25년 0톤/일 → '26년 0톤/일 → '27년 103톤/일 → '28년 310톤/일 → '29년 517톤/일
> ③ C시(市)의 1일 비상용수 총 소요가 5,180톤이고 평시 확보율이 120%(6,216톤)인 경우, 응급조치명령 대상시설 목록화에 의한 비상용수 확보 예시
> ⇨ '29년까지 응급조치명령 대상시설 미확보 시에도 목적 달성 인정(100점)

② 관할 지역(시군구)에 응급조치명령 대상시설이 부존재 시 목표를 달성한 것으로 인정하되, 존재 여부의 판단은 행정안전부에서 배포한 자료*를 기준으로 적용
* 매년 확정 통계와 안내되는 "전국 지하수시설 현황(통계자료)"의 시설 목록 기준

나. 민방위 시범훈련 실시율

▶ (개요) 국민참여 민방위의 날 훈련 시, 시군구별 시범 훈련장소를 운영하여 국민의 비상사태 대응역량 향상을 위한 비상시 행동요령 및 체험교육 실시
▶ (평가) 국민 참여 시범 훈련장소 운영실적을 가진 시군구* 비율에 따라 점수 차등 부여
* 평가 대상 : 지자체의 실적을 종합하여, 관할 총괄 기관인 광역 시도를 평가
(세종특별자치시, 제주특별자치도의 2개 행정시, 전국 226개 기초)

- 평가 배점표

연도별 목표치	90% 이상	90% 미만 ~80% 이상	80% 미만 ~70% 이상	70% 미만 ~60% 이상	60% 미만
배점(나)	100점	90점	80점	70점	60점

- 평가 배점 산정식

$$\left(운영률 = \frac{시범 훈련 및 교육장소 운영 자치단체수}{광역시도 관할 자치단체수} \times 100\right)$$

	▶ (평가조정) ※ 민방위 시범훈련 지역(시군구)에 각종 재난으로 심각한 피해*가 발생된 경우, 평가기준을 충족한 것으로 인정 * 재난사태 및 특별재난지역 선포지역(지역재난안전대책본부 운영 포함) ○ 목표치 : 80점 이상 ○ 평가대상 : 17개 광역시도 ○ 평가기준일 : 2025. 12. 31.
시스템 구현 서식	○ 국민 보호를 위한 민방위 준비태세 확립도 | 구 분	총점 (점)	비상급수시설 응급조치 명령 준비율					민방위 훈련 시범훈련 실시율			
---	---	---	---	---	---	---	---	---	---	---
		관할수	달성수	가산율	달성률	배점	관할수	달성수	달성률	배점
	T*	A	B	C	D= B/A* 100*C	E 산식 '가' 참조	F	G	H= G/F*100	I 산식 '나' 참조
○○시·도											 * T(소수점 둘째자리까지 산입) = (E x 50%) + (I x 50%)
연계 시스템	미연계
증빙 자료	○ 산식(실적)에 대한 증빙자료 - (불필요) "가" 항목은 반기 1회, "나" 항목은 민방위의 날 훈련 실시 후 중앙에서 증빙 취합 및 확인을 통해 실적 입력
VPS실적 입력주체	중앙부처 입력시기 반기 1회
문의처	행정안전부 민방위과 주무관 안영송(☎ 044-205-4367, E-mail: ays130@korea.kr) - 산식 가 : 행정안전부 민방위과 장비팀장 백승근(☎ 044-205-4370, E-mail: skypaik@korea.kr) - 산식 나 : 행정안전부 민방위과 주무관 전성욱(☎ 044-205-4369, E-mail: feriouz@korea.kr)

국정목표	3. 따뜻한 동행, 모두가 행복한 사회
국민약속	3-12. 국민의 안전과 건강, 최우선으로 챙기겠습니다.
국정과제	3-12-65. 선진화된 재난안전 관리체계 구축
지표명	㉕ 기록물 보안 및 재난대책 수립·시행율
지표성격	<국가주요시책> 기록물의 안전한 보존·관리를 위한 보안 및 재난대책 마련, 기록물 재난관리 강화

지표유형	정량	공통	정순	신규

지표설명		
	지표명 설명	o 기록물관리책임자 지정, 보안 및 재난대책 교육 이수, 기록물 대피우선순위 지정 등 기관의 기록물 보안 및 재난 대책 수준 평가
	평가근거	o 공공기록물법 제30조(기록물 보안 및 재난대책) o 공공기록물법 시행령 제30조(기록물 재난 및 보안대책) o 공공기록물법 시행규칙 제15조(기록물관리책임자)
	평가목적	o 비상사태나 재난발생 시 조직의 업무나 기능을 지속하기 위한 기록물 보안·재난 대책 수립 필요
	기대효과	o 처리과별 기록물관리책임자 지정을 통한 처리과기록물 보안책임성 강화 o 교육을 통한 재난 상황별 업무담당자의 역할 숙지 등 신속한 대응과 대비 가능 o 재난발생시 조직의 업무를 지속적으로 수행하고 신속한 업무재개를 가능하게 함
	기타참고사항	

측정방법

○ 산식

- 기록물관리책임자 지정율(30%) + 기록물 보안 및 재난대책 교육 이수율(40%) + 기록물 대피 우선순위 지정율(30%)

※ 증빙자료 미제출시 '0점' 처리 (측정기준 외 별도의 부분점수 부여 없음)

가. 기록물관리책임자 지정(30%)		나. 보안 및 재난대책 교육 이수(40%)		다. 대피우선순위 지정(30%)		계산식 = [(B/A*0.3)+(D/C*0.4) +(F/E*0.3)]*100
(A) 전체 처리과수	(B) 기록물관리 책임자 지정 처리과수	(C) 전체 처리과수 = (A)와 같음	(D) 기록물관리책임자가 교육을 이수한 처리과수	(E) 보유 권수	(F) 지정 권수	

○ 산식설명

가. 처리과 기록물관리책임자 지정률(30%)

- 전체 처리과별 기록물관리책임자 지정 여부 평가

처리과 범위	1. 전체 처리과 - 지방의회, 시·도(본청, 시·군·구 포함), 직속기관, 사업소, 읍·면·동, 대학 등 전체 처리과 (※ 119 안전센터·구조구급센터·구조대 등 현장대응 전담부서는 제외) 관련근거 : 지방자치법 제5장(제12절), 제6장(제2절 보조기관, 제3절 소속행정기관, 제4절 하부행정기관, 제5절 교육·과학 및 체육에 관한 기관)
측정기준	[(기록물관리책임자를 지정한 처리과 수 / 전체 처리과 수)*0.3)]*100

나. 기록물 보안 및 재난대책 교육 이수율(40%)

- 전체 처리과 기록물관리책임자의 '보안 및 재난대책 교육' 이수 여부 평가

교육인정 범위	1. 기록관 주관 1시간 이상 자체 기록물 보안 및 재난대책 관련 집합교육 - 온나라 영상회의, ZOOM 등 비대면 실시간 교육 포함* * 1시간 미만 미인정, 단순 자료 배포 미인정, 전달 교육 미인정 2. 국가기록원 기록관리교육센터 이러닝 교육과정(기록물 보존과 재난대응)
측정기준	[(기록물관리책임자가 교육을 이수한 처리과 수 / 전체 처리과 수)*0.4]*100

다. 기록물 대피 우선순위 지정률(30%)

- 기록물 대피 우선순위 지정 기준을 수립하고 그 기준에 따라 기록관 서고에 보유하고 있는 비전자기록물을 대상으로 대피우선순위를 지정했는지 여부를 평가

대피우선순위 지정 대상	당해년도 서고 보유 비전자기록물
측정기준	[(대피우선순위 지정 기록물 권 수 / 당해연도 서고 보유 비전자기록물 권 수)*0.3]*100 ※ 대피우선순위 지정기준 미수립시 해당항목 0점 처리

○ 목표치 : 90% 이상

○ 평가대상 : 시·도+시·군·구(평균)

○ 평가기준일 : 2025. 12. 31.

시스템 구현 서식

구 분	가. 기록물관리책임자 지정(30%)		나. 보안 및 재난대책 교육 이수(40%)		다. 대피우선순위 지정(30%)		계산식 = [(B/A*0.3)+(D/C*0.4)+(F/E*0.3)]*100
	(A) 전체 처리과수	(B) 기록물관리책임자 지정 처리과수	(C) 전체 처리과수 = (A)와 같음	(D) 기록물관리책임자가 교육을 이수한 처리과수	(E) 보유 권수	(F) 지정 권수	
평균(ⓐ+ⓑ/ 시도 및 시군구 갯수)							
○○시·도(ⓐ)							
시·군·구 합(ⓑ)							
○○시(군)(구)							

연계시스템	없음

○ 증빙자료

―――――――― 증빙자료 제출 유의사항 ――――――――
※ 모든 증빙자료는 본문, 붙임파일, 문서번호, 결재일, 결재권자가 나타나도록 본문과 붙임파일을 모두 제출해야 하며 결재정보가 확인되지 않는 경우 미인정

증빙자료

가. 처리과별 기록물관리책임자 지정율(30%)

[제출자료]
① 처리과별 기록물책임자* 지정공문 공문
 - 별도 지정공문이 아닌, 사무(업무)분장 공문 등에 "기록물관리책임자" "기록물관리" 등으로 지정 가능
 - "기록관리", "기록물관리" 등 반드시 "기록"이 명시되어야 함. "기록"이 포함되지 않으면 미인정
 ※ 문서관리, 자료관리 등은 미인정
② 처리과별 기록물책임자 지정 현황 목록 [서식1]

[서식1] 처리과별 기록물책임자 지정 현황 서식(엑셀작성)

기관명	처리과 유형	처리과명	기록물관리책임자 성명	비고
○○시	본청 / 소속 / 읍·면·동 등	○○과	○○○	

제출자료: ①,② 모두 제출

나. 기록물 보안 및 재난대책 교육 이수율(40%)

[제출자료]
① 기록관 주관 자체 기록물 보안 및 재난대책 관련 집합교육 실시 결과보고 공문*
 * 일시, 장소, 교육시간(1시간 이상), 교육내용, 참석자 명단을 반드시 포함하여 보고하고, 참석자 명단은 엑셀파일로 작성, 해당 항목이 확인되지 않을 경우 미인정
② 국가기록원 기록관리교육센터 이러닝 '기록물 보존과 재난대응' 교육 수료자 명단 공문
③ 교육이수 현황 [서식2]
※ 기록관 주관 자체 집합교육(1시간 이상) 또는 ②국가기록원 기록관리교육센터 이러닝 '기록물 보존과 재난대응' 교육 중 택 1 하여 제출 (①+② 병행 실적의 제출 가능)

[서식2] 교육이수 현황 서식(엑셀작성)

기관명	처리과명	처리과 기록물관리책임자	교육 이수여부	교육형태
○○시	○○과	○○○	(O/X)	집합 / 이러닝

제출자료: ①,②,③ 모두 제출

다. 기록물 대피우선순위 지정율(30%)

[제출자료]
① 결재받은 당해년도 서고 보유 비전자기록물 목록
② 결재받은 대피우선순위 기록물 철목록(엑셀) [서식3]
 - 생산부서, 철제목, 생산년도, 보존기간, 기록물형태, 위치정보, 우선순위*를 포함하여 철목록 작성
 * "1순위", "2순위", "3순위"로 표기

[서식3] 대피우선순위 지정 목록 서식(엑셀작성)

기관명	생산부서	철제목	생산년도	보존기간	기록물형태	위치정보	우선순위
○○시	○○과	행정소송	2024	영구	문서	A-02-09	1순위

③ 결재받은 기록물 대피우선순위 지정기준*
 - ②대피우선순위 기록물 철목록 결과보고 시 ③을 포함하여 실시
   * 기록물관리기관 보안 및 재난관리 기준(NAK 2-1:2012) 참고
 ※ 대피우선순위 지정기준 미수립 시 해당항목 0점 처리

제출자료: ①,②,③ 모두 제출

※ 공통제출자료 : 기관 전체 처리과 수를 확인할 수 있는 자료	제출자료
[서식4] 처리과 목록(엑셀작성)* | 구분 | 처리과 유형 | 처리과명 | 비고 | |---|---|---|---| | 기관명 | 본청 | OO과 | | | 기관명 | 직속 | OO센터 | | | 기관명 | 읍·면·동 | OO동 | | * 지방의회, 시·도(본청, 시·군·구 포함), 직속기관, 사업소, 읍·면·동, 대학 등 전체 처리과 (119 안전센터 제외)	[서식4]

VPS실적 입력주체	광역자치단체	입력 시기	년
문의처	행정안전부 국가기록원 기록정책부 기록협력과 기록연구사 신승호 (☎ 042-481-1718, E-mail: seungho121@mail.go.kr / seungho121@korea..kr)		

국정 목표	3. 따뜻한 동행, 모두가 행복한 사회			
국민 약속	3-12. 국민의 안전과 건강, 최우선으로 챙기겠습니다.			
국정 과제	3-12-65. 선진화된 재난안전 관리체계 구축			
지표명	㉮ 지자체 관할의 지방도로 교통안전 관리체계			
지표 성격	< 국가주요시책 > - 「지역 교통안전 협의체」 구성 운영 계획('19.5월) 　※기관별 교통사고 예방 및 감소를 위한 중점시책과 협조 필요사항을 공유, 주민 요구를 반영하여 적시적·실효적 예방 활동 추진 - 관계부처 합동 2023년 교통사고 사망자 감소대책 수립·발표			
지표 유형	정량	공통	정순	계속(유지)
지표 설명	지표명 설명	지자체 관할도로의 교통안전 역량을 시·도별로 평가		
	평가근거	○ 「교통안전법」 제3조(국가 등의 의무) 제2항 ② 지방자치단체는 주민의 생명·신체 및 재산을 보호하기 위하여 그 관할 구역 내의 교통안전에 관한 시책을 해당 지역의 실정에 맞게 수립하고 이를 시행하여야 한다.		
	평가목적	○ 지자체의 교통안전 관련 관계기관 협업체계 등 평가를 통한 교통안전 역량 제고		
	기대효과	○ 관계부처 교통사고 사망자 수 절감 합동목표('27년까지 '20년대비 교통사고 사망자 수 50% 감축)에 기여		
	기타참고사항	○ 해당없음		
측정 방법	○ 산식 (시도) 지역교통안전협의체 평균 운영실적(건) = $\dfrac{\text{시도 및 시군구 지역교통안전 협의체 운영 실적}}{\text{시도 + 시군구 수}}$ (시군구) 지역교통안전협의체 평균 운영실적(건) = 시군구 지역교통안전 협의체 운영 실적 <배점표> 	운영실적	3건	4건	5건	6건 이상
점수	40	60	80	100 | ○ 산식 설명 - 지역교통안전협의체 : 기본적으로는 「지역 교통안전 협의체」('19.5.8., 안전개선과-2235호) 구성·운영계획에 따른 협의체를 의미하며, 3개 이상 기관*이 참여한 회의·점검·홍보도 포함 　　* 단, 시도-시군구, 시도 경찰청-경찰서, 시도교육청-지원청은 하나의 기관으로 간주 　　　(예) 서울시, 서울시 관악구, 서울 경찰청이 회의 혹은 합동 점검을 한 경우 2개 기관이 참여한 것으로 간주 　　(기관 예) 지자체(시도 및 시군구), 시도 경찰청(경찰서), 시도교육청(교육지원청), 지방국토관리청, 도로교통공단, 한국교통안전공단, 한국도로공사, 지역연구원, 교통연수원, 민간단체 등				

	< 지역교통안전협의체 운영실적 인정기준> - 시도 및 시군구 지역교통안전협의체 운영 실적 : '25.12.31. 기준, 시도 및 시군구에서 지역교통안전협의체를 운영한 건수 ※ 타기관에서 개최하는 협의체에 참여하는 경우에도 동일하게 협의체 운영실적으로 인정 · (범위) ① 관계기관 합동 현장 캠페인(홍보), 업무협약(MOU)체결 ② 관계기관 회의를 통해 기관별 우수 개선사례 등 우수시책 공유, 안전시설 및 제도개선(안) 2건 이상 상정, 교통안전 관련 주민(민원) 1건 이상 해결(일부개선 포함) ③ 관계기관 회의 혹은 합동 현장점검*을 통해 안전시설, 제도 등 개선 추진**(건) 　　* 주민 요구(민원)에 따른 합동점검, 타기관 주관 합동점검((예) 어린이 교통사고 다발 어린이 보호구역, 노인 보행자 사고다발지 합동점검 등) 포함 　　** 회의 및 현장점검의 시기는 무관하며, 개선을 추진한 연도가 평가기준연도('25년)인 경우 인정 (실적인정 예) 회의를 통해 우수시책 공유 1건, 시설개선(안) 2건 이상 상정 1건, 노인보행자 사고다발지 현장점검을 통해 안전시설 개선 1건 → 총 3건 인정 · (대상) 참석자 직급 관계없이 인정(다만, 교통안전 업무와 연관이 있는 자) · (방식) 현장점검, 현장홍보, 대면회의, 영상회의(서면회의는 불인정) - 시도 및 시군구 수(n) : 시도 및 관할 시군구 수(서울 26, 부산 17, 대구 10, 인천 11, 광주 6, 대전 6, 울산 6, 세종 1, 경기 32, 강원 19, 충북 12, 충남 16, 전북 15, 전남 23, 경북 23, 경남 19, 제주 3) ○ 목표치: 60점 이상 ○ 평가대상: 시·도 ○ 평가기준일: 2025.12.31.
시스템 구현 서식	지역교통안전협의체 운영실적(%) | 구분	지역교통안전협의체 운영실적(A)	시도 및 시군구 수(B)	평균 운영실적 (시도 평가) (C)=A/B	점수
---	---	---	---	---
총합계(ⓐ+ⓑ)	20	4	5	80
○○시도ⓐ	2	1		
시군구 합계ⓑ	18	3		
○○시	8	1		
○○시	5	1		
○○군	5	1			
연계 시스템	없음
증빙 자료	○ 산식(실적)에 대한 지자체 증빙자료 - 결과보고서(필요시 회의록, 관련 공문, 보도자료, 사진대장 등 추진 완료 증빙이 가능한 자료) * 증빙자료에는 참석자 명단이 포함되어야 하며, 참석자 명단이 포함되지 않은 경우 별도 참석을 증빙할 수 있는 자료 제출 등을 통해 인정 가능
VPS 입력주체	광역지자체/기초지자체　　입력시기　　연 1회
문의처	행정안전부 안전개선과 사무관 설재희(☎ 044-205-4220, E-mail: bung7@korea.kr) 행정안전부 안전개선과 주무관 연홍철(☎ 044-205-4222, E-mail: hongchul20@korea.kr)

국정목표	3. 따뜻한 동행, 모두가 행복한 사회
국민약속	3-12. 국민의 안전과 건강, 최우선으로 챙기겠습니다.
국정과제	3-12-65. 선진화된 재난안전 관리체계 구축
지표명	㉙ 지역 안전관리 역량 강화
지표성격	<국가주요시책> - 「국가안전관리시스템 개편 종합대책」 내 지자체가 협조, 조치해야 할 과제의 추진여부와 실적을 관리

지표유형	정량	공통	정순	계속(유지)

지표설명		
	지표명 설명	지역 안전관리 역량 강화를 위한 주요 과제의 추진실적 관리
	평가근거	「국가안전시스템 개편 종합대책」
	평가목적	「국가안전시스템 개편 종합대책」 내 지자체의 협조, 조치 과제 추진실적으로 지자체의 지역 안전관리 역량 강화 노력 확인
	기대효과	지역안전관리위원회 운영, 지역 단위 위험분석 협의체 구성, 시·도 재난안전연구센터 구성 등으로 지역 안전관리 역량 강화에 기여
	기타참고사항	없음

측정방법

○ 산식(①+②+③+④+⑤+⑥)

구분	비중	평가기준
① 지역안전관리위원회 연간 운영계획 수립	10%	수립 시 10(기관장 또는 부기관장 결재) 수립 시 5(실·국장, 부서장 결재 등), 미 수립 시 0
② 지역안전관리위원회 연간 운영 실적	10%	3회 이상 10, 2회 7, 1회 4, 0회 0
③ 지역 단위 위험분석 협의체 운영 실적	20%	2회 이상 20, 1회 10, 0회 0
④ 시·도 재난안전연구센터 구성	20%	구성완료 20, 구성 중 15, 계획수립 10, 미 구성 0
⑤ 재난안전통신망 활용 합동훈련	20%	기초자치단체 참여율에 따른 가중치 부여 (산식 설명 참조, 만점 20점 기준) 3회 이상 20, 2회 10, 1회 5, 0회 0
⑥ 안전신고 수용률 및 조치 완료율	20%	80% 이상 20, 60% 이상 16, 40% 이상 12, 40% 미만 8

○ 산식 설명
① 지역안전관리위원회 연간 운영계획 수립 : 「재난 및 안전관리 기본법」 제11조에 따라 연간 운영계획을 기관장(또는 부기관장)의 결재를 받아 수립한 경우 인정
 - 다만, 기관장(또는 부기관장)이 아니라 부서장, 실국장의 결재를 받은 경우도 부분점수 인정
 ※ (대상) 시·도(시군구 실적을 포함한 평균값 인정)
 ※ 연간 운영계획을 기관장(또는 부기관장) 결재 시 10점, 그 외의 경우 5점(부서장, 실국장 전결 등)

② 지역안전관리위원회 연간 운영 실적 : 공문 등 운영을 증빙할 수 있는 회의 개최 실적
- 대면 또는 온라인 영상회의로 지역안전관리위원회를 개최한 경우 인정(위원장^{기관장} 주재를 원칙으로 하되, 타 일정 등 부득이한 경우 부위원장^{부기관장} 주재도 인정)
- 시도 단위로 평가하되, 시도 단위 실적은 관할 시군구 실적을 포함한 평균값 인정
  ※ (대상) 시·도(시군구 실적을 포함한 평균값 인정)
  ※ 안전정책조정실무위원회 운영실적은 미반영
     (안전정책조정실무위원회는 지역안전관리위원회에 부칠 의안을 검토하고, 관계기관 간의 협의·조정을 위한 기구로 심의기구로 볼 수 없음)

③ 지역 단위 위험분석 협의체 운영 : 공문 등 운영을 증빙할 수 있는 회의 개최 실적
- 지역 단위 위험분석을 위해 시·도, 시·도연구원, 민간전문가, 경찰·소방 등 지역 내 유관기관이 모여 회의를 개최한 경우 인정(지역안전관리위원회 등 타 회의 등과 함께 진행한 경우도 인정)
- 지역 단위 위험분석 협의체에서는 국가 단위 위험분석 결과, 지역 단위 위험분석 결과, 위험분석에 따른 안전관리계획 수립 방향 등 논의
  ※ (대상) 시·도
  ※ 국가 단위 위험분석 결과는 행정안전부 국립재난안전연구원에서 제공 예정

④ 시·도 재난안전연구센터 구성 : 공문 등 구성을 증빙할 수 있는 경우
- 안전환경연구실, 재난안전연구센터 등 재난안전연구를 전담하는 조직이 설치되었거나 신규로 설치한 경우 인정(센터 내 구성 인력 관련 별도 제한 없음)
  ※ (대상) 시·도
  ※ 구성완료, 구성 중, 구성계획 수립, 미 구성
  • (구성완료) 연구센터를 구성하여 운영한 경우, 또는 시·도 내 대학·연구원 등과 연계하여 재난안전 정책연구 거버넌스 협의체를 구성·운영한 경우에도 실적으로 인정
    * 이미 연구센터가 설립되어 운영되고 있거나, 시·도 내 대학·연구원 등과 연계하여 운영하면서 지역 재난안전 연구와 정책 개발에 기여하고 있음을 평가
  • (구 성 중) 연구센터 설립이 진행 중이며 구체적 계획과 일정이 수립된 상태, 또는 시·도 내 대학, 연구원 등과 연계하여 협의체를 구성 중이며 구체적 계획과 일정이 수립된 상태
    * 연구센터 설립이 실질적으로 진행 중이거나, 시·도 내 대학·연구원 등과 연계하여 협의체를 구성 중이면서 일정과 자원이 점진적으로 확보되고 있음을 평가
  • (계획수립) 연구센터 설립은 되지 않았으나 설립을 위한 계획을 수립하고 논의 중인 상태, 또는 시·도 내 대학, 연구원 등과 연계하여 협의체를 구성할 계획을 수립하고 논의 중인 상태
    * 연구센터 설립을 위한 계획이 구체적으로 수립되어 있는 상태 또는 시·도 내 대학·연구원 등과 연계하여 협의체 구성을 실행에 옮길 준비가 되어 있음을 보여주는 경우에 점수 부여
  • (미 구성) 연구센터 구성을 위한 계획이 수립되지 않았거나, 시·도 내 대학·연구원 등과 연계할 계획이 수립되지 않았거나, 계획이 있으나 실행에 옮겨지지 않은 경우
    * 연구센터 설립에 대한 명확한 계획이나 진척이 없는 경우, 이 경우에는 점수가 부여되지 않음

⑤ 재난안전통신망 활용 합동훈련 : 재난안전통신망을 활용한 합동훈련(안전한국훈련, 을지연습 포함) 실시 횟수(4회)

※ (대상) 시·도(시군구 실적을 포함한 평균값 인정)

※ (법적근거)
  - 「재난 및 안전관리 기본법」 제35조(재난대비훈련 실시), 재난대비훈련지침(행안부예규)
    • 매년 정기적으로 일정기간을 정하여 실시하는 범정부 차원 '재난대응안전한국훈련'(연 1회)
    • 연중 재난관리책임기관이 주관하여 자체적으로 실시하는 '상시훈련'(수시, 1회 이상)
    • 어린이의 재난대처능력 함양을 위한 '어린이 재난안전훈련'
    • 잠재위험에 선제적으로 대비하는 'READY KOREA' 훈련
  - 「비상대비에 관한 법률」 제14조(훈련의 실시)

※ 안전한국훈련, 을지연습 등의 현장 합동훈련에 2회 이상 재난안전통신망을 적극 활용하고 나머지는 현장 집합 없이 재난안전통신망을 이용한 가상훈련으로도 진행 가능
  - 가상훈련의 경우 시도와 시군구 간 협력 강화와 재난대응 효율성 제고, 자원의 효율적 활용 등을 위하여 합동훈련도 실적으로 인정하며, 이 경우 지방자치단체뿐만 아니라 재난대응 유관기관이 합동으로 훈련에 참여해야 함(해당 시도와 시군구 훈련 횟수 인정)

※ 지자체가 합동훈련 주관기관이 아닌 합동훈련 참여기관이 되더라도 실적으로 인정이 가능(재난안전통신망을 활용하여 훈련에 참여했다는 증빙자료 필요)

※ 평가 기준

1) 각 시도별(기초자치단체 포함) 훈련 횟수에 대한 평균 계산

$$평균 훈련 횟수 = \frac{시도 및 시군구의 총 훈련횟수}{시도 및 시군구 수}$$

2) 평균 훈련 횟수에 따른 기본 점수 산정

평균 훈련 횟수 3회 이상	20점
평균 훈련 횟수 2회	10점
평균 훈련 횟수 1회	5점
평균 훈련 횟수 0회	0점

※ 평균 훈련 횟수는 소수 첫째자리에서 반올림한다.

3) 기초자치단체 수에 따른 가중치

기초자치단체 수 10개 이하 (대구, 인천, 광주, 대전, 울산, 세종, 제주)	가중치 1.00
기초자치단체 수 11~20개 (부산, 강원, 충북, 충남, 전북, 경남)	가중치 1.05
기초자치단체 수 21개 이상 (서울, 경기, 전남, 경북)	가중치 1.10

4) 최종 점수 계산 : 평균 훈련횟수에 따른 기본 점수에 가중치를 곱하여 산출

$$최종 점수 = 부여된 점수 \times 가중치$$

  - 단 최종 점수는 20점을 넘지 않아야 함

- 점수 산출방법 예시1)
  - 경기도(기초자치단체수 : 31개, 가중치 : 1.10)
  - 시도 및 기초자치단체의 훈련 횟수 총합 : 49회

  $$평균 훈련 횟수 = \frac{2(경기도) + 47(시군구 훈련총합)}{1(경기도) + 31(시군구수)} = 1.5회 ≒ 약 2회 (평균)$$

  * 소수 첫째자리에서 반올림
  - 점수 부여 : 10점
  - 최종 점수 : 10 × 1.1 = 11점

- 점수 산출방법 예시2)
  - 대구시(기초자치단체수 : 9개, 가중치 : 1.00)
  - 시도 및 기초자치단체의 훈련 횟수 총합 : 18회

  $$평균 훈련 횟수 = \frac{2(대구시) + 16(시군구 훈련총합)}{1(대구시) + 9(시군구수)} = 1.8회 ≒ 2회 (평균)$$

  * 소수 첫째자리에서 반올림
  - 점수 부여 : 10점
  - 최종 점수 : 10 × 1.0 = 10점

⑥ 안전신고 수용률 및 조치 완료율 : 지자체별 안전신고 처리실적 대비 수용율 및 조치 완료율을 절대평가

○ 목표치 : 75점
○ 평가대상 : 시·도
○ 평가기준일 : 2025.12.31.
※ 안전신고관리분석시스템 자료 활용 : 시군구를 포함한 해당 시도의 합계 자료 활용

시스템 구현 서식

① 지역안전관리위원회 연간 운영계획 수립

구 분	지역안전관리위원회 연간 운영계획 수립 (수립 시 10(기관장 또는 부기관장 결재), 수립 시 5, 미 수립 시 0)
총 평균(a, b, c, … 평균) * 시도 및 시군구 평균	7.500
○○시도(a)	10
○○시군구(b)	10
○○시군구(c)	10
○○시군구(…)	0

② 지역안전관리위원회 연간 운영 실적

구 분	지역안전관리위원회 연간 운영 실적 (3회 이상 10, 2회 7, 1회 4, 0회 0)
총 평균(a, b, c, … 평균) * 시도 및 시군구 평균	7.750
○○시도(a)	10
○○시군구(b)	10
○○시군구(c)	7
○○시군구(…)	4

③ 지역 단위 위험분석 협의체 운영 실적

구 분	지역단위 위험분석 협의체 운영 실적 (2회 이상 20, 1회 10, 0회 0)
○○시도	20

④ 시·도 재난안전연구센터 구성

구 분	시도 재난안전연구센터 구성 (구성완료 20, 구성 중 15, 계획수립 10, 미 구성 0)
○○시도	20

⑤ 재난안전통신망 활용 합동훈련

구 분	평균 훈련 횟수 (가)	평균 훈련 횟수에 따른 점수(나)	기초자치단체 수에 따른 가중치(다)	점수
○○시도(a)	산식 (a+b+c+⋯)/n			산식 (나×다)
○○시군구(b)				
○○시군구(c)				
○○시군구(⋯)				

* 평균 훈련 횟수에 따른 점수(나) : 3회 이상 20점, 2회 10점, 1회 5점, 0회 0점
* 기초자치단체 수에 따른 가중치(다)
  - 기초자치단체 수 10개 이하 : 1.00
  - 기초자치단체 수 11~20개   : 1.05
  - 기초자치단체 수 21개 이상 : 1.10
※ 점수는 20점을 초과할 수 없음

⑥ 안전신고 수용률 및 조치 완료율

구 분	안전신고 수용률 및 조치 완료율 (80% 이상 20, 60% 이상 16, 40% 이상 12, 40% 미만 8)
○○시도	

연계 시스템	없음
증빙 자료	○ 산식(실적)에 대한 지자체 증빙자료 	구분	증빙자료
① 지역안전관리위원회 연간 운영계획 수립	기관장(또는 부기관장) 결재문서 사본
② 지역안전관리위원회 연간 운영 실적	공문 등 증빙자료
③ 지역 단위 위험분석 협의체 운영 실적	공문 등 증빙자료
④ 시·도 재난안전연구센터 구성	공문 등 증빙자료
⑤ 재난안전통신망 활용 합동훈련	합동훈련 계획서, 결과보고서 결재본, 훈련 시나리오, 기타 훈련 증빙자료
⑥ 안전신고 수용률 및 조치 완료율	불필요(안전개선과 자체 분석 결과)	
VPS실적 입력주체	지자체	입력 시기	연 1회
문의처	행정안전부 안전정책총괄과 박대성 ☎ 044-205-4112, E-mail : simix09@korea.kr

국정목표	3. 따뜻한 동행, 모두가 행복한 사회
국민약속	3-12. 국민의 안전과 건강, 최우선으로 챙기겠습니다.
국정과제	3-12-66. 필수의료 기반 강화 및 의료비 부담 완화
지표명	㉮ 지역 응급환자 이송·수용체계 개선 활동 우수사례
지표성격	<국가주요시책> - 국정과제 66-2. 지역완결적 필수·공공의료 구축 - (지역완결형 전달체계 구축) 중증응급의료센터 육성 및 이송·전달체계 확충
지표유형	정성 / 공통 / 계속(변경)

지표설명		
지표명 설명	○ 지역 응급환자 이송·수용체계를 개선하기 위한 시·도응급의료지원단 및 지역응급의료협의체 구성·운영, 지역별 이송지침 및 응급실 수용곤란 고지 관리 기준 마련·적용 현황 등 지자체의 정책 추진 노력에 대한 정성평가	
평가근거	○ 응급의료에 관한 법률 제13조의3	
평가목적	○ 지역 응급의료자원을 반영한 지역별 응급환자 이송·수용체계 확립으로 이송병원 선정시간 단축 및 신속한 응급진료 제공 필요	
기대효과	○ 지역별 특성을 반영한 지역 중심의 이송·수용체계 구축으로 응급환자 발생 시 신속하게 이송 및 진료를 제공하여 국민의 생명 보호	
기타참고사항	-	

측정방법

○ 산식: 지역 응급환자 이송·수용체계 개선 활동 우수사례
 - 광역지자체(17개 시·도)의 응급환자 이송·수용체계 개선 활동 관련 우수사례 1건을 제출받아 합동평가단에서 정성평가

○ 산식 설명
 - 평가방향: 지자체 정책 추진 주요 성과(수용곤란 고지 관리 기준, 이송지침 마련 등) 등을 ①지자체 노력도, ②지역사회 연계·협력, ③지속·확산가능성의 3가지 기준으로 평가
 - 평가 세부기준

평가항목(100)	평가내용

지자체 노력도
(40)
	·지역 이송·수용체계의 특성·문제점 분석 노력
	  * 예시) 지역별 상황에 맞는 응급의료자원 조사 등
	·지역 이송·수용체계 개선방안 마련 노력
	  * 예시) 지역 이송지침에 자원조사 결과 반영 등
	  - 이송·수용체계 개선 관련 법·제도 및 인력·조직 활용 노력
	·조직 내 관심도 및 지자체 역량 투입 정도
	  - 주요 시책개발 노력, 예산확보, 홍보활동, 기관장 관심도 등 평가

연계·협력 (30)	·지역 이송·수용체계 개선을 위한 지역 내 유관기관 간 협력체계 구축 등 지역 내 다양한 자원의 효율적인 연계협력 활성화 * 예시) 지역 소방본부 및 응급의료기관 등을 포함한 지역응급의료협의체 구성, 협의체 운영을 통한 지역별 '응급실 수용곤란 고지 관리 기준 및 '지역 이송지침' 마련, 부적정 이송·수용에 대해 협의체 사례검토회의 개최 등 ·광역자치단체와 기초자치단체 간 협력체계 구축, 인접 시·도 간 원활한 이송을 위해 광역지자체 간 협력체계 구축 노력 등

	활용·전파가능성 (10)	· 이송·수용체계 관리를 위한 주기적 점검·환류 노력 - 수용곤란 고지 관리 기준 및 지역 이송지침 시행 전·후 부적정 이송·수용 사례·현황 변화 지속 점검, 부적정 이송·수용 사례에 대한 검토 및 결과 환류 등 · 타 자치단체로의 활용, 확산 가능성 등
	효과성 (20)	· 이송·수용 개선 성과가 양적·질적으로 나타났는지 평가

○ 우수사례 및 부적합사례 예시 등 설명

우수사례

(평가항목 범위) 지자체 중심의 재정·행정역량 투입 및 관련 기관 간 협력을 통한 수용곤란 고지 관리 기준 및 지역별 이송지침 마련 등 지역 이송·수용체계 개선을 위해 노력한 사항들을 평가

(평가항목 사례)
1. 지역응급의료협의체 구성·운영을 통해 지역의 특성을 반영한 응급실 수용원칙 및 수용곤란 고지 관리 기준을 마련, 주기적인 부적정 수용곤란 사례 검토 및 그 결과를 이송체계에 환류
2. 지역의 응급의료자원(구급차, 질환별 치료 가능 병원 등) 조사를 바탕으로 주요 질환별로 병원명을 명시한 지역별 이송지침 및 이송지도(map) 마련, 119구급대 이송 등에 활용

부적합사례

(부적합사례 범위) 형식적인 지침 마련 또는 지속적인 환류가 이뤄지지 않거나 중앙부처(보건복지부·소방청)에서 정책, 국비 등을 지원받아 단순 집행 역할을 수행한 경우. 다만, 사업비에 국비가 포함되었다고 하여 부적합사례에 해당하는 것은 아니며 해당 기관의 역할 등을 고려하여 평가

(부적합 사례)
1. 지역 내 소방본부, 응급의료기관 등과의 충분한 협의를 거치지 않거나 응급의료자원 조사 없이 수용곤란 고지 관리 기준 또는 지역별 이송지침을 만드는 경우
2. 지역에서 만든 수용곤란 고지 관리 기준 또는 이송지침을 실제 현장에 적용하지 않거나 지속적으로 점검·환류하지 않은 경우

○ 평가대상: 광역지자체(17개 시·도)
○ 평가기준일: 2025.12.31.

증빙 자료	○ 우수사례명 * 합동평가시스템(VPS)에 직접 입력 | 연번 | 우수사례명 | |---|---| | 1 | | ○ 우수사례에 따른 주요 성과 등에 대한 요약서(2페이지) ○ 사업계획서 및 결과보고서(평가 연도 내에 결재받은 공문서 등) ○ 우수사례의 사업효과를 설명할 수 있는 보조자료
문의처	보건복지부 응급의료과 이태경 사무관(☎ 044-202-2563, E-mail: leetgst@korea.kr) 보건복지부 응급의료과 김지훈 주무관(☎ 044-202-2559, E-mail: jihundaejeon@korea.kr)

국정목표	3. 따뜻한 동행, 모두가 행복한 사회		
국민약속	3-12. 국민의 안전과 건강, 최우선으로 챙기겠습니다.		
국정과제	3-12-66. 필수의료 기반 강화 및 의료비 부담 완화		
지표명	⑭ 지역·필수의료 강화 노력도		
지표성격	<국고보조사업 > <국가주요시책 > ○ 국정과제 66-2. 지역완결적 필수·공공의료 구축 - 책임의료기관 확충 및 역할 강화 - 지역거점공공병원 인프라 현대화 및 역량 강화 - 필수·공공의료 전달체계 개선		
지표유형	정성	공통	신규

지표설명		
	지표명 설명	지방자치단체에서 지역·필수의료를 강화하기 위해 정책 거버넌스를 구축·운영하고, 인프라 및 의료역량 제고를 위한 투자 확대 등을 추진한 노력 평가
	평가근거	「공공보건의료에 관한 법률」 제3조(국가와 지방자치단체의 의무)
	평가목적	지역 간 의료 격차 해소를 위해 지자체의 필수의료 강화 노력 제고
	기대효과	지역 의료역량 강화 및 지역 간 의료 격차 해소
	기타참고사항	

측정방법

○ 산식 : 시·도별 지역·필수의료 강화 우수사례 1건
 - 광역 시·도별 우수사례 1건을 제출받아 합동평가단에서 정성평가
  * 25년 이전부터 추진하여 '25년에 실제로 실행된 경우도 인정

<지역·필수의료 강화 노력 예시>

분야(예시)	세부 사례(예시)
지역·필수의료 인프라 확충	• 권역, 지역 책임의료기관 지정 및 역량 강화 지원한 사례 등 • 지방의료원, 보건소 등 공공의료기관 역량 강화 지원한 사례 등 • 공공의료기관 의료인력 확보 및 진료 활성화를 위한 지원 등
지역·필수의료 전달체계 구축	• 책임의료기관 중심으로 지역 의료기관(보건소 포함) 간 연계·협력 네트워크 구성한 사례 등 • 상급종합병원-종합병원-병·의원(보건소 포함) 등이 지역환자의 중증도에 따른 진료협력체계 구축한 사례 등 • 책임의료기관 등 거점의료기관 중심으로 지역의 의료인력, 의료자원 등 효율적 활용 도모한 사례 등
지역·필수의료 정책 거버넌스 강화	• 시도 공공보건의료지원단 운영 활성화를 통한 공공의료기관 기능 강화 지원 및 지역·필수의료 정책지원 강화한 사례 등 • 시·도공공보건의료위원회의 논의 기능 강화 등 지방자치단체 주도로 지역핵심의료기관과 유기적 협력체계 구축 등

○ 산식 설명
- 평가방향 : 지자체 우수시례에 대한 추진과정, 추진성과 등의 내용을 바탕으로
 ①지자체 노력도 ②효과성 ③연계·협력성 ④확산 가능성 4가지 기준으로 평가

<평가 세부기준>

평가항목(100)	평가내용
지자체 노력도(30)	• 기관장 및 조직 내 관심도 (단체장 및 주요간부 등의 현장행보, 간담회, 인터뷰, 지시사항, 등) • 지역·필수의료 강화 정책을 위한 행정 역량 투입 정도 (제도 정비, 계획 마련, 자원 투입 등) • 사업 및 정책 추진 시 지자체 역할의 주도성·적극성 정도
효과성(30)	• 필수의료 제공 강화 활동을 통한 확인 가능한 양적/질적 성과 정도 - 지역별 필수의료 이용률 격차 해소 등 사업수행에 따라 개선된 사항 • 우수사례 활동 과정 및 결과물이 지역에 미치는 영향 및 기대효과
연계·협력성(30)	• 필수의료 제공 강화를 위한 지역 내 공공보건의료 관련 유관기관(권역책임의료기관, 공공보건의료지원단 등) 간 협력체계 구축 및 참여 정도 • 보건의료분야 위원회* 등과의 협업을 통한 정책 연계 강화 노력 * 지역보건의료심의위원회, 시·도 공공보건의료위원회 등
확산 가능성(10)	• 단년도 일회성 사업이 아닌 지속 실현 가능성 여부 • 우수사례의 타 자치단체로의 확산 가능성

○ 우수사례 및 부적합사례 예시 등 설명

┌─ 우수 사례 ─┐

(우수사례 범위) 지자체가 해당 지역의 지역·필수의료 여건을 분석을 통해 지역의료 역량 제고를 위한 행정적 역량을 투입하거나, 지역의 의료전달체계 개선을 위해 의료기관간 연계·협력 할 수 있도록 지원한 사례

(우수사례 예시)
1. 해당 지역의 국립대병원, 상급종합병원과 지역 우수종합병원(지방의료원 등 포함)과 유기적인 협력체계를 구성하여, 공백없는 필수의료를 제공한 사례

2. 지역의료의 역량강화를 위해 공공보건의료기관의 필수의료분야 인프라를 개선해 지역의료기관을 이용하는 환자 수가 늘어나고 이용 만족도가 제고된 사례

3. 지역·필수의료 강화에서 지자체가 주도적인 역할을 할 수 있도록, 책임의료기관 원내협의체, 원외협의체 논의 내용을 시도공공보건의료위원회 등에 부의해 심의·논의한 사례

┌─ 부적합 사례 ─┐

(부적합사례 범위)

1. 중앙부처에서 국비 등을 지원받아 단순히 집행한 사례 등
   * 다만 사업비에 국비가 포함되었다고 해서 부적합 사례에 해당하는 것은 아니며, 해당 기관의 역할 등을 충분히 고려하여 평가

	○ 평가대상 : 광역 지자체(17개 시도) ○ 평가기준일 : 2025.12.31
증빙 자료	○ 우수사례명 * 합동평가시스템(VPS)에 직접 입력 | 연번 | 우수사례명 | |---|---| | 1 | | ○ 우수사례에 따른 주요 성과 등에 대한 요약서(2페이지) ○ 사업계획서 및 결과보고서(평가 연도 내에 결재받은 공문서 등) ○ 우수사례의 사업효과를 설명할 수 있는 보조자료
문의처	보건복지부 공공의료과 서기관 이화영(☎ 044-202-2531, E-mail: ehwayoung@korea.kr) 보건복지부 공공의료과 주무관 장성현(☎ 044-202-2537, E-mail: jsh9312@korea.kr)

국정목표	3. 따뜻한 동행, 모두가 행복한 사회			
국민약속	3-12. 국민의 안전과 건강, 최우선으로 챙기겠습니다.			
국정과제	3-12-67. 예방적 건강관리 강화			
지표명	㉠ 자살사망자 대비 자살고위험군 등록관리 현황			
지표성격	<국가주요시책> - 「자살예방 국가 행동계획」 추진에 따라 각 지자체별 자살고위험군 관리를 통해 지역별 자살예방정책의 적극적 수행 필요 - 자살고위험군 관리를 통하여 자살 고위험군의 자살 위험 정도를 낮추며, 지역의 자살사망 발생 건수를 감소시키기 위한 정량지표			
지표유형	정량	공통	정순	계속(유지)
지표설명	지표명 설명	지자체 자살사망자 숫자 대비 고위험군 등록 관리 현황		
	평가근거	「자살예방 및 생명존중문화 조성을 위한 법률」 제9조제1항 '보건복지부 장관은 기본계획에 기초하여 특별시·광역시·도·특별자치도(이하 "시·도"라 한다)별 시행계획을 조정하고 그 이행상황을 점검하여야 한다.'		
	평가목적	자살고위험군(자살시도자, 유족 등)은 일반인보다 높은 자살 재시도율*을 보이므로 각 지자체의 고위험군에 대한 지원 및 적절한 서비스 연계 등의 관리 강화 필요 *자살시도자는 일반 인구에 비해 자살률이 약 20~30배 높은 고위험군('13, 자살실태조사), 자살유족의 자살 위험은 일반인 대비 평균 8.3배~10배(스웨덴, Hedstrom et al, 2008)		
	기대효과	지자체별 자살고위험군 관리 체계를 강화하여 자살 재시도를 방지하고, 지역사회 복귀를 통해 자살위험도 및 자살률 감소 달성		
	기타참고사항			

측정방법	○ 산식
	1. 시·도(시군구 포함)의 자살사망자 수 대비 자살고위험군 등록관리 현황(가중치0.8)
	$$\Rightarrow \frac{\text{자살고위험군 등록관리 실인원 수(신규)}}{\text{평가연도 자살사망자 수}} \times 100$$
	2. 시·도(시군구 포함)의 자살고위험군 관리인원 대비 퇴록 현황(가중치0.2)
	$$\Rightarrow \frac{\text{퇴록인원 수}}{\text{당반기말 관리인원 수}} \times 100$$
	○ 산식 설명
	1. 자살사망자 수 대비 자살고위험군 등록관리 현황
	  - 자살사망자: 국가 자살동향 감시체계(통계청)에 따른 각 지자체별 자살사망자 수
	  - 자살고위험군 등록관리 현황: 각 지자체별 '정신건강사업안내' 지침에 따른 자살예방사업 업무실적 중 자살고위험군*(자살시도자, 의도자, 자살유족) 등록관리 등록현황 실인원(신규)
	    * 개별서비스계획(Individual Service Plan, ISP)을 수립해야 실적으로 인정
	  ※ 각 지자체별 통계(자살사망자 수) 산출 시점을 고려하여 실적은 2026년 2월말까지 집계
	  ⇒ 목표치 80%로 100점기준(최대값 80%) 환산 후 가중치 0.8 적용			

2. 자살고위험군 관리인원 대비 퇴록관리 현황
- 당반기말 관리인원 수: 자살예방사업 업무실적 중 자살고위험군 당반기말 관리인원 수
- 퇴록인원수: 자살예방사업 업무실적 중 퇴록현황의 퇴록(단, 자살제외)* 실인원 수
  * 자살위험감소, 서비스 종결, 전출, 사망(그 외), 기타 등 명시되어 있는 퇴록 사유에 표기된 실적으로 자살은 제외
⇒ 목표치20%로 100점기준(최대값 20%) 환산 후 가중치 0.2적용

○ 목표치: 90점
○ 평가대상: 시·도(시·군·구 포함)
○ 평가기준일: 2025. 12. 31.

시스템 구현 서식

구분	①자살사망자 대비자살고위험군 등록관리현황				②등록관리인원대비 퇴록관리현황						③총점
	평가연도 자살사망자수(A)	자살고위험군 등록관리 실인원수(신규)(B)	자살사망자 대비 자살고위험군 등록관리현황(C) (B/A × 100) * (C)최대값 ≤80	100점 환산(D)=((C)*1.25)	①점수((D) × 가중치 0.8)	당반기말 등록관리 실인원수(E)	퇴록 실인원수(F)	퇴록-자살수(G)	등록관리인원대비 퇴록관리현황(퇴록자살제외)(H) ((F-G)/E × 100) *(H)최대값≤20	100점 환산(I) (((H)*5)	②점수((I) × 가중치 0.2)	① + ②
총합계												
○○시도 (실적있는시도만작성)	✕	✕	✕	✕	✕	✕	✕	✕	✕	✕	✕	
시군구 합계												
○○시												
○○군												
○○구												

연계시스템: 없음

증빙자료:
○ 산식(실적)에 대한 지자체 증빙자료
- 필요: 자살예방사업안내에 따른 자살예방사업 업무실적

VPS실적 입력주체	시·도	입력시기	연단위

문의처: 보건복지부 자살예방정책과 장을진 사무관(☎ 044-202-3892, E-mail: jang9040@korea.kr)

국정목표	3. 따뜻한 동행, 모두가 행복한 사회			
국민약속	3-12. 국민의 안전과 건강, 최우선으로 챙기겠습니다.			
국정과제	3-12-67. 예방적 건강관리 강화			
지표명	⑭ 의료급여수급권자 건강검진 수검률			
지표성격	<국고보조사업> - 의료급여수급권자 건강검진 지원으로 고혈압, 당뇨병 등 심·뇌혈관질환을 조기 발견하여 치료 및 관리로 연계함으로써 건강증진을 도모하고, 영유아의 발달상황 추적관리로 건강한 성장발달 지원 * 의료급여수급권자의 건강검진비 및 수검 독려를 위한 홍보비 등 지원('24년 국고 8,308백만원)			
지표유형	정량	공통	정순	계속(유지)
지표설명	지표명 설명	의료급여수급권자의 건강검진 수검 현황 평가 * 건강보험가입자의 경우와 달리 의료급여수급권자의 건강증진은 국가와 지자체의 의무로 정하고 있음.		
	평가근거	【의료급여법】 제14조(건강검진) ① 시장·군수·구청장은 이 법에 따른 수급권자에 대하여 질병의 조기발견과 그에 따른 의료급여를 하기 위하여 건강검진을 할 수 있다. 【건강검진기본법】 제5조(국가와 지방자치단체의 의무) ① 국가와 지방자치단체는 국민건강의 보호·증진을 위하여 국가건강검진을 실시·지원함으로써 질병을 조기에 발견·진단·치료하고 사후관리가 될 수 있도록 적극 노력하여야 한다. ③ 국가와 지방자치단체는 국가건강검진 실시와 관련된 안내 및 건강검진의 결과를 당사자에게 적절한 방식으로 제공함으로써 건강검진의 효과를 높이고 국민의 건강을 증진시켜야 한다. 제25조(국가건강검진 수검자 의료비 지원 등) ① 국가와 지방자치단체는 국가건강검진을 받은 수검자에 대하여 확진을 위한 정밀검사, 건강위험평가 및 흡연·음주·운동·영양·비만 등 생활습관 개선에 사용되는 의료비를 예산 또는 「국민건강증진법」에 따른 국민건강증진기금에서 지원할 수 있다.		
	평가목적	의료급여수급권자의 주요 만성질환 및 건강위험요인 조기발견-사후관리를 통한 건강증진 도모를 위해 건강검진 수검률 관리		
	기대효과	건강검진을 통해 질병의 조기발견 및 치료연계로 의료급여수급권자의 건강증진 도모		
	기타참고사항	해당사항 없음		
측정방법	○ 산식 : 지역사회 내 의료급여수급권자의 건강검진 수검률 - (∑건강검진 수검자 수(일반+영유아) / ∑ 건강검진 대상자 수(일반+영유아)) × 100 　* 의료급여수급권자에 한함. ○ 산식 설명 - 건강검진 종류 : 일반건강검진, 영유아 건강검진 - 건강검진 수검자 수 : 각 시군구 의료수급권자 건강검진 대상자 중 건강검진* 수검 인원 　* 일반건강검진, 영유아건강검진 - 건강검진 대상자 수 : 각 시군구 의료수급권자 건강검진* 대상자 　* 일반건강검진, 영유아건강검진			

○ 목표치 : 의료급여수급권자의 건강검진 수검률을 2030년까지 47% 수준으로 향상
* 2030년까지 지역별 47% 도달을 목표로 지역별 연평균 증가율 반영

(단위 : %)

구분	2022년	2023년	2024년	2025년	2026년	2027년	2028년	2029년	2030년	연평균 증가율 (23~)
합계	39.2	38.2	41.1	39.4	39.9	41.6	43.4	45.2	47.0	3.01
서울	36.9	35.7	39.2	37.1	37.9	40.0	42.3	44.6	47.0	4.01
부산	38.1	37.5	40.2	38.7	39.4	41.2	43.1	45.0	47.0	3.28
대구	38.2	37.6	40.2	38.8	39.5	41.2	43.1	45.1	47.0	3.24
인천	40.4	40.2	42.0	41.1	41.6	42.9	44.2	45.6	47.0	2.26
광주	43.8	42.8	44.6	43.4	43.7	44.5	45.3	46.2	47.0	1.35
대전	43.4	41.3	44.3	42.1	42.5	43.6	44.7	45.9	47.0	1.86
울산	40.9	41.5	42.3	42.2	42.6	43.7	44.8	45.9	47.0	1.79
세종	45.0	45.3	45.5	45.5	45.7	46.0	46.3	46.7	47.0	0.53
경기	37.9	37	40.0	38.3	39.0	40.9	42.8	44.9	47.0	3.48
강원	37.9	38	40.0	39.2	39.8	41.5	43.3	45.2	47.0	3.08
충북	39.8	39.2	41.5	40.2	40.8	42.3	43.8	45.3	47.0	2.63
충남	40.9	38.6	42.3	39.7	40.3	41.9	43.6	45.3	47.0	2.85
전북	43.0	41.7	43.9	42.4	42.8	43.8	44.9	46.0	47.0	1.72
전남	43.6	41.2	44.4	42.0	42.4	43.5	44.7	45.9	47.0	1.90
경북	37.3	36.6	39.5	37.9	38.6	40.6	42.7	44.8	47.0	3.64
경남	39.6	38.7	41.3	39.8	40.4	41.9	43.6	45.3	47.0	2.81
제주	36.4	35.3	38.8	36.8	37.6	39.8	42.1	44.5	47.0	4.17

○ 평가대상 : 시·도(시·군·구 포함)

○ 평가기준일: 2025.1.1.~2025.12.31까지 건강검진을 받은 실적

시스템 구현 서식

(단위 : 명, %)

구분	일반검진 대상자수 (A)	일반검진 수검자수 (B)	영유아검진 대상자수 (C)	영유아검진 수검자수 (D)	전체 대상자수 (E=A+C)	전체 수검자수 (F=B+D)	수검률 (F/E*100)
합계(ⓐ+ⓑ)							
○○시도ⓐ							
시군구 합계ⓑ							
○○시							
○○군							
○○구							

* 의료급여 생애전환기 검진 제외

연계시스템: 해당없음

증빙자료: 증빙자료 불필요 : 국민건강보험공단 통계 자료 활용

VPS실적 입력주체: 보건복지부 | **입력시기**: 년

문의처:
보건복지부 건강증진과 사무관 박지민(☎ 044-202-2828, E-mail: jmp1030@korea.kr)
보건복지부 건강증진과 주무관 윤지수(☎ 044-202-2827, E-mail: yjs3157@korea.kr)

국정목표	3. 따뜻한 동행, 모두가 행복한 사회
국민약속	3-12. 국민의 안전과 건강, 최우선으로 챙기겠습니다.
국정과제	3-12-67. 예방적 건강관리 강화
지표명	㉘ 지역사회 정신질환자 관리
지표성격	<포스트 코로나19 대응, 국가주요시책, 국고보조사업> - 「정신건강증진 및 정신질환자 복지서비스 지원에 관한 법률(이하'정신건강복지법')」이 개정 ('17. 5. 30. 시행) 됨에 따라 지역사회에서의 책임성 있는 정신질환자 관리의 내실화 및 일반 국민대상의 정신건강서비스 확대 필요 - 사회서비스일자리 로드맵상 정신건강복지센터 등 지역사회 정신건강서비스 기관의 사례 관리전문인력 충원 및 관련기관 확충을 통한 정신건강 인프라 확충 유도

지표유형	정량	공통	정순	계속(유지)

지표설명		
	지표명 설명	o 지역사회 정신질환자 관리수준 점검 1. 지역 정신건강서비스 기관 정신질환자 신규등록률 2. 지역 정신건강서비스 기관 사례관리자 1인당 등록 정신질환자 수
	평가근거	'정신건강복지법' 제8조제2항 보건복지부장관은 국가계획 및 지역계획의 시행결과를, 시·도지사는 해당 지역계획의 시행결과를 각각 대통령령으로 정하는 바에 따라 평가할 수 있다.
	평가목적	o 지역사회 내 정신질환자 관리수준의 평가를 통하여, 각 지자체의 정신건강관련 기관의 인력 및 인프라 확충을 적극적으로 유도하고, 정신건강관련 지역사회 협의체 운영의 활성화를 통해 정신질환자 조기발견·개입 환경구축 실현기대
	기대효과	o 코로나 19 장기화로 인한 지역사회 정신건강서비스 수요증가, 국정과제, 제2차 정신건강복지기본계획(2021~2025년)의 적극적 실행 등을 위하여 지역 사회 정신질환자 관리의 내실화 및 인프라 구축 활성화 필요
	기타참고사항	o 해당사항 없음

측정방법	○ 산식
	
	1. 지역 정신건강서비스 기관 정신질환자 신규등록률(60점)
	$$= \frac{\text{당해연도 신규 등록자 수 (A)}}{\text{전체 등록자 수 (B)}} \times 100$$
	
	2. 지역 정신건강서비스 기관 사례관리자 1인당 등록 정신질환자 수(40점)
	$$= \frac{\text{분기별 등록자 수의 합 (E)}}{\text{분기별 사례관리자 수의 합 (F)}}$$
	
	○ 산식 설명
	
	1. 지역 정신건강서비스 기관① 정신질환자 신규등록률②③
	① (지역 정신건강서비스 기관) 기초정신건강복지센터, 아동청소년정신건강센터, 기초중독관리통합지원센터, 기초자살예방센터(독립형)
	② (전체 등록자 수) 해당년(1.1.~12.31.) 동안 지역 센터 등록자 실인원*
	    * MHIS 산출기준①②③ 모두 만족(① 사정평가 인적정보 입력, ② ISP 수립, ③ 개별상담실시)
	    MHIS> 통계 및 지표> 정부합동평가 대상자 조회(전체 등록자 12월)

③ (당해연도 신규 등록자 수) 해당년(1.1.~12.31.) 동안 지역 센터에 신규로 등록한 실인원*(1년 이내 재등록자 제외)
  * MHIS 산출기준①②③ 모두 만족(① 사정평가 인적정보 입력, ② ISP 수립, ③ 개별상담실시)
  MHIS.> 통계 및 지표> 정부합동평가 대상자 조회(신규등록자 1~12월+재등록자 1~12월)
④ (평가기준) 신규등록률(0~15%*) x 3 + 15점
  * 등록률이 15%를 초과하는 경우 15%(소수 첫째자리에서 반올림)

2. 지역 정신건강서비스 기관① 사례관리자② 1인당 등록 정신질환자 수③④
① (지역 정신건강서비스 기관) 기초정신건강복지센터, 아동청소년정신건강센터, 기초중독관리통합지원센터, 기초자살예방센터(독립형)
② (사례관리자) 지역 정신건강서비스 기관의 상근인력* 중 사례관리하는 회원이 1명 이상인 종사자
  * 주 35시간 이상 근무하는 종사자이며, 센터장은 제외
③ (등록 정신질환자) 해당 센터에서 등록 관리하는 대상자
④ (사례관리자 1인당 등록 정신질환자 수) 분기별로 사례관리자*, 등록 정신질환자**를 집계하여 사례관리자별 담당하는 분기별 정신질환자 수의 합 산출
  * MHIS> 시스템 관리> 조직관리> 사용자 관리(3,6,9,12월 말 기준) 인력 데이터 추출
  ** MHIS> 통계 및 지표> 업무실적> 마감통계(3,6,9,12월)> 당반기말 회원 수(가족 등록자 제외)
⑤ (평가기준) 서비스 질 제고를 위하여, 1인당 담당 정신질환자 수 축소 지향

초과(명)	-	24.5~	27.5~	30.5~	33.5~	36.5~	39.5~	42.5~
이하(명)	24.5	27.5	30.5	33.5	36.5	39.5	42.5	-
점수(점)	40	37	34	31	28	25	22	20

○ 목표치: 80점
○ 평가대상: 시·도(시·군·구 전체 실적)
  ※ 제주특별자치도의 경우 제주시, 서귀포시 실적의 합 기준
○ 평가기준일: 2025. 12. 31.

		1. 정신질환자 신규등록률				2. 1인당 등록 정신질환자 수					
	구분	당해연도 신규 등록자 수(A)	전체 등록자 수(B)	신규 등록률(C)= A/B ×100	점수배점 기준(D)= (C=0~15, C<0, 0 C>15, 15)	1. 점수 =(D)x3+ 15점	등록정신질환자 수(E)	사례관리자 수(F)	1인당 등록 정신질환자 수(G)= E/F	점수배점기준(H)= (G≤24.5, 40 24.5<G≤27.5, 37 27.5<G≤30.5, 34 30.5<G≤33.5, 31 33.5<G≤36.5, 28 36.5<G≤39.5, 25 39.5<G≤42.5, 22 42.5≤G, 20)	2. 점수 =H	총점 1+2
시스템 구현 서식	○○시도 (시군구합계)											
	○○시											
	○○군											
	○○구											

연계 시스템	정보시스템운영부서				연계항목	
	정보시스템명칭	기관/부서	담당자	연락처	항목이름	증빙화면
	정신건강사례관리 시스템(MHIS)	한국사회 보장정보원/ 사례관리정보부	김정수	02-6360-5496		

증빙 자료	1. 등록 정신질환자 수 : 정신건강사례관리시스템을 활용하여 추출 2. 사례관리자 수 : 정신건강사례관리시스템을 활용하여 추출		
VPS실적 입력주체	시·도	입력 시기	분기별
문의처	보건복지부 정신건강관리과 김혜지 사무관 (☎ 044-202-3872, workplace@korea.kr) 보건복지부 정신건강관리과 백록담 주무관 (☎ 044-202-3876, brd0626@korea.kr) 국립정신건강센터 정신건강사업과 모영난 주무관(☎ 02-2204-0350, yaongilo@korea.kr)		

국정목표	3. 따뜻한 동행, 모두가 행복한 사회			
국민약속	3-12. 국민의 안전과 건강, 최우선으로 챙기겠습니다			
국정과제	3-12-68. 안심 먹거리, 건강한 생활환경			
지표명	㉮ 식중독 발생 관리율			
지표성격	< 국가주요시책 > - 「식품위생법」 제87조에 따라 식중독 예방·확산 방지를 위해 범정부 식중독대책협의기구 운영 　* '24년 식중독 집중 예방관리 활동을 통한 식중독 저감 목표: 인구 100만명당 환자수 100명 이하 관리 - 식중독 확산 방지를 위한 식중독 신속 대응 및 원인·역학조사 실시 - 식중독 예방 관리 및 식중독 발생 시 신속 대응을 통한 확산 방지			
지표유형	정량	공통	역순	계속(유지)
지표설명	지표명 설명	○ 최근 기후변화에 따른 신·변종 원인균 출현 등으로 식중독 발생 위험요인 증가 　* 원인조사 식중독균 : '06년 11종 → '09년 17종 → '19년 30종 ○ 각 지자체별로 식중독 환자수를 10% 이상 줄이거나 인구 백만 명 당 100명 이하로 유지하는 것을 목표로 하여 적극적인 식중독 예방 관리 대책을 수립·시행하도록 하려는 것임 　* 평균온도 1℃ 상승 시 식중독 발생건수는 5.27%, 환자 수는 6.18% 증가('09년, 기후변화사업단 연구보고서)		
	평가근거	「정부업무평가법」 제21조 및 「식품위생법」 제90조의3		
	평가목적	○ 지자체의 식중독 예방관리 활동 강화로 식중독 발생 저감화 달성 - 식중독은 사소한 관리 소홀이나 부주의만으로도 대규모 식중독으로 확산 될 가능성이 높음 - 식중독으로 인해 생산성 감소, 기업관리 비용, 의료비용 등 사회·경제적 손실 발생 　* 식중독으로 인한 사회·경제적 손실 : 연간 1조8,000억원(2021, 캠아이넷 ㈜) - 식중독의 효과적 차단을 위해서는 식중독 발생 시 신속한 대응 및 원인·역학조사와 식중독 예방 교육·홍보 등을 통한 철저한 사전·사후관리와 지속적인 평가·관리 필요 　* 경기 ㅇㅇ연수원은 최초 20명이 신고 되었으나, 지하수 살균소독 등 초동조치 및 원인조사 미흡으로 305명 환자가 발생(초기대비 1,525% '18.8)으로 피해 증가		
	기대효과	○ 우리나라 식중독 환자수를 인구 백만 명당 100명 이하 수준으로 관리 　* 백만명당 식중독 환자수 : ('18) 222명 → ('19) 79명 → ('20) 49명 → ('21) 100명 → ('22) 107명 ○ 식중독 발생 원인 규명을 위한 노력을 반영하여 원인규명률 향상 - 원인 규명을 통해, 식중독 확산 방지 및 식중독 예방 활동에 활용 ○ 식중독으로 인한 생산성, 의료비용 등 사회·경제적 비용 손실 저감		
	기타참고사항	○ "식중독 환자"란 식중독 의심환자 중에 식중독 원인 추정 시간·장소·식품 등에 노출된 사람 중 역학조사관의 자문을 얻어 식중독 사례에 포함되는 사람을 말함 ○ "식중독보고관리시스템" 이란 「식품안전기본법」 제24조의2 제1항에 따른 통합식품안전정보망의 식품행정통합시스템(http://admin.foodsafetykorea.go.kr)에 식중독 발생 보고를 위해 구축된 시스템을 말함		

측정 방법	
	○ 산식 - 인구 백만명 당 식중독 환자 수를 기준으로, ① 선진국 수준인 100명 이하로 유지하거나, ② 최근 5년 평균('19~'23년) 환자수 대비 90% 수준으로 저감하도록 각 지자체별 목표치 설정 ※ 식중독 발생 관리율(%) = $\dfrac{A}{B} \times 100$ 　* A : 당해 연도 인구 백만명 당 식중독 발생률 　　　[(당해연도 식중독 환자수/인구수)×1,000,000] 　　B : 5년 평균 인구 백만명 당 식중독 발생률 　　　[(최근 5년간 평균 식중독 환자수/인구수)×1,000,000] ○ 산식설명 - 시·도별 최근 5년간 평균('19~'23년) 식중독 발생 환자 수*가 선진국 수준인 인구 백만명 당 100명 이하인 경우는 100명 이하로 유지할 수 있도록 하거나, - 100명 초과인 경우는 5년 평균('19~'23년) 대비 10% 이상 저감 하도록 목표치를 설정 　* 최종 역학조사보고서에 보고된 환자수 ※ (당해년도 식중독 환자수 평가에서 제외) ①원인시설이 가정집, 사무실, 숙소 등 일시적 자가 조리 소비인 경우 ②식중독이 발생하였으나 신속하고 적극적인 원인조사 등의 노력으로 원인식품을 규명*한 건 　* 규명기준 : 보존식, 식품, 도마·칼·행주 등 식품을 오염시킬 수 있는 환경검체에서 인체와 유전적으로 동일한(PFGE, 바이러스 세부타입 등) 식중독 원인균·바이러스가 검출되거나, 질병청 역학보고서 검토 결과 원인이 규명된 경우 등

< 행정안전부 주민등록 인구통계, '23년 기준 >

구 분	인구수 기준(명)	구 분	인구수 기준(명)
서울	9,386,034	경기	13,630,821
부산	3,293,362	강원	1,527,807
대구	2,374,960	충북	1,593,469
인천	2,997,410	충남	2,130,119
광주	1,419,237	전북	1,754,757
대전	1,442,216	전남	1,804,217
울산	1,103,661	경북	2,554,324
세종	386,525	경남	3,251,158
-	-	제주	675,252

* 행정안전부, 주민등록 인구 통계(주민등록 인구 및 세대현황, 연간현황)

	○ 목표치(5년 평균('19~'23년))					
	구 분	5년 평균 인구 백만명당 식중독 발생률(B, %)	목표 관리율(%)	구 분	5년 평균 인구 백만명당 식중독 발생률(B, %))	목표 관리율(%)
	서울	79.0	126.6 이하	경기	81.9	122.1 이하
	부산	209.9	90.0 이하	강원	148.1	90.0 이하
	대구	95.3	104.9 이하	충북	170.9	90.0 이하
	인천	67.7	147.8 이하	충남	173.6	90.0 이하
	광주	157.0	90.0 이하	전북	85.6	116.8 이하
	대전	52.0	192.3 이하	전남	79.6	125.6 이하
	울산	38.6	259.1 이하	경북	81.9	122.1 이하
	세종	143.3	90.0 이하	경남	92.6	108.0 이하
	-	-	-	제주	162.6	90.0 이하

* 목표관리율 산식 : (B값이 100 초과인 경우) 90% 이하, (B값이 100 이하인 경우) 100/B*100% 이하
** 목표관리율 수치는 결과값에서 소수점 둘째 자리에서 반올림
☞ B값과 목표관리율은 '23년 식중독 환자 수 확정된 수치를 반영하여 산출한 것임.

○ 평가대상: 시·도(시·군·구 통계 합산)
○ 평가기준일: 2025. 12. 31.(합산통계 기준)

시스템 구현 서식	○ 식중독 발생 관리율(%)							
	구 분	당해 연도 인구 백만명 당 식중독 발생률(A)			5년 평균 인구 백만명 당 식중독 발생률(B)			식중독 발생 관리율(C) {A/B} × 100
		당해 연도 식중독 환자수 ①	해당 지역 인구수 ('23년도) ②	(A) =①/② ×1,000,000	최근 5년간 평균 식중독 환자수③	해당 지역 인구수 ('23년도)④	(B) =③/④ ×1,000,000	
	○○ 시/도							

* 식중독발생 관리율 결과값(C)이 시도별 목표관리율 이하인 경우 달성, 초과인 경우 미달성

연계 시스템	정보시스템운영부서				연계항목	
	정보시스템명칭	기관/부서	담당자	연락처	항목이름	증빙화면
	식중독보고관리 시스템	식중독 예방과	이효진	043-719-2111	식중독 조사 결과 관리	붙임. 참조

증빙 자료	○ 산식(실적)에 대한 지자체 증빙자료 - 불필요 : 식중독보고관리시스템 통계자료 활용

VPS실적 입력주체	중앙부처	입력 시기	연간

문의처	식품의약품안전처 식중독예방과 송과영(☎ : 043-719-2103, E-mail : SKY0701@korea.kr 이효진(☎ : 043-719-2111 E-mail : lhjk0014@korea.kr)

국정목표	3. 따뜻한 동행 모두가 행복한 사회
국민약속	3-12. 국민의 안전과 건강, 최우선으로 챙기겠습니다.
국정과제	3-12-68. 안심 먹거리, 건강한 생활환경
지표명	㉔ 지역사회 위해의료제품 수거·검사 실적
지표성격	<국고보조사업> - 「특별행정기관 정비방안」 에 따라 유통의료제품 품질 확보를 위한 수거검사 업무가 식약청에서 지자체로 이관('09년~) - 의약품 분야의 경우 수거검사 관련 사업비, 기본경비, 인건비 등 국고보조

지표유형	정량	부분(세종 제외)	정순	계속(유지)

지표설명	지표명 설명	시도별 위해의료제품(의약품, 한약재, 의약외품, 화장품) 신속 수거검사 노력과 목표 달성도를 평가
	평가근거	정부업무평가 제21조, 「국가균형발전특별법」 제35조, 「약사법」제69조(보고와 검사), 「의약품 등의 안전에 관한 규칙」 제85조, 제86조, 제87조, 「의약품·마약류 제조·유통관리 기본계획」, 「바이오의약품·한약(생약)·화장품·의약외품·인체조직 제조·유통관리 기본계획」
	평가목적	국고보조사업 추진실적 점검
	기대효과	지역 내 유통 의료제품 품질감시 수준 제고로 국민건강 확보
	기타참고사항	약어·전문용어·고유사업명 설명 등

측정방법

○ 산식
- 위해의료제품(의약품, 한약재, 의약외품 및 화장품) 수거·검사 실적 =
  [{검사완료 건수(A)/수거배정 건수(B)}×환산치(C)]+{결과보고 완료(E)×0.2}+가산점(G)
  ※ [{A/B}×C]값은 최대 0.8까지만 인정
  ※ 가산점(G) : 수거검사량 증가 등 조건에 부합한 경우 최대 0.2점 부여
              (단, 전체 총점은 1.0을 초과할 수 없음)

○ 산식 설명
- 지자체의 위해의료제품(의약품·한약재·화장품·의약외품) 수거·검사실적:
  검사결과(가중치 80%) 및 결과보고 완료(가중치 20%) 결과 반영
  ※ 소수점 둘째자리까지 계산(세번째 자리에서 반올림)
- 검사완료 건수(A): 각 지자체에서 실제로 검사한 의료제품 검사 품목 수
- 수거배정 건수(B): 각 지자체에 배정된 수거·검사 품목 수
- 환산치(C): 배정량과 목표달성 여부에 따라 아래 값을 적용

목표달성여부 \ 배정량	150건 이상	100건 이상	50건 이상	30건 이상	30건 미만
목표달성시 (A/B=1이상)	0.8	0.75	0.65	0.55	0.5
목표미달성시 (A/B=1미만)	0.6	0.5	0.4	0.3	0.2

※ 점수계산 사례(예시)

사례	결과보고 점수계산(최대 0.8)
① 배정량 270건 실적 269건(목표미달성)	269/270×0.6 = 0.6
① 배정량 100건 실적 100건(목표달성)	100/100×0.75 = 0.75
② 배정량 50건 실적 60건(목표일부초과)	60/50×0.65 = 0.78
② 배정량 20건 실적 40건(목표초과)	40/20×0.5 = 1.0(0.8초과로 최대점수 0.8부여)
(예) 검사점수 + 결과보고점수(0.2) +가산점(최대0.2) = 총합이 0.9이상인 경우 '가등급'	
(최소실적 점수계산 사례 예시) 배정량 20건, 실적 20건, 결과보고완료, 협업시스템 사용 = 20/20×0.5 + 결과보고 0.2 + 가산점 0.1 = 0.8	

- 결과보고 완료(E): 2025년 12월까지 수거·검사 검사결과 보고 완료여부 기준

보고완료 시점*	해당점수	보고완료 시점	해당점수
'25. 12. 31.까지 보고	1.0	'26. 01. 31.까지 보고	0.5
'26. 01. 15.까지 보고	0.8	'26. 02. 01.이후 보고	0.0

※ 보고완료 시점은 지자체 발송 공문의 결재일자로 반영
※ 결과보고 시점에 배정량에 대한 수거·검사를 완료한 경우는 해당일로 반영(배정량 외에 추가 수거량에 대한 검사가 진행 중이어도 완료한 것으로 점수 반영)

- 가산점(G): 다음에 해당하는 경우 가산점 최대 0.2점 부여(단, 총점이 1.0을 초과할 수 없음)

구분	가산점 대상 세부 기준
①다음 중 1개 이상에 해당 하는 경우 (0.1점)	㉠검사완료 건수(A)가 150건 이상인 경우 ㉡올해 수거배정 건수(B) 대비 검사완료건수(A)가 일정 비율 이상 증가한 경우 (아래 배정량별 비율적용) | 배정량 | 150건 이상 | 100건 이상 | 50건 이상 | 50건 미만 | | 적용비율 | 10% | 20% | 40% | 60% | ㉢배정량의 80% 이상을 상반기에 수거한 경우 (2분기 결과보고를 통해 상세품목 포함하여 제출되는 경우)
② 협업시스템 사용 (0.1점)	협업시스템을 통해 수거검사 실적을 모두 입력한 경우(분야별 수거실적을 모두 협업시스템으로 등록한 경우에 한함, 검사결과를 미반영한 경우도 인정)
* ①,②를 각각 충족하는 경우 가산점은 최대 0.2점	

○ 목표치 : 1.0
- 지자체별 수거배정 건수를 바탕으로 실적 계산

(단위: 품목수)

지자체	서울	부산	대구	인천	광주	대전	울산	경기	강원	충북	충남	전북	전남	경북	경남	제주
수거배정건수	380	60	110	160	60	100	20	180	20	50	60	40	60	40	40	10

※ 수거배정건수는 2025년도 예산에 따라 조정될 수 있음
○ 평가대상 : 시·도(세종특별자치시 제외)
○ 평가기준일 : 2025. 12. 31.

시스템 구현 서식	구 분	검사결과 실적(80%)			결과보고 완료실적(20%)		G (가산점)	H= D+F+G
		검사완료 건수(A)	수거배정 건수(B)	환산치(C)	(D)= (A/B)×C	결과보고 완료(E)	환산치(F)= (E×0.2)		
	○○시도								

※ (C)값은 최고점 0.8 ~ 최저점 0.2 중에서 환산치 적용기준에 따라 입력
※ (D)값은 최대 0.8까지만 인정
※ (E)값은 최고점 1.0 ~ 최저점 0.0 중에서 결과보고 완료시점에 따른 점수 입력
※ (G)값은 조건을 충족하는 경우 최대 0.2점 부여(단 총점(H)이 1.0을 초과할 수 없음)

연계 시스템	없음		
증빙 자료	○ 산식(실적)에 대한 지자체 증빙자료 - 불필요: 증빙자료 불필요(의약품통합정보서비스 정보공동활용포털 활용으로 확인 가능)		
VPS실적 입력주체	광역지자체	입력 시기	수시
문의처	식품의약품안전처 의약품관리과 이종규 주무관(☎ 043-719-2653, E-mail: jklee1984@korea.kr)		

국정 목표	3. 따뜻한 동행, 모두가 행복한 사회			
국민 약속	3-12. 국민의 안전과 건강, 최우선으로 챙기겠습니다.			
국정 과제	3-12-68. 안심 먹거리, 건강한 생활환경			
지표명	㉰ 배출사업장 환경관리 개선도			
지표 성격	<국가위임사무, 국가주요시책> - 환경오염물질 배출사업장의 불법행위 근절 추진			
지표 유형	정량	공통	정순	계속(변경)
지표 설명	지표명 설명	환경오염물질 배출사업장에 대한 불법행위 수준 평가		
	평가근거	대기환경보전법 시행령 제63조(권한의 위임) 및 제64조(권한위임에 다른 업무감독 등), 물환경보전법 시행령 제81조(권한의 위임) 및 제82조(권한위임에 따른 업무감독 등)		
	평가목적	지자체의 환경오염물질 배출업소 환경관리실태를 평가하여 지자체의 자발적인 배출업소 환경관리 유도		
	기대효과	환경오염물질 배출사업장의 불법행위 근절을 통한 국민의 환경안전 및 환경법 질서 확립		
	기타참고사항	배출시설 인허가 및 관리권한이 지자체로 위임·이양('02.8월, 환경부→지자체)		
측정 방법	○ 산식 : 배출사업장 환경관리 개선도 = ㉮ + ㉯ + ㉰ 　㉮ 점검률 = (점검 업소수/점검대상 업소수)×100×0.8 　㉯ 위반(조치)율 = (위반건수/점검 업소수)×100 (최대25점) 　　　* 휴·폐업업소는 점검 업소수에서 제외 　㉰ 가점 　　① 오염도검사율 : (시료 채취건수/점검업소수*)×100 　　 - 25이상 : 2점, 25미만~20이상 : 1.5점, 20미만~15이상 : 1점, 15미만~10이상 : 0.5점 　　　* 시료채취 비대상업소는 점검 업소수에서 제외 　　② 기술지원율 : (기술지원 지자체 수/총 지자체 수)×100 　　 - 95이상 : 3점, 95미만~90이상 : 2점, 90미만~80이상 : 1점, 80미만~70이상 : 0.5점 　　③ 감시인력 교육 이수율 : (교육이수 인원/ 단속공무원 인원)×100 　　 - 90이상 : 3점, 90미만~70이상 : 2점, 70미만~50이상 : 1점, 50미만~40이상 : 0.5점 ○ 산식설명 　- 점검 업소수 : 지도점검 대상업소수 중 실제 점검한 업체수 　- 점검대상 업소수 : 통합지도점검규정에 따른 지도점검 대상업소수(대기 및 수질 배출사업장에 한함, 공사장 등 비산먼지 임시 사업장 등은 제외) 　- 위반건수 : 통계월보상의 법령위반 조치건수 　　* 인정범위 : TMS 위반사업장 및 타청에서 이첩한 적발건수 등도 모두 인정 　- 시료채취건수 : 대기 또는 수질 시료를 채취한 건수 합계 　　※ 새올행정 등에서 전송받은 환경배출시설통합관리시스템 통계월보를 기준으로 평가			

- 시료채취 비대상업소 : 전량 위탁처리사업장, 전량 재이용 사업장, 모든 배출시설에 대해 방지시설 면제 사업장
- 기술지원(취약·영세업체 등) : 자체 또는 관계전문기관*의 협조를 받아 관할 사업장에서 기술지원**이 시행된 경우 기술지원 지자체로 인정
    * 중앙·지역 녹색환경지원센터 등 ** 기술지원 컨설팅, 설치지원사업 등 기술지원
- 단속공무원 인원 : 환경관련부서에서 실제 지도점검 및 단속에 투입되는 인력
- 교육 이수 인정범위 : 배출업소 현장 지도·점검에 활용될 수 있는 집합 및 사이버 교육 모두 인정
    ※ 교육 시간의 총 합계가 5시간 이상일 경우 이수 인정

○ 목표치 : 시·도별 목표치 산정
- 점검률: 목표 100%에 가중치 80% 부여하여 80점으로 설정
- 위반(조치)율 : 20%를 목표로 평가하되, 위반(조치)율이 저조한 일부 지자체의 경우 4년 평균 실적 대비 3% 증가를 목표로 평가
- 시·도별 목표치 및 산정 근거

구분	위반(조치)율						시·도별 목표치
	'20년 실적	'21년 실적	'22년 실적	'23년 실적	4년평균	'25년 목표	
평 균	23.1	16.8	18.8	19.1	19.5	-	-
서울	10.7	8.1	8.3	7.7	8.7	11.7	91.7
부산	15.0	18.2	26.2	14.3	18.4	20	100
대구	12.5	12.1	20.4	23.0	17.0	20	100
인천	23.1	13.0	13.8	16.0	16.5	19.5	99.5
광주	14.5	15.9	22.4	18.5	17.8	20	100
대전	11.6	16.5	14.6	12.2	13.7	16.7	96.7
울산	21.9	25.1	25.3	17.2	22.4	20	100
세종	20.1	14.6	18.8	17.4	17.7	20	100
경기	28.2	19.5	19.1	21.6	22.1	20	100
강원	15.9	16.1	18.0	20.8	17.7	20	100
충북	16.4	11.0	20.1	13.0	15.1	18.1	98.1
충남	40.7	25.2	29.3	31.3	31.6	20	100
전북	23.9	15.4	22.1	21.4	20.7	20	100
전남	47.6	16.6	20.1	20.1	26.1	20	100
경북	19.0	18.3	18.2	22.0	19.4	20	100
경남	18.8	15.8	14.0	15.9	16.1	19.1	99.1
제주	17.4	17.2	43.3	16.3	23.5	20	100

○ 평가대상: 광역·기초지자체
○ 평가기준일: 2025. 12. 31.

구분																
	㉮ 점검률			㉯ 위반(조치)율			㉰ 가점**(①+②+③)									달성값 (㉮+㉯+㉰)
							① 오염도 검사율			② 기술지원율			③ 감시인력 교육 이수율			
	점검 업소 수 (A)	점검 대상 업소 수 (B)	점검률 ㉮ (A/B)*100 *0.8	위반 건수 (C)	점검 업소 수 (D) (휴·폐업 업소 제외)	위반 (조치)율 ㉯ (C/D) *100	시료채취 건수 (E)	점검업소 수 (F) (시료채취 비대상 업소 제외)	검사율 (E/F) *100	가점 ①	기술지원 지자체수 (G)	총 지자체수 (H)	기술지 원율 (G/H) *100	가점 ②	교육 이수 인원 (I)	단속 공무 원인 원 (J)	교육 이수율 (I/J) *100	가점 ③	
합계 (ⓐ+ⓑ)																		
○○시 도ⓐ																		
시군구합 계ⓑ																		
○○ 시·군·구																		

시스템 구현 서식

* 위반율 : 최대25점까지 인정
** 가점① 오염도 검사율: 25이상 : 2점, 25미만~20이상 : 1.5점, 20미만~15이상 : 1점, 15미만~10이상 : 0.5점
  가점② 기술지원률 : 95이상 : 3점, 95미만~90이상 : 2점, 90미만~80이상 : 1 점, 80미만~70이상 : 0.5점
  ※ 기술지원 지자체 수(G) : 관내 배출사업장 기술지원 시행 1, 미시행 0
  ※ 총 지자체 수(H) : 점검대상 배출사업장이 있으면 1, 없으면 0
  가점③ 감시인력 교육 이수율 : 90이상 : 3점, 90미만~70이상 : 2점, 70미만~50이상 : 1 점, 50미만~40이상 : 0.5점

연계 시스템: 없음

증빙 자료:
○ 산식(실적)에 대한 지자체 증빙자료
- 점검률 : 지도점검표 사본
- 위반(조치)율 : 환경배출시설시설시스템 통계월보 자료 활용, 휴·폐업 사업장 현황자료
- 오염도 검사율 : 환경배출시설시스템 통계월보 자료 활용, 시료채취 불필요 사업장 현황자료
- 취약·영세업체 기술지원 : 기술지원 계획 수립 및 결과보고 결재문서
- 감시인력 교육 이수율 : 사무분장 결재문서, 개인별 교육이수증

VPS실적 입력주체	광역·기초지자체	입력 시기	년

문의처: 환경부 환경조사담당관실 사무관 방성원(☎ 044-201-6161, E-mail: playoung78@korea.kr)
환경부 환경조사담당관실 주무관 김정수(☎ 044-201-6162, E-mail: Jeongsu@korea.kr)

국정목표	3. 따뜻한 동행, 모두가 행복한 사회
국민약속	3-12. 국민의 안전과 건강, 최우선으로 챙기겠습니다
국정과제	3-12-69. 국민이 안심하는 생활안전 확보
지표명	㉮ 건물번호판 정비
지표성격	<국가주요시책> - 도로명주소는 위치찾기 불편 해소 및 물류 비용 절감을 위해 도입된 주소정책으로 국가와 지자체가 협업 등을 통한 주소정보시설의 관리 필요

지표유형	정량	공통	정순	계속(유지)

지표설명		
	지표명 설명	건물번호판 정비 실적
	평가근거	도로명주소법 제13조(건물번호판의 설치 및 관리)
	평가목적	내구연한(10년) 경과 등으로 노후화된 건물번호판 정비를 통해 도시미관 개선 및 국민의 편리성 제고
	기대효과	도로명주소 안내 및 구조·구급 활동 지원 등 국민의 위치 찾기 편의 제고
	기타참고사항	없음

측정방법

○ 산식

• '25년도 정비 목표량 (시·도별)

  목표량 = 시·군·구별 정비대상 건물번호판 수량 × 10% × 조정계수

계	서울	부산	대구	인천	광주	대전	울산	세종	경기	강원	충북	충남	전북	전남	경북	경남	제주
306,086	28,094	19,573	14,193	10,859	6,493	7,429	6,026	1,364	43,599	19,207	14,648	21,556	19,627	26,442	31,334	31,163	4,479

※ 시·군·구별 정비대상 건물번호판의 10% 산정 후 조정계수를 곱해 목표량 산출
※ '24년도 말 기준으로 정비대상 건물번호판 수량 재 산정 후 최종 목표량 도출 가능(상기 자료는 '23년도 말 기준)

- 시·군·구 정비 목표량 산정 시 조정계수

기준수량	0~440	441~880	881~1,330	1,331~1,770	1,771~2,220	2,221~2,660	2,661~3,100
조정계수	1	0.95	0.9	0.85	0.8	0.75	0.7
기준수량	3,101~3,550	3,551~4,000	4,001~4,440	4,441~4,880	4,881~5,330	5,331~5,700	5,701~
조정계수	0.65	0.6	0.55	0.5	0.45	0.4	0.35

<목표량 산출 예시>

구 분	기관명	10년 경과 건물번호판 현황	현황의 10%	조정계수	목표량	비 고
시.군.구	ⓐ구	65,683	6,568	0.35	2,290	
	ⓐ'구	42,216	4,122	0.55	2,267	
시.도	A 광역시	107,122			4,557	평가 목표량

<참고> 시·도별 내구연한(10년, 2013. 12. 31.이전 설치) 경과 건물번호판 현황 ('23.12.31.기준)

계	서울	부산	대구	인천	광주	대전	울산	세종	경기	강원	충북	충남	전북	전남	경북	경남	제주
4,109,453	331,969	236,410	180,430	130,038	80,050	90,421	72,906	16,046	601,077	241,201	220,426	303,675	257,574	328,961	447,319	471,361	99,589

※ 시·군·구별 내구연한 경과 건물번호판 현황 시·도에 별도 송부
※ '24년도 말 기준으로 시·도별 내구연한(10년, 2014.12.31.이전 설치) 경과 건물번호판 현황 재산정 필요

○ 산식 설명
 1) 시·군·구별 정비대상 : 2024.12.31.기준 내구연한(10년, 2014. 12. 31.이전 설치) 경과 건물번호판
 2) 조정계수 : 시·군·구별 정비 대상 편차 발생에 따른 조정 값
 3) 목표량 : 시·군·구별 정비 대상의 10%에 조정계수를 적용한 시·도 별 합계
  · 시·도(또는 시·군·구)에서는 지표에 설정된 목표 수량 만큼 대상 선정
  · 시·도(또는 시·군·구)별 상황에 맞게 우선 정비 대상 선정(예, 구역별, 용도별 등)
   ※ 시·군·구별 목표량('24년 말 정비목표량 재산정 후 별첨예정)
 4) 정비실적 인정범위 : 건물번호판의 교체, 폐기*, 보수, 건물주 자체 정비
    * 건축물 말소, 재건축 · 재개발 정비 지역 내
○ 목표치: 100%(달성/미달성)
○ 평가대상: 시·도
○ 평가기준일: 2025.12.31.

시스템 구현 서식	구분	목표량(A)	정비량(B)	정비율(C, %) (B/A×100)
	○○시도			

연계 시스템	미연계

증빙 자료	○ 산식(실적)에 대한 지자체 증빙자료: 미제출 - 불필요 : 주소정보관리시스템(KAIS) 통계 활용

VPS실적 입력주체	중앙부처	입력 시기	년

문의처	행정안전부 주소생활공간과 신윤성 사무관 (☎ 044-205-3555, E-mail: yunseong@korea.kr) 행정안전부 주소생활공간과 김도현 주무관 (☎ 044-205-3556, E-mail: cadet9033@korea.kr)

국정 목표	3. 따뜻한 동행, 모두가 행복한 사회			
국민 약속	3-12. 국민의 안전과 건강, 최우선으로 챙기겠습니다			
국정 과제	3-12-69. 국민이 안심하는 생활안전 확보			
지표명	⑭ 건물정보 현행화 현장조사 추진 실적			
지표 성격	<국가주요시책> 건물정보를 관리 중인 공부(건축물대장, 도로명주소대장, 건물등기부등본)의 주소정보 불일치 해소 및 도로명주소 완전 전환으로 국민불편 해소 및 편의 증진			
지표 유형	정량	공통	정순	계속(유지)
지표 설명	지표명 설명	건물정보 현행화 현장조사 추진 실적		
	평가근거	도로명주소법 제19조(도로명주소의 사용 등)		
	평가목적	건물정보를 관리 중인 공부(건축물대장, 도로명주소대장, 건물등기부등본)의 신속한 도로명주소 전환을 위해 지자체 추진 현장조사 실적을 평가하여 추진 동력을 확보		
	기대효과	공부 건물정보(주소) 일치로 국민 피해 예방 및 편의 향상		
	기타참고사항	없음		

측정
방법
	○ 산식
	
	- 현장조사 추진율 = (현장조사 추진 실적 / '25년 현장조사 대상) x 100
	
	○ 산식설명
	
	1) '25년 현장조사 대상
	: 전체 현장조사 대상 중 30%에 해당하는 물량으로, 건물정보 현행화를 위해 현장조사를 추진해야 하는 대상 건수
	
	2) 현장조사 추진 실적
	: 실제 현장조사를 추진한 건수
	
	3) 실적 인정 범위
	- 현장조사 결과, 건물정보(주소) 매칭을 한 경우
	   * 건축물대장-도로명주소 대장 정비 서식에 최종매칭주소 입력
	- 현장조사 결과, 건물정보(주소) 매칭이 불가능한 경우 → 사유 기재
	   ① 건축물 멸실(철거, 병합) 또는 철거예정지역으로 지정된 경우
	   ② 건축물대장 지번 정비 선행이 필요한 경우
	   ③ 소유자 탐문이 필요한 경우 등 건물정보 확인이 지연되는 경우			

	합계	서울	부산	대구	인천	광주	대전	울산	세종
	48,410	831	1,240	1,129	1,407	929	586	1,228	507
	경기	강원	충북	충남	전북	전남	경북	경남	제주
	4,923	4,448	4,544	4,580	2,724	6,255	6,934	4,424	1,721

○ 목표치 : 100% (달성/미달성)
○ 평가대상 : 시·도
○ 평가기준일: 2025.12.31.

시스템 구현 서식	구분	현장조사 대상(A)	현장조사 추진 실적(B)	현장조사 추진율 (B/A×100)
	00시·도			

연계 시스템	미연계

증빙 자료	○ 산식(실적)에 대한 지자체 증빙자료: 미제출 - 불필요 : 주소정보관리시스템(KAIS) 통계 활용

VPS실적 입력주체	중앙부처	입력 시기	년

문의처	행정안전부 주소생활공간과 5급 박재호 (☎ 044-205-3558, E-mail: pjh6773@korea.kr) 행정안전부 주소생활공간과 6급 김도현 (☎ 044-205-3556 E-mail: cadet9033@korea.kr)

국정목표	3. 따뜻한 동행, 모두가 행복한 사회
국민약속	3-12. 국민의 안전과 건강, 최우선으로 챙기겠습니다
국정과제	3-12-69. 국민이 안심하는 생활안전 확보
지표명	㉔ 건축안전 수준 평가
지표성격	< 국가주요시책 > (국정목표3) 따뜻한 동행, 모두가 행복한 사회 / (국민약속12) 국민의 안전과 건강, 최우선으로 챙기겠습니다 / (국정과제69) 국민이 안심하는 생활안전 확보

지표유형	정량	공통	정순	계속(유지)

지표설명	지표명 설명	o 국민이 안심하는 생활안전을 확보하기 위하여 지역건축안전센터 설치·운영 수준, 사망자 수준 및 건축물 안전점검 실시 수준, 해체공사현장 안전관리 수준을 평가하여 건축안전 수준을 평가
	평가근거	o 「건축법」 제87조의2 o 「건설산업기본법」 제2조 및 「건설기술 진흥법」 제67조 o 「건축물관리법」 제14조, 제15조
	평가목적	o 반복적인 건축물 안전사고를 예방하여 건축물 안전사고에 따른 인명피해를 최소화하기 위해 선제적으로 사망자 감축 및 건축물 안전점검 실시 및 해체공사현장 안전관리 강화가 필요하며, 건축(해체) 인허가·착공·사용승인 등의 기술적 검토 등 건축물 생애주기에 걸쳐 체계적·전문적 관리 실시가 필요하며, 이를 보다 효율적으로 관리·운영하기 위한 지역건축안전센터 설치·운영 수준 제고 필요
	기대효과	o 건축 행정에 대한 전문성 강화하고 부실공사 및 안전사고를 사전적으로 방지하여 건축물의 생애주기에 따른 국민안전을 확보
	기타참고사항	

측정방법	○ 산식 : A(지역건축안전센터 설치·운영 수준, 40점) + B(사망자 수준 및 건축물 안전점검 실시 수준, 40점) + C(해체공사현장 안전관리 수준, 20점) = D(건축안전 수준, 총 100점) - A = 지역건축안전센터 설치·운영 = $\left(40 \times \dfrac{나}{가} + \dfrac{라}{다} \times 30\right)$ ※ 의무대상 설치 완료 시 만점. 만점 이외 지자체가 비의무 대상 설치 시 가점 ※ 「건축법」 법률 제18935호(공포 2022. 6. 10., 시행 2023. 6. 11.)으로 건축 허가면적 면적 또는 노후 건축물 비율이 전국 지자체 중 상위 30% 이상에 해당하는 경우 지역건축안전센터 설치 의무대상으로 평가

- 가 = 지역건축안전센터 의무대상 지자체 수(광역 + 기초)
  * 광역 시·도, 인구 50만 이상 지방자치단체 수 + 건축허가면적 및 노후 건축물 비율 고려
- 나 = 지역건축안전센터 의무대상 지자체 중 설치·운영 지자체 수(광역 + 기초)
  * 지역건축안전센터 설치를 위한 조례 제(개)정, 방침 결정 등 의지가 확인된 경우 0.5개로 인정
- 다 = 지역건축안전센터 비의무대상 지자체 수(기초)
  * 광역 시·도, 인구 50만 이상 지방자치단체 수 + 건축허가면적 및 노후 건축물 비율 고려 이외
- 라 = 지역건축안전센터 비의무 대상 지자체 중 설치·운영 지자체 수(기초)
  * 지역건축안전센터 설치를 위한 조례 제(개)정, 방침 결정 등 의지가 확인된 경우 0.5개로 인정

- B = 사망자 수준 및 건축물 안전 점검 실시 수준 = $\left(\dfrac{마}{바}\right)$ 환산배점 점수

- 마 = 당해 연도 건설공사* 사고 및 건축물 사고로 인한 사망자 수**
  * 「건축법」에 따른 인·허가 및 「주택법」에 따른 사업계획승인 건으로 한정
  ** 사망자 수는 「건설기술진흥법」 제67조, 「건축물관리법」 제46조에 따른 사고조사 결과 반영

- 바 = 당해 연도 건설공사 현장 점검 및 기존 건축물에 대한 안전 점검 추진(실시) 횟수*
  * 「건축물관리법」 제14조(긴급점검의 실시) 및 제15조(소규모 노후 건축물등 점검의 실시)와 같이 법적 명시가 된 점검이며 지자체가 점검 주체인 건축물 점검은 횟수 모두 인정, 그 외 협조사항으로 실시하는 점검의 경우 횟수의 50%만 인정
  ** 점검 횟수의 경우 인·허가 및 사업계획승인 건수 등을 기준으로 산정
  (ex. 10개 동으로 구성된 1개의 인·허가 건에 대해 10개 동 모두 점검하는 경우 점검 횟수 1회 인정, 1개 동으로 구성된 2개의 인·허가 건에 대해 2개 동 모두 점검하는 경우 점검 횟수 2회 인정)

- 사망자 수준 및 건축물 안전 점검 실시 수준 = $\left(\dfrac{마}{바}\right)$ 수준별 배점 취득

구분 $\left(=\dfrac{마}{바}\right)$	0.01미만	0.01이상~0.03미만	0.03이상~0.05미만	0.05이상~0.07미만	0.07이상~0.1미만	0.1이상
배점	40점	30점	20점	10점	0점	-10점

- C = 해체공사현장 안전관리 수준 = $\left(\dfrac{아}{사}\right) \times 20$

- 사 = 「건축물관리법」에 따른 해체허가 대상 중 당해연도 공사완료 건수
- 아 = '사'에 해당하는 해체공사 현장 중 「건축물관리법 시행령(현 개정안)」 제21조의3 제1호(착공신고를 받은 경우 의무 현장점검)를 제외한 현장안전점검 실시 건수

○ 산식설명

- A : 「건축법」 제87조의2에 따라 건축안전 업무를 체계적·전문적으로 수행하기 위하여 광역 및 기초 지자체에 설치되는 지역건축안전센터 설치·운영 수준 평가
  ※ 지역건축물관리지원센터와 지역건축안전센터 통합 운영 가능(「건축물관리법」제40조제3항)

  · 설치·운영 대상(전국 243개 광역·기초 지자체)은 의무 대상과 비의무 대상으로 나누어서 평가하며 의무대상에 가중치를 부여하여 점수 산정

  · 비의무대상 지자체의 경우 시행 의지가 확인된 경우에도 일부 점수 인정

- B : 지역건축안전센터의 주요 역할 중에 하나이며 동시에 안전 결과지표로서 건설현장 사고에 따른 사망자 수 및 현장 점검(건설현장, 기존 건축물 안전점검 등) 추진 실적 평가

- C : 해체공사현장 안전관리 수준 및 조치수준에 대한 평가

○ 목표치 : 50점 (목표치를 초과 달성한 경우에도 동일하게 만점으로 평가)
○ 평가대상 : 시·도(시·군·구 포함)
○ 평가기준일: 2025. 12. 31.

시스템 구현 서식

< 건축안전 수준 평가 >

구분	지역건축안전센터 설치·운영 수준 (A)={40×(나/가)+(라/다)×30} *최댓값≤40					사망자 수준 및 건축물 안전점검 실시 수준 (B)='마/바'환산점수 *최댓값≤40			해체공사현장 안전관리수준 (C)=(아/사)×20 *최댓값≤20			총점 (D)
	의무 대상 수 (가)	의무 대상 설치·운영수 (나)	비의무 대상수 (다)	비의무 대상 설치·운영수 (라)	(A)	건설공사 및 건축물 사고 사망자수 (마)	건설공사 현장점검 및 기존 건축물 안전점검 횟수 (바)	(B)	공사 완료 건수 (사)	안전 점검 실시 건수 (아)	아/사×20	(C)	(D)= A+B+C
시·도												
시												
군												
구												

연계 시스템

정보시스템운영부서				연계항목	
정보시스템명칭	기관/부서	담당자	연락처	항목이름	증빙화면
해	당	없	음		

증빙자료
- 지역건축안전센터 설치·운영을 위한 방침자료, 특별회계설치 조례개정(안) 등 설치·운영 확인이 가능한 증빙자료 및 해체공사 안전점검 실시결과, 안전신문고 처리 내역 등 필요
- 필요 시 국토부에서 간소화 증빙자료를 안내할 경우 간소화 증빙자료로 실적을 인정

VPS실적 입력주체	광역시·도	입력 시기	'25. 12월말

문의처
국토교통부 건축안전과 사무관 유태종(☎ 044-201-4989, E-mail: agr123@korea.kr)
국토교통부 건축안전과 주무관 이호상(☎ 044-201-4986, E-mail: fire9442@korea.kr)

국정목표	3. 따뜻한 동행, 모두가 행복한 사회
국민약속	3-12. 국민의 안전과 건강, 최우선으로 챙기겠습니다.
국정과제	3-12-69. 국민이 안심하는 생활안전 확보
지표명	㉔ 시설 안전관리 수준 강화
지표성격	< 국가주요시책 > (국정목표 3) 따뜻한 동행, 모두가 행복한 사회 (국민약속 12) 국민의 안전과 건강, 최우선으로 챙기겠습니다. (국정과제 69) 국민이 안심하는 생활안전 확보 - (안전한 국토 조성) 노후 인프라 총조사 등을 통해 시설별 최적 관리안을 도출·시행

지표유형	정량	공통	정순	신규

지표설명		
	지표명 설명	○ 도로, 수도 등 국민 생활에 밀접한 국가 기반시설의 안전관리 수준 강화를 위하여 기반시설 유지관리 계획(기반시설 관리실행계획) 수립, 최소유지관리기준 부합여부, 성능개선 충당금 조례(안) 제정 등의 관리실태 전반을 평가하고 교량, 터널 등 중대형 SOC 시설물의 사고 예방을 위하여 A·B 등급 시설물 비율, 중대한결함등 보수·보강 적기조치 기한 초과율 등의 유지관리 이행 수준을 평가
	평가근거	○ 「지속가능한 기반시설 관리 기본법(이하, 기반시설관리법)」 제9조의2, 제10조, 제23조 ○ 「시설물의 안전 및 유지관리에 관한 특별법(이하, 시설물안전법)」 제16조, 제22조, 제24조
	평가목적	○ 국가 기반시설의 노후화가 증대됨에 따라 사후 대응형 유지관리 체계에서 선제적 유지관리 체계로 변화가 필요한 실정 - 최근 발생한 정자교 붕괴 사고('23.4.5.) 등 중대형 SOC 시설물의 사고를 사전에 예방하기 위하여 시설물 안전관리 수준 강화 필요 ○ 기반시설(시설물) 유지관리 계획 단계부터 사후조치 단계 전반을 평가하여 선제적 안전관리 체계를 정착시키고 A·B 등급 시설물 비율 평가를 통해 지자체의 자발적인 제도 이행을 유도하여 시설물 사고를 방지하고 국민의 안전을 사전에 확보하고자 함
	기대효과	○ 기반시설(시설물)의 안전관리 수준을 강화하고 노후시설물 및 안전 취약 시설물 등의 사고를 사전에 방지하여 국민의 안전을 확보
	기타참고사항	○ 기반시설 관리실행계획 : 기반시설관리법 제9조의2에 따라 관리주체가 매년 소관 시설물의 유지관리 실적과 계획을 작성·제출하여야 함 ○ 최소유지관리기준 : 기반시설관리법 제11조에 따라 관리감독기관은 소관 기반시설의 최소 유지관리 수준을 달성하기 위한 목표등급을 설정하여야 하며, 관리주체는 동법 10조에 따라 목표등급 이상으로 유지관리를 하여야 함 ○ 성능개선 충당금 : 기반시설관리법 제23조에 따라 공공관리주체(국가, 지자체, 공공기관, 지방공기업)는 기반시설의 노후화에 대비하여 성능개선 충당금을 적립하여야 하여야 함 ○ 안전등급 : 시설물안전법 제16조에 따라 안전점검등을 실시하는 자는 안전점검등의 실시결과에 따라 해당 시설물의 안전등급을 지정하여야 함 - A등급(우수), B등급(양호), C등급(보통), D등급(미흡), E등급(불량) ○ 중대한결함등 : 시설물안전법 제22조에 따라 대통령령으로 정하는 중대한 결함 및 공중이 이용하는 부위의 결함이 발생한 경우, 관리주체는 동법 제24조에 따라 보수·보강 등 필요한 조치를 하여야 함

측정 방법	

○ (산식) 시설 안전관리 수준 강화 = ㉮ + ㉯

㉮ 기반시설관리법 제도이행 실적(① + ② + ③) (배점 50점)

① 기반시설 관리 실행계획 제출여부(배점 10점) = $\left(\dfrac{A}{B} \times 100\right) \times 0.1$

  · A = 기한 내 실행계획 제출 완료 건 수
  · B = 실행계획 제출 대상 건 수

② 최소유지관리기준 만족여부(배점 20점) = $\left(\dfrac{C}{D} \times 100\right) \times 0.2$

  · C = 최소유지관리기준 목표등급 이상인 시설물 개소수
  · D = 최소유지관리기준에서 관리그룹으로 설정한 시설물 개소수

③ 성능개선 충당금 조례(안) 제정여부(배점 20점) = $\left(\dfrac{E}{F} \times 100\right) \times 0.2$

  · E = 성능개선 충당금 적립·운용 조례(안) 제정 건 수
  · F = 성능개선 충당금 적립·운용 조례(안) 제정 대상 건 수

㉯ 시설물안전법 제도이행 실적(④+⑤) (배점 50점)

④ A, B등급 시설물 비율 평가(배점 25점) = $\left(\dfrac{G}{H} \times 100\right) \times 0.25$

  · G = 안전등급이 A(우수)등급 및 B(양호)등급으로 지정된 공공시설물 수
  · H = 해당 지방자치단체 소관 제1·2·3종 공공시설물 수

⑤ 중대한결함등 미조치 건 수(배점 25점) = $\left\{\left(1 - \dfrac{I}{J}\right) \times 100\right\} \times 0.25$

  · I = 중대한결함등 발생 건에 대해 보수·보강 등의 조치착수 및 완료 기한을 초과한 건 수
  · J = 해당 지방자치단체 소관 제1·2·3종 공공시설물 중 중대한결함등 발생 건수

○ (산식설명)

① 기반시설관리법 제9조의2에 따른 기반시설 관리실행계획 수립·제출 이행에 대한 평가로서 법정 의무기한 내 수립·제출 유무를 평가
  * '25년 2월 28일까지 관리감독기관이 소관 관리주체의 실행계획을 취합·검토하여 국토교통부로 제출한 경우 제출 완료한 것으로 인정
  * 실행계획을 기반시설관리시스템(기반터)으로 제출하는 경우 시스템 오류로 인해 제출 기한을 초과할 때에는 시스템 정상화가 완료된 이후에 제출된 실적을 제출완료로 인정하며, 이 경우 시스템 오류에 대한 소명자료(시스템 문의 이력 등)를 제출하여야 함
  * 제출 대상 및 완료 건수는 관리주체별(시·군·구) 소관 '시설 단위'를 1건으로 산정하며, 이때 관리주체는 「기반시설관리법」 제2조6호에 따른 관리주체로 함 (기반시설관리시스템 운영규정 상 관리주체 하위조직은 관리주체에 포함된 것으로 인정)
    ex) 시설 단위 : 도로, 철도, 항만, 어항, 열공급, 공동구 등 「기반시설관리법」 별표(기반시설의 세부 구분 및 구체적인 범위)에 따른 시설

② 기반시설관리법 제10조에 따라 지자체가 소관 시설물을 관리감독기관이 설정한 최소유지관리기준 이상으로 유지관리 하는가에 대한 평가

* 산식 D는 기반시설관리시스템(기반터)에 입력된 시설물을 기준으로 하며, 최소유지관리기준에서 관리그룹으로 설정한 시설물로 한정
* 최소유지관리기준에서 설정한 관리그룹의 범위를 관리주체(시·군·구)마다 다르게 해석할 수 있으므로 관리감독기관(시·도)은 '25년 12월 31일 이전 기준으로 소관시설물(시·군·구 포함)별 관리그룹 대상/비대상 여부를 별도 증빙자료로 제출하여야 함
* 시설물 개소수는 지자체별 소관 '시설물 단위'를 1건으로 산정

    ex) 시설물 단위 : 교량, 터널, 정수장, 도수관로, 방파제 등 「기반시설 관리시스템 운영규정(국토교통부고시 제2024-292호)」 별지 2(시설물 종류별 표)에 따른 시설물

* 시설물별 등급은 시설물별 관계법령에 따라 실시한 점검·진단·성능평가 등의 등급을 활용하며, '25년 12월 31일 기준으로 기반시설관리시스템(기반터)에 등록된 가장 최근의 A·B·C·D·E 등급을 기준으로 평가
* 적·부, 통과·불통과, 합격·불합격 등 2단계 평가체계인 경우, 적격, 통과, 합격 등의 적격 판정을 최소유지관리기준 이상인 것으로 평가
* A·B·C·D·E 등급이 아닌 3단계 이상의 다른 등급체계(양호·보통·불량, 1·2·3·4 등)인 경우, 중간 이상의 등급을 최소유지관리기준 이상인 것으로 평가

    ex1) 등급체계가 1·2·3·4(1이 우수, 4가 불량)일 경우 1, 2등급은 목표등급 이상으로 평가

    ex2) 등급체계가 양호·보통·불량일 경우 양호, 보통은 목표등급 이상으로 평가

* 단, 등급이 없거나 "실시완료"인 경우 결측 처리함
* 목표등급은 관리감독기관(시·도)별로 수립·고시한 최소유지관리기준을 적용

③ 성능개선 충당금 적립·운용을 위한 조례(안) 제정 유무를 평가

* 조례(안) 제정 대상은 '26년 평가('25년 실적)의 경우 17개 관리감독기관(시·도)으로 한정
·'27년 평가('26년 실적) 대상은 관리주체(시·군·구)로 확대 실시
* 충당금 적립·운용 조례(안) 제정 대상 건수는 관리감독기관별(시·도별) 소관 '시설 단위'를 1건으로 산정

    ex) OO도 소관시설이 도로, 수도, 하수도일 경우 3건을 대상 건수로 산정

* 1개 조례에 다수의 시설이 포함되는 경우 포함된 시설의 조례가 모두 제정된 것으로 평가함. 단, 이 경우 해당 조례에서 각 시설별 충당금 적립·운용 관련 내용이 포함되어야 함

    ex) △△광역시 소관시설이 도로, 수도, 하수도, 하천이며, 4개의 시설을 모두 포함하는 1개 이상의 조례(안)를 제정한 경우 E와 F는 각각 4로 계산

* '25년 12월 31일 이내에 지방의회에서 조례(안)이 의결된 경우 완료된 것으로 평가
* '25년 1월 1일 이전에 성능개선 충당금 적립·운용을 위한 조례가 제정되었을 경우 완료된 것으로 평가
* 기존 유사 조례의 개정 등을 통해 성능개선 충당금 적립·운용 관련 내용을 포함한 경우 완료된 것으로 평가

④ 시설물안전법 대상 공공시설물에 대해 선제적·적극적인 안전관리를 유도하기 위하여 우수·양호(A·B등급) 시설물의 비율을 평가
  - G = 안전등급이 A(우수)등급 및 B(양호)등급으로 지정된 공공시설물 수
    * 시설물통합정보관리시스템(FMS)에 입력된 안전등급으로 평가('25. 12. 31. FMS 승인완료 기준)
    * 취합기관(시·도지사 및 시·군·구청장)의 승인이 완료된 안전등급만 인정
  - H = 해당 지방자치단체 소관 제1·2·3종 공공시설물 수
    * 전년도 말('24. 12. 31.) 기준 FMS에 시설물관리대장이 승인완료된 제1·2·3종 공공시설물 수
  ※ 안전등급 미지정·미도래 시설물은 평가에서 제외(결측 처리)

⑤ 시설물안전법 제22조 따라 중대한결함등이 발생한 공공시설물에 대해 동법 제24조에 따라 보수·보강 등의 필요한 조치를 적기에 실시하는가에 대한 평가
  - I = 중대한결함등 발생 건에 대해 보수·보강 등의 조치착수 및 완료 기한을 초과한 건수
    * '25. 12. 31. 이내의 중대한결함등 조치착수 및 완료 기한을 초과한 건
    * 관리주체가 FMS '중대한결함등 사후관리'에 조치사항을 입력하고 '26. 1. 31.까지 승인 완료된 건을 기준으로 평가(시설물안전법 시행규칙 제20조에 따라 조치사항의 FMS 입력 기한 30일 고려)
    * 취합기관(시·도지사 및 시·군·구청장)의 승인이 완료된 실적만 인정
  - J = 해당 지방자치단체 소관 제1·2·3종 공공시설물 중 중대한결함등 발생 건수
    * 전년도 말('24. 12. 31.)까지 안전점검등을 실시하고 그 결과에 따라 발생한 중대한결함등 중, '25년 2월 말까지 FMS에 취합기관(시·도지사 및 시·군·구청장)의 실적 승인이 완료된 건
    * 중대한결함등 발생 건수가 0건인 경우 만점(I/J=0)으로 인정하며, '24. 12. 31. 이전에 보수·보강 등의 필요한 조치를 완료한 건은 제외하여 집계

※ 결측처리 방법

* 결측 지표 환산점수 산정 방법 : $\frac{결측 제외 득점의 합계}{결측 제외 배점의 합계} \times 결측포함 배점의 합계$

ex1) ㉮를 결측 처리하며 ㉯의 득점이 40점일 경우 : $\frac{40}{50} \times 100 = 80$

ex2) C/D를 결측 처리하며 나머지 득점이 만점일 경우 : $\frac{80}{80} \times 100 = 100$

○ 목표치 : 85점
○ 평가대상 : 시·도+시·군·구(평균)
  * 기반시설관리법 또는 시설물안전법 대상 관리주체일 경우 평가대상으로 선정
○ 평가기준일 : 2025. 12. 31.

		기반시설관리법 제도이행 실적 ㉮			기반법 ㉮ = ① + ② + ③	시설물안전법 제도이행 실적 ㉯		시안법 ㉯ = ④ + ⑤	달성률 ㉮ + ㉯
시스템 구현 서식	구분	① = {(A/B)×100}×0.1	② = {(C/D)×100}×0.2	③ = {(E/F)×100}×0.2		④ = {(G/H)×100}×0.25	⑤ = {[1-(I/J)]×100}×0.25		
		기한 내 실행계획 제출 완료 건수 (A)	실행계획 제출 대상 건수 (B) / 최소유지 관리기준 목표등급 이상인 시설물 개소수 (A)	실행계획 제출 대상 건수 (B) / 최소유지관리기준에서 관리그룹으로 설정한 시설물 개소수 (D)		안전등급이 A(우수)등급 및 B(양호)등급으로 지정된 시설물 수 (G) / 성능개선 충당금 적립·운용 조례(안) 제정 건수 (E)	해당 지방자치단체 소관 제1·2·3종 시설물 수 (H) / 성능개선 충당금 적립·운용 조례(안) 제정 대상 건수 (F)		
							중대한결함등 발생 건에 대해 보수·보강 등의 조치착수 및 완료 기한을 초과한 건 수 (I)	해당 지방자치단체 소관 제1·2·3종 시설물 중 중대한 결함등 발생 건수 (J)	
	시·도 (시군구 평균)								
	○○도 ○○ 광역시	- 광역지자체이지만 기반시설관리법 또는 시설물안전법 상 관리주체일 경우 작성 필요 ex) ○○도(광역시) 도로과가 일반국도 제△△호선(또는 A교량)의 관리주체인 경우 - 지표 ②의 경우 '26년 평가는 시·도만 대상이므로 시·도에서 입력 필요							
	○○시								
	○○군								
	○○구								

연계 시스템	해당없음
증빙 자료	○ 부분필요 - A, B, C, F, G, H, I, J는 기반시설관리시스템(기반터) 및 시설물통합정보관리시스템(FMS)을 통해 확인 가능하므로 별도 증빙 불필요 * 단, 기반시설 관리실행계획을 공문 등으로 제출한 경우 별도 증빙자료 필요함 - D는 시설물별 최소유지관리기준 관리그룹 대상여부 관련 증빙자료 제출 필요 - E는 성능개선 충당금 적립·운용을 위한 조례(안) 제정 관련 증빙자료 제출 필요
VPS실적 입력주체	광역지자체, 기초지자체 / 입력시기 : 년

문의처	㉮ 국토교통부 시설안전과 사무관 임종채(☎ 044-201-4997, E-mail: jclim@korea.kr)
	   국토교통부 시설안전과 주무관 이주영(☎ 044-201-4159, E-mail: young9652@korea.kr)
	㉯ 국토교통부 시설안전과 서기관 진익호(☎ 044-201-3585, E-mail: ikho9545@korea.kr)
	   국토교통부 시설안전과 주무관 오용해(☎ 044-201-4579, E-mail: odragonson@korea.kr)

국정목표	3. 따뜻한 동행, 모두가 행복한 사회
국민약속	3-13. 살고 싶은 농산어촌을 만들겠습니다.
국정과제	3-13-70. 농산촌 지원강화 및 성장환경 조성
지표명	㉑ **빈집정비실적**

지표성격	<국가주요시책> - 빈집 정비를 통한 「농촌재생(국정과제)」을 실현하기 위해 농촌빈집정비를 추진하고 빈집정비실적 지표 지속 운용 필요 　* 2023년 농촌빈집실태조사(지자체 행정조사) 결과 빈집은 65,019동이며 빈집정비 지속 필요 (철거 대상 빈집 36,113동, 활용 대상 빈집 2동)

지표유형	정량	부분	정순	계속(유지)

지표설명	지표명 설명	○ 지자체별(시·도)별 농촌지역 빈집정비 실적
	평가근거	○ 「농업·농촌 및 식품산업 기본법」제16조제2항 - 농림축산식품부장관은 각 시·도계획 및 시·군·구계획에 대하여 기본 계획과의 연계성, 추진실적 및 성과 등을 평가하여 그 결과에 따라 예산을 차등 지원할 수 있다.
	평가목적	○ 방치된 공익상 위해(危害)빈집의 정량적 정비를 통한 농촌 주거환경개선을 위해 평가 필요 ○ '농촌 빈집정비 활성화 대책'('23.4.20, 국정현안관계장관회의)에 따른 5개년 정비 목표 달성을 위한 지자체 노력도 평가 필요
	기대효과	○ 빈집 철거 등 정량적 빈집정비를 통한 주거환경 개선
	기타참고사항	○ 최근 5년간 빈집정비 실적, 시·도별 빈집 현황(동) 및 작년 빈집정비 달성율을 감안하여 지표를 설정하되, 지자체별 법정 의무 이행 및 정비에 대한 정성적 노력(우수사례발굴, 빈집우선정비구역 도입 등)으로 가감점을 부여하여 빈집 정책 추진에 대한 인센티브 및 패널티로 적용

측정방법	○ 산식 : 빈집정비목표 달성률= {빈집정비실적(빈집철거물량 + 빈집활용물량 × 3)/ 빈집정비목표(최근5년 빈집정비 평균의 95% × 조정계수)} ± 정책이행도평가(최대 2%) - (가중치) 빈집 활용 촉진을 위해 정비실적 산출 시, 활용 실적은 가중치 3배 부여 　* '농어촌취약지역생활여건개조사업' 등 농촌지역개발사업을 통한 철거·활용 실적 및 빈집 소유자의 자발적 정비 실적 포함(행정지도 등 소유자 정비 유도를 위한 지자체의 계도 노력 인정) ○ 산식 설명 - 조정계수 : 전년도 목표치 달성률을 평가하여 우수 시·도에 인센티브 부여 목적 - 지자체(시·도)별 빈집정비 조정 목표치* : 시·군의 빈집정비 조정 목표치의 합계 　* 조정목표치 : 최근 5년간('19~'23년) 빈집정비 실적 평균 × 95% × 조정계수** 　** 조정계수 : '23년도 농촌 빈집정비 목표치 달성율 기준 | 기준 | 80미만 | 80이상 100미만 | 100이상 120미만 | 120이상 | |---|---|---|---|---| | 조정계수 | 1.04 | 1.02 | 1 | 0.98 | - 정책이행도 평가(가점 사항) : 지자체에서 법적 의무사항(정비계획 수립, 특정빈집 정비 등) 이행을 통해 관내 빈집을 체계적으로 파악하고 관리하는지 여부, 빈집 정비를 위한 노력도 등을 별도 항목으로 파악하여 정비실적의 인센티브로 활용 ① 관내 시·군·구 정비계획 수립 여부 : 농어촌정비법 제64조 등에 따른 의무사항인 정비 계획 수립 현황에 따라 가점 부여(수립 +0.5%, 미수립 0%) ② 관내 빈집 활용 우수사례(자체, 민간 등) 발굴 및 홍보(가점) : 홍보사례를 발굴하여 보도자료를 배포한 경우에 한하여 가점 부여(3개 이상 +0.5%)

③ 특정빈집 정비 노력(가점) : 관내 특정빈집 신고 현황 대비 정비 노력을 수치화하여 이행도에 따라 가점 부과(90% 이상 +0.5%)
④ 빈집우선정비구역 도입(가점) : 농어촌정비법 제64조의7에 따라 빈집밀집 구역을 집중정비하기 위하여 지정한 곳에 가점 부과(3개소 이상 +0.5%)

구분	세종	경기	강원	충북	충남	전북	전남	경북	경남	제주	계
조정목표치	55	344	690	260	1,146	1,551	1,381	1,041	638	28	7,134

(참고) 시·도별 빈집정비 조정목표치 세부 산정 내역

시·도	최근 5년 정비 평균*0.95 (ⓐ)	'23목표치 달성율 (%)	조정계수 (ⓑ)	조정 목표치 (ⓐ×ⓑ)	빈집정비 조정목표치 달성률 (100%기준)
세종	59	144	0.98	55	(철거물량 + 활용물량 × 3) / 최근 5년 빈집 정비 평균의 95% × 조정계수) × 100
경기	363	119.16	1	344	
강원	727	115.18	1	690	
충북	273	119.74	1	260	
충남	1,207	114.58	1	1146	
전북	1,666	128.95	0.98	1551	
전남	1,483	140.69	0.98	1381	
경북*	1,096	109.06	1	1041	
경남	685	132.9	0.98	638	
제주	31	121.43	0.98	28	

* 경북은 군위군 제외 수치

○ 목표치 : 달성률 100% 이상
○ 평가대상 : 세종특별자치시 및 9개도(특별시, 광역시 제외)
○ 평가기준일 : 2025. 12. 31.

(빈집 활용)
- 빈집 자체의 리모델링 포함, 빈집을 철거하여 주차장, 주민 공동 쉼터 등 주민들을 위한 공간으로 활용하여 자치단체 또는 소유주의 자본을 투입한 경우
* 활용 실적으로만 포함(철거·활용 실적 동시 산입×)

(우수사례 홍보)
- 지자체 보도자료 배포, 영상 제작 등으로 빈집정비를 홍보하는 사례를 실적으로 인정

시스템 구현 서식	구 분	조정목표치 (A)	빈집철거물량 (B)	빈집활용물량 (C)	정책이행도 (D)	달성률(%)= [{(B+C×3)/A}×100]+D%
	시·도					

연계 시스템	해당 없음

증빙 자료	○ 산식(실적)에 대한 지자체 증빙자료 - 필요: 시·군이 농식품부에 보고한 빈집정비실적을 증빙자료로 활용

VPS실적 입력주체	시·군·구	입력 시기	반기별

문의처	농림축산식품부 농촌재생지원팀 사무관 류성훈(☎ 044-201-1542, E-mail: ryu8591@korea.kr) 농림축산식품부 농촌재생지원팀 주무관 안민지(☎ 044-201-1543, E-mail: amj21@korea.kr)

국정목표	3. 따듯한 동행, 모두가 행복한 사회				
국민약속	3-13. 살고 싶은 농산어촌을 만들겠습니다.				
국정과제	3-13-70. 농산촌 지원 강화 및 성장환경 조성				
지표명	⑭ 건강하고 지속가능한 산림자원 육성				
지표성격	<국가주요시책, 국고보조사업 > - 경제림육성 조성을 위한 조림사업을 연간 15천ha로 하고, 숲가꾸기를 연간 20만ha 내외로 유지하여 산림자원의 경제적·공익적 가치 제고 - 목재수확 면적을 19천ha로 하여 조림사업과 연계				
지표유형	정량	공통		정순	계속(유지)
지표설명	지표명 설명	o 산림자원을 활용한 목재산업 육성 및 안정적이고 지속적인 원료재 공급 확대 등 국산목재 자급률 제고를 위한 목재수확 o 탄소흡수원 확충 및 산림자원의 경제적·공익적 가치 증진을 위한 지역별 특성에 맞는 나무심기 o 솎아베기 등 숲가꾸기를 실시하여 경제적·환경적으로 가치 있는 국가자원으로 육성하고 산불예방 등 재난에 대응			
	평가근거	「정부업무평가 기본법」제21조, 「산림기본법」제11조 국정과제 '70. 농산촌 지원 강화 및 성장환경 조성'의 실천과제인 '70-5. 건강하고 지속가능한 산림자원 육성' 이행			
	평가목적	산림의 경제·공익적 가치 증진을 위한 조림 확대 및 각 기능별 산림 관리 체계 구축으로 지속가능한 산림경영 기반 마련 및 재정투입의 효율성을 제고하기 위함			
	기대효과	우리나라 산림을 경제적·환경적으로 가치 있는 국가자원으로 육성하고, 탄소흡수기능 증진 등 기후변화 대응능력 강화			
	기타참고사항	목재수확, 조림, 숲가꾸기			
측정방법	○ 산식 　지속가능한 산림자원육성 달성률 　　* 도부 : {(목재수확 실적률) + (조림 실적률) + (조림지 활착률) +(조림지사후관리 실적률) + (산물수집 실적률) + (산불예방숲가꾸기 실적률)} ÷ 6 ≥ 100 　　* 시부 : {(조림 실적률) + (조림지 활착률) +(조림지사후관리 실적률) + (산물수집 실적률) + (산불예방숲가꾸기 실적률)} ÷ 5 ≥ 100 ○ 산식 설명 　- 목재수확 실적률 : {(실행면적/계획면적) × 100} + 5 　　* 목재수확 실행면적(ha) = 당해 연도 수확벌채 면적 + 불량림 수종갱신 면적 　　* 목재수확 계획면적(ha) = 각 도별 최근 3년간('22~'24년) 수확벌채, 불량림 수종갱신, 연평균 허가 면적의 80%				

　　　　* 각 기관별 '25년 목표치는 '22~'24년 수종갱신벌채, 수확벌채 연평균 허가 면적의
　　　　　80% 제시(피해목, 지장목 벌채 등은 평가 대상에서 제외)
　　　　* 실적률은 '벌채허가실적(분기보)'과 산림경영이음(세올 입력) 입력값을 비교하여 산출
　　　　* 목표 대비 실적 100% 초과 달성할 경우 1%마다 0.5점
　　　　* 벌채 관련 언론보도(정책홍보, 인식전환 등) 실적 건당 0.1 점, 최대 2점 가점
　　　　　- 실적 초과 달성 및 언론홍보 활동 합산 최대 5점 가점
　　- 조림 실적률 : {(보조조림 실적/보조조림 계획) × 100} ± 5
　　　　* 시·도별 배정한 연간 국고보조 조림사업 계획면적(ha) 대비 국고보조 실적비율
　　　　　※ 계획면적 : 경제림조성×80%, 경제림조성 외 ×100%로 산출
　　　　* 실적률은 '조림사업실적보고서'와 '산림경영이음' 입력값을 비교하여 산출
　　　　* 우수조림지 선정기관 가점 : 최우수 3점, 우수 2점, 장려 1점
　　　　* 산주직접조림 수요 대비 실적율 : 50%이상 가점 3점, 40%이상 가점 2점, 30%이상 가점 1점
　　　　　- 우수조림지 선정 및 산주직접조림 합산 최대 5점 가점
　　　　* 조림사업지 중앙 점검 시 사업 부실로 인한 산림기술자 행정처분 결과 감점(최대 5점)
　　　　　산림기술자 행정처분 - 자격 취소 및 정지: 4점, 벌점 : 벌점 점수 별 3점 ~ 1점
　　　　　점검 횟수에 따른 감점 산정: 행정처분 점수 / 점검 횟수(예 : 4점 / 2회 = 2점 감점)
　　- 조림지 활착률 : {(생존본수/식재본수) × 100} + 5
　　　　* 식재본수 대비 생존본수 비율로, '조림지활착상황보고서'를 산림청에서 확인 산출
　　　　* 식재본수 대비 생존본수 비율이 80% 이상일 경우 100점으로 부여
　　　　* 식재본수 대비 생존본수 비율이 80% 이상일 경우 1%마다 0.5점 가점(최대5점)
　　- 조림지사후관리 실적률 : {(조림지사후관리 실행면적/ 조림지사후관리 계획면적) × 100} ± 5
　　　　* 조림지사후관리 계획면적: (정책) 풀베기, 덩굴제거, 어린나무가꾸기 계획면적량의 90%
　　　　* 조림지사후관리 실행면적 : (정책, 공공) 풀베기, 덩굴제거, 어린나무가꾸기 실행면적
　　　　* 조림지사후관리 사업: 풀베기, 덩굴제거, 어린나무가꾸기사업
　　　　* 실적률은 '숲가꾸기 추진 실적(월보)'과 산림경영이음 입력값을 비교하여 산출
　　　　* 목표 대비 실적 100% 초과 달성할 경우 1%마다 0.5점(최대 5점)
　　　　* 조림지사후관리 중앙 점검 시 사업 부실로 인한 산림기술자 행정처분 결과 감점(최대 5점)
　　　　　· 산림기술자 행정처분 - 자격 취소 및 정지: 4점, 벌점 : 벌점 점수 별 3점 ~ 1점
　　　　　· 점검 횟수에 따른 감점 산정: 행정처분 점수 / 점검 횟수(예 : 4점 / 2회 = 2점 감점)
　　- 산물수집 실적률 : {(산물수집 실적량 / 산물수집 계획량) × 100} + 5
　　　　* 산물수집 계획량 : '24년 산림자원분야 사업계획서 내 시·도별 산물수집 계획량
　　　　* 산물수집 실적량 : (정책, 공공) 산물수집 실적량
　　　　* 실적률은 '숲가꾸기 추진 실적(월보)'과 산림경영이음 입력값을 비교하여 산출
　　　　* 목표 대비 실적 100% 초과 달성할 경우 1%마다 0.5점(최대 5점)
　　- 산불예방숲가꾸기 실적률 : {(산불예방숲가꾸기 실행면적 / 산불예방숲가꾸기 계획면적) × 100} ± 5
　　　　* 계획면적 : '25년 산림자원분야 사업계획서 내 시·도별 산불예방숲가꾸기 계획량의 70%
　　　　* 실행면적 : (정책, 공공) 산불예방숲가꾸기 실행면적
　　　　* 실적률은 '숲가꾸기 추진 실적(월보)'과 산림경영이음 입력값을 비교하여 산출
　　　　* 목표 대비 실적 100% 초과 달성할 경우 1%마다 0.5점
　　　　* 숲가꾸기 우수 사업장 선정 : 최우수 3점, 우수 2점, 장려 1점
　　　　　- 실적 초과 달성 및 숲가꾸기 우수사업장 선정 합산 최대 5점 가점
　　　　* 큰나무가꾸기 중앙 점검 시 사업 부실로 인한 산림기술자 행정처분 결과 감점(최대 5점)
　　　　　·산림기술자 행정처분 - 자격 취소 및 정지: 4점, 벌점 : 벌점 점수 별 3점 ~ 1점
　　　　　·점검 횟수에 따른 감점 산정: 행정처분 점수 / 점검 횟수(예 : 4점 / 2회 = 2점 감점)

	○ 목표치							
		'25년 산림자원육성 달성을 위한 시·도별 목표량(2025년 사업계획 수립 시 별도 제시 예정)						
	구분	목재수확계획(ha)	조림계획(ha)	조림지활착(%)	조림지사후관리계획(ha)	산물수집계획(m³)	산불예방숲가꾸기계획(ha)	
	합계							
	서울시							
	부산시							
	대구시							
	인천시							
	광주시							
	대전시							
	울산시							
	세종시							
	경기도							
	강원도							
	충북도							
	충남도							
	전북도							
	전남도							
	경북도							
	경남도							
	제주도							

　* 목표량은 2025년 사업계획 확정 시 별도 제시(시기: '25.1월)
○ 평가대상: 시·도(시·군·구 포함)
○ 평가기준일: 2025. 12. 31

시스템 구현 서식

건강하고 지속가능한 산림자원육성 달성률

구분	목재수확실적률			조림실적률			조림지활착률			조림지사후관리실적률			산물수집실적률			산불예방숲가꾸기실적률			합계 = ((B/A*100)+C)+((E/D*100)+F)+((H/G>=80%,100,H/G*125)+F)+((J/I*100)+K)+((M/L*100)+N)+((P/O*100)+Q)	실적값 (시부=M/5 도부=M/6) 최대값 ≤100
	계획(A)	실적(B)	가점감점(C)	계획(D)	실적(E)	가점감점(F)	식재본수(G)	생존본수(H)	가점감점(F)	계획(I)	실적(J)	가점감점(K)	계획(L)	실적(M)	가점감점(N)	계획(O)	실적(P)	가점감점(Q)		
합계(ⓐ+ⓑ)																				
○○시도ⓐ																				
시군구 합계ⓑ																				
○○시																				
○○군																				
○○구																				

※ 벌채, 조림, 산불예방숲가꾸기사업 중 어느 하나의 평가 대상 사업에 계획량이 없는 시·군·구는 해당 사업을 제외한 지표의 평균 점수로 부여 / 시스템 구현 불가하여 직접 입력

연계시스템	해당 없음
증빙자료	○ 산식(실적)에 대한 지자체 증빙자료 - 불필요: 지자체에서 실적 입력하는 산림경영이음, 정기보고 비교 활용
VPS실적 입력주체	시·도 (시·군·구) / 입력시기: 연말
문의처	산림청 산림자원과 이용구 사무관(042-481-4185, E-mail: lygbn@korea.kr) 산림청 산림자원과 이동교 주무관(042-481-1205, E-mail: kyokyo1117@korea.kr) 산림청 산림자원과 김진헌 사무관(042-481-4218, E-mail: forestkim@korea.kr) 산림청 산림자원과 최승호 주무관(042-481-4157, E-mail: fpwkem@korea.kr) 산림청 산림자원과 김종근 사무관(042-481-4189, E-mail: jkdang77@korea.kr) 산림청 산림자원과 김현겸 주무관(042-481-8881, E-mail: khg1898@korea.kr)

국정 목표	3. 따뜻한 동행, 모두가 행복한 사회			
국민 약속	3-13. 살고 싶은 농산어촌을 만들겠습니다.			
국정 과제	3-13-70. 농산어촌 지원강화 및 성장환경 조성			
지표명	㉕ 산사태 예방·대응 체계 구축률			
지표 성격	< 국가주요시책, 국고보조사업 > - 산사태 예방·대응 체계 구축을 위해 「제3차 사방기본계획('24~'28)」 수립·시행하여 생활권과 산사태취약지역 위주의 사방사업으로 '산사태로 인한 인명 및 재산피해 최소화' 추진 - 지방자치단체에서 산사태취약지역 내 실시한 사방사업(산지사방, 계류보전, 사방댐, 산림유역관리)의 실적을 파악하여 평가			
지표 유형	정량	부분	정순	계속(변경)
지표 설명	지표명 설명	o 산사태취약지역 내 사방사업(산지사방, 계류보전, 사방댐, 산림유역관리)을 추진하여 국민의 생명과 재산을 보호하고자 함 - 지방자치단체에서 산사태취약지역 내 실시한 사방사업 실적을 평가		
	평가근거	o 사방사업법 제5조(사방사업의 시행) o 산림보호법 제45조의11(산사태취약지역의 관리)		
	평가목적	o 국지성 호우, 태풍의 빈발 등 기후변화로 산사태 재난 발생 위험이 높아지고 있으며 산사태는 집중호우 등 자연적 원인에 의해 산지가 일시에 붕괴되는 현상으로 산사태취약지역에 대한 구조물적 관리대책(사방사업) 필요 o 산사태취약지역은 「산림보호법」 제45조의8제1항에 따라 산사태 발생의 우려가 있는 지역에 예방시설을 설치하는 등 산사태로부터 국민의 생명과 재산 및 산림자원을 보호하기 위해서 지정하는 지역임 o 산림보호법 제45조의11 제1항에 따라서 지역산사태예방기관의 장은 산사태취약지역의 산사태예방을 위하여 사방사업법 에 따른 사방사업을 우선적으로 시행하여하도록 정하고 있음 o 산사태취약지역에 우선적으로 사방사업을 실시하여 태풍 및 집중호우로 인한 산사태 피해를 최소화하여 국민의 생명과 재산을 보호하고자 함		
	기대효과	o 산사태취약지역으로 지정된 곳에 사방사업을 우선적으로 실시함으로써 산사태 피해를 사전에 예방하여 국민의 생명과 재산피해를 최소화		
	기타참고사항	o 산지사방 : 황폐되거나 황폐 위험이 있는 산지에서 풀씨뿌리기, 사면 안전화 사업 등 식생을 복구·보전하여 절개된 산지사면의 붕괴 방지 o 계류보전 : 산지 계곡에 흐르는 물의 속도를 감소시키고 계속의 측면과 계곡 바닥의 침식을 방지하여 하류 지역의 인명 및 재산피해 저감 o 사방댐 : 토사, 토석 및 나무의 유출을 중간에서 차단하고, 유출되는 토사 등의 흐름을 안전하게 조절하여 산지 계곡의 붕괴 방지 o 산림유역관리 : 산림유역의 총괄적 재해방지 등을 위해 사방댐, 계류보전, 산지사방 등 시설을 종합적으로 설치하는 유역완결형 사업 o 산사태취약지역 : 산사태가 발생할 우려가 있는 지역에 대하여 지정·고시된 지역		

측정 방법	○ 산식 : ㉮(A + B + C + D) ± ㉯ 　- A : 산사태취약지역 내 산지사방 사업 실적 　- B : 산사태취약지역 내 계류보전 사업 실적 　- C : 산사태취약지역 내 사방댐 사업 실적 　- D : 산사태취약지역 내 산림유역관리 사업 실적 　- 가·감점 : (가점) + 5점, (감점) - 5점 ○ 산식 설명 : 　- ㉮. 산사태취약지역 내 사업 실적 : 연간 사방사업(산지사방, 계류보전, 사방댐, 산림유역관리)사업 완료 물량 대비 산사태 취약지역으로 지정된 곳에 사방사업(산지사방, 계류보전, 사방댐, 산림유역관리)시행한 실적이 50% 이상일 경우 25점 부여 50% 미만일 경우에는 비율별 차등 점수(소수점 셋째자리에서 반올림) 부여 　　* 단계적 목표치 설정(25년 50%, '26년 60%, '27년이후 70%) 　- 사업종에 따른 점수 부여 　　1) 사업종 4개 사업 추진 : 각 25점씩 점수 부여 　　2) 사업종 3개 사업 추진 : 34점(1), 각 33점(2) 부여 　　　* 사업량이 가장 많은 사업종에 34점 부여 　　3) 사업종 2개 사업 추진 : 각 50점 씩 점수 부여 　　4) 사업종 1개 사업 추진 : 해당 사업 종에 대하여 100점 점수 부여 　- ㉯. 가감점 　　- 가점(5점) *가점은 100점 한도 내에서 부여 　　　· 시·도의 사방사업(산지사방, 계류보전, 사방댐) 완료 물량 대비 우기 전(6월) 사업 완료율이 90% 이상인 곳에 대하여 가점 부여(2점) 　　　· 사방댐 실적물량이 상위 3개 시·도에 차등 가점 부여(3점) 　　　* 완료물량의 기준은 6월 30일 기준으로 완료(준공)보고서 작성완료된 물량에 한함 　　　* 상위 3개 시·도 가점 : 1위(3점), 2위(2점), 3위(1점) 　　- 감점(5점) : 최근 5년 사방댐 시설한 곳 하류부에서 인명피해가 발생할 경우 감점 　예) 산지사방, 계류보전, 사방댐, 유역관리사업 4개 사업종에 대하여 추진하는 시·도에서 산사태취약지역 내 산지사방 비율 50%, 계류보전 비율 48%, 사방댐 비율 90%, 유역관리사업 비율 80%이며, '25년 연간 산지사방, 계류보전, 사방댐 완료물량 중 90%을 우기 전에 완료 하였고, 사방댐 실적물량 1위인 경우 점수 　　=> 산지사방 25점 + 계류보전 24점 + 사방댐 25점 + 유역관리사업 25점 + 가점 5점 = 104점 최종 반영 점수 100점 ○ 목표치 : 100점 ○ 평가대상 : 시·도(광역시 포함)　※ 산사태취약지역이 없는 제주특별자치도는 평가 제외 ○ 평가기준일 : 2025.12.31.

구분		㉮ 산사태취약지역 내 사방사업 실적				㉯ 가·감점 ± 5		㉰ 총점 (㉰=㉮(A+B+C+D)±㉯)
		산지사방 (A)	계류보전 (B)	사방댐 (C)	산림유역관리 (D)	가점	감점	
시스템 구현 서식	서울							
	부산							
	대구							
	인천							
	광주							
	대전							
	울산							
	세종							
	경기							
	강원							
	충북							
	충남							
	전북							
	전남							
	경북							
	경남							

연계 시스템	○ 해당없음
증빙 자료	○ 필요 - 사방사업 완료 보고서(정기보고서) 및 산사태취약지역 지정 고시문·도면, 해당 취약지역 내 사방사업 위치도 * 사방사업 시행 이전 산사태취약지역 지정된 건만 인정 - 가점의 경우 6월 전 사방사업 준공을 증빙할 수 있는 준공검사조서 함께 제출
VPS실적 입력주체	중앙부처	입력 시기	연간
문의처	산림청 산사태방지과 정세현 사무관(☎ 042-481-4271, E-mail: sehyunj@korea.kr) 산림청 산사태방지과 김문식 주무관(☎ 042-481-4272, E-mail: 1018mssa@korea.kr)

국정목표	3. 따뜻한 동행, 모두가 행복한 사회
국민약속	3-13. 살고 싶은 농산어촌을 만들겠습니다
국정과제	3-13-70. 농산어촌 지원강화 및 성장환경 조성
지표명	㉘ 산불방지 성과 달성도
지표성격	< 국가주요시책, 국고보조사업 > - 신속하고 체계적인 대응으로 산불재난으로부터 국민의 생명과 재산피해 최소화 도모

지표유형	정량	공통	정순	계속(변경)

지표설명	지표명 설명	o 산불피해 저감을 위해 산불예방 등 산불방지 활동 결과를 평가 * 산불방지란 산불예방하고 진화하는 모든 활동을 의미(산림보호법 제2조)
	평가근거	o 「산림보호법」 제33조(산불의 예방 등) o 「산림보호법」 제34조(산불 예방을 위한 행위 제한)

	평가목적	o 산불은 대부분 사람의 부주의나 실화에 의해 발생하며, 최근 5년 평균 소각, 입산자 실화에 의한 산불*은 전체 원인의 50.9%를 차지
		  * ('19) 51.6% → ('20) 53.4% → ('21) 52.1% → ('22) 47.1% → ('23) 50.2%
		→ 영농부산물 수거·파쇄 사업, 산불홍보 등 예방활동 강화 및 산불예방 행위 위반자에 대한 엄중한 처벌로 산불 발생을 저감하고자 함
		o 산불 발생 시 산불발화 원인 규명(산림보호법 제42조)에 따라 가해자 검거가 필요하며, '20년대 산불가해자 검거율은 '10년대 검거율의 91.8%로 저조
		  * 연평균 산불 가해자 검거율 : ('10~'19) 41.6% → ('20~'23) 38.2%
		→ 산불 발생 시 가해자 검거를 위한 선제적 현장보존 대처, 지역 경찰 협조 등 각 지자체는 지역산불관리기관으로서의 역할 강화, 소각산불 뿐만 아니라 전체 산불에 대한 가해자 검거 노력으로 국민 산불방지 경각심 제고 필요

	기대효과	o 산불피해 저감을 통해 산불재난으로부터 국민안전 확보
	기타참고사항	o 소각 산불 : 「산림보호법」 제36조제4항에 따른 산불발생 및 피해상황 보고 시 논·밭두렁, 농산폐기물, 쓰레기 소각이 원인인 산불 o 입산자실화 산불 : 「산림보호법」 제36조제4항에 따른 산불발생 및 피해상황 보고 시 입산자실화가 원인인 산불

측정방법	O 산식 : 산불방지 성과 달성도 = (①×0.5) + (②×0.5)
	  * 산불은 관서별 산불에 한함
	  * ①, ② 각 산식 달성률은 최대 100%로 적용, 소수점 첫째 자리까지 반영(소수점 둘째자리 반올림)
	① 소각, 입산자실화 산불 감축 달성률 : (㉮/㉯) × 100
	  - ㉮ : 최근 5년('19~'23년) 평균 소각, 입산자실화 산불 발생률
	  - ㉯ : '25년 소각, 입산자실화 산불 발생률
	  * '25년 전체산불 또는 소각, 입산자실화 산불 0건인 경우 소각, 입산자실화 산불 감축 달성률 100% 부여
	② 산불 가해자 검거 달성률 : (㉰/㉱) × ㉲ × 100
	  - ㉰ : 최근 5년('19~'23년)평균 산불 가해자 검거율
	  - ㉱ : '25년 산불 가해자 검거율
	  * '25년 산불 건수 0건인 경우 산불 가해자 검거 달성률 100% 부여
	  - ㉲ : 가점
	  * 최근 5년('19~'23년) 평균 대비 '25년 입산자실화 산불 발생률이 감소했거나 '25년 입산자실화 산불 가해자 검거율이 증가한 지자체에 10% 가점 부여(1.1, 미해당시 1.0, 중복 없음)

○ 산식 설명
- ㉮ : 해당 지자체의 최근 5년('19~'23년) 평균 소각, 입산자실화 산불 발생률(%) =
  (최근 5년 소각, 입산자실화 산불 건수 / 최근 5년 전체 산불 건수) × 100

  □ 지자체별 소각, 입산자실화 산불 감축 달성률 목표치(하향지표)

시·도	최근 5년 평균 소각, 입산자실화 산불 발생률(%)	할인	목표치(%)
서울	6.7	할인	49.6
부산	38.0	할인	49.6
대구	57.4	-	57.4
인천	44.6	할인	49.6
광주	61.1	-	61.1
대전	28.6	할인	49.6
울산	71.6	-	71.6
세종	42.9	할인	49.6
경기	39.4	할인	49.6
강원	33.9	할인	49.6
충북	56.5	-	56.5
충남	69.3	-	69.3
전북	72.8	-	72.8
전남	63.4	-	63.4
경북	46.6	할인	49.6
경남	50.7	-	50.7
제주	33.3	할인	49.6

  * 할인 : 지자체 평가부담 완화를 위해 최대 목표치를 지자체 평균 발생률인 49.6%로 제한

- ㉯ : '25년 소각, 입산자실화 산불 발생률(%) =
  ('25년 소각, 입산자실화 산불 건수 / '25년 전체 산불 건수) × 100

- ㉰ : 해당 지자체의 최근 5년('19~'23년) 평균 산불 가해자 검거율(%) =
  (최근 5년 산불 가해자 검거 건수 / 최근 5년 산불 건수) × 100

  □ 지자체별 산불 가해자 검거 달성률 목표치(상향지표)

시·도	최근 5년 평균 산불 가해자 검거율(%)	할인	목표치(%)
서울	33.3	-	33.3
부산	24.1	-	24.1
대구	18.3	-	18.3
인천	29.2	-	29.2
광주	22.2	-	22.2
대전	33.3	-	33.3
울산	30.9	-	30.9
세종	50.0	할인	37.3
경기	34.5	-	34.5
강원	44.8	할인	37.3
충북	40.2	할인	37.3
충남	36.4	-	36.4
전북	38.9	할인	37.3
전남	48.4	할인	37.3
경북	38.5	할인	37.3
경남	38.6	할인	37.3
제주	33.3	-	33.3

  * 할인 : 지자체 평가부담 완화를 위해 최대 목표치를 지자체 평균 발생률인 37.3%로 제한

- ㉱ : '25년 산불 가해자 검거율(%) =
  ('25년 산불 가해자 검거 건수 / '25년 산불 건수) × 100

- ㉲ : 가점 = 10%

	○ 목표치 : 100%
	○ 평가대상 : 시·도
	○ 평가기준일 : 2025. 12. 31.

		① 소각, 입산자실화 산불 감축 달성률			② 산불 가해자 검거 달성률				산불방지 성과 달성도(%) = ((①×0.5)+(②×0.5))
시스템 구현 서식	구분	최근5년 평균 소각, 입산자실화 산불 발생률 목표치(%) ㉮	'25년 소각, 입산자실화 산불 발생률(%) ㉯	① 달성률= (㉮/㉯)×100	최근5년 평균 산불 가해자 검거율 목표치(%) ㉰	'25년 산불 가해자 검거율(%) ㉱	가점 ㉲	② 달성률= (㉱/㉰)× ㉲×100	
	서울	49.6			33.3				
	부산	49.6			24.1				
	대구	57.4			18.3				
	인천	49.6			29.2				
	광주	61.1			22.2				
	대전	49.6			33.3				
	울산	71.6			30.9				
	세종	49.6			37.3				
	경기	49.6			34.5				
	강원	49.6			37.3				
	충북	56.5			37.3				
	충남	69.3			36.4				
	전북	72.8			37.3				
	전남	63.4			37.3				
	경북	49.6			37.3				
	경남	50.7			37.3				
	제주	49.6			33.3				

* 달성률, 달성도는 최대 100%로 적용, 소수점 첫째 자리까지 반영(소수점 둘째자리 반올림)
* ① '25년 전체산불 또는 소각, 입산자실화 산불 0건인 경우 소각, 입산자실화 산불 감축 달성률 100% 부여
* ② '25년 산불 건수 0건인 경우 산불 가해자 검거 달성률 100% 부여
* ㉲ 최근 5년('19~'23년) 평균 대비 '25년 입산자실화 산불 발생률이 감소했거나 '25년 입산자실화 산불 가해자 검거율이 증가한 지자체에 10% 가점 부여(1.1, 미해당시 1.0, 중복 없음)

연계 시스템	○ 없음
증빙 자료	○ 불필요 : 산불통계연보 활용

VPS실적 입력주체	중앙부처	입력 시기	년

문의처	산림청 산림재난통제관 산불방지과 임업사무관 유기원(☎ 042-481-4251, yukitong@korea.kr) 산림청 산림재난통제관 산불방지과 임업서기 이해연(☎ 042-481-4253, lhy0404@korea.kr)

국정목표	3. 따뜻한 동행, 모두가 행복한 사회
국민약속	3-13. 살고 싶은 농산어촌을 만들겠습니다.
국정과제	3-13-70. 농산촌 지원 강화 및 성장환경 조성
지표명	㉙ 임도시설 실적률

지표성격	<국고보조사업, 국가주요시책> - 국고보조사업 : 13개 시·도 국고보조 - 국가주요시책 : 12대 핵심재정사업 10. 재난·안전관리시스템 고도화(산불 대응능력 강화)			
지표유형	정량	부분	정순	계속(변경)

지표설명	지표명 설명	○ 최근 2년 산불진화임도 평균 실적의 85% 실적 ○ 최근 5년간 구조개량 실적 평균 대비 '25년 구조개량 실적 ○ 관내 전체 임도 거리 2회 임도점검 실적
	평가근거	○ 「정부업무평가 기본법」 제21조, 「산림기본법」 제21조 - 국정과제 70. '농산촌 지원 강화 및 성장환경 조성'의 실천과제 ○ 「임도설치 및 관리등에 관한 규정」 제26조
	평가목적	○ 임도(林道)는 산림경영·관리를 위한 필수 기반시설로, ① 탄소저장고인 목재 공급 기반 조성, ② 산불예방·진화 등 산림재해에 신속한 대응, ③ 낙후된 농산촌 지역간 연결로 지역균형발전에 기여, ④ 산림휴양·레포츠 등 산림복지서비스 제공 등의 기능이 있음 ○ 최근 이상기후로 장마철 강우가 특정 기간·지역에 집중하는 형태로 변화되어 임도의 안전성을 높여 자연재난 예방
	기대효과	○ 산불진화임도 확충으로 지속가능한 산림경영·관리 및 산불예방·진화 등 산림재해에 신속한 대응 가능 ○ 재해에 안전한 임도 관리를 통해 자연재해에 의한 임도 피해 복구 비용을 절감시켜 임도의 상시통행 체계 유지
	기타참고사항	

측정방법	○ 산식
	- (산불진화임도신설 실적률) 최근 2년 평균 실적의 85% 대비 '25년 산불진화임도 신설 실적 : A(30%)
	- (구조개량 실적률) '25년 구조개량 실적 / 최근 5년간 구조개량 실적 평균 : B(35%)
	- (임도점검 실적률) '25년 임도 점검 실적 / 관내 전체 임도 거리 × 2회 : C(35%)
	- (가점) 예산 외 임도실적(임산물 운반로 등 임도화) : D
	  * (1점) 5km미만 (2점) 10km미만 (3점) 20km미만 (4점) 30km미만 (5점) 30km이상
	  ** '예산 외'란 예산이 전혀 들지 않거나, 임도 건설에 따른 시공비가 소요되지 않는 것을 의미
	- 산식 : (A × 30%) + (B × 35%) + (C × 35%)+ D(가점)
	  * 가점은 총점 100점을 넘지 않는 범위 내에서 인정함
	○ 산식 설명
	- (A) 산불진화임도 신설 실적률(30%)
	  · '25년 산불진화임도 신설 실적 : 최근 2년간 산불진화임도 실적의 85%
	- (B) 구조개량 실적률(35%)
	  · '25년 구조개량 실적 / 최근 5년간 구조개량 실적 평균

- (C) 임도 점검 실적률(35%)
  · '25년 임도 점검 실적 / 관내 전체 임도 거리 × 2회

시·도	산불진화임도 신설 실적률(A)			구조개량 실적률(B)			임도점검(C)			비고
	최근2년 산불진화임도 실적의 85%	'25년 임도 신설 실적	비율(%)	최근 5년 평균 구조개량 실적	'25년 구조개량 실적	비율(%)	관내 전체 임도 거리(2회)	'25년 임도 점검 실적	비율(%)	
강원										
경기										
충북										
충남										
전북										
전남										
경북										
경남										
제주										

  * 소수점 둘째자리에서 반올림하여 첫째자리까지 계산
- (D) 예산 외 임도실적(임산물 운반로 등 임도화)(가점)
  * (1점) 5km미만 (2점) 10km미만 (3점) 20km미만 (4점) 30km미만 (5점) 30km이상
  ** '예산 외'란 예산이 전혀 들지 않거나, 임도 건설에 따른 시공비가 소요되지 않는 것을 의미
○ 목표치 : 100% 이상
○ 평가대상 : 9개 도(시·군 포함)
  - 강원특별자치도, 경기도, 충청북도, 충청남도, 전북특별자치도, 전라남도, 경상북도, 경상남도, 제주특별지차도
○ 평가기준일 : 2025. 12. 31.

시스템 구현 서식

○ 임도신설 실적률

구분	산불진화임도 신설 실적률(A)			구조개량 실적률(B)			임도점검(C)			가점(D)	합계
	최근2년 산불진화임도 실적의 85%(a)	'25년 임도 신설 실적(b)	비율(A= b/a×100)	최근 5년 평균 구조개량 실적(c)	'25년 구조개량 실적(d)	비율(B= d/c×100)	관내 전체 임도 거리2배(e)	'25년 임도 점검 실적(f)	비율(C= f/e×100)	예산 외 임도실적(g)	(A×0.3) + (B×0.35) + (C×0.35) + D
○○도											
○○도											

연계시스템

정보시스템운영부서				연계항목	
정보시스템명칭	기관/부서	담당자	연락처	항목이름	증빙화면
해	당	없	음		매뉴얼하단 별첨

증빙자료
○ 산식(실적)에 대한 지자체 증빙자료
- 필요 : 임도신설 및 점검 실적 보고서

VPS실적 입력주체 | 광역지자체(도)(시군구포함) | **입력시기** | 2026년 1월

문의처
산림청 목재산업과 송명수 사무관(☎042-481-4275, E-mail : yew24@korea.kr)
산림청 목재산업과 김희원 주무관(☎042-481-4147, E-mail : khwony0208@korea.kr)

국정 목표	3. 따듯한 동행 모두가 행복한 사회			
국민 약속	3-13. 살고 싶은 농산어촌을 만들겠습니다.			
국정 과제	3-13-70. 농산촌 지원 강화 및 성장환경 조성			
지표명	㉑ 산림병해충방제 성과 달성률			
지표 성격	< 국가주요시책, 국고보조사업 > - 산림병해충 예찰방제를 통해 산림 피해를 최소화하여 산림생태계의 건강성 및 산림자원 유지에 기여 - 산림병해충방제 예산 국고보조('24년 89,413백만원)			
지표 유형	정량	공통	정순	계속(변경)

지표 설명	지표명 설명	ㅇ 산림에 있는 식물과 산림이 아닌 지역에 있는 수목에 해를 끼치는 병과 해충을 발생하지 않도록 예방하거나 이미 발생한 산림병해충을 약화시키거나 제거하는 활동
	평가근거	ㅇ 『정부업무평가 기본법』 제21조(국가위임사무등에 대한 평가) ㅇ 산림기본법 제15조(산림재해에 관한 시책) ㅇ 산림보호법 제21조(산림병해충 예찰방제 연도별 계획) ㅇ 소나무재선충병 방제특별법 제4조(국가 및 지방자치단체의 직무)
	평가목적	ㅇ 기후변화 및 국제교류 증대에 따라 소나무재선충병 등 외래·돌발병해충에 따른 산림피해가 증가되고 다양해지고 있어 산림병해충 피해를 최소화 하기 위해 방제성과에 대한 평가 필요
	기대효과	ㅇ 산림병해충에 대한 방제를 통해 산림을 건강하고 체계적으로 보호함으로써 국토를 보전하고 국민의 삶의 질 향상
	기타참고사항	-

| 측정
방법 | ㅇ 산식
산림병해충방제 성과 달성률
= 소나무재선충병 방제 협업 운영실적(30점) + 소나무재선충병 현장점검 운영실적(50점) + 산림병해충 방제예산 집행율(20점) + 가·감점(+5점 ~ -3점)
ㅇ 산식 설명
- (시·도 담당자) 소나무재선충병 방제 협업 운영 및 참여 실적(30%)

구분	3회 이상	2.8회 이상	2.5회 이상	2.0회 이상	2.0회 미만
배점(점)	100	95	90	85	80

· 연중 소나무재선충병 발생 지자체의 협업과 역량강화를 위한 협의회나 컨설팅 등 참여 실적
· 산림청, 지방청 또는 과학원, 모니터링센터, 현장특임관, 시·도 산림환경연구소, 기술사 등 전문가 반드시 참여
· 피해 시·군·구가 많을 시, 피해정도가 비슷한 지역이나 인접 지역 등을 그룹화하여 실행 가능
· 지방산림청, 연접한 시·도가 주관한 컨설팅이나 협의회 참여한 실적 인정
· 시·도에서 실시한 컨설팅에 참여한 시군구 수의 평균값(= 시·도에서 실시한 컨설팅에 참여한 시·군·구 수 / 시·군·구 수)
　* (시·군·구 수) = 실적연도 연말 기준 재선충 피해 시·군·구 수
　 (시·도에서 실시한 컨설팅에 참여한 시·군·구 수) = 실적연도 1월~12월 컨설팅 참여 시·군·구 수
　※ (예시) A도(시) 내에 a,b,c,d,e,f 6개 시·군·구에 소나무재선충병 발생했을 경우
· 컨설팅 1회(a,b,c,d,e,f), 컨설팅 2회(a,b,c,d), 컨설팅 3회(d,e,f), 컨설팅 4회(a,b,c) 컨설팅 5회(a,b) 실시하였을 때의 실적 = {18(컨설팅에 참여한 시군구 수) / 6(시군구 수)} = 3회
- (시·군·구 담당자) 소나무재선충병 현장점검 운영실적(50%)

구분	3회 이상	2.8회 이상	2.5회 이상	2.0회 이상	2.0회 미만
배점(점)	100	95	90	85	80

※ 재선충병 방제사업장별(직영방제·나무주사 사업장 제외) 3회 현장점검 실적(1월~3월(제주 4월), 10~12월)
· 시·도에서 시·군·구의 실적을 취합하여 평균값 적용(= 시·군·구 총 현장점검 횟수 / 총 사업장 수)
　* (총 사업장 수) = 실적연도(1월~12월)에 발주한 재선충병 방제사업장 총수 |

	- 산림병해충 방제예산 집행율(20%) 	구분	90% 이상	85% 이상	80% 이상	75% 이상	75% 미만
---	---	---	---	---	---
배점(점)	100	95	90	85	80 | ※ 산림병해충방제(국비) 본예산(추경 제외) 집행율(12.31. 기준) = ((집행액 / 예산액) * 100), 소수점 이하 반올림 - 가·감점(+5점 ~ -3점) |						
---	---	---	---	---	---	---
자체예산 확보율	100%이상 (50% 이상)	50% 이상 (25% 이상)	30% 이상 (15% 이상)			
방제대상목 파쇄처리 비율		60% 이상	50% 이상			
기관장 관심도		4회 이상	2회 이상			
부실사업장 비율				5%초과, 10%이하	10%초과, 15%이하	15%초과

배점(점)	+3	+2	+1	-1	-2	-3	
							
							※ 자체예산확보율=소나무재선충병 방제 자체예산(도비+시비) 확보액 / 소나무재선충병 방제예산(국비+지방비)
							  [단, 소나무재선충병 방제예산(국비+지방비)이 50억 이상인 시·도의 경우 가점 세부 비율을 50% 감경 적용]
							※ 방제대상목 파쇄처리 비율은 산림병해충방제정보시스템에 입력된 방제대상목 및 파쇄 그루수를 기준으로 산정
							※ 시·도 부기관장 이상, 시·군·구 기관장 주관의 소나무재선충병 점검회의 또는 현장점검 실적
							※ 전체 사업장 수 대비 소나무재선충병 방제특별법, 산림보호법, 재선충병 방제지침, 산림병해충 방제규정 등 위반한
							  부실사업장의 수(단, 동일 사업장 내 여러 위반건이 있을 경우 1개 부실사업장으로 계산) 비율
							
							○ 목표치: 100점
							○ 평가대상: 시·도(시·군·구 포함)
							※ 제주특별자치도의 경우 제주시, 서귀포시 실적 포함
							※ 소나무재선충병이 발생하지 않은 시·도는 산림병해충 방제예산 집행율을 평가
							○ 평가기준일: 2025. 12. 31.

시스템 구현 서식	○ 산림병해충방제 성과 달성률 (단위 : 점) 	구 분	소나무재선충병 방제 협업 운영실적 (점, 30%)		소나무재선충병 현장점검 운영실적 (점, 50%)		산림병해충 방제예산 집행율 (점, 20%)		가·감점(점) ④	소나무 재선충병 발생여부*	산림병해충방제 예방·방제 성과 ①+②+③+④ 재선충 미발생 시·도는 ⑤+④
---	---	---	---	---	---	---	---	---	---
	배점	점수① *최대값≤30	배점	점수② *최대값≤50	배점 ⑤	점수③ *최대값≤20	±5점	미발생=0, 발생=1	
○○도 (○○시)										 * 소나무재선충병 발생여부 : 소나무재선충병 발생 시·도와 미발생 시·도를 구분하기 위한 것임
연계 시스템	해당 없음
증빙 자료	○ 산식(실적)에 대한 지자체 증빙자료 - 소나무재선충병 지역협의회, 방제컨설팅 결과보고 공문 - 재선충병 방제사업장 현장점검(현장인도, 준공검사 포함) 결과보고서(내부결재문서, 출장복명서, 메모보고 등) - 산림병해충방제 예산 집행 자료(e호조시스템 화면 등) - 산림병해충방제정보시스템에 입력된 수치·자료
VPS실적 입력주체	광역지자체	입력 시기	년
문의처	산림청 산림병해충방제과 임업사무관 이호영(☎ : 042-481-4076, E-mail : lee17@korea.kr) 산림청 산림병해충방제과 임업주사보 조지현(☎ : 042-481-4064, E-mail : cjh3641@korea.kr)

국정 목표	3. 따뜻한 동행, 모두가 행복한 사회			
국민 약속	3-13. 살고 싶은 농산어촌을 만들겠습니다.			
국정 과제	3-13-70. 농산어촌 지원강화 및 성장환경 조성			
지표명	㉔ **목재이용 활성화 노력도**			
지표 성격	< 국가주요시책> - (국정과제 3) 따뜻한 동행, 모두가 행복한 사회 　· [약속13] 살고 싶은 농산어촌을 만들겠습니다. 　· 주요 내용(70-5) : 공공건축 목재활용 촉진 등 국산 목재이용 활성화			
지표 유형	정량	공통	정순	계속(유지)

지표 설명	지표명 설명	○ 3가지 하위지표(목재관련 정책 및 제도, 목재이용 권장 홍보활동, 국산 목재 우선구매율)를 통해 목재문화의 정착 정도, 목재문화 진흥정책, 목재관련 사회적 인프라 등 객관적 근거자료로 종합적인 측정 ○ 강점과 미비점을 분석하고 취약점을 보완하여 목재이용 활성화 촉진
	평가근거	○ 「산림자원의 조성 및 관리에 관한 법률」 제37조(목재의 이용 증진 등) ○ 「목재의 지속가능한 이용에 관한 법률」 제4조(책무) ○ 「목재의 지속가능한 이용에 관한 법률」 제28조(목재의 지속가능한 이용의 활성화)
	평가목적	○ 목재는 지속가능한 친환경 재료로서 탄소저장효과가 타 재료 대비 우수하여 국내외에서 기후변화대응과 온실가스 감축의 중요한 소재로 인식되고 있음 ○ 「목재의 지속가능한 이용에 관한 법률」의 시행에 따라 올바른 목재문화의 정착과 이를 통한 목재이용 활성화 정책기반 마련 필요
	기대효과	○ 공공기관에서 목재이용 활성화를 위한 정책 및 제도를 수립하고, 목재이용을 권장하여 목재이용문화 정착 및 확산 ○ 목재는 국제적으로 인정된 탄소를 저장하는 소재로, 목재이용은 국가 온실가스 감축 목표 달성에 기여
	기타참고사항	○ 해당없음

측정
방법

1. 산식(100점) : 목재관련 정책 및 제도(40점) + 목재이용 권장 홍보활동(40점) +
　　　　　　　국산목재 우선구매율(20점)

구 분	지표 구성	세부항목	배 점
목재이용 활성화 노력도	1. 목재관련 정책 및 제도(40)	· 목재관련 정책 및 제도(건)	40
	2. 목재이용 권장 홍보 활동(40)	· 목재 행사 및 세미나(건)	20
		· 목재 홍보활동(건)	20
	3. 국산목재 우선구매율(20)	· 국산목재 우선구매율(%)	20
계			100

2. '목재이용 활성화 노력도' 하위지표(3개) 설명

가. 목재관련 정책 및 제도(40점)
1) 내용 : 목재이용 활성화를 위해 시행 중인 정책·제도 현황(정책 및 제도)
2) 평가방법 : 지방자치단체 공문조사 실시
3) 배점산정 기준: 17개 지방자치단체 '중'등급 평균 11건('상', '하'등급 제외)

구 분	배점
12건 이상	40
8건 이상 ~ 12건 미만	35
5건 이상 ~ 8건 미만	30
5건 미만	25

평가 방법

☐ 평가 기본 사항
　○ 목재이용 활성화, 목재이용 국민인식 증진 등 목재의 이용과 관련한 내용이 포함된 경우 인정
　○ 조례와 규칙이 유사한 내용으로 각각 있는 경우, 조례 또는 규칙이 추진계획과 중복되는 경우 등 각각 인정
　　* (예시) 목재문화체험장 운영 계획 수립, 목재문화체험장 운영에 관한 조례
　○ 단순 간담회 및 설명회 개최, 산림청 공모사업 추진 사례는 제외

☐ 상세 내용
　○ 목재 관련 정책(계획·정책 계획, 사업 추진 등)
　　- 목재이용 활성화 연간사업(2025년) 또는 단기사업 및 사업계획의 수립
　　　* 단, 목재와 연관성이 낮은 계획에서 일부 내용 추가하여 실적으로 제출한 경우는 제외
　　- 지방자치단체 예산으로 추진하는 사업, 목재 이용에 따른 인센티브 제공 등
　　- 상장(표창) 지원, 나무명패·목재조형물 제작, 홍보물 구입 등 제외
　　- 목재페스티벌, 목공프로그램 등 일회성 행사 개최 등은 제외(목재이용 권장 홍보활동으로 포함)
　　- (인정 예시) 목공예기능인 양성지원 사업 추진, 미이용 산림부산물 활용체계 구축을 위한 시범사업 추진, 국산 목재펠릿 공급 확대 계획 수립, 한옥건축 활성화 계획 수립, 목재문화체험장 조성 및 운영 계획, 나무목공소 운영 계획 등
　○ 목재 관련 제도(조례, 규칙 등)
　　- 평가시점 기준('25.12) 누적 건수로 산정(폐지된 조례·규칙은 삭제)
　　- 동일 내용의 조례 또는 규칙에 대하여는 중복인정 불가
　　　* (예시) 00광역시 녹색제품 구매 촉진 조례, 00광역시 00구 녹색제품 구매 촉진 조례
　　- 목재제품 품질단속 제도, 목재이용명예감시원 제도, 미이용 산림바이오매스 수집단 운영 등 산림청 보조금으로 운영되는 제도는 제외

☐ 증빙자료
　○ 목재 관련 정책: 추진 결과보고 등 결과 확인 가능한 문서 사본
　　　* 결과보고 미증빙 시 해당 사례 제외될 수 있음
　○ 목재 관련 제도(조례, 규칙): 조례(규칙)명, 목재 관련 내용 발췌 자료 제출

나. 목재이용 권장 홍보활동(40점)
 1) 내용 : 목재의 이용 및 목재문화를 알리기 위해 지자체에서 진행한 홍보활동
  * 목재관련 행사 수(행사, 세미나, 체험교실 등), 목재관련 홍보활동 건수(방송, 중앙지, 인터넷매체 등)
 2) 평가방법 : 지방자치단체 공문조사 실시(실질조사)
 3) 배점산정 기준
  · 목재 행사 및 세미나 수 : 17개 지방자치단체 '중'등급 평균 13건('상', '하'등급 제외)
  · 목재 홍보활동 건수 : 17개 지방자치단체 '중'등급 평균 56건('상', '하'등급 제외)

구 분	배점
14건 이상	20
9건 이상 ~ 14건 미만	15
5건 이상 ~ 9건 미만	10
5건 미만	5

< 목재 행사 및 세미나 >

구 분	배점
60건 이상	20
42건 이상 ~ 60건 미만	15
18건 이상 ~ 42건 미만	10
18건 미만	5

< 목재 홍보활동 >

평가 방법

□ 평가 기본 사항
 ○ 목재와 관련한 행사(체험, 설명회, 세미나 등) 및 홍보활동에 한하여 인정
 ○ 목재와의 관련성을 확인하기 힘든 경우(산나물 행사 등)는 제외
 ○ 단순 현수막 게시, 리플렛 배부, 전광판 홍보(영상송출) 등 제외

□ 상세 내용
 ○ 목재 행사 및 세미나(온·오프라인 행사 또는 세미나)
  - 목재와 무관한 행사이나 목재 관련 부스(목공 체험 등)를 운영한 경우 인정
  - 지방자치단체에서 공공기관 또는 민간으로 위탁하는 사업도 인정
  - 박람회·축제 등 지역단위 행사는 개최에 협조한 경우도 인정
  - 체험행사의 경우 동일한 주제(동일한 프로그램)로 추진한 것이라도 주최(주관) 기관이 다른 경우 중복 인정

 ○ 목재 홍보활동 건수(온라인 홍보, 오프라인 제외)
  - 온라인(지방자치단체를 통한 방송·보도자료 등 언론 홍보, 공식 SNS·홈페이지 홍보 등) 콘텐츠를 활용하여 홍보한 실적(산림청에서 평가연도에 제작한 목재 관련 영상, 카드뉴스 등을 기관 SNS 또는 홈페이지에 올린 경우도 인정)
  - 1건의 행사로 여러 매체를 활용한 경우, 동일 내용의 보도자료로 다른 매체를 활용한 경우 모두 중복 인정

□ 증빙자료
 ○ 목재 행사 및 세미나: 추진 결과보고 등 결과 확인 가능한 문서 사본
   * 결과보고 미증빙 시 해당 사례 제외될 수 있음
 ○ 목재 홍보활동 건수: 홍보활동 스크랩 또는 캡처(홍보 매체정보 확인 필요)

다. 국산목재 우선구매율
  1) 내용 : 지방자치단체에서 국산목재를 우선구매한 비율(「목재의 지속가능한 이용에 관한 법률」 제19조에 따라 국가, 지방자치단체 또는 공공기관은 국산목재 또는 국산목재제품을 일정 비율 이상 우선 구매하여야 함)
  2) 평가방법 : 지방자치단체의 국산목재 우선구매 실적 제출자료
  3) 배점산정 기준 : 「목재의 지속가능한 이용에 관한 법률」 시행령 제18조의2제2항 관련 '24.1.1. 이후 지방지차단체의 국산목재 또는 국산목재제품의 우선구매 법정 최소비율 50%를 초과하게 반영
    * 17개 지방자치단체 '중'등급 평균 50.6%('상', '하'등급 제외)

구 분	배점
55% 이상	20
40% 이상 ~ 55% 미만	15
25% 이상 ~ 40% 미만	10
25% 미만	5

    * 비율(%) = (국산목재 사용금액(천원) / 목재(국산재+수입재)사용금액(천원)) × 100

[참고] 국산목재 및 국산목재제품 우선구매 비율(제18조의2제2항 관련)　　(단위 : %)

2019년 12월 31일까지	2020년 1월 1일부터 2021년 12월 31일까지	2022년 1월 1일부터 2023년 12월 31일까지	2024년 1월 1일 이후
35	40	45	50

평가 방법

□ 평가 기본 사항
  ○ 우선구매 대상: (물품, 용역) 3억 3천만원 미만, (공사) 249억 원 미만
  ○ 평가 대상: 해당 기관에서 하는 모든 계약 포함
  ○ 실적 대상: (관급) 조달 등록 물품
              (사급) 물품, 용역 및 공사계약으로 구매한 조달 미등록 물품
  ○ 평가자료 제출시기: '25.12.1 ~ '25.12.8(예정), (대상기간) '25.1.1~11.30
    * 12월 추가 실적이 있을 경우 1월말까지 추가제출 가능(행정안전부 지자체 합동평가 일정에 따라 변경될 수 있음)

□ 별도 증빙자료 없이 실적 총괄표를 공문으로 제출

3. 목표치: 80점
4. 평가대상: 17개 시·도(광역자치단체에서 기초자치단체 실적 취합)
5. 평가기준일: 2025. 12. 31.
6. 평가자료 제출기간
  1) 국산목재 우선구매율: (하반기) '25.12.1 ~ 12.8(예정), (대상기간) '25.1.1~11.30

7. 참고사항(평가기준 실적 산출근거)

구분	목재관련 정책 및 제도 수(40점)	목재이용 권장 홍보활동(40점)		국산목재 우선구매율(20점)
		목재 행사 및 세미나 수(20점)	목재 홍보활동 건수(20점)	
서울	15	13	46	30.6
부산	11	17	43	2.7
대구	9	35	125	8.8
인천	11	12	51	45.3
광주	7	8	37	35.8
대전	10	10	149	45.1
울산	12	13	52	54.6
세종	8	12	62	5.4
경기	19	25	65	61.3
강원	10	8	81	52.3
충북	9	11	50	45.9
충남	18	14	115	57.7
전북	13	14	44	54.1
전남	37	55	86	81.6
경북	14	22	64	66.9
경남	28	37	58	56.9
제주	7	8	22	69.7
평균	11	13	56	50.6

* 평균점은 17개 지방자치단체를 '23년 실적에 따라 '상', '중', '하'등급 구분 후 '중'등급의 평균값임(구분 표시)

* 국산목재 우선구매율의 목표치는 당해연도 우선구매 법정 최소비율을 초과하게 적용

시스템 구현 서식

구분	목재관련 정책 및 제도 수(40)	목재이용 권장 홍보활동		국산목재 우선구매율(20)	합계	달성 여부
		목재 행사 및 세미나 수(20)	목재 홍보활동 건수(20)			
○○광역시	30	20	20	18	88	O
○○도	25	15	15	15	70	X
○○도						
○○도						
○○도						

연계 시스템	없음
증빙 자료	각 하위지표별 위 설명 참고

VPS실적 입력주체	중앙부처	입력 시기	년

문의처	산림청 목재산업과 주무관 임종국(☎ 042-481-8880, E-mail: ijg4862@korea.kr)

국정 목표	3. 따뜻한 동행, 모두가 행복한 사회			
국민 약속	3-13. 살고 싶은 농어촌을 만들겠습니다			
국정 과제	3-13-71. 농업의 미래 성장 산업화			
지표명	㉮ 지역먹거리계획 추진실적			
지표 성격	<국가 주요시책> -지역먹거리계획 수립·시행을 통해 지역먹거리가 지역에 우선 공급되어 소비되는 먹거리 선순환 체계구축 확산을 유도하여 "환경친화적 농축산업"으로 전환'을 위한 국가 주요시책 *국정과제 71의 실천과제 ③ 탄소중립, 환경친화적 농축산업으로 전환(유통과정 탄소배출 저감을 위한 지역먹거리 선순환체계를 지속확산) <국가보조사업> -지자체 지역먹거리계획 수립 등 지역먹거리체계 구축 지원('23년부터 5년간 1,280억원) * ('23) 218억원→ ('24) 259→ ('25) 263→ ('26) 270→ ('27) 270			
지표 유형	정량	부분	정순	계속(유지)
지표 설명	지표명 설명	○ 지역먹거리 선순환 체계구축을 위한 지역먹거리계획 추진실적을 지역먹거리 계획 수립률 및 지역먹거리 지수 B등급 이상 비율로 정량 평가		
	평가근거	○「농업·농촌 및 식품산업 기본법」제23조의3에 따라 지자체장은 지역 먹거리계획을 수립·시행 ○「지역농산물 이용촉진 등 농산물 직거래 활성화에 관한 법률」제9조 제4항에 따라 정부는 지역농산물 구매실적 및 농산물 직거래 실적 등을 지자체 평가에 반영 ○ 제2차 지역농산물 이용촉진 및 농산물 직거래 활성화 기본계획('22~'26년) - 지역먹거리계획의 수립 및 실행정도 측정 등을 위해 정부와 시민단체가 공동으로 매년 지역먹거리 지수를 측정('20년부터 측정 중)		
	평가목적	○ 지역먹거리계획 수립·시행을 통해 지역먹거리가 지역에 우선 공급되어 소비되는 먹거리 선순환 체계구축 확산을 유도하여 국정과제*인 "환경친화적 농축산업"으로 전환을 추진하고 지자체 주도의 지역주민 먹거리 보장과 먹거리의 지속 가능성 제고 노력을 평가 *국정과제 71의 실천과제 ③ 탄소중립, 환경친화적 농축산업으로 전환(유통과정 탄소배출 저감을 위한 지역 먹거리 선순환체계를 지속확산) *국정과제 72의 실천과제 ⑤ 먹거리 지원, 먹거리 접근성 제고 및 국산 농산물 수요 확대		
	기대효과	○ 지역내 먹거리선순환 체계를 구축·확산하여 유통과정에서의 탄소배출 저감 등 탄소중립을 실천하고, 농촌에 고령농·여성농·청년농 등 취약 농업인의 일자리 창출·소득증대, 취약계층의 먹거리 보장, 지역공동체의 활성화와 같은 사회적 가치를 실현하고 농촌에 활력 제고 기대		
	기타 참고사항	○ 지역내 먹거리 선순환 체계(지역먹거리계획)는 전북 완주군에서 정책으로 도입('09년)하여 지역경제 활성화 성과 창출 ○ 정부에서는 '17년부터 지역먹거리계획 활성화 정책을 추진하여 지역먹거리 지수 측정 참여 지자체 수 증가, 중소농 소득증가 등 성과 창출		

측정 방법	○ 산식 : 지역먹거리계획 추진실적(100점) = 지역먹거리계획 수립률(60점)+지역먹거리지수 B등급 이상 비율(40점) ○ 산식 설명 ① 지역먹거리계획 수립률(60점) - '25년 지역먹거리계획 수립률이 '24년 수립률에 비해 얼마나 상승하였는지에 따라 구간별 점수 부여 | 계획수립 상승값	10% 이하	10%초과~ 15%이하	15%초과~ 20%이하	20%초과~ 25%이하	25%초과~ 30%이하	30%초과
배점	45	48	51	54	57	60

- 다만 지역먹거리계획을 수립한 단층제 지자체(제주,세종), '24년 지역먹거리계획 수립률이 100%인 지자체는 60점
* 지역먹거리계획 수립률 : (지역먹거리계획 수립 기초자치단체 수/기초자치단체 수)×100 (소수점 둘째 자리 반올림)
- 지역먹거리계획 수립률 우수 지자체 가점: 수립률 상승이 10%이하 +1점, 10%초과~15%이하 +2점, 15%초과~20%이하 +4점, 20%초과 +6점)
* 지역먹거리계획 수립률 우수 지자체 : 지역먹거리계획 수립률이 70%이상인 자자체
② 지역먹거리 지수 B등급 이상 비율(40점)
- 지역먹거리 지수 평가결과 B등급 이상 기초자치단체 수의 비율을 구간별 점수 부여

B등급 이상 비율	5%이하	5%초과~ 10%이하	10%초과~ 15%이하	15%초과~20%이하	20%초과~ 25%이하	25%초과
배점	15	20	25	30	35	40

- 다만 단층제 지자체(제주,세종)의 지역먹거리 지수 평가결과가 B등급 이상인 경우 40점
* B등급 이상 비율 : (지역먹거리 지수 측정결과 B등급 이상 기초자치단체 수/기초자치단체 수)×100 (소수점 둘째 자리 반올림)
○ 목표치: 75점
○ 평가대상: 세종·경기·강원·충북·충남·전북·전남·경북·경남·제주
○ 평가기준일: 2025.12.31 |

시스템 구현 서식	구분	①지역먹거리계획 수립률(60점 만점)					②지역먹거리 지수 B등급 이상 비율(40점 만점)					3.지역먹거리 계획추진 실적 (1+2= D+E+I)
		'24년 계획 수립률 (A)	'25년계획 수립률(B) 계획수립 시군수/시군수 ×100	계획수립 상승값 (C)= (B-A)	점수배점 (D)	가점 (E)	1. 점수 =D+E	시군 수 (F)	B등급 이상 시군수 (G)	B등급 이상비율 (H) (G/F ×100)	점수배점 (I)	2. 점수 =I
	경기도											
	강원도											
	00도											
	-											

D 기준: C≤10이면 45, 10<C≤15이면 48, 15<C≤20이면 51, 20<C≤25이면 54, 25<C≤30이면 57, 30<C이면 60
E 기준: 70≤A일 경우, C≤10이면 1, 10<C≤15이면 2, 15<C≤20이면 4, 20<C이면 6
I 기준: H≤5이면 15, 5<H≤10이면 20, 10<H≤15이면 25, 15<H≤20이면 30, 20<H≤25이면 35, 25<H이면 40 |

연계 시스템	○ 해당없음
증빙 자료	○ 불필요
VPS실적 입력주체	중앙부처(농림축산식품부)	입력 시기	년
문의처	농림축산식품부 식생활소비정책과 농업사무관 강지원(☎ 044-201-2295, E-mail: gjw2020@korea.kr) 농림축산식품부 식생활소비정책과 농업서기 유소영(☎ 044-201-2291, E-mail: ryuso@korea.kr)

국정목표	3. 따뜻한 동행, 모두가 행복한 사회			
국민약속	3-13. 살고 싶은 농산어촌을 만들겠습니다.			
국정과제	3-13-71. 농업의 미래 성장산업화			
지표명	⑭ 친환경 농업기술 실천농가 비율			
지표성격	① 국가사무 ② 국고보조사업 ③ 국가주요시책			
지표유형	정량	공통	정순	계속(유지)
지표설명	지표명 설명	농산물 친환경인증을 위하여 시군농업기술센터의 과학영농시설을 이용하는 농가호수를 전체농가에 대비하여 비율로 측정하는 지표임		
	평가근거	▪ 「농촌진흥법」 제17조(평가) 농촌진흥청장은 농촌지도사업을 효과적으로 추진하기 위하여 이에 대한 평가를 실시하고 그 결과를 기본계획 또는 시행계획에 반영하여야 한다. ▪ 「농수산물 품질관리법」 제60조(안전관리계획) ▪ 「친환경농어업법」 제9조(농어업으로 인한 환경오염 방지), 11조(농어업 자원·환경 및 친환경농어업 등에 관한 실태조사·평가)		
	평가목적	토양분석·처방, 미생물 등 활용으로 농업인의 친환경적 농산물 생산 및 농촌환경 오염을 방지하도록 지원하여 친환경농업 실천 활성화		
	기대효과	과학영농시설 운영을 통해 친환경 인증농가의 기술지원을 확대하고, 친환경인증으로 연계하여 농업경쟁력 확보 및 국정과제 조기 달성기여		
	기타참고사항	▪ 과학영농시설 : 미생물 배양실, 토양검정실, 농산물안전성분석실 등		

측정방법	○ 산식 : 시도별 친환경 농업기술 실천 농가호수 / 시도별 전체 농가호수 × 100
	
	○ 산식 설명
	  - 친환경 농업기술 실천 농가호수 : 시군농업기술센터의 과학영농시설 중에 분석, 진단, 분양 서비스 등을 이용하여 친환경 농업기술을 실천하는 농가호수의 합
	    * 실천항목 : 수질검정+잔류농약검사+토양검정(무농약, 유기농 인증)+미생물 활용(농업용)
	  - 전체 농가호수 : 2023년 행정구역(시군구)별 농가호수(통계청-농림어업조사 현재 기준 최신자료)
	    * 시군농업기술센터 미설치 시군의 농가호수는 제외함
	
	○ 평가대상 : 광역·기초지자체 * 농업기술센터 미설치 시군 제외(12개 시군)
	    * 경기 11개(의정부, 안양, 부천, 광명, 동두천, 과천, 구리, 오산, 군포, 의왕, 하남), 전남 1개(목포) 제외
	
	○ 평가기준일 : 2025. 12. 31.			

○ 목표치('25년 실적) : 20.4%*(전국 평균치)   (단위 : 호수, %)

시도	'26('25실적) 목표		'24('23실적) 친환경 농업기술 실천 농가호수 목표치(B)					전체 농가호수*** (A)
	실천농가 비율(%) (C/A)×100	실천 농가호수 (C)	합계(B) (1+2+3+4)	수질 검정 (1)	잔류농약 검사 (2)	토양 검정(3) (친환경**)	미생물 활용(4) (농업용)	
전국	20.4	202,098	257,791	3,008	26,093	81,628	147,403	990,362
경기	25.3	25,656	30,199	1,074	7,683	6,765	14,677	101,407
강원	17.3	11,334	13,327	186	1,324	2,415	9,402	65,517
충북	20.1	13,980	23,550	0	1,369	5609	16,572	69,553
충남	24.2	27,980	30,992	423	2,738	7,760	20071	115,619
전북	13.8	12,420	15,983	110	4,006	5,284	6,583	90,003
전남	34.5	49,792	64,273	179	5,451	33,060	25,583	144,325
경북	15.8	26,231	30,464	570	1,247	7,511	21,136	162,236
경남	22.7	26,393	36,352	437	1,625	8,909	25,381	116,270
제주	10.8	3,279	3,534	0	0	1475	2,059	30,357
서울	1.9	110	366	0	0	34	332	5,785
부산	8.6	918	960	13	0	42	905	10,670
대구	1.7	355	1,124	0	0	223	901	24,667
인천	20.3	2,244	3,220	0	408	1509	1,303	11,053
광주	3.5	477	978	0	0	742	577	13,632
대전	3.5	385	700	0	242	34	424	10,999
울산	4.0	492	760	0	0	167	593	12,303
세종	9.8	585	1,009	16	0	89	904	5,966

* 전년도 시도별 목표 농가 대비 2% 상향 설정
** 친환경 : 무농약, 유기농 인증을 위한 토양검정 농가호수
*** 전체 농가호수는 현재 기준 최신자료('23) 적용

- 전체 농가호수에서 제외 농가 현황 : 9,659농가(시군농업기술센터 미설치 12개 시군)

합계 (호수)	경기											전남
	소계	의정부시	안양시	부천시	광명시	동두천시	과천시	구리시	오산시	군포시	의왕시	하남시	목포시
9,659	8,222	1055	1050	1036	648	630	246	437	1132	596	673	719	1,437

시스템 구현 서식	○ 전체 농가호수 대비 친환경 농업기술 실천(과학영농시설 활용) 농가호수 비율(%)		
	구 분	친환경 농업기술 실천 농가호수(A)	전체 농가호수(B)	달성률 (A/B) × 100
	○○시·도			

연계 시스템	해당 없음
증빙 자료	농업과학기술정보서비스시스템(ASTIS) 및 운영실적 보고서(공문)
VPS실적 입력주체	중앙부처	입력 시기	반기(7월, 12월)
문의처	농촌진흥청 지도정책과 농촌지도사 정종민 (☎ 063-238-0919, chosuk04@korea.kr) 농촌진흥청 지도정책과 농촌지도관 이수미 (☎ 063-238-0915, sumilee@korea.kr) 농촌진흥청 기술보급과 농촌지도관 강신곤 (☎ 063-238-0986, kang3281@korea.kr) 농촌진흥청 식량산업기술팀 농촌지도사 김동연 (☎ 063-238-1502, craft2@korea.kr)

국정목표	3. 따뜻한 동행, 모두가 행복한 사회
국민약속	3-13. 살고 싶은 농어촌을 만들겠습니다
국정과제	3-13-72. 식량주권 확보와 농가 경영안정 강화
지표명	㉔ 기본형 공익직불 접수 및 지급 목표 달성률

지표성격	< 국고보조사업, 국가주요시책 >
	- 기본형 공익직불사업*의 목적은 농업활동을 통해 환경보전, 농촌유지, 식품안전 등 농업·농촌의 공익기능 증진과 농업인 등의 소득안정 도모에 있음
	  * '소규모 농가직불금'과 '면적직불금'으로 구분되며, '소규모 농가직불금'은 지급대상 농지등의 면적 합이 0.5ha 이하이면서 일정 요건을 충족하는 경우 농가에게 정액으로 120만원을 지급하고 '면적직불금'은 농지 등의 규모 구간에 따라 직불금을 차등 지급
	- 제20대 대통령 공약 및 국정과제(국정72)에 '농업직불제 관련 예산을 5조원 수준으로 단계적 확대'가 선정되었고, 2023년 4월 '농업직불제 확대·개편 계획'을 발표하면서 공익직불제 예산을 2024년 3조원 이상, 2027년 5조원 수준으로 단계적으로 확대하겠다는 계획 발표 등 이행계획 수립 및 추진 중임
	- 이에 따라, 농업경영체 등이 기본형 공익직불사업의 수혜에서 누락되지 않도록 적극적인 직불금 신청·지급 등 관리 방안을 마련할 필요
	  * 업무 담당자 등의 잦은 인사이동으로 인한 행정과실과 농업경영체 등에 대한 홍보 및 정보제공 부족 등으로 기본형 공익직불신청을 못하는 사례를 사전예방함은 물론 신청·접수률 제고 등 직불금관리업무에 대한 기초단체장의 관심을 제고할 필요
	- 본 지표관리를 통해 기본형 공익직불사업이 등록신청 접수에서 보조금 지급까지 국가 행정 신뢰도 제고는 물론 수혜대상자의 신청누락으로 인한 민원발생 차단 가능
	  * '21년 1,141천건 → '22년 1,153천건 → '23년 1,327천건
	  ※ 기본형 직불 예산 ('20·'21·'22) 매년 22,805억 원 → ('23) 25,805 → ('24) 26,335

지표유형	정량	공통	정순	계속(유지)

지표설명	지표명 설명	기본형 공익직접지불금 등록신청접수 누락방지를 위한 목표 달성률과 등록신청결과 신청접수의 허수 방지를 위해 지급 목표 달성률을 성과지표로 설정
	평가근거	○농업·농촌 공익기능 증진 직접지불제도 운영에 관한 법률 - 제6조(공익집불제도의 적용대상) 공익직접지불제도에 따른 직접지불금을 신청할 수 있는 자는 「농어업경영체 육성 및 지원에 관한 법률」 제4조 제1항 제1호에 따른 농업경영정보를 등록(변경 등록을 포함한다. 이하 같다)한 농업인 등으로 한다. - 제7조(기본형공익직접지불금의 지급) 농림축산식품부장관은 농업·농촌의 공익기능 증진과 농업인등의 소득안정을 위하여 농업인등에게 기본직접지불제도에 따른 기본형공익직접지불금을 지급하여야 한다. ○기본형 공익직불 사업시행지침서 - 지침수립→직불금 신청·등록→등록증 발급→실경작 및 준수사항 점검→ ○국정과제(72번)의 적극적 추진을 위한 지급금액 산정 및 지급
	평가목적	○국정과제(72번)의 적극적 추진 : 농업직불금과 예산을 확대해 중소가족농을 두텁게 지원 ○농업활동을 통해 환경보전, 농촌유지, 식품안전 등 농업·농촌의 공익기능 증진과 농업인 등의 소득안정 도모를 목적으로 하는 본 사업을 통해 중소농 등 수혜 대상에게 보조금이 적정하게 지급되는지를 평가하기 위함

	기대효과	○ 중소규모 농업인 등의 소득안정에 기여 및 농가 경영부담을 완화 ○ 농업농촌에서 도시로의 인구 유출을 저감하고 귀농귀촌 인구 유입에 기여 ○ 농업인 등의 '농지의 형상 및 기능유지', '농약 등의 사용기준 준수', '비료 사용기준 준수', '영농폐기물 관리' 등 농업농촌의 공익적 기능 및 활동 강화
	기타참고사항	
측정 방법	\multicolumn{2}{l}{○ 산식 : ① 접수목표 달성률 + ② 지급목표 달성률}

○ 산식 : ① 접수목표 달성률 + ② 지급목표 달성률

$$① \text{ 접수목표 달성률} = \left(\frac{\text{접수 건수}}{\text{접수목표 건수}} \times 100 \right)$$

$$② \text{ 지급목표 달성률} = \left(\frac{\text{지급 건수}}{\text{지급목표 건수}} \times 100 \right)$$

○ 산식 설명

① 접수목표 달성률
- 접수목표 건수 : 전년도 등록접수 건수(가내시 기준)
※ 전년도 직불금 수령 후 대규모 개발이 확정(농지전용이 완료된 곳: 진흥지역 3ha 이상, 비진흥지역 30ha 이상)되어 직불금 신청에서 제외된 농가 등은 접수목표 모수에서 제외(2025. 7월경)

< 2025년 시도별 접수목표 건수 >

(단위: 천건)

구분	총계	서울	부산	대구	인천	광주	대전	울산	세종
목표	1,385.94	0.33	5.08	17.11	14.20	10.64	4.85	12.27	8.57
구분	경기	강원	충북	충남	전북	전남	경북	경남	제주
목표	130.14	86.21	95.99	178.71	145.01	219.61	243.19	174.68	39.35

* 95%이상 건수 계산시 소수점 3째자리에서 반올림

② 지급목표 달성률
- 지급목표 건수 : 당년 등록접수 건수 × 최근3년 지자체별 평균 지급률(%)
※ 평균지급률 = '22년 지급률×0.2 + '23년 지급률×0.3 + '24년 지급률×0.5
* 지급목표 건수는 2025.7월경 산출 가능

< 2025년 시도별 지급목표 건수 >

(단위: 천건)

총계	서울	부산	대구	인천	대전	광주	울산	세종
경기	강원	충북	충남	전북	전남	경북	경남	제주

* 95%이상 건수 계산시 소수점 3째자리에서 반올림

	○ 목표치 : 접수목표 달성률 및 지급목표 달성률 각각 95% - '25년도 목표 : 접수 및 지급 목표 95% 이상 시 "달성" - '26, '27, '28년 목표 : '24년 및 '25년 달성 실적을 고려하여 추후 설정 ○ 평가대상 : 시·도 ○ 평가기준일 : 2025. 12. 31.						
시스템 구현 서식	구 분	①접수목표 달성률			②지급목표 달성률			최종 결과
^^	^^	목표 건수 (A)	접수 건수 (B)	달성률 (B/A)	목표건수 (C=B×지자체별 평균지급률)	지급 건수 (D)	달성률 (D/C)	*달성(①접수목표 달성률 95% 이상 달성 and ②지급목표 달성률 95% 이상 달성) *미달성("달성"을 제외한 경우)
^^	00시도							
^^	00시도							
연계 시스템	해당없음							
증빙 자료	○ 산식(실적)에 대한 지자체 증빙자료 - 불필요 : 농림축산식품부 Agrix 공익직불시스템 자료 활용						
VPS실적 입력주체	중앙부처(농림축산식품부)				입력 시기			2026년 ('25.12.31.이후)
문의처	농림축산식품부 공익직불정책과 사무관 박상호(☎ 044-201-1776, E-mail: mito@korea.kr) 농림축산식품부 공익직불정책과 주무관 신영택(☎ 044-201-1777, E-mail: syt1975@korea.kr)						

국정목표	3. 따뜻한 동행, 모두가 행복한 사회			
국민약속	13. 살고 싶은 농산어촌을 만들겠습니다.			
국정과제	3-13-72. 식량주권 확보와 농가 경영안정 강화			
지표명	⑭ 벼 재배면적 감축 등 쌀 적정생산 유도			
지표성격	<국가주요시책, 국고보조사업> - 쌀 수급균형 달성 및 쌀값 안정(국정과제 72-1)을 위해 '쌀 적정생산' 추진			
지표유형	정량	부분	역순 혼합	계속(변경)

지표설명	지표명 설명	o 쌀 수급안정을 위한 벼 재배면적 감축 노력으로 쌀 적정생산 유도
	평가근거	o 쌀 수급균형 달성 및 쌀값 안정(국정과제 72-1)
	평가목적	o 쌀 품질 고급화 등 생산감축 노력에도 불구하고, 생산성 증가, 소비 감소 등으로 쌀의 구조적 공급과잉 지속 발생 - 시장격리 등 단기·사후적 조치를 취해 왔으나, 정부재고 및 재정투입 증가 등 문제로 선제적인 벼 재배면적 감축 필요성 대두 o 이에 전략작물직불 등의 수단을 활용하여 벼 재배면적 감축을 추진 중이며, - 본 정책은 관내 농가들을 설득하고, 조직화 하는 등 현장 지자체의 역할이 중요하기 때문에 본 평가를 통해 지자체의 적극참여 유도 필요 * 논에 벼 대신 가루쌀, 콩, 조사료 등을 심을 경우 보조금을 지원하는 제도
	기대효과	o 쌀 수급안정 및 두류 등 곡물 생산량 증대를 통한 식량자급률 제고
	기타참고사항	o 쌀 적정생산 대책: 전년도 쌀 수요량에 따른 적정 벼 재배면적 확보 및 고품질쌀 생산 등으로 쌀 수급안정을 도모하고자 매년 3월 수립

측정방법	○ 산식
	
	ⅰ) '25년 쌀 적정생산 목표 달성도
	
	  < 목표치 > < 실적치 >
	 '25년 벼 재배 목표면적 ≥ '25년 벼 재배면적* – 자체 논타작물 실적 면적
	 * '25년 통계청 벼 재배면적 조사자료 활용
	
	ⅱ) 전략작물직불* 기존농가 재참여율
	
	  < 목표치 > < 실적치 >
	 지자체별 부여 ≤ '24년 참여면적 중 '25년 재참여 면적 × 100
	   목표치 '24년 전략직불 참여 면적
	 * Agrix 전략작물직불시스템 입력데이터 활용
	
	○ 산식 설명: ⅰ, ⅱ 중 하나라도 달성할 경우 달성
	 ⅰ) 쌀 적정생산 목표달성도: 목표치보다 실적치가 작거나 같을 경우 달성
	 ⅱ) 전략직불 기존농가 재참여율: 목표치보다 실적치가 크거나 같을 경우 달성
	
	○ 목표치:
	 ⅰ) 쌀 적정생산 목표달성도: '24년도 쌀 소비량('25.1월 발표 예정) 등을 고려한 시·도별 적정 재배면적을 추후 부여 예정('25.2~3월)
	 ⅱ) 전략직불 기존농가 재참여율(조사료 제외*): '23~'24년 실적에 따라 설정
	   * 조사료를 포함시킬 경우 과거 논타작물('18~'20), 감축협약('22) 참여면적이 더해져 목표치가 100%를 넘는 사례 발생

(단위: ha)

구분	전략직불 기존농가 재참여율(조사료 제외)						재참여율 (목표치) A/B
	'23 참여			'24 참여			
	논콩	가루쌀	합계(B)	논콩	가루쌀	합계(B)	
대구	37	-	37	16	-	16	43.2%
인천	43	-	43	25	-	25	58.1%
광주	54	-	54	42	-	42	77.8%
울산	1	-	1	-	-	-	70.9%
세종	9	-	9	7	-	7	77.8%
경기	344	-	344	264	11	275	79.9%
강원	196	-	196	148	0	148	75.5%
충북	887	-	887	758	8	766	86.4%
충남	1,623	347	1,970	1,405	337	1,743	88.5%
전북	10,853	848	11,701	8,983	919	9,902	84.6%
전남	2,106	720	2,826	1,618	718	2,337	82.7%
경북	2,044	6	2,050	1,549	24	1,573	76.7%
경남	433	121	554	296	134	430	77.6%
합계	18,630	2,042	20,672	15,111	2,151	17,264	83.5%

* '24 참여실적은 6.4 기준이며, 쌀 적정생산 대책 종료 후 변동될 수 있음
** 울산의 경우 산식에 따른 목표치가 0%이므로 전체 평균치인 70.9% 적용

○ 평가대상: 13개 시·도(서울, 부산, 대전, 제주 제외*),
 * '23년 기준 벼 재배면적 3,000ha 미만 시도 제외

○ 평가기준일: 2025. 12 .31.

시스템 구현 서식

i) '25년 쌀 적정생산 목표 달성도

벼 재배면적(A)	자체 논타작물 재배면적(B)	실적치(A-B)

ii) 전략작물직불 기존농가 재참여율

'24년 전략직불 참여면적(A)	25년 재참여 면적(B)	실적치(B/A)

연계 시스템

해당없음

증빙 자료

< 가점자료 >
- 논타작물재배지원사업 참여면적: 평가지표 i)에 대한 참고자료로서 사업추진 결과 등 사업실적을 공적으로 증빙할 수 있는 문서

VPS실적 입력주체	중앙부처	입력 시기	년

문의처

농림축산식품부 식량산업과 정순일 사무관(☎ : 044-201-1832, E-mail : clicki@korea.kr)
농림축산식품부 식량산업과 김효진 주무관(☎ : 044-201-1833, E-mail : gywls4727@korea.kr)

국정목표	3. 따뜻한 동행, 모두가 행복한 사회			
국민약속	3-13. 살고 싶은 농산어촌을 만들겠습니다.			
국정과제	3-13-72. 식량주권 확보와 농가 경영안정 강화			
지표명	㉕ 축산물 HACCP 관리율			
지표성격	국가사무, 국고보조사업			
지표유형	정량	부분	정순	계속

지표설명	지표명 설명	시·도별 HACCP컨설팅 사업 추진실적 및 축산농장 HACCP 인증률 정량평가
	평가근거	축산물 위생관리법 제9조의3(안전관리인증기준의 준수 여부 평가 등) 제5항
	평가목적	축산물 안전관리 시발점인 농장 단계부터 HACCP 제도 활성화를 위해 지자체의 관심과 관리가 필요
	기대효과	축산농장 HACCP 인증을 통한 위생관리 향상 및 국민건강 증진 도모
	기타참고사항	축산물 안전관리인증기준(HACCP): 가축 사육의 모든 과정에서 축산식품의 위생에 해로운 영향을 미칠 수 있는 위해요소를 분석하고, 이러한 위해요소를 방지·제거하거나 안정성을 확보할 수 있는 단계에 중요관리점을 설정하여 과학적·체계적으로 중점 관리하는 사전 예방적 위생관리시스템

측정방법	○ 산식 $$축산물\ HACCP\ 관리율(E, 점) = \frac{축산물\ HACCP\ 컨설팅\ 실적(B)}{축산물\ HACCP\ 컨설팅\ 계획(A)} \times 100 + \frac{지자체\ HACCP\ 인증\ 수(D)}{지자체\ 축산농장(가)\ 수(C)} \times 100$$ ○ 산식 설명 - 축산물 HACCP 컨설팅 계획(A): 지자체별 당해연도 예산배정액 기준 농장 및 영업장(도축장, 집유장, 사료제조공장)의 신규 컨설팅이 가능한 건 수(농림축산식품부 제공) - 축산물 HACCP 컨설팅 실적(B): 지자체에서 당해연도 축산물 HACCP 컨설팅 지원사업 추진(신규, 사후관리, 연장)이 완료된 농장 및 영업장(도축장, 집유장, 사료제조공장) 건 수(한국식품안전관리인증원 제공) - 지자체 축산농장(가) 수(C): 지자체별 한·육우, 젖소, 돼지, 닭, 오리 축산농장(가) 수(통계청 가축동향조사 참고) - 지자체 HACCP 인증 수(D): 지자체 HACCP 인증 축산농장 수(한국식품안전관리인증원 제공) ○ 목표치: 70점 이상 ○ 평가대상: 시·도(대전, 강원, 충북, 전북, 전남, 경북, 경남, 제주) ○ 평가기준일: 2025.12.31. ○ 평가기간: 2025.1.1.~2025.12.31. ※ 해당 기간의 농장 HACCP 컨설팅 실적 및 HACCP 인증 농장 실적으로 함

시스템구현서식	구분	축산물 HACCP 컨설팅 계획(A)	축산물 HACCP 컨설팅 실적(B)	지자체 축산농장(가) 수(C)	지자체 HACCP 축산농장(가) 수(D)	달성률{B/A+D/C} × 100
	시·도					

연계시스템	○ 없음
증빙자료	○ 지자체 증빙자료 불필요 (통계청 가축동향조사 및 한국식품안전관리인증원 자료 활용)
VPS실적입력주체	○ 중앙부처(농림축산식품부)
문의처	농림축산식품부 농축산위생품질팀 안정환 주무관(☎ 044-201-2977, E-mail: wjdghkswlgh@korea.kr)

국정 목표	3. 따뜻한 동행, 모두가 행복한 사회			
국민 약속	13. 살고 싶은 농산어촌을 만들겠습니다.			
국정 과제	3-13-72. 식량주권 확보와 농가 경영안정 강화			
지표명	㉔ GAP 인증 농가 확대			
지표 성격	<국가주요시책> GAP안전성 분석('24년 2,543백만원, 국비), GAP위생시설 보완('24년 1,170백만원, 국비)			
지표 유형	정량	공통	정순	계속(유지)
지표 설명	지표명 설명	각 시·도별 목표 인증농가를 산정하여 GAP인증 확대 성과를 평가 . 전년도 시도별 GAP인증률, 인증실적, GAP 예산 실집행률에 따라 차등·가산 비율을 반영		
	평가근거	없음		
	평가목적	대국민 안전 농산물 공급을 위해 생산부터 유통까지 농약, 중금속 등 위해요소를 위생적으로 관리하는 GAP인증 확대		
	기대효과	GAP인증 확산으로 안전 농산물 생산 및 공급 확대		
	기타참고사항			

측정
방법

○ 산식
- ('25년 시·도별 GAP 인증 농가 / '25년 시·도별 목표 인증 농가)×100

○ 산식설명
- '25년 시·도별 GAP 인증 농가 : 신규·갱신 등 GAP 인증을 유지하는 농가수
- '25년 시·도별 목표 인증 농가 : '24년도 시·도별 전체 농가(통계청, '25년 상반기 발표)×
목표 인증률('24년 GAP 농가 인증률[*] + 시·도별 인증실적 대비 차등(0.5~0.8%)[**] + GAP
예산 실집행률 가산(0.0~-0.5%)[**])
  [*] '24년 GAP 농가 인증률 = ('24년 GAP 인증 농가 / '23년 시·도별 전체 농가)×100
  [**] 시·도별 차등·가산(전년도 시·도별 인증률 및 시·도별 예산 실집행률)

< 전년 인증실적 대비 차등 >

구 분	차 등
'24년 인증률 20% 이상~	0.5%
'24년 인증률 15% 이상 ~ 20% 미만	0.6%
'24년 인증률 10% 이상 ~ 15% 미만	0.7%
'24년 인증률 10% 미만	0.8%

< GAP 예산 실집행률 가산 >

구 분	가 산
실집행률 90% 이상	-0.5%
실집행률 85% 이상 ~ 90% 미만	-0.3%
실집행률 80% 이상 ~ 85% 미만	-0.1%
실집행률 80% 미만	0.0%

(인증실적) 시·도별 농가수는 통계청 농가수 기준에 따르고, GAP 인증 농가는 국립농산물품질
관리원 조사자료 활용
(안전성분석비 지원 예산 실집행률) 지자체 정산결과 보고자료 활용

	○ 목표치: (도부)목표 인증농가 달성도 90% 이상, (시부)목표 인증농가 달성도 75% 이상 ○ 평가대상: 시·도 ○ 평가기준일: 2025. 12. 31.					
시스템 구현 서식	구 분	'25년 시·도별 GAP인증 농가(A)		'25년 시·도별 목표 인증 농가(B)		달성도 C=(A/B)×100
	○○시·도					
연계 시스템	정보시스템운영부서				연계항목	
	시스템명칭	기관/부서	담당자	연락처	항목이름	확인방법
	GAP 정보시스템	국립농산물 품질관리원 /인증관리 과	최항석	054-429- 4174	시·도별 인증농가	GAP 정보서비스 홈페이지 자료실
증빙 자료	불필요(GAP정보서비스 자료 활용)					
VPS실적 입력주체	중앙부처 (GAP정보시스템 연계)			입력 시기	수시	
문의처	농림축산식품부 농축산위생품질팀 사무관 윤종률(☎ 044-201-2278, E-mail: clean76@korea.kr) 농림축산식품부 농축산위생품질팀 주무관 유재인(☎ 044-201-2218, E-mail: joy11@korea.kr)					

국정목표	3. 따뜻한 동행, 모두가 행복한 사회
국민약속	13. 살고 싶은 농산어촌을 만들겠습니다.
국정과제	72. 식량주권 확보와 농가 경영안정 강화
지표명	㉺ **농지대장 정비율**
지표성격	< 국고보조사업, 국가주요시책 > - 농지대장 일제정비 실시에 따른 농지대장 현행화 - 농지대장 현행화를 위한 예산지원(('24년) 29,938백만원, ('25년) 17,452백만원 반영 추진중)

지표유형	정량	공통	정순	계속(유지)

지표설명	지표명 설명	농지대장 정비대상 건수 대비 정비실적을 집계하여 농지대장 현행화(정비율) 수준 평가
	평가근거	○ 「농지법」 제49조(농지대장의 작성과 비치) 제4항 　시·구·읍·면의 장은 농지대장의 내용에 변동사항이 생기면 그 변동사항을 지체없이 정리하여야 한다. ○ 「농지대장 업무지침 및 시스템 사용요령」 　관리기관장은 「농지대장 일제정비 시행지침(농식품부)」에 따라 자체계획을 수립하여 농지대장 정비
	평가목적	○ 국정과제인 식량주권 확보*를 위해 우량농지 보전 등을 통한 적정농지 확보 방안 마련 필요　　　　　* 72. 식량주권 확보와 농가 경영안정 강화 ○ 전체 농지에 대한 정보를 파악할 수 있도록 농지대장 미등재 농지에 대한 조사('21~'23, 한국농어촌공사) 및 농지대장 정비('22~'25, 지자체)를 추진하고 지자체의 정비실적을 평가하여 농지대장 제도의 **빠른 정착 지원**
	기대효과	○ 이용현황, 경작현황 등 농지대장 정보를 현행화하여 전체 농지정보 파악 및 제공을 통해 농지정책 수립, 식량주권 확보에 기여 ○ 농업경영체정보, 토지대장 등 자료연계를 통해 농지대장 정비체계 구축하여 신뢰성 있는 농지자료 제공 ○ 현행화된 농지대장 발급 행정서비스를 통해 대국민 신뢰도 향상
	기타참고사항	○ 농지원부 : 농지의 소유·이용실태를 파악하여 농지행정의 자료로 활용하기 위한 목적으로 1973년 도입된 제도 ○ 농업인별 농지원부에서 필지별 농지대장으로 제도개선* 완료('22.4.15) 　* 작성기준(농업인→필지), 작성대상(1천㎡이상→모든 농지), 명칭(농지원부→농지대장)

측정방법	○ 산식 : (농지대장 정비완료 건수 / 농지대장 정비대상 건수) × 100 ○ 산식 설명 : ❶농지대장 정비완료 건수 : 지자체에서 농지대장 일제정비 시행일부터 시행종료일까지 농지대장을 정비한 건수 　❷농지대장 정비대상 건수 : '24년 농지대장 정비 잔여·오정비 물량, '24 농지 상시조사 시 확인한 시설 미반영 필지 등을 포함한 농지대장 건수 　※ 농지대장 정비대상 항목은 매년 「농지대장 일제정비 시행지침(농식품부)」에 따라 확정 ○ 목표치 : 85% 이상(시도별 목표치 균등부여, 전년도 정비목표 유지) 　* 농지대장 전환('22.4.15) 후 합동평가 지표 운영중으로 제도개편 후 신규실적 없음 ○ 평가대상 : 시·도(시·군·구 포함) ○ 평가기준일 : 2025. 12. 31.

시스템 구현 서식	구 분	농지대장 정비대상 건수 (A)	농지대장 정비완료 건수 (B)	정비율 (C= B/A×100)
	○○시·도 (①+②+③)			
	○○시군구 ①			
	○○시군구 ②			
	○○시군구 ③			

연계 시스템	정보시스템운영부서				연계항목	
	정보시스템명칭	기관/부서	담당자	연락처	항목이름	증빙화면
						매뉴얼하단 별첨

증빙 자료	○ 불필요 - 새올행정시스템 및 농지정보시스템 자료 활용		
VPS실적 입력주체	시·군·구	입력 시기	25.12.31. 이후
문의처	농림축산식품부 농지과 서기관 전병규(☎ 044-201-1742, E-mail: free1jun@korea.kr) 농림축산식품부 농지과 주무관 박수연(☎ 044-201-1734, E-mail: suyounp@korea.kr)		

국정목표	3. 따뜻한 동행, 모두가 행복한 사회			
국민약속	13. 살고 싶은 농산어촌을 만들겠습니다.			
국정과제	3-13-72. 식량주권 확보와 농가 경영안정 강화			
평가지표	㉛ 검역병해충 예찰 및 방제 실적			
지표성격	<국가사무> - 검역병해충의 예찰·방제 실적을 지자체 합동평가지표로 반영하여 지자체의 적극적인 참여 유도			
지표유형	정량	공통	정순	계속(변경)
지표설명	지표명 설명	식물에 해를 끼치는 병해충의 예찰 및 방제실적		
	평가근거	식물방역법 제31조, 제31조의2,3,5, 제32조, 제33조, 제35조, 제36조 등		
	평가목적	식물에 해를 끼치는 병해충의 예찰 및 방제실적을 평가하여 지자체의 적극적인 참여를 유도, 병충해 방제에 기여		
	기대효과	병해충 예찰 및 방제실적 제고		
	기타참고사항			
측정방법	○ 산식 - 검역병해충* 예찰 및 방제 실적 = ① 농가교육 실적 + ② 예찰 실적 + ③ 방제 실적 　* 국내 유입시 농작물에 끼치는 해가 매우 큰 병해충으로, 기주식물 자체를 수입금지 또는 소독 등의 조치를 취하여야만 하는 식물방역법 시행규칙 '별표1'의 금지병해충(75종) 및 농림축산검역본부장이 고시하는 관리병해충(2,027종)을 대상으로 예찰·방제 추진실적으로 평가 　　예시) 과수화상병, 자두곰보병, 사탕무씨스트선충, 붉은불개미 등 　※ 예찰 및 방제실적 대상은 검역병해충 전체가 아닌 농진청에서 예찰·방제 계획을 수립한 건만 해당 ○ 산식 설명 ① 농가교육 실적(A) : 미실시(0점), 1회 이상 실시(10점, 만점)* 　* 병해충 확산 방지를 위하여 지자체에서 교육 실시 정도에 따라 점수 차등 부여 ② 예찰 실적(B) : 예찰율(100%)* × 0.5 　* 예찰율(100%) : (조사면적(b) / 조사대상면적(a)) × 100 ③ 방제 실적(C) : 해당시군 농작업이력*을 확인한 농가수/e**)×100×0.4 　* 농작업이력 : 재배지 출입 및 작업 기록부(식물방역법 시행규칙 별지 제27호의17 서식) 　** e(농가수) = 면적계수(1.89) × 해당시군 재배면적 　　- 면적계수(1.89) 산출기준 : 2020년도 과수화상병 발병 농가 수 / 2020년도 과수화상병 발병 면적 　　- e값이 실제 재배농가 수를 초과할 경우 e값은 재배농가수로 산정. 　※ 발생지역과 미 발생지역으로 구분 미 발생지역에는 40점을 부여 　※ (C) > 40 이면 40점 만점으로 산정 ○ 목표치 : 95.0점 이상 ○ 평가대상 : 시·도(시·군 실적 평균)　※ 제주도의 경우 제주시, 서귀포시 실적 평균 ○ 평가기준일 : 2025. 12. 31.			

시스템 구현 서식	○ 검역병해충 예찰 및 방제 실적							
	구 분	농가교육 실적 (A)		예찰 실적 (B)		방제 실적 (C)		총점
		배점(10)		조사 대상 면적 (ha) (a)	배점(50)	미발생지역 배점(40)	발생지역 배점(40.0)	A + B + C
		1회이상	미실시		조사 면적 (ha) (b)	방제실적(C) = (해당시군 농작업이력 확인농가수 / e*) × 100 × 0.4 * e(농가수) = 1.89(면적계수) × 해당시군 재배면적 * 최대값(C) ≤ 40		
		10	0		예찰실적(B) =(b/a)×100×0.5			
	시·도							
	* 면적 및 점수는 소수 한 자릿수까지 표기							

연계 시스템	없음
증빙 자료	검역병해충 예찰률, 방제율 및 발생여부 : 증빙자료 불필요(농촌진흥청 자료 활용)

VPS실적 입력주체	시·도	입력 주기	연말

문의처	농림축산식품부 식량산업과 농업연구관 이부자(☎ : 044-201-2985, E-mail : bjlee94@korea.kr) 농림축산식품부 식량산업과 농업주사보 최창환(☎ : 044-201-1452, E-mail : yeonmu0621@korea.kr)

국정목표	3. 따뜻한 동행, 모두가 행복한 사회
국민약속	3-13. 살고 싶은 농산어촌을 만들겠습니다
국정과제	3-13-72. 식량주권 확보와 농가 경영안정 강화
지표명	㉔ 구제역백신 항체양성률
지표성격	< 국고보조사업 > - 구제역 발생 및 확산 방지를 위해 예방약(백신) 및 수의사를 동원한 접종 시술 등 예산 지원('24년 48,198백만원 국비 보조)

지표유형	정량	부분	정순	계속(변경)

지표설명	지표명 설명	구제역백신 예방접종을 빠짐없이 실시하고 있는지를 백신 항체양성률로 평가
	평가근거	○「가축전염병예방법」제3조(국가와 지방자치단체의 책무) 제1항 시·도지사 및 시장·군수·구청장은 가축전염병을 예방하고 그 확산을 방지하기 위해 가축전염병 예방 및 관리대책을 수립, 실시하여야 한다. ○「가축전염병예방법」제15조(검사·주사·약물목욕·면역요법 또는 투약 등) 제1항 시·도지사 및 시장·군수·구청장은 가축전염병이 발생하거나 퍼지는 것을 막기 위해 가축의 소유자 등에게 주사 조치를 받을 것을 명할 수 있다.
	평가목적	○ 법정 제1종 가축전염병인 구제역의 발생 및 확산을 방지하기 위해서는 예방접종이 중요함에 따라 평가를 통해 지자체의 예방접종 관리 독려
	기대효과	○ 빠짐없는 예방접종을 통해 구제역 발생 및 확산 방지에 기여
	기타참고사항	

측정방법	○ 산식 - {(소 구제역백신 항체 양성두수 / 소 구제역백신 항체 검사두수) X 0.3 + (돼지 구제역백신 항체 양성두수 / 돼지 구제역백신 항체 검사 두수) X 0.6 + (염소 구제역백신 항체 양성두수 / 염소 구제역백신 항체 검사 두수) X 0.1} x 100 ○ 산식 설명 - 구제역백신 항체 검사두수 : 구제역 백신항체(SP) 형성 여부 확인을 위해 혈청 검사를 실시한 개체 수 - 구제역백신 항체 양성두수 : 구제역백신 항체 검사두수 중 항체가 형성(양성)된 개체의 수 ＊ 검사결과(항체양성률) 산출은 시료채취 농가 주소를 기준으로 하며, 관내 농가가 타 시도(관외)에서 항체검사를 한 경우에도 관내 실적으로 포함 ○ 목표치 : 92.0% ○ 평가대상 : 광역자치단체(서울 제외＊ 전국 16개 시·도) ＊ 서울은 돼지·염소 사육 농가가 없어 평가대상에서 제외 ○ 평가기준일 : 2025. 12. 31.

시스템 구현 서식	구 분	소		돼지		염소		{(A/B)*0.3+ (C/D)*0.6+ (E/F)*0.1} *100
		백신 항체 양성 두수 (A)	백신 항체 검사 두수 (B)	백신 항체 양성 두수 (C)	백신 항체 검사 두수 (D)	백신 항체 양성 두수 (E)	백신 항체 검사 두수 (F)	
	시·도							

연계 시스템	

증빙 자료	○ 불필요 - 농림축산식품부 구제역 혈청예찰 결과 보고서 활용

VPS실적 입력주체	중앙부처	입력 시기	년

문의처	농림축산식품부 구제역방역과 사무관 김지호(☎ 044-201-2532, E-mail: vetlove@korea.kr) 농림축산식품부 구제역방역과 주무관 남기운(☎ 044-201-2540, E-mail: gwnam0830@korea.kr)

국정목표	3. 따뜻한 동행, 모두가 행복한 사회			
국민약속	13. 살고 싶은 농산어촌을 만들겠습니다.			
국정과제	3-13-72. 식량주권 확보와 농가경영 안정화			
지표명	㉮ 닭·오리 가축전염병 방역 관리			
지표성격	<국가주요시책> - 국가와 지방자치단체의 AI 등 닭·오리 가축전염병 예방 및 발생 시 피해 최소화를 위한 방역관리 추진 * 가축전염병 발생률 및 닭·오리 사육농가에 대한 점검 실적 등 항목별 합산 점수 90점 이상 달성			
지표유형	정량	부분	정순	계속(유지)
지표설명	지표명 설명	AI 등 닭·오리 가축 전염병 발생률 통계(KAHIS) 및 동절기 대비 가금농장 점검·계열사 계약농가 방역교육 및 점검 실적 등을 통해 시도별 닭·오리 사육농가 방역관리 역량을 정량적으로 평가		
	평가근거	「가축전염병예방법」 제3조(국가와 지방자치단체의 책무) 「가축전염병예방법」 제6조의2(계약사육농가에 대한 방역교육 등		
	평가목적	시·도별 닭·오리 사육 농가의 방역관리 역량 평가를 통한 AI 등 가금 질병 예방과 발생 시 피해를 최소화하고자 함		
	기대효과	닭·오리 사육농가의 고병원성 AI 등 가축전염병 예방 및 발생 시 피해 최소화		
	기타참고사항	없음		

측정방법	○ (산식) 시·도별 닭·오리 가축전염병 발생률 40 + 시·도별 가축방역 노력도 60 = 100
	① 시·도별 닭·오리 가축전염병 발생률(40점)
	- 광역시 닭·오리 가축전염병 발생률 : (각 광역시 발생농가 수/광역시 사육농가 수) × 100
	- 도 닭·오리 가축전염병 발생률 : (각 도 발생농가 수/도별 사육농가 수) × 100
	
	② 시·도별 가축방역 노력도 평가(2개 항목 총 60점)
	- 동절기 대비 가금농장 방역실태 점검 실적(30점):
	  (점검 실시 농가/점검 대상 농가)× 100(%)
	- 가금 계열사 계약 사육농가 분기별 교육·점검 제출 실적(30점):
	  (교육·점검 실시 농가/계약사육농가)× 100(%)
	
	○ 산식 설명
	① 시·도별 닭·오리 가축전염병 발생률(40점)
	- 발생농가 수: '25년 12.31일까지 가축전염병예방법 제51조에 따라 국가동물방역통합시스템(KAHIS)에 보고한 닭·오리의 제1종(고병원성 AI, 뉴캣슬병) 및 제2종 (추백리, 가금티프스, 가금콜레라, 오리바이러스성간염 등) 가축질병 발생 농가수 누계
	  * (점수 환산) 질병 비발생 또는 목표치 달성 시 : 40점 / 0~1% 초과 : 38점 / 1~2% 초과: 35점 / 2% 이상 초과: 30점
	  ** 사육농가 및 발생농가는 '24년 9월 KAHIS 등록된 닭·오리 전업농(닭 3천수·오리 2천수 이상)을 기준으로 집계하며, KAHIS에 등록되어 있고 정상 운영 중이나 출하로 인해 집계에서 누락된 농가 목록은 시도에서 별도 제출하여 합산함.			

<시·도별 가축방역 노력도 평가(2개 항목 각 30점)>
② '25년 동절기 대비 가금농장* 방역실태 점검 실적(30점) :
- 산출식 = (점검 실시 농가/점검 대상 농가)× 100(%)
* 대상 : 농식품부에서 지정한 시도별 '24년 동절기 대비 방역실태 점검 농장
** (점수 환산) 100% : 30점 / 95~100% : 27점 / 90~95% : 25점 / 90% 미만 : 20점
③ '25년 가금 계열사 계약 사육농가 분기별 방역 교육·점검* 실적(30점) :
- 산출식 = (교육·점검 실시농가$^{1~4분기\ 합산}$/계약 사육농가$^{4개분기\ 합산}$) × 100(%)
* 근거: 가축전염병 예방법 제6조의2, 4/4분기 실적은 25.1.31. 까지 제출
** (점수 환산) 100% : 30점 / 95~100% : 27점 / 90~95% : 25점 / 90% 미만 : 20점
분기별 실적 1회 이상 미제출 시: 10점, 계약사육농가 미소재 광역시 : 30점
⇒ 총점 = 시·도별 닭·오리 가축전염병 발생률 환산점수(①)+시·도별 가축방역 노력도 환산점수(②+③)

○ 목표치 : 시·도별 닭·오리 가축전염병 발생률 및 방역 관리 실적을 합산하여 90점 이상 달성
① 닭·오리 가축전염병 발생률 '26년도 목표('25년 실적)치 달성 시 40점
- 광역시 : 목표치 2% 이하
- 도 : 목표치 2~3% 이하
· 10년간 닭·오리 가축전염병 발생률 평균 2% 이하 → 목표치 2% 이하
· 10년간 닭·오리 가축전염병 발생률 평균 2% 초과 → 목표치 3% 이하

※ 참고 : '14년~'23년 전국 및 도 닭·오리 가축전염병(1·2종) 평균 발생률(%)

구 분	도	전국
평균발생률(%)	3.4	3.9

② 시·도별 가축방역 노력도 : ②·③항목 실적 100% 달성 각 30점(산식 및 설명 참조)
○ 평가대상 : 시·도 (서울특별시·대전광역시 제외)
○ 평가기준일 : 2025. 12. 31

구분		① 닭·오리 가축전염병 발생률 (목표치 달성 시 40점)			시·도별 가축방역 노력도 (②·③ 항목 100% 달성 시 각 30점)						합계 (① + ②)
시스템 구현 서식					②동절기 대비 가금농장 방역실태 점검 실적			③가금계열사 계약사육농가 분기별 방역교육·점검 제출실적			
	시도명	발생 농가수 (A)	사육 농가수 (B)	발생률 (A/B)× 100	실시 농가수 (A)	대상 농가수 (B)	실시율 (A/B)× 100	실시 농가수 (A)	대상 농가수 (B)	실시율 (A/B)× 100	90점 이상

연계 시스템	정보시스템운영부서				연계항목	
	정보시스템명칭	기관/부서	담당자	연락처	항목이름	증빙화면
	국가동물방역 통합시스템	농림축산 검역본부	양광표	054-810-8603	닭, 오리 가축 전염병 발생통계	매뉴얼하단 별첨

증빙 자료	① 가축전염병 발생률 : 농림축산식품부 국가동물방역통합시스템(KAHIS) 활용 ② 가축방역 노력도 평가 : ②·③실적에 대한 지자체 증빙자료 및 결과 보고서(양식배포 예정)

VPS실적 입력주체	광역자치단체	입력 시기	년

문의처	농림축산식품부 조류인플루엔자방역과 김웅태 사무관(044-201-2558, E-mail : kimwt@korea.kr) 농림축산식품부 조류인플루엔자방역과 이경주 주무관(044-201-2559, E-mail : zkfkwl0694@korea.kr)

4. 자율과 창의로 만드는 담대한 미래

국정목표	4. 자율과 창의로 만드는 담대한 미래
국민약속	4-14. 과학기술이 선도하는 도약의 발판을 놓겠습니다.
국정과제	4-14-77. 민·관 협력을 통한 디지털 경제 패권국가 실현
지표명	㉮ 클라우드 전환 및 이용 우수사례
지표성격	<국가주요시책> - 지방자치단체의 신규 정보시스템 구축 또는 운영·관리하는 정보시스템 교체시 클라우드 우선 이용을 장려하여 국정과제(4-14-77. 민·관 협력을 통한 디지털 경제 패권국가 실현) 원활한 추진

지표유형	정성	공통	계속(유지)

지표설명	지표명 설명	○ 지방자치단체의 클라우드 전환 및 이용 우수사례
	평가근거	○ 「전자정부법」 제54조(정보자원 통합관리) 및 제54조의2(클라우드컴퓨팅서비스의 이용), 같은 법 시행령 제66조(정보자원 통합기준 등) ○ 「클라우드컴퓨팅법」 제12조(국가기관등의 클라우드컴퓨팅 도입 촉진) ○ 「행정기관 및 공공기관의 클라우드컴퓨팅서비스 이용 기준 및 안전성 확보 등에 관한 고시」 제4조(클라우드컴퓨팅서비스 우선 검토), 제12조(소프트웨어 제공 서비스의 이용촉진) ○ 국정과제 4-14-77 민·관 협력을 통한 디지털 경제 패권국가 실현 (3. 국가 클라우드 대전환 및 SW산업의 질적 도약)
	평가목적	○ 국정과제의 원활한 추진 및 지자체의 클라우드 전환 인식 제고
	기대효과	○ 긴급한 행정수요에 탄력적으로 대응할 수 있도록 전문성 및 효율성을 갖춘 클라우드 기반 운영 환경으로 개선 촉진
	기타참고사항	

측정방법

○ 산식 : 클라우드 전환 및 이용 우수사례
○ 산식설명
 - 평가 방향 : 시도별로 우수사례 1건을 제출받아 합동평가단에서 정성평가
 - 평가 세부기준 : 클라우드 전환 및 이용사례에 대한 ① 지자체 노력도 ② 클라우드 전환 실적 및 효과성 ③ 전파 가능성 등 3가지 기준으로 평가

평가항목(100)	평가내용
지자체 노력도 (30)	▪ 기관 정보시스템의 클라우드 전환 및 이용을 위한 지자체 행정역량 투입정도 ※ 제도정비, 계획마련, 예산확보 등 클라우드 관련 정책의 추진 노력을 평가 ▪ 기관장 및 조직 내 관심도 ※ 간담회 인터뷰, 지시사항, 점검회의 행사참석, 현장방문 등 단체장 등의 주요 활동을 평가 ▪ 클라우드 역량 강화 노력도 ※ 업무담당자 역량 강화 워크숍 및 교육 추진 등 평가
클라우드 전환 실적 및 효과성 (40)	▪ 클라우드 전환 및 이용 실적 - 지방자치단체가 운영·관리하는 정보시스템을 다양한 방식의 클라우드로 전환, 이용하는 실적을 평가 (※ IaaS, PaaS, SaaS, 클라우드 네이티브 등)

	[참고1. 클라우드 서비스 유형]		
	IaaS	PaaS	SaaS
	어플리케이션	어플리케이션	어플리케이션
	시스템SW (DB, WEB/WAS 등)	시스템SW (DB, WEB/WAS 등)	시스템SW (DB, WEB/WAS 등)
	운영체제	운영체제	운영체제
	하드웨어	하드웨어	하드웨어

※ ▨ 이용기관이 관리 ☐ 클라우드 사업자가 관리

- 클라우드 전환 성과 및 효과성
  - 클라우드 전환·이용을 통한 보안성, 운영 안정성 등 향상 사례
  - 유연한 자원 증설 등을 통한 긴급한 공공서비스 수요 신속 대응 사례
  - 클라우드 전환·이용을 통한 시스템 운영비 등 비용 절감 사례
  - 공개SW를 적극 활용하여 클라우드 산업 활성화에 기여한 사례
  - 정보자원의 통합구축으로 소비전력 절감 및 탄소배출 감축에 기여한 사례 등
  - 클라우드 네이티브 방식을 적용하여 전환한 사례

[참고2. 클라우드 네이티브 개념 및 구성요소]

☐ **클라우드 네이티브 개념 및 구성요소**
 ○ **(개념)** 클라우드의 장점(기능)을 최대한 활용하여 정보시스템 또는 애플리케이션을 구축 및 실행하는 환경(방식)
 ○ **(구성요소)** 아키텍처(①MicroService), 인프라(②Container), 운영관리(③DevOps, ④CI/CD)

① MicroService (안정성/확장성)	② Container (효율성/이식성)
응용프로그램을 작은 기능(마이크로서비스) 단위로 구축	경량화된 가상화 기술, 컨테이너 단위 애플리케이션 배포
③ DevOps (자동화/생산성)	④ CI/CD (자동화)
자동화된 애플리케이션 개발·운영까지 협업 프로세스	개발, 테스트, 배포까지 일련의 과정이 자동화되어 식별

전파 가능성 등 (30)	▪ 대외 홍보 등 노력도 ※ 방송, 신문, SNS, 보도자료 등 클라우드 이용, 개선성과 관련 홍보 실적을 평가 ▪ 벤치마킹 사례 등 타 지자체로의 전파 가능성 ※ 해당 우수사례의 실제 벤치마킹 사례가 있는지 타 지자체로의 확산전파가 가능한지 등 평가

○ 우수사례 및 부적합사례 예시 등 설명

┌─ 우수사례 ─┐

(우수사례 범위) 클라우드(IssS, PaaS, SaaS)를 이용하고 있는 지자체, 클라우드 전환 및 이용 정책 등을 수립·추진하고 있는 지자체
 - 클라우드 전환, 이용계획(기본계획, 예산확보 등)을 수립한 기관
 - 신규로 정보시스템을 구축하거나 노후시스템을 대·개체함에 있어 클라우드로 전환한 기관, 이용사례 등 (※ IaaS, PaaS, SaaS, 클라우드 네이티브 등)
 - 기관 메일 시스템, 메신저, 협업관리 등 클라우드 보안인증을 획득한 서비스(SaaS)로 전환한 기관, 이용사례 등
(우수사례 예시)
<00기관 정보시스템의 클라우드 전환을 통한 예산 절감 및 긴급 수요 대응력 확보>
 - 매년 분기별 교육 수강신청 때마다 반복되는 교육신청자 접속 폭주로 민원이 지속 발생하였으나, 전환 이후 유연한 자원할당 및 증설을 통해 기존 운영시스템의 문제점 해결 및 처리속도 향상으로 대내외 만족도 향상
  ※ (기존) 서버 부하 등의 문제해결을 위해 약 1억 원의 서버증설 예산이 필요 → (전환이후) 부하집중 기간에만 자원을 일시적으로 증설하여 약 10~20만원의 비용으로 문제해결

	○ 평가대상: 시·도(시·군·구 포함) ○ 평가기준일: 2025.12.31.
증빙 자료	○ 우수사례명 합동평가시스템(VPS)에 직접 입력 <table><tr><td>연번</td><td>우수사례명</td></tr><tr><td>1</td><td></td></tr></table>○ 우수사례에 따른 주요 성과 등에 대한 요약서(2페이지) ○ 사업계획서 및 결과보고서(평가 연도 내에 결재받은 공문서 등) ○ 우수사례의 사업효과를 설명할 수 있는 보조자료
문의처	행정안전부 디지털기반안전과 사무관 조윤휘(☎ 044-205-2828, E-mail: jyh1021@korea.kr) 행정안전부 디지털기반안전과 주무관 우해선(☎ 044-205-2827, E-mail: eyeplus@korea.kr)

국정목표	4. 자율과 창의로 만드는 담대한 미래
국민약속	4-16. 탄소중립 실현으로 지속 가능한 미래를 만들겠습니다.
국정과제	4-16-86. 과학적인 탄소중립 이행 방안 마련으로 녹색경제 전환
지표명	㉮ 온실가스 감축목표 달성률

지표성격	< 국가주요시책 > - 공공부문*이 국가 온실가스 감축목표 달성에 선도적 역할을 위해 '11년부터 '공공부문 온실가스 목표관리제'를 시행하여, 온실가스 감축목표를 설정하고 실적을 점검 * 중앙행정기관, 지자체, 시도교육청, 공공기관, 지방공사·공단 등 약 800여 기관

지표유형	정량	공통	역순	계속(유지)

지표설명	지표명 설명	지자체별 온실가스 목표배출량과 실적배출량을 비교하여 지자체의 온실가스 배출량을 목표배출량 이하 관리
	평가근거	「기후위기 대응을 위한 탄소중립·녹색성장 기본법」제26조(공공부문 온실가스 목표관리) 및 같은 법 시행령 제17조(공공부문 온실가스 목표관리)
	평가목적	국가 탄소중립 실현을 위해 지자체의 자발적이고 적극적인 온실가스 감축을 유도하고 온실가스 감축 우수사례를 발굴·확산 ※ 국가 온실가스 감축목표 달성을 위해서는 공공부문 전체 배출량의 35%를 차지하는 지자체의 적극적인 참여가 필요
	기대효과	지자체의 선도적인 온실가스 감축 노력을 통해 공공부문 및 국가 전체 탄소중립 실현에 기여하고, 탄소중립 노력을 민간부문으로 확산
	기타참고사항	해당사항 없음

측정방법	○ 산식
	
	 온실가스 감축목표 달성률(C, %) = $\dfrac{\text{이행연도 실적배출량}(A,\ tonCO_2eq)}{\text{이행연도 목표배출량}(B,\ tonCO_2eq)} \times 100$
	
	 ○ 산식 설명
	 - 실적배출량(A) = 배출량 - 외부감축사업 실적 - 탄소포인트 실적 - 재생에너지 사용실적
	   * 외부감축사업, 탄소포인트, 재생에너지 사용실적은 최종 평가 시점에 일괄 반영
	 - 목표배출량(B) = 대상시설 기준배출량*($tonCO_2eq$) × (100% - 이행연도 감축목표(%)**)
	   * 기관별 '18년 배출량을 시설의 신설·증설·폐쇄 등을 반영하여 매년 일부 조정
	   ** 연도별 감축목표: ('24년) 13.2% → ('25년) 15.2% → ('30년) 37.4%
	 - 달성률(C)
	   1. 이행연도 달성률(C)이 100%와 같거나 작을 경우(C≤100%) → 달성
	   2. 이행연도 달성률(C)이 100%보다 클 경우(C>100%) → 미달성
	
	 ○ 목표치 : 온실가스 감축목표 달성률(C, %) 100% 이하
	 ○ 평가대상 : 광역·기초지자체(공공부문 온실가스 목표관리제 모든 대상시설)
	 ○ 평가기준일 : 2025. 12. 31.

시스템 구현 서식	구 분	이행연도 실적배출량 (tonCO$_2$eq) (A)	이행연도 목표배출량 (tonCO$_2$eq) (B)	감축목표 달성률(C, %) (A/B×100)
	○○시·도			
	△△시·도			
	XX시·도			
	⋮			

연계 시스템	정보시스템운영부서				연계항목	
	정보시스템명칭	기관/부서	담당자	연락처	항목이름	증빙화면
	국가온실가스 종합관리시스템 (NGMS)	온실가스 종합정보센터/ 정보관리팀	김효진 연구원	043-714-7524	1. 이행연도 배출량 2. 이행연도 목표배출량	붙임 참조

증빙 자료	○ 산식(실적)에 대한 지자체 증빙자료 - 증빙자료 불필요 (광역지자체, 기초지자체 등 지자체가 국가온실가스종합관리시스템 (NGMS)에 제출한 온실가스 배출량 자료를 증빙자료로 활용)		
VPS실적 입력주체	중앙부처	입력 시기	년
문의처	환경부 기후전략과 사무관 정상필 (☎ 044-201-6650, E-mail: chemi2002@korea.kr) 환경부 기후전략과 주무관 우태욱 (☎ 044-201-6644, E-mail: werb12@korea.kr)		

국정 목표	4. 자율과 창의로 만드는 담대한 미래		
국민 약속	4-16. 탄소중립 실현으로 지속가능한 미래를 만들겠습니다.		
국정 과제	4-16-86. 과학적인 탄소중립 이행방안 마련으로 녹색경제 전환		
지표명	㉴ 탄소중립 녹색성장 이행 성과 우수사례		
지표 성격	<국가주요시책> - 2050년까지 탄소중립을 목표로 지자체는 지역의 특성과 여건을 고려하여 온실가스 감축과 대응기반강화 방안을 포괄하는 계획을 수립하고 실행		
지표 유형	정성	공통	신규

지표 설명	지표명 설명	지자체 탄소중립·녹색성장 기본계획의 성과와 탄소중립 이행노력 평가
	평가근거	「기후위기 대응을 위한 탄소중립·녹색성장 기본법」 제11조(시·도 계획의 수립 등)
	평가목적	지자체 탄소중립·녹색성장 정책 추진 인센티브 제공을 통해 지역 하나하나가 주도하는 상향식 탄소중립 실현 촉진
	기대효과	지역의 여건과 특색을 반영한 맞춤형 온실가스 감축 수단과 지역 탄소중립 이행 기반 강화 방안을 담은 '시·도 탄소중립 녹색성장 기본계획'의 이행력 제고
	기타 참고사항	

측정 방법	○ 산식: 기본계획의 수행 등 탄소중립 녹색성장 이행 노력에 대한 우수사례 ○ 산식 설명 - 평가방향 : 시·도 기본계획 수행을 포함한 탄소중립 녹색성장 이행의 전반적인 노력에 대한 우수사례를 제출받아 합동평가단에서 정성평가(해당 시·도에 소재한 기관·단체·업체와 연계하여 추진하였거나, 이전부터 실시하여 해당연도에 성과가 있는 경우도 포함 가능) - 평가 세부기준

평가항목(100)	평가내용
지자체 노력도 (30)	· 아래의 3가지 내용에 대해 각각 평가 - 기본계획 수립-이행-추진상황 점검 단계에서 기관장 또는 탄소중립 이행책임관의 현장행보, 간담회, 인터뷰, 지시사항, 점검회의 등(10) - 지역 구성원과의 소통, 교육, 홍보 등 시민참여 활성화 활동(10) - 건물, 수송, 에너지 분야 온실가스 감축 인프라 구축, 탄소중립도시 신청 등 저탄소사회 전환을 위한 지자체의 행정역량(계획 수립, 예산 확보 등) 투입 노력(10) * 추진단계, 공사진행, 준공 단계에서 해당연도의 지자체 노력을 중심으로 평가
효과성	· 지자체가 탄소중립 이행을 목적으로 수행된 온실가스 감축 사업의 성과가

(30)	있는 대표사업* 제시(지역 주요 배출원의 관리 노력, 저탄소 사회전환 과정에서 지역사회의 불평등 해소 노력 등) * 해당연도에 준공되어 실적이 발생한 사업에 대해 평가하며, 공사가 진행 중이거나, 협의단계에 있는 사업들은 제외 · 해당 사례의 시행으로 확인 가능한 양적·질적 성과 등 객관적 지표에 의해 효과성을 입증할 수 있는 자료(통계 등), 외부의 긍정적 평가 등
독창성· 확산가능성(20)	· 지역의 특성, 주요 온실가스 배출원 등을 고려한 차별화된 시책의 발굴, 추진 노력 · 타 지자체에서도 추진할 필요성과 실현가능성이 있는 사례 및 타 지자체에서의 벤치마킹, 언론보도, 대외시상 실적 등이 있는 경우
연계· 협력성(20)	· 초광역 탄소중립 정책 이행 성과, 시·도 지역내 거버넌스 구축 등 체계 확립과 성과, 국제사회에서의 기후행동, 정보공유, 지역내 기업 등 다자간의 협력 실적 * 광역과 광역 탄소중립지원센터간 또는 도시간 MOU 체결 실적은 제외하며, MOU 등 협력체계 구축에 따른 후속조치, 성과를 중심으로 평가

○ 우수사례 및 부적합사례 예시 등 설명

우수 사례

(우수사례 범위) 탄소중립 녹색성장 이행노력과 관련하여 추진한 과제 중 성과가 매우 우수하거나 타 시도 확산이 될 만한 사례들을 종합적으로 제시

※ 지역소재 또는 지역외 기관·단체·업체 참여를 통한 탄소중립 녹색성장 관련 사업을 포함하여 이전부터 추진된 사업의 성과가 '26년에 확인된 경우도 포함하여 작성 가능

※ 평가항목은 기본계획의 온실가스 감축대책, 대응기반 강화대책 등 해당연도에 성과가 우수한 대표사업으로 구성하여 작성함

(우수사례 예시)

1. (지자체 노력도) [1]지방자치단체장은 탄소중립 성과에 총괄 책임자로서 '25년 추진상황점검 결과보고회, 포럼, 홍보 등 실적관리에 주민인식제고에 적극 참여, [2]탄소중립 확산 주민 캠페인 추진, 지역 초중고 대상 기후위기 교육 실시, 취약계층 적응 사업 설명회 등 지역 전 계층을 대상으로 인식제고 실시하였으며, 만족도 96% 달성 [3]OO지자체는 지역내 수소생산 시설을 유치하면서 지역내 ooo등 3개 기업과의 협력, 지역 소재 2개 대학과의 수소 관련 학과 신설('26.3)하였으며, 지역내 수소생태계 기반과 전문인력양성의 기반을 마련

2. (효과성) '23년 착공되어 '25년 4월 준공된 폐기물 자원 회수시설이 정상가동되어 00톤 플라스틱 회수로 00톤 감축잠재량이 기대, OO지자체의 풍력 발전시설이 준공('25.1)됨에 따라 00MWh의 전력을 생산하였으며, 지역 4인가구 일균 전력사용량의 30%에 해당하는 대체효과가 발생

3. (독창성·창의성) OO지자체는 건물부문의 에너지사용량이 관리권한 배출량의 70%를 차지함에 따라 일정 규모이상의 상업, 공공건물에 에너지 총량제를 시행('24.3) 하였으며, 해외 OO 도시에서 추진 중인 건물 분야 감축방법의 국내 적용의 성공적 사례

4 (연계·협력성) OO지자체-OO지자체간 대중교통연계 지원 MOU체결('24.5)하고, 25년 한해 00백명 이상의 주민들이 참여하고, 대중교통 활성화에 기여

	┌─ 부적합 사례 ─┐
	1. 탄소중립기본법에서 정하는 이행체계(계획수립 점검, 조례제정, 탄소중립이행책임관 등)의 단순 열거는 제외 필요
	  * (예시) ○○ 지자체는 탄소중립이행책임관과 탄소중립지원센터를 지정하였음
	2. 탄소중립 기본계획에서 제시한 세부사업의 단순 나열 및 결과 작성이 아닌, 성과가 있는 대표 사업에 대한 해당연도 성과 중심 작성 필요
	  * (예시) ○○ 지자체는 건물분야 19개 사업을 추진하였으며, 목표 대비 100% 실적을 달성
	3. 행사 등의 참여 실적이 아닌, 이를 통해 후속조치로 추진한 내용의 해당연도 실적 위주 작성 필요
	  * (예시) 이클레이 세계 총회 참석, ○○지자체 등 3개 지자체와 MOU체결 등
	※ "4-16-86-㉮ 온실가스 감축목표 달성률", ."4-16-89-㉮ 1회용품 사용 줄이기 우수사례" 및 타 정성지표에 포함되어 평가되는 내용은 사례에서 제외
	
	○ 평가대상 : 시·도
	○ 평가기준일 : 2025.12.31

증빙 자료	○ 우수사례명 * 합동평가시스템(VPS)에 직접 입력 | 연번	우수사례명
1	| ○ 우수사례에 따른 주요 성과 등에 대한 요약서(2페이지) ○ 사업계획서 및 결과보고서(평가 연도 내에 결재받은 공문서 등) ○ 우수사례의 사업효과를 설명할 수 있는 보조자료
문의처	환경부 기후전략과 사무관 장화영(☎ 044-201-6651, E-mail: ciocn6777@korea.kr) 환경부 기후전략과 주무관 김혜영(☎ 044-201-6645, E-mail: khy2015@korea.kr)

국정목표	4. 자율과 창의로 만드는 담대한 미래
국민약속	4-16. 탄소중립 실현으로 지속가능한 미래를 만들겠습니다.
국정과제	4-16-88. 미세먼지 걱정없는 푸른하늘
지표명	㉑ 환경개선부담금 징수 제고율

지표성격	< 국가사무 > -「환경개선비용 부담법」제9조, 제22조 및 같은 법 시행령 제28조, 행정권한의 위임 및 위탁에 관한 규정 제4조, 시·도의 사무위임 규칙에 따라 시·군·구에 재위임된 사무			
지표유형	정량	공통	정순	계속(유지)

지표설명	지표명 설명	환경개선 투자재원 확보 및 지방 재정 자립도 향상을 위해 매년 낮아지고 있는 환경개선부담금 징수율을 제고하고자 환경개선부담금 징수 및 미납액 처리 노력 평가
	평가근거	「환경개선비용 부담법」제9조(환경개선부담금의 부과·징수), 제20조(강제징수 등) 및 제21조(결손처분) 등의 규정에 따라 부과·징수, 강제징수 및 결손처분 등의 권한을 가지고 있는 부과권자(시장·군수·구청장, 특례시의 장)는 환경개선부담금 및 미납액에 대한 적극적인 관리가 필요하고 같은 법 시행령 제28조 제3항의 규정에 따라 그 결과를 지체 없이 보고해야 함
	평가목적	○ 환경개선부담금은 환경오염의 원인자로 하여금 환경개선에 필요한 비용을 부담하게 하여 환경개선을 위한 투자재원을 합리적으로 조달함으로써 국가의 지속적인 발전의 기반이 되는 쾌적한 환경을 조성하는데 이바지 할 목적으로 부과·징수되고 있음 - 다른 차종에 비해 오염물질을 더 많이 배출하는 경유 자동차를 대상으로 부과 - 이 중 유로4 이하 경유차(4등급, 5등급)에 대하여 환경개선부담금을 부과 ※ 윤석열정부 110대 국정과제 중 '88. 미세먼지 걱정없는 푸른하늘'에 해당 ○ '23년도 환경개선부담금 징수율은 27.4%로 '21년(33.4%), '22년(29.7%) 대비 각 3.7%p, 2.3%p 지속 하락 - 미납자 대부분은 고질 체납자로서 현년도 미납액이 과년도 미납액으로 지속적으로 누적* * 징수결정액 중 미납액 비중: '18년 60.06% → '19년 62.45% → '20년 65.66% → '21년 69.01% → '22년 71.2% → '23년 72.3% - 미세먼지 계절관리제, 고농도 미세먼지 비상저감조치 등 미세먼지 저감을 위한 각종 정책 시행 중 ○ 환경개선부담금 징수율 제고를 통해 환경개선 비용 조달로 미세먼지 계절관리제, 고농도 미세먼지 비상저감조치 등 미세먼지 저감을 위한 각종 정책 시행의 동력을 확보 및 지자체 징수 비용(징수액의 10~30%) 확대로 지자체 재정 자립도 개선 도모
	기대효과	미세먼지 저감 정책 추진을 위한 재원 확충 및 지자체 재정 자립 지원
	기타참고사항	○「환경개선비용 부담법」제정('91.12)에 따라 경유자동차에 대한 환경개선 부담금이 '94.3월 최초 부과('93년 하반기분)

| 측정
방법 | ○ 산식 : (환경개선부담금 징수율 × 0.7) + (미납액 해소율 × 0.3)
① 환경개선부담금 징수율
$$\frac{징수액(C)}{징수결정액(A) - 결손액(B)} \times 100$$
② 환경개선부담금 미납액의 해소율
$$\frac{(과년도\,미납액\,중\,징수액 + 과년도\,미납액\,중\,결손처분액)(B)}{과년도\,미납액(A)} \times 100$$
○ 산식 설명 :
① 환경개선부담금 징수율 : 징수결정액에서 결손액을 제외한 징수액 비율을 평가
  - (A) 징수결정액 : 현년도와 과년도의 징수결정 합산 금액
  - (B) 결손액 : 징수결정액 중 불납결손액의 합계
  - (C) 징수액 : 실제 징수금액의 합계
② 환경개선부담금 미납액의 해소율 : 과년도 미납액 해소(징수액 및 결손처분액의 누적 합계) 비율을 평가
  - (A) 과년도 미납액 : 평가년도 기준 과년도 기준 미납액
  - (B) 현년도 해소액 : 과년도 미납액 중 현년도 징수액과 결손처분액의 합계
○ 목표치 : 환경개선부담금 징수 제고율 30% 이상
○ 평가대상 : 시·도(시·군·구 포함), 특례시의 장
○ 평가기준일 : 2025.12.31. |

시스템 구현 서식		① 환경개선부담금 징수율				② 미납액 해소율				합계
	구분	징수 결정액 (A)	결손 액 (B)	징수 액 (C)	징수율 (D= C/(A-B)* 100)	과년도 미납액 (E)	미납액 징수액 (F)	결손 처분액 (G)	해소율 (H= (F+G)/E)	(D*0.7)+ (H*0.3)
	○○시도 (시군구 합계)	6,000	30	5,880	98.492	1,800	1,550	130	93.333	96.945
	○○시	1,000	20	980	100.000	500	500	0	100.000	100.000
	○○시	2,000	10	1900	95.477	600	450	100	91.667	94.334
	○○군	3,000	0	3000	100.000	700	600	30	90.000	97.000

연계 시스템	미연계
증빙 자료	불필요 : 공문 및 디브레인 입력자료 활용

VPS실적 입력주체	기초지자체	입력 시기	년

| 문의처 | 환경부 녹색전환정책과 사무관 이준규(☎ 044-201-6688, E-mail: civilenv01@korea.kr)
주무관 전소연(☎ 044-201-6689, E-mail: b6121052@korea.kr) |

국정 목표	4 자율과 창의로 만드는 담대한 미래			
국민 약속	4-16. 탄소중립 실현으로 지속가능한 미래를 만들겠습니다			
국정 과제	4-16-89. 재활용을 통한 순환경제 완성			
지표명	㉮ **1회용품 사용 줄이기 우수사례**			
지표 성격	<국가주요시책> - 재활용을 통한 순환경제 완성(국정과제89)을 위해 폐기물 발생 원천감량 업무 수행 - '공공기관 1회용품 등 사용 줄이기 실천지침(국무총리훈령 제829호)'을 마련하여 시행하고 있으며, 지자체 등 공공기관이 1회용품의 사용 줄이기 실천을 선도하여 친환경적인 소비문화를 확산하기 위한 노력 필요			
지표 유형	정성		공통	계속(유지)
지표 설명	지표명 설명	- 1회용품 감량을 위한 지자체의 자체적인 노력 평가		
	평가근거	- '공공기관 1회용품 등 사용 줄이기 실천지침(국무총리훈령 제829호)' 제7조 * 공공기관의 1회용품 등 사용 줄이기의 실천을 독려하기 위하여 「정부업무평가기본법」 제2조제2호에 따른 정부업무평가에 공공기관의 1회용품 등의 감축 노력과 실적을 포함할 수 있다.		
	평가목적	- 자원의 낭비와 폐기물 발생을 최소화하기 위하여 공공부문에서 선도적으로 1회용품 줄이기에 적극적인 노력 필요, 1회용품 사용감축을 위한 자자체의 우수사례를 평가하고, 이를 사회 전반에 확산		
	기대효과	- 사회전반에 1회용품 사용을 줄이는 실천문화가 확산되어 1회용품 폐기물 발생 감축에 기여하고, 다회용품 확산의 기반 구축		
	기타참고사항	- 1회용품 : 같은 용도에 한번 사용하도록 만들어진 제품(자원재활용법 제2조)		
측정 방법	○ 산식: 지자체 자체 1회용품 사용감축 우수사례(정성평가) ○ 산식 설명 - 평가방향: 시도별로 자체 추진하는 1회용품 사용감축 정책 우수사례를 1건을 제출받아 합동 평가단에서 정성평가			

- 평가 세부기준

평가항목	평가지표
지속가능성 및 독창성 (20)	·해당 사례의 제도적, 안정적 시행여부 등(10) ·기관 맞춤형 정책을 개발하여 타 정부기관과의 차별성(10)
효과성 및 협력정도 (30)	·해당 사례 시행으로 확인 가능한 1회용품 양적 사용감량 효과(10) ·지역주민 동참 가능한 정책 시행 정도 (10) ·지역 내 타 기관들과의 협업 정도(10)
활용전파 가능성 (20)	·타 정부기관으로의 확산 가능성(10) ·민간분야로의 확산 가능성(10)
기관별 노력도 (30)	·1회용품 감량 정책을 추진하기 위한 정책역량 투입 정도(20) * 1회용품 사용억제 점검실적, 홍보 기관장, 주요간부의 관심 등 ·'공공기관 1회용품 등 사용줄이기 실천지침' 준수 정도(10)

○ 우수사례 및 부적합사례 예시 등 설명

> **우수사례**
>
> ○ (우수사례) 1회용품 감량을 위한 지자체 자체적인 노력 사례
> - (00시 '플라스틱프리도시') 청사내 매장 다회용컵 전환, 시·자치구 민간 위탁기관 사업장도 1회용품 사용 제한, 5대 1회용품 안쓰기 실천운동 등
> - (00시 '00축제') 1회용컵 사용 줄이기 홍보, 텀블러 등 다회용컵 사용 권장, 1회용품 안쓰는 축제 진행 등
> - (00시는 '1회용품 줄이기 홍보·점검') 1회용품 사용규제 포스터 제작, 매장 방문 등을 통해 1회용품 사용규제 적극 홍보 등
>
> ○ (부적합사례) 중앙정부에서 진행 중인 정책활동과 동일한 사례
> - (자발적협약) 대형마트, 패스트푸드·커피전문점, 제과점업계, 유통·물류업계 등과의 1회용품 사용을 줄이기 위한 업무협약 등(다만, 환경부의 협약업체 이외에 지역내 점포들과 차별화된 협약 확대 체결하는 경우에는 실적으로 인정)

○ 평가대상 : 시·도(시·군·구 실적 포함)
○ 평가기준일: 2024.12.31.

시스템 구현 서식	정성평가로 해당사항 없음
연계 시스템	없음
증빙 자료	○ 우수사례명 * 합동평가시스템(VPS)에 직접 입력 <table><tr><td>연번</td><td>우수사례명</td></tr><tr><td>1</td><td></td></tr></table> ○ 우수사례에 따른 주요 성과 등에 대한 요약서(2페이지) ○ 사업계획서 및 결과보고서(평가 연도 내에 결재받은 공문서 등) ○ 우수사례의 사업효과를 설명할 수 있는 보조자료
VPS실적 입력주체	광역·기초지자체 / 입력시기 / 년
문의처	환경부 자원순환정책과 김무연 사무관(☎ 044-201-7414, E-mail: wiebitte@korea.kr) 노광일 주무관(☎ 044-201-7415, E-mail: kinoh727@korea.kr)

국정목표	4. 자율과 창의로 만드는 담대한 미래			
국민약속	4-16. 탄소중립 실현으로 지속가능한 미래를 만들겠습니다.			
국정과제	4-16-89. 재활용을 통한 순환경제 완성			
지표명	⑭ 주민 1인당 재활용 가능자원 분리수거량			
지표성격	<국가주요시책> - '폐기물의 고부가가치 재활용을 확대하고 순환경제로의 전환(국정과제 89)'을 위해 재활용가능자원의 재활용률 제고 필요 - 「재활용가능자원의 분리수거 등에 관한 지침」 및 생활폐기물 탈 플라스틱 대책 ('20.12.24), UN플라스틱 협약 대비 등 원활한 이행을 위해 재활용률 제고가 필요한 주요 품목을 선정하여 지자체의 분리수거 활성화 추진			
지표유형	정량	공통	정순	계속(변경)
지표설명	지표명 설명	○ 지자체 재활용 가능자원의 회수율을 높여 재활용률 제고		
	평가근거	○ 「폐기물관리법」 제14조(생활폐기물의 처리 등) ○ 「자원의 절약과 재활용촉진에 관한 법률」 제16조(제조업자 등의 재활용의무) ○ 「자원의 절약과 재활용촉진에 관한 법률」 제34조의6(자원의 절약과 재활용촉진에 관한 평가기준과 지표 등)		
	평가목적	○ 재활용률을 제고하기 위해 재활용 시작 단계인 재활용 가능자원 회수 역할을 담당하는 지자체 역할이 매우 중요		
	기대효과	○ 재활용률 제고를 통해 탄소중립 실현이 가능한 순환경제 완성		
	기타참고사항	○ EPR(생산자책임재활용제도, Extended Producer Responsibility) : 재활용 의무 대상 제품·포장재의 제조·수입업자는 환경부에서 고시하는 재활용 의무율을 지키기 위하여 회수·재활용 비용을 지원하는 등의 방식으로 재활용을 활성화하는 제도		
측정방법	○ 산식 - 주민 1인당 재활용 가능자원 분리수거량 · '25년도 재활용 가능자원 분리수거량/당해 연도 총 인구 수 ○ 산식 설명 - 주민 1인당 재활용 가능자원 분리수거량 · 재활용 가능자원 분리수거량 : 관할 지역 내 해당 품목별 분리수거량 · 대상품목: 전지류(40%), 종이팩(30%), 투명 페트병(30%) (「재활용가능자원의 분리수거 등에 관한 지침(환경부 훈령 제1568호)」 제8조제3항에 따른 재활용의무대상 제품·포장재 중 재활용률이 다른 품목에 비해 저조하거나 유해성이 높아 분리수거 및 재활용을 통한 재활용률 제고가 필요한 품목(전지류, 종이팩)과, 생활폐기물 탈 플라스틱 대책('20.12.24) 및 탄소중립을 위한 한국형(K)-순환경제 이행계획('21.12.30)의 원활한 추진을 위한 투명 페트병 품목 포함) · 총 인구 수: 행정안전부 주민등록인구('25.12.31.기준)			

○ 목표치

- 2025년 목표 : 0.330kg/인
  · [(전지류 5,016,710*0.4) + (종이팩 5,890,297*0.3) + (투명페트병 44,000,000*0.3)] / 51,325,329

(단위: kg, 인)

구분	전지류	종이팩	투명페트병
분리수거량(A)	5,016,710	5,890,297	44,000,000
가중치(B)	0.4	0.3	0.3
인구(C)	51,325,329	51,325,329	51,325,329
목표값(A*B/C)	0.039	0.034	0.257

※ 전지류, 종이팩은 '23년도 분리수거량 실적을 활용하고, 투명페트병은 재생원료 의무사용 목표율('25년 5%) 및 고품질 재활용업체로의 투명페트병 반입률 목표('25년 30%) 달성에 필요한 분리수거량을 고려하여 연간 44,000톤으로 목표치 설정

○ 점수 부여 기준: 목표치 이상 달성 시 점수 부여(달성/미달성)

평가유형	단계	달성기준	착안사항
달성/미달성	-	0.330kg/인	지자체에서 재활용 가능자원 분리수거에 적극적인 지역주민 참여를 유도함으로써 지속 가능한 자원 순환사회 구현

○ 평가대상: 시·도(시·군·구 포함)

○ 평가기준일: 2025. 12. 31.

시스템 구현 서식

○ 주민 1인당 재활용 가능자원 분리수거량

(단위: kg, 인)

구 분	재활용 가능자원 분리수거량(A)				총 인구 수 (B)	'25년도 1인당 분리수거량 (A/B)
	전지류 (①)	종이팩 (②)	투명페트병 (③)	(A)=(①×0.4) +(②×0.3) +(③×0.3)		
시군구 합계						
○○시						
○○군						
○○구						

연계 시스템

○ 주민 1인당 재활용 가능자원 분리수거량 : 증빙자료 불필요(단, 투명페트병은 제외)
○ 환경부 시스템* 및 자료 활용   * 순환자원정보센터 및 유통지원시스템
- 공공·민간 선별장으로 반입되는 재활용 가능자원의 물량을 측정할 수 있는 시스템(환경부 및 한국순환자원유통지원센터 등)을 구축하여 지자체 제출자료와 연계하여 확인·검증

증빙 자료

○ 전지류, 종이팩 분리수거량 : 환경부 자료 활용
○ 투명페트병 분리수거량 : "투명페트병 분리수거량 합동평가 기준"('24.7.18.)에 따른 자료
※ 지자체 의견조회('24.4.5~4.19) 및 최종 논의('24.6.4.) 결과를 검토·반영하여 확정('24.7.18.)

VPS실적 입력주체	환경부	입력 시기	연간

문의처
환경부 자원재활용과 김수현 사무관(☎ : 044-201-7386, E-mail : soohyeon79@korea.kr)
환경부 생활폐기물과 류형관 사무관(☎ : 044-201-7423, E-mail : blue9628@korea.kr)

국정목표	4. 자율과 창의로 만드는 담대한 미래
국민약속	4-17. 청년의 꿈을 응원하는 희망의 사다리를 놓겠습니다.
국정과제	4-17-92. 청년에게 참여의 장을 대폭 확대
지표명	㉮ 지역사회 청소년 참여 우수사례
지표성격	< 국정과제, 국가주요시책 > - 지역사회 내 청소년의 실질적인 정책 참여를 보장하여 국민과 소통하는 국정운영 추진 　* 국정과제 12. 국정운영 방식의 대전환, 자율·책임·소통의 정부 　* 국정과제 92. 청년에게 참여의 장을 대폭 확대 　* 7차 청소년정책기본계획 4-1. 청소년의 다양한 참여기회 활성화

지표유형	정성	공통	계속(변경)

지표설명	지표명 설명	○ 지역사회 청소년 참여 우수사례
	평가근거	○ 청소년 기본법 제5조2 '청소년의 자치권 확대' ――― <참고> 청소년기본법 ――― 제5조의2(청소년의 자치권 확대) ① 청소년은 사회의 정당한 구성원으로서 본인과 관련된 의사결정에 참여할 권리를 가진다. ② 국가 및 지방자치단체는 청소년이 원활하게 관련 정보에 접근하고 그 의사를 밝힐 수 있도록 청소년 관련 정책에 대한 자문·심의 등의 절차에 청소년을 참여시키거나 그 의견을 수렴하여야 하며, 청소년 관련 정책의 심의·협의·조정 등을 위한 위원회·협의회 등에 청소년을 포함하여 구성·운영할 수 있다. ③ 국가 및 지방자치단체는 청소년 관련 정책의 수립과 시행과정에 청소년의 의견을 수렴하고 참여를 촉진하기 위하여 청소년으로 구성되는 청소년참여위원회를 운영하여야 한다. ④ 국가 및 지방자치단체는 청소년과 관련된 정책 수립 절차에 청소년의 참여 또는 의견 수렴을 보장하는 조치를 하여야 한다.
	평가목적	○ 지자체 차원에서 청소년들이 능동적으로 지역사회 의사결정과정에 참여하거나 영향을 줄 수 있는 활동 기반을 마련하고, 성과가 나타나는 우수정책을 모델화하여 전국 확산 필요
	기대효과	○ 미래인재인 청소년의 정책효능감 제고 및 공동체구성원으로서 성장 역량 함양 ○ 지역사회 정책 소통 활성화를 통해 지역 단위에서의 국민 소통 실현
	기타참고사항	○ 유엔아동권리협약 제12조(아동의 견해존중) ① "아동에 대하여 본인에게 영향을 미치는 문제에 있어서 자신의 견해를 자유롭게 표현할 권리를 보장하며, 아동의 견해에는 아동의 연령과 성숙도에 따른 정당한 비중이 부여되어야 한다."

측정방법	○ 산식: 지역사회 청소년 참여 우수사례 　- 시·도별(시·군·구 포함)로 지역특성에 따른 청소년 참여를 활성화하기 위해 추진한 우수사례(1건)를 제출받아 합동평가단에서 정성평가 ○ 산식 설명 　- 평가방향 : 지역사회 청소년들이 청소년관련 지자체 현안이나 정책에 대하여 논의하고 참여할 수 있도록 지역특성에 따른 청소년 참여를 활성화하기 위한 방향으로 추진한 성과를 ①노력도 ②연계·협력성 ③차별성 ④효과성 등 4가지 기준으로 평가 　　* 추진사업의 단순한 나열보다는 우수 사례의 전반적인 실행과정을 깊이 있게 기술할 것

- 평가 세부기준

분야	평가 항목	평가내용

공통 기준 (100점)	노력도 (20%)	• 지역사회 청소년의 참여를 위한 자치단체의 지원 노력
		  - 청소년 관련 시책 개발·계획수립, 조례 제·개정 등 제도 정비
		  - 지자체 소관 위원회, 주민참여예산제 등 의사결정과정에 청소년 위원 위촉, 명시적인 의견 수렴 제도 마련 등
		  - 기관장 및 조직 내 관심도 (현장행보, 간담회, 인터뷰, 점검회의 등)
		  - 청소년의 제안 검토, 수용성 및 반영 노력 등

	연계 ·협력성 (30%)	• 관내 유관기관(교육청, 학교, 의회, 공공·민간청소년시설 등) 네트워크 구축 등 지역사회의 다양한 주체들의 참여·협업 정도
		  - 교육청 및 학교 연계를 통한 학교안팎의 참여활동 접근성 제고
		  - 청소년 시설·단체, 주민, 지역상권 등 지역의 다양한 주체들과 네트워크 구축 및 청소년의 소통 기회 마련
		  - 교육청, 기업체 등 타 사업 연계 등을 통한 청소년 참여프로그램 발굴 및 운영

	차별성 (30%)	• 지역사회 특성·현황을 반영한 차별성 있는 사업 추진 여부 - 사업 운영 및 청소년 제안의 수용·추진 과정에서 지역 특성을 반영한 고유 모델 운영 노력 • 지역 내 청소년 인구·지역 규모를 감안한 청소년 참여 정도 및 참여도 제고를 위한 노력

	효과성 (20%)	• 지역특성을 고려한 청소년 참여 사업의 추진 성과 및 지속가능성
		  - 해당 활동이 지역사회 청소년 참여에 실질적으로 기여할 수 있는지 여부
		  - 해당 활동이 향후 지역 내 청소년의 참여창구로 안착할 수 있는지 등 향후 지속적인 활용 및 발전 가능성 등 포함

○ 우수사례 및 부적합사례 예시 등 설명

◆ 우수 사례 예시

○ 지자체 재량에 따라 자율적으로 사업을 추진하되, 1) 기업체, 교육부 등 타기관 추진 사업 등 지역 내 다양한 자원과 연계를 통한 청소년 참여프로그램 발굴·운영, 2) 청소년의 디지털 역량 등을 활용한 청소년 친화적인 참여방식 운영, 3) 학교, 교육청 등 지역 내 다양한 자원 간 연계망 구축, 4) 지역사회 특성을 반영한 특화된 참여활동 발굴·운영 등을 통해 지역 내 청소년참여기반을 강화하고 실질적인 활동경험을 지원하는 방향으로 운영 권장

> **우수 사례**
>
> ① (디지털 전환) 디지털 네이티브 세대인 청소년의 역량을 반영한 참여활동 운영 및 디지털 플랫폼을 활용한 청소년 참여의 폭 확대 등
>
> < 예 시 >
> - (일반례) 청소년이 디지털리터러시(온라인 윤리의식, 디지털 문해력, 게임 리터러시 등) 관련 의사결정과정에 참여하고 직접 실천활동을 기획·운영
> - (충남 ○○시) 디지털 매체를 활용한 참여(청소년오픈회의 '단톡방') 공간을 운영하여 시·공간 제약 없이 소통하고 참여기구 간 활동 연계
> - (서울 ○○구) 빅데이터를 활용한 지역 내 청소년 트렌드 분석 및 온라인 트렌드 지도 제작에 청소년이 참여하여 지역 홍보 및 청소년활동 활성화 주도
>
> ② (지역사회 연계) 청소년이 다양한 분야·연령대의 지역주민(타 지자체 포함)과 소통·교류할 수 있는 프로그램 추진하거나, 기업 등 지역자원을 활용하여 청소년 주도의 다양한 프로그램 발굴·운영
>
> < 예 시 >
> - (일반례) 인구소멸위기 중소도시에서 청소년이 주도하는 지역 의제 발굴, 지역 브랜딩 사업 운영 등 청소년이 직접 지역 변화의 주체로 활동 (바우처 지원, 청소년 전용공간 조성·운영, 지역 홍보, 가족문화 프로그램 기획 등에 청소년 참여)
> - (일반례) 지역내 자원을 활용하여 다양한 프로그램 발굴·운영(민간기업과 연계하여 청소년 주도 프로젝트 추진, 청소년 지역사회 변화프로젝트 등 교육청 연계 협력사업 추진 등)
> - (전북 ○○시) 청소년문화의거리 조성 및 추진을 위한 민·관 협의회에 청소년위원을 위촉하고, 문화의거리 내 청소년특화공간 평면도 의견 제안, 지역 상가번영회와 질의응답 및 자문 등 운영
> - (충남도) 기업과 연계하여 지역형 PBL모델(매뉴얼) 개발, 전국 청소년수련시설에 배포
>
> ③ (특성화 모델) 도시, 농촌 등 지역특성을 반영한 참여모델을 운영하여 다양한 청소년의 주도적·일상적 참여활성화 지원
>
> < 예 시 >
> - (경남 ○○군) 관내 학교 연계 협의체(교사, 공무원, 퍼실리테이터 등 구성)를 활용, 학교별 청소년활동팀을 구성·운영하여 청소년 의견수렴 및 정책발굴 지원
> - (서울 ○○구) 동 단위 참여활동을 운영하여 '지역 상권 활성화를 위한 ○○성곽길 스탬프투어', '공원내 반려동물 배변봉투함 설치'등 일상참여 실천

◆ 부적합 사례 범위 : 청소년 주도성 강화를 위한 지자체의 역할이 없거나, 단순 의견 청취 등 일회성 행사 사업으로 끝난 사례

 - 지자체에서 청소년이 참석한 포럼을 개최하였으나, 제안 이후 추가적인 논의나 검토 없이 단순 청소년 참석 및 명목적인 의견청취에 그친 사례

○ 평가대상 : 시·도(시·군·구 포함)

 - '25년 이전부터 추진하여 '25년에 실제로 실행된 경우도 인정하되, '24년 평가 시기 제출된 자료는 인정하지 않음
 - 청소년기본법 상 청소년(만 9~24세) 중 만 9~18세 청소년이 주요 대상인 사업
   * 특히, 후기청소년(만 19~24세)만 대상으로 하는 사업은 심사 제외

○ 평가기준일 : 2025. 12 .31

증빙 자료	○ 우수사례명 * 합동평가시스템(VPS)에 직접 입력	
	연번	우수사례명
	1	
	○ 우수사례에 따른 주요 성과 등에 대한 요약서(2페이지) ○ 사업계획서 및 결과보고서(평가 연도 내에 결재받은 공문서 등) ○ 우수사례의 사업효과를 설명할 수 있는 보조자료	
문의처	여성가족부 청소년정책과 사무관 성명진(☎ 02-2100-6239, E-mail: smj137@korea.kr) 여성가족부 청소년정책과 주무관 이재영(☎ 02-2100-6234, E-mail: 2jae0@korea.kr)	

5. 자유, 평화, 번영에 기여하는 글로벌 중추국가

국정목표	5. 자유, 평화, 번영에 기여하는 글로벌 중추국가			
국민약속	5-18. 남북관계를 정상화하고, 평화의 한반도를 만들겠습니다.			
국정과제	5-18-94. 남북관계 정상화, 국민과 함께하는 통일 준비			
지표명	㉮ 통일공감대 확산 및 통일역량 강화			
지표성격				
지표유형	정량	공통	정순	계속(유지)
지표설명	지표명 설명			
	평가근거	비공개 지표로 매뉴얼을 제공하지 않습니다.		
	평가목적			
	기대효과			
	기타참고사항			
측정방법				

시스템 구현 서식	
연계 시스템	
증빙 자료	
VPS실적 입력주체	광역자치단체	입력 시기	수시
문의처	통일부 국립통일교육원 사회교육협력과 주무관 강원철(☎ 02-901-7065, wonnk815@mail.go.kr)

국정 목표	5. 자유, 평화, 번영에 기여하는 글로벌 중추국가			
국민 약속	5-18. 남북관계를 정상화하고, 평화의 한반도를 만들겠습니다.			
국정 과제	5-18-95. 남북간 인도적 문제 해결 도모			
지표명	㉮ 북한이탈주민의 지역사회 정착지원 활동성과			
지표 성격				
지표 유형	정량	공통	정순	계속(변경)

지표 설명	지표명 설명	
	평가근거	
	평가목적	
	기대효과	
	기타참고사항	

측정 방법	비공개 지표로 매뉴얼을 제공하지 않습니다.

시스템 구현 서식	
연계 시스템	
증빙 자료	
VPS실적 입력주체	시·도	입력 시기	연간

문의처	통일부 인권인도실 정착지원과 사무관 김현수(☎ 02-2100-5924, E-mail: irontg@unikorea.go.kr) 통일부 인권인도실 안전지원과 주무관 강현주(☎ 02-2100-5557, E-mail: hyunju@unikorea.go.kr)

국정목표	5. 자유, 평화 번영에 기여하는 글로벌 중추국가
국민약속	5-19. 자유민주주의 가치를 지키고, 지구촌 번영에 기여하겠습니다.
국정과제	5-19-101. 국가 사이버안보 대응역량 강화
지표명	㉮ 관리적 정보보안 분야 사이버 공격·위협에 대한 예방·대응 실태 개선여부

지표성격					
지표유형	정량		공통	정순	계속(유지)
지표설명	지표명 설명				
	평가근거				
	평가목적				
	기대효과				
	기타참고사항				
측정방법	비공개 지표로 매뉴얼을 제공하지 않습니다.				

시스템 구현 서식				
연계 시스템				
증빙 자료				
VPS실적 입력주체	국가정보원	입력 시기	2025년 12월	
문의처	국가정보원(☎ : 02-2202-8618, E-mail : eval@ncsc.go.kr)			

국정 목표	5. 자유, 평화 번영에 기여하는 글로벌 중추국가
국민 약속	5-19. 자유민주주의 가치를 지키고, 지구촌 번영에 기여하겠습니다.
국정 과제	5-19-101. 국가 사이버안보 대응역량 강화
지표명	⑭ 기술적 정보보안 분야 사이버 공격·위협에 대한 예방·대응 실태 개선여부

지표 성격	

지표 유형	정량	공통	정순	계속(유지)

지표 설명	지표명 설명	
	평가근거	
	평가목적	
	기대효과	
	기타참고사항	

측정 방법	비공개 지표로 매뉴얼을 제공하지 않습니다.

시스템 구현 서식		
연계 시스템		
증빙 자료		
VPS실적 입력주체	국가정보원	입력 시기	2025년 12월
문의처	국가정보원(☎ : 02-2202-8618, E-mail : eval@ncsc.go.kr)		

국정목표	5. 자유, 평화 번영에 기여하는 글로벌 중추국가
국민약속	5-19. 자유민주주의 가치를 지키고, 지구촌 번영에 기여하겠습니다.
국정과제	5-19-101. 국가 사이버안보 대응역량 강화
지표명	㉯ 사이버 위기대응 역량 분야 사이버 공격·위협에 대한 예방·대응 실태 개선여부
지표성격	

지표유형	정량	공통	정순	계속(유지)

지표설명	지표명 설명	
	평가근거	
	평가목적	
	기대효과	
	기타참고사항	

측정방법	비공개 지표로 매뉴얼을 제공하지 않습니다.

시스템 구현 서식					
연계 시스템					
증빙 자료					
VPS실적 입력주체	국가정보원		입력 시기	2025.12월	
문의처	국가정보원(☎ : 02-2210-8037, E-mail : eval@ncsc.go.kr)				

국정 목표	5. 자유, 평화, 번영에 기여하는 글로벌 중추국가			
국민 약속	5-20. 과학기술 강군을 육성하고, 영웅을 영원히 기억하겠습니다.			
국정 과제	5-20-104. 북 핵·미사일 위협 대응능력의 획기적 보강			
지표명	㉮ 비상대비 시행태세 확립 및 역량 강화			
지표 성격				
지표 유형	정량	공통/부분	정순	계속(변경)
지표 설명	지표명 설명			
	평가근거			
	평가목적			
	기대효과	-		
	기타참고사항			
측정 방법	비공개 지표로 매뉴얼을 제공하지 않습니다.			

시스템 구현 서식				
연계 시스템				
증빙 자료				
VPS실적 입력주체	광역자치단체	입력 시기		년
문의처	행정안전부 비상대비기획과 행정7급 강은정(☎ 044-205-4311, E-mail: ej0217@korea.kr)			

국정 목표	5. 자유, 평화, 번영에 기여하는 글로벌 중추국가			
국민 약속	5-20. 과학기술 강군을 육성하고, 영웅을 영원히 기억하겠습니다.			
국정 과제	5-20-109. 국가가 끝까지 책임지는 일류보훈			
지표명	㉑ 국가유공자 특별채용률			
지표 성격	<국가주요시책> - 국가유공자 등과 그 유·가족은 헌법 및 법률이 정하는 바에 따라 우선 근로의 기회를 부여받음 - 특별채용 대상 직렬* 일반직공무원 임용권을 가지고 있고 그 정원이 5명 이상인 지방자치단체는 그 정원에 대하여 채용비율(18%) 이상으로 취업지원 대상자를 우선 채용해야 함 * (특별채용 대상 직렬) 방호·위생·조리·간호조무·운전·시설관리(조례로 정하는 시설관리)			
지표 유형	정량	공통	정순	계속(유지)
지표 설명	지표명 설명	지방자치단체의 국가유공자 등에 대한 특별채용률 평가		
	평가근거	o 「국가유공자 등 예우 및 지원에 관한 법률」 제32조(국가기관등의 채용 의무) o 「국가유공자 등 예우 및 지원에 관한 법률 시행령」 제50조(특별채용대상 일반직공무원 등) o 「국가유공자 등 예우 및 지원에 관한 법률 시행령」 제51조(일반직공무원등의 특별채용)		
	평가목적	국가유공자 등 우선채용 규정 준수 및 적극 이행		
	기대효과	국가유공자 및 그 유가족의 생활안정 및 자아실현		
	기타참고사항	o 특별채용 비율은 일반직공무원등의 정원의 20% 이내에서 국가보훈부장관이 정함 * ('25년 18%)		
측정 방법	O 산식 - 국가유공자 특별채용률이 100% 이상인 기관은 목표 달성 - 국가유공자 특별채용률이 100% 미만인 기관은 해당연도 특별채용률로 평가 <해당연도 특별채용률 평가 산식> $$\left(\frac{\text{해당 연도 취업지원대상자 특별채용 인원}(B)}{\text{해당연도 일반직공무원(특별채용 직렬) 채용 인원}(A)}\right) \times 100(\%)$$ ① 단, 관할 보훈관서에 취업지원대상자 추천을 의뢰하였으나, 채용예정인원 미만으로 추천받은 경우 추천받지 못한 인원을 해당 연도 특별채용 인원에 포함 ② 추천받은 취업지원대상자가 시험전형에서 지방공무원임용령 제50조에 해당하여 채용을 할 수 없는 경우 해당 연도 특별채용인원에 포함 (예) ① 채용예정인원 5명으로 추천 의뢰하였으나 4명으로 추천받은 경우 → 채용인원(4명) + 추천받지 못한 채용예정인원(1명)을 특별채용인원으로 봄 O 산식 설명(해당연도 특별채용률) · A = 특별채용 직렬에 대해 해당 연도에 채용(임용)한 전체인원 · B = 「국가유공자 등 예우 및 지원에 관한 법률」 등 국가보훈관계 법령에 따라 해당 연도에 특별채용(임용)한 취업지원 대상자 인원			

※ 특별채용 대상 직렬 일반직공무원등(국가유공자법 시행령 제50조제1항 [별표8의2])

구 분		직렬(직류)
지방 공무원	「지방공무원법」 제4조제1항 및 「지방공무원 임용령」 제3조제1항	방호(방호·경비), 위생(위생·사역), 조리(조리), 간호조무(간호조무), 시설관리(시설관리, 조례로 정하는 직류), 운전(운전)

< 근거 법령 >

- 국가유공자 등 예우 및 지원에 관한 법률 제32조(국가기관등의 채용 의무)
- 보훈보상대상자 지원에 관한 법률 제37조(국가기관등의 채용 의무)
- 5·18민주유공자예우 및 단체설립에 관한 법률 제23조(국가기관등의 채용의무)
- 특수임무유공자 예우 및 단체설립에 관한 법률 제21조(국가유공자등의 채용 의무)
- 독립유공자예우에 관한 법률 제16조(취업지원) 국가유공자법 제32조 준용
- 고엽제후유의증 등 환자지원 및 단체설립에 관한 법률 제7조의9(취업지원) 국가유공자법 제32조 준용
- 제대군인지원에 관한 법률 제14조(취업지원 등) 국가유공자법 제32조 준용

○ 목표치: 국가유공자 특별채용률(누적) 100% 이상 또는 해당연도 특별채용률 100% 달성
○ 평가대상: 시·도(시·군·구 포함)

※ 제주특별자치도의 경우 제주시, 서귀포시 실적 포함

○ 평가기준일: 2025.12.31.

시스템 구현 서식

국가유공자 특별채용률
(단위 : 명, %)

구분	해당직렬정원(가)	법정채용의무인원(나=가×18%)	취업지원대상자채용인원(다)	누적특별채용률(라=다/나)	해당연도일반직공무원채용인원*(A)	해당연도 취업지원대상자 특별채용 인원			해당연도특별채용률(C=B/A)	달성값(라≥100=라, 라<100=C)
						소계(B)	실채용인원	채용노력인원		
합계(ⓐ+ⓑ)										
○○시도ⓐ										
시군구합계ⓑ										
○○시										
○○군										
○○구										

※ (해당 연도 일반직공무원 채용인원) 누적 특별채용률이 100%미만인 기관 해당
* 채용률은 소수점 2째 자리까지 반영(소수점 셋째짜리 반올림), 인원은 비율에 따라 산출된 인원이 1명 미만이면 1명, 1명 이상이면 소수점 이하는 절사

연계 시스템

정보시스템운영부서				연계항목	
정보시스템명칭	기관/부서	담당자	연락처	항목이름	증빙화면
통합보훈시스템	국가보훈부/생활안정과	조윤희	044-202-5652	기관관리	매뉴얼하단 별첨

증빙자료

○ 산식(실적)에 대한 지자체 증빙자료
 - 필요: 해당연도 일반직공무원 채용인원 및 해당연도 취업지원대상자 특별채용인원

VPS실적 입력주체

VPS실적 입력주체	시·도	입력시기	2026. 1월

문의처: 국가보훈부 생활안정과 조윤희(☎ : 044-202-5652, E-mail : goodjoe77@korea.kr)

국정목표	5. 자유, 평화, 번영에 기여하는 글로벌 중추국가
국민약속	5-20. 과학기술 강군을 육성하고, 영웅을 영원히 기억하겠습니다
국정과제	5-20-110. 국가와 국민을 위해 희생한 분을 존중하고 기억하는 나라
지표명	㉮ 시민 참여형 보훈문화 행사·체험 우수사례

지표성격	<국가주요시책> - 지방자치단체의 보훈선양 정책 추진을 장려하여 국정과제(110, 국가와 국민을 위해 희생한 분을 존중하고 기억하는 나라)의 효율적 추진 - 자치단체에서 보훈기념일 등 계기 지역별 특성에 맞는 지역주민과 보훈가족이 함께하는 프로그램 발굴·운영 등으로 국가유공자 예우 문화 확산

지표유형	정성	공통	계속(유지)

지표설명	지표명 설명	지자체에서 국민들에게 보훈정신을 확산하기 위해 추진한 우수사례
	평가근거	「국가보훈 기본법」제5조 제1항, 제2항, 제3항, 제4항
	평가목적	지방자치단체의 프로그램 운영을 통한 국민의 보훈정신 함양에 기여
	기대효과	국가유공자의 공헌과 희생정신을 기억하고 계승하여 국민통합에 기여
	기타참고사항	(보훈기념일) 2·28민주운동 기념일, 3·8민주의거 기념일, 3·1절, 3·15의거 기념일, 서해수호의 날, 대한민국 임시정부 수립 기념일, 4·19혁명 기념일, 5·18민주화운동 기념일, 현충일, 6.10만세운동 기념일, 6·25전쟁일, 유엔군참전의날·정전협정, 광복절, 학생독립운동기념일, 턴투워드부산(UN참전용사 국제추모일), 순국선열의 날, 호국보훈의 달

측정방법	○ 산식 : 시민 참여형 보훈문화 행사·체험 우수사례 - 평가방향: 시·도(시·군·구 포함)별로 보훈정신 확산 우수사례 1건을 제출받아 ①독창성, ②참여도, ③활용 전파가능성, ④지자체 노력도 4가지 기준으로 평가 - 평가 세부기준

평가항목(100)	평가내용
독창성(15)	· 지역 특성 반영, 지역자원을 활용한 사업 등 보훈문화 확산 프로그램 운영 - 역사적 특수성에 따른 지역자원 활용 사업 운영 노력 * 지역의 역사적 장소, 지역 보훈인물(독립·호국·민주) 활용 홍보
참여도(15)	· 보훈기념일 등 계기 시민의 보훈문화 프로그램 체험·참여 정도 - 다양한 대상(초·중·고, 대학생, 일반시민 등)의 온·오프라인 참여 노력 * 디지털 기술을 활용한 온·오프라인 프로그램의 시민 체험·참여 정도
홍보·협업효과(40)	· 시민이 즐겨찾는 다양한 채널 활용, 협업 홍보를 통한 성과 창출 내용 - 우수사례를 다양한 수단과 채널*을 통해 확산하여 만든 결과 및 성과 * 지자체 홈페이지, SNS, 방송, 신문, 유튜브, OTT, 지하철/KTX, 인플루언서 등
지자체 노력도(30)	· 지방자치단체가 보훈문화 확산을 위한 행정역량 투입 정도 - 보훈문화 확산 관련 조례 제정, 지역사회 유관기관과 협력체계 구축, 콘텐츠 제작 등 역량 투입 정도 · 기관장 관심도(기관장 지시사항, 행사 참석, 간담회, 인터뷰 등)

○ 우수사례 및 부적합사례 예시 등 설명

[우수사례]

(우수사례 범위) 사업계획 수립 등 지자체가 중심이 되어 온·오프라인 보훈문화 확산 프로그램을 추진하고 많은 시민의 체험·참여를 보인 사례(시군구 사업 제출 가능)

(우수사례 예시)
1. 시민과 함께하는 지역 내 국가유공자 예우
   예) 지역 거주 국가유공자 명패 달기, 건물, 도로, 학교 등 시설·회의실 공간에 보훈 인물(독립·호국·민주) 명칭 부여하기, 보훈인물 추모 및 역사 재현행사 등 시민 체험·참여 사례
2. 시민과 함께하는 지역 내 기념관, 박물관 등 기념시설, 사적지 활용
   예) 지역 내 기념(현충) 시설, 사적지에서 전시·교육·탐방 등 시민이 체험·참여한 사례
3. 디지털 기술을 반영한 다양한 보훈문화 프로그램 운영
   예) 메타버스, AR/XR(증강/혼합현실), AI(인공지능), NFT(대체 불가능 토큰), 로봇, 블록체인 등 최신 디지털 기술을 활용한 보훈문화 프로그램에 시민이 체험·참여한 사례
4. 주요 계기행사·보훈기념일에 지방자치단체 특성에 맞는 프로그램 운영
   예) 주요 계기행사·보훈기념일*에 해당 지방자치단체 특성에 맞는 보훈문화 프로그램 운영
   ('25년도 계기행사: 광복 80주년 기념사업)
5. 청소년 등 미래세대가 함께하는 보훈교육 프로그램 추진
   예) 지역 초·중·고 및 대학교 연계 수업·창의적 체험활동 시간 등을 활용한 보훈교육 실시

※ 보훈문화 프로그램 우수사례를 다양한 채널을 통해 전파
   예) 지자체 홈페이지, SNS, 방송, 신문, 유튜브, OTT, 지하철/KTX, 인플루언서 등 활용하여 전파한 실적(숫자로 표현 가능한 내용 기재)

[부적합사례]

(부적합사례 범위) 중앙부처에서 정책, 국비 등을 지원받아 단순 집행 역할을 수행한 사업, 지자체 간 예산 편차로 과도한 경쟁을 심화시킬 수 있는 사업(보훈 수당 등 보상금 확대, 보훈 시설 건립 등 인프라 구축) 다만, 사업비에 국비가 포함되었다고 하여 부적합 사례에 해당하는 것은 아니며 해당기관의 역할 등을 고려하여 평가

○ 평가대상: 시.도(시.군.구 포함)
○ 평가기준일: 2025. 12. 31.

⑦증빙자료

○ 우수사례명 * 합동평가시스템(VPS)에 직접 입력

연번	우수사례명
1	

○ 우수사례에 따른 주요 성과 등에 대한 요약서(2페이지)
○ 사업계획서 및 결과보고서(평가 연도 내에 결재받은 공문서 등)
○ 우수사례의 사업효과를 설명할 수 있는 보조자료(사진, 영상, 보도자료 등)
   ※ 요약서에 제시한 실적은 증빙자료로 증명 가능해야 함

⑧문의처

국가보훈부 보훈문화정책과 사무관 김동환(☎ 044-202-5511, E-mail: dhk0807@korea.kr)
국가보훈부 보훈문화정책과 주무관 오준헌(☎ 044-202-5517, E-mail: ojh1015@korea.kr)

6. 대한민국 어디서나 살기 좋은 지방시대

6. 대한민국 어디서나
살기 좋은 지방시대

국정목표	6. 대한민국 어디서나 살기 좋은 지방시대			
국민약속	6-21. 진정한 지역주도 균형발전 시대를 열겠습니다.			
국정과제	6-21-111. 지방시대 실현을 위한 지방분권 강화			
지표명	㉮ 법령 불부합 자치법규 정비율			
지표성격	< 국가주요시책 > - 법령 불부합 자치법규 정비를 통한 자치법규의 적법성 제고			
지표유형	정량	공통	정순	계속(유지)
지표설명	지표명 설명	법령 불부합 자치법규를 행정안전부에서 발굴·선정하여 지자체에 통보하고, 선정된 정비과제의 지자체별 정비율 평가		
	평가근거	○「지방자치법」제28조(조례) ① 지방자치단체는 법령의 범위에서 그 사무에 관하여 조례를 제정할 수 있다. 다만, 주민의 권리 제한 또는 의무 부과에 관한 사항이나 벌칙을 정할 때에는 법률의 위임이 있어야 한다. ○「지방자치법」제184조(지방자치단체의 사무에 대한 지도와 지원) ① 중앙행정기관의 장이나 시·도지사는 지방자치단체의 사무에 관하여 조언 또는 권고하거나 지도할 수 있으며, 이를 위하여 필요하면 지방자치단체에 자료 제출을 요구할 수 있다.		
	평가목적	법령 불부합 자치법규 정비과제에 대한 정비율 평가를 통해 상위 법령의 제·개정 사항을 자치법규에 적기 반영하고 자치법규의 법령 적합성 제고		
	기대효과	자치법규의 법령 적합성을 제고함으로써 지자체 규범으로써의 자치법규의 위상을 정립하고, 지방분권 시대에 맞는 지자체 자치입법권 확립		
	기타참고사항			

측정방법	○ 산식
	정비율{(지자체별 정비건수 / 정비대상 과제건수) × 100 } + 가점(기존 미정비과제 정비실적, 정비 1건당 0.05점, 최대 2점 부여)
	
	○ 산식 설명
	  1. 지자체별 정비건수 : 행안부에서 '24년에 발굴·통보한 자치법규 정비과제를 '25년에 정비하여 공포('25. 12. 31.까지 지방의회 본회의 의결되어 '26년 1월 공포 예정된 건 포함)한 건수
	  2. 정비대상 과제건수 : 행안부에서 '24년에 발굴·통보한 해당 지자체 정비과제 전체 건수
	  3. 가점 : 행안부에서 '21년, '22년, '23년에 발굴·통보한 정비과제* 중 미정비된 과제를 '25년에 정비하여 공포('25. 12. 31.까지 지방의회 본회의 의결되어 '26년 1월 공포 예정된 건 포함)한 정비과제 1건당 0.05점씩 부여하되, 최대 2점까지 부여
	    * 행안부 자치법규 기획정비과제 중 지자체 합동평가 대상으로 통보한 정비과제만 해당
	
	○ 목표치: 80점 이상
	○ 평가대상: 시·도+시·군·구(합계)
	○ 평가기준일: 2025. 12. 31. ('24년 12월까지 행안부에서 정비과제 확정 통보)			

시스템구현서식	구분	정비대상	합계		① 정비주제 1			② 정비주제 2			정비율 (가)	가점 (최대 2점) (나)	최종 점수 (가+나)
			정비완료 (b)+(e)	추진중 (c)+(f)	소계 (a)= (b)+(c)	정비완료 (b)	추진중 (c)	소계 (d)= (e)+(f)	정비완료 (e)	추진중 (f)			
	총계												
	00시·도												
	시·군·구 소계												
	00시												
	00군												
	00구												

- 정비대상=합계란의 정비완료+추진중 건수
- 추진중=정비대상에서 정비완료(제·개정 공포건수)를 제외한 건수
- 정비율=(합계란의 정비완료 건수/정비대상)×100
- 정비주제 개수 변동 가능(1개~6개)

연계시스템	없음		
증빙자료	○ 산식(실적)에 대한 지자체 증빙자료 - 불필요: 법령 불부합 자치법규 정비 추진실적 공문 취합		
VPS실적 입력주체	시·도 및 시·군·구	입력시기	년
문의처	행정안전부 선거의회자치법규과 행정사무관 이의량(☎ 044-205-3389, E-mail: berean13@korea.kr)		

국정목표	6. 대한민국 어디서나 살기 좋은 지방시대
국민약속	6-21. 진정한 지역주도 균형발전 시대를 열겠습니다.
국정과제	6-21-111. 지방시대 실현을 위한 지방분권 강화
지표명	⑭ 자치경찰사무 관련 주요시책 추진 우수사례
지표성격	<국가주요시책> - 자치경찰제 도입은 現 정부 국정목표(대한민국 어디서나 살기 좋은 지방시대)로 추진되고 있으며, 제도 정착을 위해서는 중앙정부-지자체 間 지속 협력이 중요 - △치안-일반행정 연계 △주민밀착형 치안서비스 확대 등 제도 도입 취지와 부합하게, 지자체별로 적극적인 정책 추진을 통해 성공사례 확산·공유

지표유형	정성	공통	계속(유지)

지표설명	지표명 설명	시·도자치경찰위원회가 추진한 주요 시책 우수사례
	평가근거	국정목표 6. 대한민국 어디서나 살기 좋은 지방시대 「경찰법」제2조 (국가와 지방자치단체의 책무) 「경찰법」제18조 제1항 (시·도자치경찰위원회의 설치) 「경찰법」제34조 (자치경찰사무에 대한 재정적 지원) 「자치경찰사무와 시·도자치경찰위원회의 조직 및 운영 등에 관한 규정」
	평가목적	지자체 대상으로 자치경찰사무 관련 우수 정책 발굴 및 제도 개선 등 유도
	기대효과	주민 안전 관련 중앙-지방 間 협력 강화 및 자치경찰제 안정적 정착으로 국정과제 완수 기대

측정방법	○ 산식: 자치경찰사무 관련 주요시책 추진 우수사례
	○ 산식 설명
	  - 평가방향: 각 지자체별로 '자치경찰위원회 우수 시책(1건)'을 제출받아 ①지자체 노력도, ②연계기관 등 협업, ③확산 가능성 3가지 기준으로 합동평가단 평가 및 우수 지자체 선정
	  - 평가 세부기준

평가항목(100)	평가내용
지자체 노력도 (40)	■ 지역 치안 인프라 확대를 위한 지자체 행정역량 투입정도(조례 정비, 제도 개선 등 지자체의 자체적인 노력) ■ 기관장 및 조직 내 관심도(단체장 및 주요간부 등의 현장 행보, 간담회, 인터뷰, 점검회의 등)
연계기관 등 협업 (40)	■ 경찰청, 행안부, 지방시대위원회 등 중앙 기관 협업 정도 ■ 시·도경찰청, 시·도자치경찰위원회와 협력 및 주민 참여 등을 통한 우수 시책 마련
확산 가능성 (20)	■ △치안-일반행정 연계 △경찰-지자체 통합적 업무 수행으로 절차 간소화 등 他 자치단체로의 활용·확산이 가능한 시책 또는 정책 수립 과정 등을 전국 단위에 적용 가능한 우수사례인지 평가

○ 우수사례 및 부적합사례 예시 등 설명

우수사례

(우수사례 범위) △치안-일반행정 연계 △유관기관 협업 △주요 사회이슈 대응 △지역 특성을 반영한 주민밀착 치안서비스 제공 등 지자체가 중심이 되어 ①범죄예방 ②교통안전 ③사회적 약자 보호 ④자치경찰사무 담당 공무원 지원 등 분야에서 '자치경찰사무 관련 우수 시책'을 발굴·수립하는 등 제도 정착에 구체적인 성과를 보인 사례

(우수사례 예시)

1. 지역 內 범죄예방 환경 구축
   예) 과학치안 기반 등 범죄 취약 요소 분석 후 범죄예방시설(가로등, CCTV 등) 확대 / 여성안심 귀갓길 환경 정비 / 주민참여(의견수렴 등) 맞춤형 순찰 계획 수립 / 학교 주변 유해업소 등 단속 / 지역 CPTED 관련 조례 정비를 통한 제도 개선 등 전년 대비 지자체의 자체적인 노력 등이 확인되도록 기재
   (시·도별 상이한 예산·인력 사정으로 평가가 좌우되지 않도록 단순 투입 예산·인력 등만으로 평가하지는 않을 예정)

2. 지역 교통안전 문화 조성
   예) 사고다발지역 분석자료 활용을 통한 지역 맞춤형 교통안전대책 수립 / 도로안전시설 구축·개선을 통한 교통약자(어린이·노인 등) 보호 대책 수립 / 개인형 이동장치(PM) 관련 교통안전 홍보 등 확대 추진 등 지역의 특성을 고려한 시책인지 여부와 △주민 참여 △연계기관 협조 등 정책 수립 과정에서의 우수사례가 있다면 기재

3. 사회적 약자 보호 대책 수립을 통한 주민 불안감 해소
   예) 경찰-지자체 협업을 통한 아동학대 예방 대책 / 위기청소년 보호 사회안전망 구축 / 고위험 정신질환자 응급 대응체계 확립 / 노인학대·가정폭력 등 사회 이슈 적극 대응 등 타 자치단체로 활용·확산이 가능한 시책 또는 정책 수립 과정이 있다면 기재

4. 자치경찰사무 담당 공무원 사기진작 및 인센티브 방안
   예) 자치경찰위, 지구대·파출소 근무환경 개선 추진 / 경찰-지자체 복지 서비스 연계 / 차량 지원 / 주취자 현장 보호조치 대응체계 개선 등

부적합사례

(부적합사례 범위) 중앙부처(경찰청·행안부 등)에서 수립한 정책을 단순 집행·협조 역할을 수행한 사업. 다만, 중앙정부 수립 치안 정책이라 하여 부적합사례에 모두 해당하는 것은 아니며 해당 지자체의 역할 등을 고려하여 평가

○ 평가대상: 광역지자체(제주자치경찰단, 세종 등 포함 17개 시·도)
○ 평가기준일: 2025. 12. 31.

증빙자료

○ 우수사례명 * 합동평가시스템(VPS)에 직접 입력

연번	우수사례명
1	ex) 아동·청소년 등 사회적약자 종합 안전대책

○ 우수사례에 따른 주요 성과 등에 대한 요약서(2페이지)
○ 추진 시책 계획서 및 결과보고서(평가 연도 내에 결재받은 공문서 등)
○ 우수사례의 기대 효과를 설명할 수 있는 보조자료(사진, 영상, 보도자료 등)

문의처

경찰청 생활안전교통국 자치경찰과 경정 정대일 (☎ 02-3150-0174, E-mail:mkwjd@police.go.kr)
경찰청 생활안전교통국 자치경찰과 경위 강호건 (☎ 02-3150-0662, E-mail:khg2010@police.go.kr)

국정 목표	6. 대한민국 어디서나 살기 좋은 지방시대		
국민 약속	6-21. 진정한 지역주도 균형발전 시대를 열겠습니다.		
국정 과제	6-21-114. 지방자치단체의 자치역량·소통·협력 강화		
지표명	㉓ 옥외광고물 정비 및 활용 우수사례		
지표 성격	<국가 주요시책> ○ 안전하고 쾌적한 생활환경 조성을 위한 불법광고물 정비 - 도시미관 저해, 간판 추락 등 위험요인 예방을 위해 체계적인 불법광고물 정비 추진 ※ 무질서한 불법광고물에 대한 정비방안 마련 요구 ('18년 국정감사 지적 사항)		
지표 유형	정성	공통	계속(유지)
지표 설명	지표명 설명	○ 동 지표는 지자체 불법광고물 정비실적과 함께, 불법광고물 방지 정책수단 (지정게시대 확충 등), 민·관협업 등 지자체 불법광고물 정비, 수거한 옥외광고물 재활용 등 업무전반의 정책성과를 평가하는 지표임	
	평가근거	< 옥외광고물법 제5조의2 제1항 > 국가와 지방자치단체는 광고물 등의 질적 향상과 옥외광고산업의 진흥을 도모하기 위하여 필요한 예산을 확보하고 관련 정책을 수립 추진하여야 한다.	

	평가목적	○ 매년 불법광고물 정비방안을 지자체에 통보하여 정비를 실시하고 있으나, 국회·언론 등으로부터 불법광고물 난립 지적 계속
		  ◆ 뉴스핌('18.9), "붙이고 가리고... 화재대피 걸림돌 '창문이용 광고물'"
		  ◆ 국민일보('18.10), "이런 옥외광고 불법이라면서 정부부터 버젓이"
		  ◆ 전북일보('19.1), "새벽 ○○ 서부신시가지 거리 뒤덮은 불법광고물"
		○ 불법광고물 단속·정비의 주체인 지자체의 적극적인 참여를 유도하고, 우수 정책을 타 지자체에 공유·확산하여 바람직한 옥외광고 문화 조성	

	기대효과	○ 불법광고물 정비를 통한 안전사고 예방 및 쾌적한 생활환경 조성	
	기타참고사항	* 고정·유동광고물 : (고정) 벽면이용간판, 지주이용간판, 옥상간판 등 고정된 광고물, (유동) 전단지, 벽보, 현수막 등 이동이 가능한 광고물 * 옥외광고발전기금 : 광고물 정비·개선, 광고물의 안전관리, 옥외광고 산업 진흥 등에 사용하기 위해 지자체에 설치된 기금 * 에어라이트 : 입간판의 한 형태로 풍선형태의 광고물 * 수거보상제 : 관공서에서 일반인을 모집·교육하여 전단지, 현수막 등 불법 유동광고물을 정비하는 제도 * 지정게시대 : 관공서에서 현수막 게시를 위해 도로변 등에 설치(적법) * 전자게시대 : 소상공인 및 전통시장 지원, 국가·지자체의 공공목적 광고를 위해 도로변 등에 설치(적법) * 특정·정비시범구역 : 쾌적한 환경조성을 위해 자치단체장이 일정구역에 대하여 광고물 표시방법을 강화한 지역	

측정
방법
	○ 산식 : 옥외광고물 정비 및 활용 우수사례
	- 시·도별(시·군·구 포함)로 올바른 광고문화 조성을 위해 지역특성을 반영한 불법광고물 정비 우수 사례 1건을 제출받아 합동평가단에서 정성평가
	
	<평가목적>
	○ 불법광고물에 대해 지속적으로 철거를 독려하고 있으나, 정비 수준이 미흡하여 불법광고물 정비 우수사례를 발굴하여 전국적으로 공유·확산
	→ 성과가 탁월한 우수사례를 모델화하여 공유·확산(워크숍 개최, 우수사례집 배포 등)
	
	<우수사례 범위>
	○ (우수사례 범위) 지자체가 중심이 되어 불법광고물 정비계획 수립 등 불법광고물 정비를 위한 제도, 시책 등 구체적인 성과 사례(시군구 사업 포함)
	
	< 작성 예시 >
	① 불법광고물 정비
	■ 불법광고물(유동, 고정) 정비와 이와 관련된 우수사례
	   예) 불법 정당현수막·분양광고 현수막, 에어라이트(입간판) 등 정비 사례 등
	■ 도로변에 설치된 불법광고물(고정) 정비 우수사례
	   예) 불법광고물 정비를 위한 사전절차 노력, 과태료·이행강제금·행정대집행 등 행정조치를 통한 정비 사례 등
	■ 불법광고물 조사를 통해 불법광고물 정비에 활용한 사례
	
	② 올바른 광고문화 기반 조성
	■ 옥외광고발전기금 및 제도개선, 특정·정비시범구역 지정 등 불법광고물 정비를 위한 재정·제도적 기반 조성 우수사례
	   예) 불법 정당현수막을 사전에 방지하기 위해 노력한 사례, 불법 유동광고물(전단지, 현수막 등)을 정비하기 위해 수거보상제를 실시하고 이를 활용하여 불법광고물을 정비한 사례 등
	■ 불법광고물 방지를 위해 합법적 대체수단(지정게시대 등)을 추진한 사례
	■ 노후 또는 무주 옥외광고물에 대한 안전점검 노력
	
	③ 불법광고물 예방·정비 협업 및 홍보
	■ 민·관 등 협업 사례, 불법광고물 근절 시책과 홍보 사례
	
	④ 수거한 현수막 등 재활용
	■ 수거한 현수막, 벽보, 전단 등을 재활용하여 탄소중립 실현에 기여한 사례
	   예) 현수막을 활용한 마대, 가방, 파우치, 우산, 모래주머니, 농사용 천막 제작 등
	
	⑤ 정당현수막 정비 및 관리
	■ 개정('24.1.12) 옥외광고물법령에 따른 정당현수막 정비 및 개정사항 조기 정착을 위해 노력한 우수사례
	   예) 정당현수막 정비 체계 구축과 그에 따른 효과 사례, 관내 정당 간의 협업 사례 등

- 우수사례 평가세부기준 제시

분야	평가항목	평가내용
공통 기준 (100%)	계획의 타당성 (20)	• 지역 특수성을 반영한 실현가능성 있는 계획 수립 정도 • 중앙정부의 불법광고물 정책사항을 내실있게 반영한 정도
	운영의 노력성 (40)	• 현수막, 도로변 불법광고물 등 정비관련 행정역량 투입 정도 • 기관장 관심도(기관장 지시사항, 행사 참석, 인터뷰 등) • 불법광고물 정비계획 마련 및 정비 성과 등
	사업의 효과성 (20)	• 사례내용의 실효성, 불법광고물 정비 및 근절 기여도
	활용·전파 가능성 (10)	• 단년도의 일회성 사업이 아닌 지속적으로 실현가능한 사업 모형인지 평가 • 우수사례의 타 자치단체로의 확산 가능성 등 평가
	시도의 지원 노력성 (10)	• 계획수립 단계에서 기획 지원 및 계획서 검토 등의 지원노력 • 시도와 시군구간 소통협력 및 정기적 모니터링 추진노력 • 우수사례의 지속발전 및 확산을 위한 시도의 지원노력

○ 평가대상: 시·도(시·군·구 실적 포함)
○ 평가기준일: 2025.12.31.

증빙자료

○ 옥외광고물 정비 및 활용 우수사례
  - 우수사례명 기재(합동평가시스템에 직접 입력)

연번	우수사례명
1	

※ 우수사례에 대한 주요 성과 등 요약서를 2페이지 작성
  - 각 시도 계획서 및 결과(성과) 보고서
  - 사례 관련 증빙서류 및 언론·홍보 자료 등 보조자료(필요시 화면 캡쳐 등)

문의처 행정안전부 생활공간정책과 사무관 김은정(☎ 044-205-3542, E-mail:barbie337@korea..kr)

국정 목표	6. 대한민국 어디서나 살기 좋은 지방시대			
국민 약속	6-21. 진정한 지역주도 균형발전 시대를 열겠습니다.			
국정 과제	6-21-114. 지방자치단체의 자치역량·소통·협력 강화			
지표명	⑭ 지방자치단체 간 연계·협력 추진 우수사례			
지표 성격	<국가주요시책> ○ 국정과제 '114. 지방자치단체의 자치역량·소통·협력 강화'의 세부 과제로 '114-5. 초광역 지역연합 설치·운영' 및 '114-6. 자치단체 간 협력·조정 강화' 포함			
지표 유형	정성		부분	계속
지표 설명	지표명 설명	○ 공동의 문제해결을 위한 지자체 간 연계·협력 우수사례 평가(정성평가)		
	평가근거	○「지방자치법」제164조(지방자치단체 상호 간의 협력) 제1항 - 지방자치단체는 다른 지방자치단체로부터 사무의 공동처리에 관한 요청이나 사무처리에 관한 협의·조정·승인 또는 지원의 요청을 받으면 법령의 범위에서 협력하여야 한다. ○「지방자치법」제184조(지방자치단체의 사무에 대한 지도와 지원) 제1항 - 중앙행정기관의 장이나 시·도지사는 지방자치단체의 사무에 관하여 조언 또는 권고하거나 지도할 수 있으며, 이를 위하여 필요하면 지방자치단체에 자료 제출을 요구할 수 있다.		
	평가목적	○ 지역 인구감소 등 행정환경의 변화로 기존 행정구역을 넘어서는 광역행정 수요가 증가, 지자체 간 자발적 연계·협력 유도 필요		
	기대효과	○ 지자체 간 연계·협력 우수사례의 확산 등 협력 분위기 조성 ○ 개별 지자체 단위로 해결할 수 없는 복잡한 지역 현안 등 해결 ○ 기존 행정구역을 넘어서는 광역행정 수요 대응 및 행정서비스에 대한 주민 만족도 제고		
	기타참고사항	○「지방자치법」상 규정되어 있는 지자체 간 협력제도		

구 분	협력 제도	제도 개요	관련 규정
법인 설립 불필요	협력사업	다른 지방자치단체로부터 사무의 공동처리, 사무처리의 협의·조정·승인 또는 지원요청이 있는 경우 법령의 범위 내에서 협력	§164
	사무위탁	지방자치단체 또는 그 장은 소관 사무의 일부를 다른 지방자치단체 또는 그 장에게 위탁·처리	§168
	행정협의회	지방자치단체는 2개 이상의 지방자치단체와 관련된 사무의 일부를 공동으로 처리	§169~175
	지방자치단체장 등 협의체	지방자치단체장 또는 지방의회 의장은 상호 간 교류와 협력 증진, 공동의 문제를 협의하기 위해 전국적 협의체 설립	§182
별도 법인 설립 필요	지방자치단체조합	2개 이상 지방자치단체가 하나 또는 둘 이상의 사무를 공동으로 처리	§176~181
	특별지방자치단체	2개 이상의 지방자치단체가 특정 사무를 효율·광역적으로 제공·운영하기 위해 기존 행정구역에 관계 없이 설치하여 사무 처리	§2, §199~211

측정 방법	○ 산식: 지방자치단체 간 연계·협력 우수사례(정성평가) ○ 산식 설명 　- 평가방향: 시·도별(시·군·구 포함)로 지자체 간 연계·협력을 통해 사업 또는 정책을 추진한 우수사례 1건을 제출받아 합동평가단에서 정성평가 　※ 동일한 우수사례를 복수의 광역지자체가 제출하거나 단독 제출했을 때 지자체 주도성·적극성이 과대·과소평가되지 않도록, 광역지자체 경계를 넘어서는 협력사례 제출 시 지자체 노력도 평가항목(30점) 증빙을 위한 자료의 경우 타 광역·기초지자체와의 사전협의(메일, 공문 등) 필수 <지방자치단체 간 연계·협력의 정의> ①둘 이상의 지방자치단체가, ②공동의 목표를 가지고, ③자원과 노력을 투입하여 지역이 당면한 현안을 해결하는 행위 　① 둘 이상의 지방자치단체 　　- 광역지자체 간, 광역지자체와 기초지자체 간, 기초지자체 간 　② 공동의 목표 　　- 지역에 당면한 문제 상황에 대한 인식을 공유 　　- 구체적인 목표를 함께 설정 　③ 자원과 노력을 투입 　　- 공동의 문제해결을 위하여 별도의 인력, 비용, 시간 등을 투입 　　- 지자체 간 협력체계 구축(「지방자치법」상 행정협의회, 지방자치단체조합, 특별지방자치단체 등) - 평가 세부기준

분야	평가항목	평가내용
공통 기준	협력 필요성 (10점)	· 생활권-행정구역 불일치로 인해 주민들이 불편함을 겪는 경우 · 지자체 간 협력을 통해 보다 효율적인 행정 처리가 가능한 경우 · 필수 생활 서비스 및 인프라 구축·운영을 위해 지자체 간 협력이 필요한 경우 등
	지역 의견반영 (20점)	· 주민, 유관기관 등 지역 내 다양한 주체를 대상으로 한 의견수렴 노력 · 타 지자체와의 연계·협력에 대한 지역 내 공감대 형성 노력(주민 홍보 등)
	지자체 노력도 (30점)	· 별도 인력, 조직, 예산 등 지자체의 행정역량 투입 정도 · 협력사업 및 정책 추진 시 지자체 역할의 주도성·적극성 정도 　- 기획, 총괄, 중앙부처 협의 등 단순 참여 이상의 역할 고려 · 단체장 및 조직 내 관심도(주요 간부 등의 현장 행보, 인터뷰, 지시사항 등) · 타 지자체와의 소통·협력 노력(관련 회의, 협의, 워크숍 등) · 「지방자치법」상 협력제도 활용 등을 통한 연계·협력체계 구축 여부 · 갈등 조정장치* 마련 여부 및 활용 정도 　* 갈등영향분석 실시, 갈등조정협의회 구성 등 ※ 광역-광역 협력사례, 특별지자체 및 자치단체조합 제도 활용 등 추진난이도 고려
	효과성 (30점)	· 지역 내 문제 해결·개선성과 또는 기대효과 · 지자체 간 연계·협력으로 인한 주민 만족도 · 협력사업 및 정책의 지속가능성
	확산 가능성 (10점)	· 해당 사례의 타 권역·지자체로의 확산 가능성

	○ 우수사례 및 부적합사례 예시 등 설명
	우수사례 ○ (우수사례 범위) 둘 이상의 지방자치단체가 지역 현안 등 당면한 문제를 해결하기 위하여 연계·협력 사업을 추진하고 성과를 보인 사례(시군구 사업 제출 가능) 　※ 평가년도 이전에 시작된 지자체 간 협력의 경우, 평가년도의 협력 실적이 존재하면 우수사례로 제출 가능 ○ (우수사례 예시) 1. 두 개 이상의 지방자치단체 간 협력을 통해 공동의 문제를 해결하고 구체적인 성과를 보인 사례 　예1) 유역, 산맥 등 지자체 경계를 넘어서는 공간에 대한 관광 개발·활성화 사업 　예2) 상습폭설 구간 피해 관리·대응을 위한 지자체 간 공동제설체계 구축 　예3) 협력을 통한 공동 인프라 활용, 홍보 등으로 국제대회 공동유치 및 개최 2. 추진체계 구축 등 지방자치단체 간 지속적 연계·협력을 위한 토대를 마련한 사례 　예1) 행정협의회, 지자체 조합, 특별지자체 등「지방자치법」상 협력체계 구축 　예2) 동력확보를 위한 합동 추진기구 신설, 기존 운영기구 통합, 관련 조례제정 등 3. 지방자치단체 간 연계·협력 과정에서 발생했던 갈등 및 문제점을 해결한 사례 　예1) 사업추진체계 구성 시 유관 기관, 주민, 사업수행업체 등 민관 이해관계자의 폭넓은 참여를 유도하여 갈등을 조기에 진단·해결 　예2)「공공기관의 갈등 예방과 해결에 관한 규정」에 따른 갈등영향분석, 갈등조정협의회 구성 등 제도적 수단을 활용하여 갈등 및 문제점 해결 **부적합사례** ○ (부적합사례 범위) - 중앙부처, 광역지방자치단체(시·도)에서 수립한 사업 및 정책의 추진과정에서 단순 집행·협조역할을 수행한 사례 (국비·지방비 단순 보조금 지원사업 등) ○ 평가대상: 시·도(시·군·구 포함)　※ 기초지방자치단체가 없는 세종, 제주 제외 ○ 평가기준일: 2025. 12. 31.
증빙 자료	ⓖ 지방자치단체 간 연계·협력 우수사례(정성평가) ⓖ-1 우수사례명 * 합동평가시스템(VPS)에 직접 입력 | 연번	우수사례명
1	| ※ 우수사례에 따른 주요 성과 등에 대한 요약서(2페이지) ⓖ-2 사업계획서 및 결과보고서(평가 연도 내에 결재받은 공문서 등) ⓖ-3 우수사례의 사업효과를 설명할 수 있는 보조자료(사진, 영상, 보도자료 등)
문의처	행정안전부 자치분권지원과 진창언 (☎ : 044-205-3334, E-mail : akch2201@korea.kr)

국정목표	6. 대한민국 어디서나 살기좋은 지방시대
국민약속	6-21. 진정한 지역주도 균형발전 시대를 열겠습니다.
국정과제	6-21-114. 지방자치단체의 자치역량·소통·협력 강화
지표명	㉑ 지방자치단체 인사교류 우수사례
지표성격	<국가주요시책> - (국정과제) 지방자치단체의 인적역량과 경쟁력 제고

지표유형	정성	공통	계속(변경)

지표설명	지표명 설명	지방자치단체 인사교류 우수사례
	평가근거	「지방공무원법」 제30조의2, 「지방공무원임용령」 제27조의5
	평가목적	지자체 인사교류 우수사례 확산·공유로 인사교류 활성화 도모
	기대효과	지자체-중앙행정기관-공공·민간기관 등 간 인사교류 확대로 경험과 지식을 공유하고 지자체 인적역량과 소통·협력 강화
	기타참고사항	

측정방법	○ 산식 : 지방자치단체 인사교류 우수사례(정성평가)
	  - 평가방향: 시·도별(시·군·구 포함)로 지자체 간 또는 지자체-공공·민간기관 간, 지자체-민간기업 간 인사교류를 추진한 우수사례 1건을 제출받아 합동평가단에서 정성평가
	
	<인사교류 제도 개요>
	- (교류형태) 행정발전(조직 목적)을 위해 교류계획·절차*에 따라 사전 직위를 지정, 상호 파견 또는 전출·입 형태의 계획교류
	  * 인사교류 계획 수립 → 교류기관 간 직위 협의 → 교류대상자 추천 및 선발 → 교류 실시
	- (교류대상)「지방공무원법」 제30조의2에 따른 ① 지방자치단체와 중앙행정기관 간, ② 지방자치단체 간(시도 간, 시도-시군구 간, 시군구 간 등), ③ 지방자치단체와 공공·민간기관(교육·연구기관 등) 간 계획인사교류 ④ 지방자치단체와 관내 민간기업과 인력교류
	  ※ ③ 공공·민간기관 :「공공기관의 운영에 관한 법률」제4조제1항 각 호에 해당하는 기관(「지방공기업법」에 따른 지방직영기업, 지방공사 및 지방공단을 포함한다), 국내외의 교육기관·연구기관 ④ 자치단체 공무원(출장명령 또는 근무지지원) ↔ 민간기업(전문가 파견) 1:1 인력교류
	- (인센티브) 교류지원비 및 주택보조비 지급, 교류 전보다 성과급 상향 의무화, 승진소요 최저연수 단축, 대우공무원 선발 우대, 교류 후 복귀시 희망보직 부여 등

○ 평가 세부기준

평가항목(100%)	평가내용
지자체 노력도 (30%)	‣ 정책 추진을 위한 행정역량 투입(활성화 계획수립 등) 정도 ‣ 지자체의 주도성·적극성(인사교류 직위 지정·운영, 인센티브 부여 등) 정도 ‣ 기관장 및 조직 내 관심도(지시사항, 인터뷰, 언론보도 등)
다양성 및 창의성 (30%)	‣ 중앙부처, 공공·민간기관, 민간기업 등 인사교류 분야의 다양성 정도 ‣ 타 지자체와 차별화된 인사교류 추진 정도
효과성 (20%)	‣ 자치단체 인사교류를 통한 지자체 정책 개선 및 인력 활용(교류자) 정도
지속·확산 가능성 (20%)	‣ 우수사례의 타 지자체 적용 가능성 정도 ‣ 인사교류 체계 구축 등 지속적으로 실현가능한 정도

※ (고려사항) 시·도를 달리하는 인사교류(시·군·구 포함) 사례를 우선하여 선정

○ 우수사례 및 부적합 사례(예시)

- 우수사례
  - 국정과제 이행 등을 위해 기관 간 교류직위를 지정하여 운영한 사례
  - 공공·민간기관과 전문지식을 공유하고 협력을 강화하기 위한 사례
  - 3개 이상 기관 간 다각적 인사교류 직위지정 및 운영 사례
  - 자치단체 공무원과 민간기업 전문가 간 1:1 인력교류 사례
- 부적합 사례
  - 일시적 수요에 따른 일방 파견 사례
  - 사전에 직위가 지정되지 않거나 조기 복귀한 사례
  - 당초에 지정된 직위가 아닌 다른 직위로의 인사교류 사례

증빙자료

1. 지방자치단체 인사교류 우수사례(정성평가) 합동평가 시스템(VPS)에 직접 입력

연번	우수사례(명)
1	
2	
3	
...	

※ 우수사례 실적 요약서(2page 이내) 별도 작성(필수)
2. 인사교류 계획서, 결과보고서 등 관련 공문
3. 사진, 영상, 보도자료 등

문의처

행정안전부 지방인사제도과 사무관 김정민(☎ 044-205-3347, E-mail: najana@korea.kr)
행정안전부 지방인사제도과 주무관 박정일(☎ 044-205-3344, E-mail: parkha3@korea.kr)

국정 목표	6. 대한민국 어디서나 살기 좋은 지방시대		
국민 약속	6-23. 지역 스스로 고유한 특성을 살릴 수 있도록 지원하겠습니다.		
국정 과제	6-23-119. 지역사회의 자생적 창조역량 강화(로컬 창조커뮤니티 단계적 확산)		
평가 지표	㉮ 자전거 이용 활성화 우수사례		
지표 성격	<국가주요시책> - 자전거 이용 활성화를 위해 국가 자전거정책 마스터플랜 수립('10), 국가 자전거도로 구축사업('10~'15, 국비 2,452억원 투입) 및 분권교부세 지원 등으로 인프라 확충 - 자전거법 제14조의2(자전거 이용 활성화 평가) 등에 따라 지방자치단체에서 지역 특성에 맞는 자전거 정책 우수사례를 발굴·확산하여 자전거 이용 활성화 도모		
지표 유형	정성	공통	계속
지표 설명	지표명 설명	자전거 이용 활성화 및 안전하고 편리한 자전거 이용 문화 조성을 위해 지방자치단체가 추진한 우수사례 선정	
	평가근거	「자전거 이용 활성화에 관한 법률」 ○ 제4조(국가와 지방자치단체의 책무) - 국가와 지방자치단체는 자전거 이용 활성화를 위한 종합적인 시책을 마련하여야 함 ○ 제14조의2(자전거 이용 활성화 평가) - 행안부장관은 지방자치단체의 자전거 이용 활성화 시책의 추진사항 등을 평가 및 평가 결과가 우수한 지방자치단체에는 예산 등을 지원할 수 있음	
	평가목적	○ 자전거 인프라 구축 등을 위해 막대한 국비가 투입되었고 지방자치단체 또한 자체적으로 자전거 시책을 꾸준히 추진해왔으나 자전거 이용률은 제자리 ○ 자전거 이용 활성화계획 수립 주체인 지방자치단체의 적극적인 추진을 유도하고 우수한 시책(정책) 및 사업 등을 발굴·확산하여 자전거 이용 활성화 도모	
	기대효과	○ 자전거 이용 활성화를 통해 국민들에게 안전하고 편리한 자전거 이용 환경을 제공하고 삶의 질을 높이며 탄소중립에 기여	
	기타참고사항 (관련 통계)	○ 전국 자전거도로 연장은 2021년 25,249km(2010년 13,036km), 자전거보유 대수는 2016년 1,127만대(2010년 622만대)로 자전거 관련 인프라는 약 2배 증가한 반면, * 한국교통연구원 통계 참조 ○ 현재 자전거 교통수단분담률*은 2021년 1.2%(2010년 2.2%)에 불과(국가교통조사)하고, 자전거 교통사고 발생건수는 2010년 11,259건(전체 교통사고 중 5.0%)에서 2021년 12,653건(전체 교통사고 중 6.2%)으로 줄지 않고 있으므로 ⇒ 안전하고 쾌적한 자전거 이용문화 환경을 조성하여 활성화 도모 필요 * 사람들이 통행할 때 하루 중 이용하는 교통수단의 분포를 비율로 나타낸 것	
측정 방법	○ 산식: 자전거 이용 활성화 우수사례 ○ 산식 설명 - 평가방향: 시·도(시·군·구 포함)별로 지역 특성에 맞는 안전한 자전거 문화 조성과 이용 활성화 우수사례 1건을 제출받아 ①지방자치단체 노력도, ②창의성·효과성, ③활용·전파가능성 3가지 기준으로 합동평가단에서 정성평가		

- 평가 세부기준

평가항목	평가내용
지방자치단체 노력도 (40)	· 정책 추진을 위한 행정역량 투입(활성화계획 수립, 예산 확보 등) 정도 · 자전거 분야 전문가 자문 및 유관(전문기관, 타 지방자치단체 등)기관과의 협업체계 구축 등 의견수렴 및 반영 노력 · 기관장 및 조직 내 관심도(현장점검, 지시사항, 행사참석, 간담회, 인터뷰 등) · 자전거이용시설 확충, 이용자 안전 확보 및 안전문화 조성 노력
창의성·효과성 (40)	· 일반적이고 전형적인 시책이 아닌 해당 지방자치단체의 지역적, 지리적, 사회 문화적 특성을 반영한 독창성 정도 · 우수사례의 성과 목표 달성 정도 또는 개선 효과(통계 등 자료 제시)
활용·전파가능성 (20)	· 우수사례의 타 지방자치단체로의 확산 및 전파 가능성 등 정도 · 기존 인프라 활용 또는 다른 사례 벤치마킹 등 지속적으로 실현가능한 정도

○ 우수사례 및 부적합사례 예시 등 설명

우수사례

(우수사례 범위) 자전거 이용 활성화를 위해 지역 특성에 맞는 안전한 자전거 문화 조성과 이용 활성화 정책을 추진하여 구체적인 성과를 보인 사례(시·군·구 사업 포함)

(우수사례 예시)

○ 자전거와 대중교통을 연계하여 상호 이용 활성화
  예) 출퇴근 대중교통 이용 편의를 위한 자전거 주차장 확대 및 방치자전거 수거, 자전거-대중교통 환승 인센티브 제공, 지역 특성에 맞는 공영자전거 운영사업 등

○ 문화·관광·레저 산업과 연계한 지역경제 활성화
  예) 지역 자연경관과 주요 관광지, 역사적 명소를 둘러볼 수 있도록 자전거길 조성, 자전거길을 활용한 관광상품 개발, 자전거 무료대여 및 편의시설 확대, 찾아가는 자전거 이동 수리, 농촌지역 자전거 체험마을 등

○ 다양한 수단과 매체를 활용한 자전거 이용 홍보·교육 및 안전문화 확산
  예) 자전거 관련 이벤트 추진, 지역 특성에 맞는 자전거 행사 개최, 기획 홍보, 안전 교육장 조성 및 다양한 교육·체험 프로그램 운영 등

부적합사례

(부적합사례 범위) 자전거 이용 활성화를 위한 해당 지방자치단체의 역할이 없거나, 자전거도로 유지보수 및 정비 등 단순한 정례적 사업

○ 평가대상: 시·도(시·군·구 실적 포함)   ※ 제주특별자치도의 경우 제주시, 서귀포시 실적 포함
○ 평가기준일: 2025. 12. 31.

증빙자료

○ 자전거 이용 활성화 우수사례(정성평가) 합동평가시스템(VPS)에 직접 입력

연번	우수사례명
1	

○ 우수사례에 따른 주요성과 등에 대한 요약서(2페이지)
○ 사업계획서, 결과(성과)보고서 및 사업설명을 위한 보조자료(사진, 영상, 보도자료 등)

문의처

행정안전부 새마을발전협력과 서기관 서춘길(☎ 044-205-3532, E-mail: kimbab2jul@korea.kr)
행정안전부 새마을발전협력과 주무관 김형진(☎ 044-205-3536, E-mail: gudwls23@korea.kr)

국정목표	6. 대한민국 어디서나 살기 좋은 지방시대
국민약속	6-23. 지역 스스로 고유한 특성을 살릴 수 있도록 지원하겠습니다.
국정과제	6-23-120. 지방소멸 방지, 균형발전 추진체계 강화
지표명	㉮ 지역통계 확충 실적
지표성격	<기타> - 증거기반의 지역단위 정책 수립을 위한 주요 지역통계 확충 및 지자체 특화통계 작성 확대

지표유형	정량	공통	정순	계속(유지)

지표설명	지표명 설명	지자체에서 작성하는 통계의 확충 정도를 평가하는 지표
	평가근거	「통계법」 제4조 및 「지방분권균형발전법」 제32조의 1
	평가목적	현재 지자체에서 정책에 활용할 수 있는 통계가 현저히 부족하여, 정책에 기반이 될 수 있는 통계의 확충을 유도 및 관리 필요
	기대효과	지자체에서 작성하는 통계를 확충함에 따라 정책에 객관적인 근거로 활용할 수 있는 가능성 제고
	기타참고사항	

측정방법	○ 산식
	
	지역통계 확충 실적 = 지역 핵심통계 작성 수(①) + 지역특화통계 작성 수(②)
	
	○ 산식 설명
	
	① 지역 핵심통계 작성 수
	
	- 지역 핵심통계(5종) : 시도(시군구) 기본통계, 사회조사, 시군구 GRDP, 사업체조사, 주민등록인구
	
	② 지역특화통계 작성 수
	
	- 시도 작성통계수 + (시군구 작성통계수/관할시군구수)
	
	※ 공표 실적 : 2025년에 승인통계를 공표하고 정책관리시스템에 결과를 제출한 실적을 말함
	  ㉮ (조사통계) 자연재해 등 불가피한 사유로 인해 당해년도에 공표하지 못한 경우에도 현장 조사 완료 시 점수인정(사업체조사는 변경승인 또는 공표계획 확인시 인정)
	  ㉯ (가공통계) 개편에 따른 공표 일정 연기 등 공식적인 사유로 당해연도에 공표하지 못한 경우 변경승인 또는 공표계획(지자체 내부결재 공문) 등 확인시 인정
	※ 시군구 GRDP 경우는 '23.1.1.~12.31. 기준 공표시 점수 인정
	※ 세종 및 제주의 경우 관할 시군구가 없기 때문에 산식 내에서 관할 시군구수를 1로 적용
	※ 동일통계에 대하여 조사주기(월, 분기, 반기 등) 및 공표기관에 따라 여러 번 공표하는 경우에는 최대 1점으로 간주 (예시 : 경기종합지수, 사회조사 등)
	※ 기본통계, 사회조사의 경우 시군구단위 승인번호가 있더라도 지역 핵심통계 작성 수의 광역시도 실적으로 인정
	
	○ 목표치: 전 지자체 6.00점(단, 세종 5점)
	
	○ 평가대상: 시·도+시·군·구(합계) ※ 제주특별자치도는 도 실적
	
	○ 평가기준일: 2025. 12. 31.

시스템 구현 서식	○ 지역통계 확충 실적 (단위: 종 / 개 / 점)					
	구 분	지역 핵심통계 작성 수(A)	지역특화통계 작성 수			지역통계 확충실적 (A)+(B)
			합계(B) =①+(②/③)	시도 작성통계수 ①	시군구 작성통계수 ②	관할 시군구수 ③	
	총합계(ⓐ+ⓑ)						
	○○시도(ⓐ)						
	시군구합계(ⓑ)						
	○○시						
	○○군						
	○○구						

※ ☐ : 직접 입력 / ▨ : 자동계산 / ⧄ : 비활성화

연계 시스템	없음

증빙 자료	○ 불필요 - 통계청 통계정책관리시스템 또는 공문 활용

VPS실적 입력주체	중앙부처	입력 시기	년

문의처	통계청 조사기획과 6급 김주연(☎ 042-481-6964, E-mail: kimjy1002@korea.kr)

2026년('25년 실적) 지방자치단체 합동평가 지표매뉴얼

초판 인쇄　2025년 01월 09일
초판 발행　2025년 01월 15일

저　자 행정안전부
발행인 김갑용

발행처 진한엠앤비
주소 서울시 서대문구 독립문로 14길 66 205호(냉천동 260)
전화 02) 364 - 8491(대) / 팩스 02) 319 - 3537
홈페이지주소 http://www.jinhanbook.co.kr
등록번호 제25100-2016-000019호 (등록일자 : 1993년 05월 25일)
ⓒ2025 jinhan M&B INC, Printed in Korea

ISBN 979-11-290-5764-8 (93360)　　　[정가 32,000원]

☞ 이 책에 담긴 내용의 무단 전재 및 복제 행위를 금합니다.
☞ 잘못 만들어진 책자는 구입처에서 교환해 드립니다.
☞ 본 도서는 [공공데이터 제공 및 이용 활성화에 관한 법률]을 근거로 출판되었습니다.